本教材第8版为"十四五"职业教育国家规划教材
国家卫生健康委员会"十四五"规划教材
全国高等职业教育专科教材

供临床医学专业用

药 理 学

第9版

主　编　秦志华　孙宏丽
副主编　彭海平　梁　枫　梁建梅

编　者（以姓氏笔画为序）

于　淼（菏泽医学专科学校）　　　　张旻璐（长春医学高等专科学校）

王　梅（沧州医学高等专科学校）　　罗　乐（永州职业技术学院）

文　雯（山西卫生健康职业学院）　　秦志华（天津医学高等专科学校）

冯翠娟（甘肃卫生职业学院）　　　　梁　枫（安徽中医药高等专科学校）

阮耀祥（河南护理职业学院）　　　　梁建梅（商丘医学高等专科学校）

孙宏丽（哈尔滨医科大学大庆校区）　彭龙希（天津医科大学总医院）

李春英（大庆医学高等专科学校）　　彭海平（廊坊卫生职业学院）

新形态教材

人民卫生出版社
·北 京·

图书在版编目（CIP）数据

药理学 / 秦志华，孙宏丽主编. -- 9 版. -- 北京 ：人民卫生出版社，2025. 2. --（高等职业教育专科临床医学专业教材）. -- ISBN 978-7-117-37714-0

I. R96

中国国家版本馆 CIP 数据核字第 20254ZX211 号

| 人卫智网 | www.ipmph.com | 医学教育、学术、考试、健康，购书智慧智能综合服务平台 |
| 人卫官网 | www.pmph.com | 人卫官方资讯发布平台 |

药理学
Yaolixue
第 9 版

主　　编：秦志华　孙宏丽
出版发行：人民卫生出版社（中继线 010-59780011）
地　　址：北京市朝阳区潘家园南里 19 号
邮　　编：100021
E - mail：pmph @ pmph.com
购书热线：010-59787592　010-59787584　010-65264830
印　　刷：人卫印务（北京）有限公司
经　　销：新华书店
开　　本：850 × 1168　1/16　印张：24
字　　数：677 千字
版　　次：1981 年 5 月第 1 版　　2025 年 2 月第 9 版
印　　次：2025 年 4 月第 1 次印刷
标准书号：ISBN 978-7-117-37714-0
定　　价：66.00 元
打击盗版举报电话：010-59787491　E-mail：WQ @ pmph.com
质量问题联系电话：010-59787234　E-mail：zhiliang @ pmph.com
数字融合服务电话：4001118166　E-mail：zengzhi @ pmph.com

以习近平新时代中国特色社会主义思想为指导,全面贯彻党的二十大精神,落实《国务院办公厅关于加快医学教育创新发展的指导意见》等文件要求,更好地发挥教材对临床医学专业高素质实用型专门人才培养的支撑作用,进一步提升助理全科医师的培养水平,人民卫生出版社在教育部、国家卫生健康委员会领导和支持下,由全国卫生健康职业教育教学指导委员会指导,依据最新版《高等职业学校临床医学专业教学标准》,经过充分的调研论证,启动了全国高等职业教育专科临床医学专业第九轮规划教材修订工作。经第七届全国高等职业教育专科临床医学专业规划教材建设评审委员会深入论证,确定了教材修订的整体规划,明确了修订基本原则:

1. 落实立德树人根本任务 坚持将马克思主义立场、观点、方法贯穿教材编写始终。坚持“为党育人、为国育才”,全面落实立德树人根本任务,深入挖掘课程教学内容中的思想政治教育元素,加工凝练后有机融入教材编写,发挥教材“培根铸魂、启智增慧”作用,培养具有“敬佑生命、救死扶伤、甘于奉献、大爱无疆”医学职业精神的时代新人。

2. 对接岗位工作需要、符合专业教学标准 教材建设突出职教类型特点,紧紧围绕“三教”改革,以专业教学标准为依据,以助理全科医师岗位胜任力培养为主线,体现临床新技术、新工艺、新规范、新标准,反映卫生健康人才培养模式改革方向,将知识、能力、素质培养有机结合。适应教学模式改革与教学方法创新需要,满足项目、案例、模块化教学等不同学习方式要求,在教材的内容、形式、媒介等多方面创新改进,有效激发学生学习兴趣和创造潜能。按照教学标准,将《中医学》改名为《中医学基础与适宜技术》,新增《基本公共卫生服务实务》。

3. 全面强化质量管理 履行“尺寸教材、国之大者”职责,成立第七届全国高等职业教育专科临床医学专业规划教材建设评审委员会,严格编委选用审核把关,主编人会、编写会、定稿会强化编委培训、突出责任,全流程落实“凡编必审”要求,打造精品教材。

4. 推动新形态教材建设 突出精品意识,聚焦形态创新,进一步切实提升教材适用性,打造兼具经典性、立体化、数字化、融合化的新形态教材。根据课程特点和专业技能教学需要,《临床医学实践技能》本轮采用活页式教材出版。

第九轮教材共29种,均为国家卫生健康委员会“十四五”规划教材。

秦志华

副教授

　　天津医学高等专科学校基础医学部副主任兼药理学教研室主任。从事药理学教学与科研 20 多年，担任职业教育国家级精品在线课"用药护理"课程负责人、国家级护理专业教学资源库"药物学基础（用药护理）"课程负责人，兼任《中国临床药理学杂志》编委、天津应用药理学会委员。主编教材 1 部，参编教材 10 多部，发表学术论文 20 余篇。

　　药理学是连接医学基础课程与临床专业课程的桥梁。自古成大医者无不精于药。希望同学们志存高远，勇于攀登，学好药理学，用好药理学。

孙宏丽

二级教授

　　哈尔滨医科大学大庆校区副校长，兼任中国病理生理学会机能实验教学工作委员会常务委员、中国药理学会心血管药理专业委员会委员、中国生理学会理事等。从事药理学教学 20 多年，研究方向为心血管疾病的发病和治疗机制。主编教材 2 部，参编教材及著作 10 多部，发表 SCI 收录论文 40 余篇。主持国家自然科学基金 4 项、黑龙江省自然科学基金重点项目 1 项。获黑龙江省科学技术自然科学二等奖 1 项。

　　"健康所系，性命相托"是每一名医学生必须牢记的誓言，希望同学们学好药理学，努力践行治病救人的神圣职责，为建设健康中国作出自己的贡献。

为认真落实党的二十大精神进教材相关要求和立德树人根本任务,我们在上一版教材编写的经验和成果基础上进行了第9版教材的修订工作。本教材编写团队均来自教学或临床一线,具有丰富的教学、科研及临床工作经验。我们广泛征求了全国高等卫生职业院校对上一版教材的意见和建议,作为修订的重要参考,邀请临床一线专家参与编写,增强了教材校企合作、产教融合的职业教育特色,使教材讲述的药理知识更加贴近临床实际用药,力争编写出"学生好学、教师好教、临床好用"的高质量教材。

我们按照基础理论与临床用药相结合、提升学生岗位胜任力的基本要求,在编写过程中坚持教材内容对接临床岗位所需的知识、技能和素养,对接执业助理医师资格考试,对接临床新药物、新理论、新知识、新技术。在知识内容上减少了盐类及酸碱平衡调节药、维生素类及酶类制剂,增加了抗骨质疏松药、影响自体活性物质药,完善了镇静催眠药、抗抑郁药、非胰岛素类降血糖药、促凝血药、抗菌药的分类,更新了药物基础知识。

本教材根据职业院校学生的学习特点,采用"任务驱动式"教材编写模式。全书共分为12个模块、58个任务,各任务设置学习目标、临床情景、知识拓展、思考题等,依托数字化网络平台设置多种优质学习资源,既便于学生增强对知识的理解,又丰富了学生的视野。除模块1外,各任务以典型病例作为临床情景导入,布置课前、课中、课后学习任务,提升学生的学习效率。学生课前可以了解相关疾病及用药,课中系统学习药理知识,课后拓展疾病的药物治疗和合理用药,实现教、学、做、练于一体的培养目标,提高学习兴趣和学习效果。

我们在编写中参考了其他药理学著作及临床常见疾病治疗指南。全体编者以严谨求实的态度和团结协作的精神认真完成了本书编写工作。在此,谨向各位支持和帮助教材编写出版的领导、专家、同仁表示崇高的敬意和衷心的感谢! 书中存在不足之处,敬请广大读者批评指正。

秦志华　孙宏丽

2025 年 4 月

模块 1 | 总论

模块 4 | 心血管系统药物

模块 5 | 血液系统药物

模块 6 | 内分泌生殖系统及代谢调节药物

模块 7 | 其他系统药物

模块 8 | 影响自体活性物质及免疫功能的药物

模块 9 | 抗菌药

模块 10 | 抗真菌药和抗病毒药

总 论

ER 1-1　教学课件　　ER 1-2　思维导图

任务1 | 绪 言

学习目标

1. 掌握药物、药理学、药物代谢动力学(药动学)、药物效应动力学(药效学)的概念。
2. 熟悉我国对现代药理学的贡献。
3. 了解药理学发展简史、新药研究与开发。
4. 能区别药物与毒物、药物与药品的概念。
5. 具备依法用药的意识和责任,能够保障公众用药安全和合法权益。

第一节　药理学的性质与任务

药物(drug)是指可以改变或查明机体的生理功能及病理状态,用于预防、诊断、治疗疾病以及计划生育所使用的物质。毒物(toxicant)是指在较小剂量即对机体产生剧烈毒性作用,损害人体健康的化学物质。药物和毒物之间并无严格界限,任何药物剂量过大时都可产生毒性反应。研究化学物对机体的毒性反应、中毒机制及防治方法已经形成一门独立的学科,即毒理学(toxicology)。药品(medicine)是指用于预防、诊断、治疗人的疾病,有目的地调节人的生理机能,并规定有适应证或者功能主治、用法和用量的物质,包括中药、化学药品和生物制品等。

药理学(pharmacology)是研究药物与机体(包括病原体)之间相互作用及其作用规律的学科。药理学是一门重要的专业基础课程,是基础医学与临床医学、药学与医学之间的桥梁学科。药理学主要研究内容为药物代谢动力学(简称药动学)和药物效应动力学(简称药效学)。药动学研究机体对药物的作用及其作用规律,包括药物的体内过程及药物在体内随时间而变化的动态规律。药效学研究药物对机体的作用及其作用规律,包括药物的药理作用(pharmacological action)、作用机制(mechanism of action)、临床应用(clinical application)、药物不良反应(adverse drug reaction)、禁忌证(contraindication)等。

药理学的任务是:①阐明药物的药理作用及其作用机制,为临床安全合理用药、避免不良反应提供理论依据。②研究开发新药,发现老药新用途。③探索生命现象的本质和揭示疾病发生发展与转归的规律。

第二节　药理学发展简史

从远古时代起,人类在生活和生产实践中积累了丰富的药物方面的知识和防治疾病的宝贵经验,其中有不少流传至今,如饮酒止痛、大黄导泻等,但对药物治疗疾病还缺乏科学的认识和理论依据。药理学学科的逐步形成和发展与现代科学技术的发展密不可分,大致可分为三个阶段。

一、传统本草学阶段

古代的药物学著作称为本草学。《神农本草经》（简称《本经》或《本草经》）大约成书于东汉时期，是我国现存最早的药物学专著。以"本草"名之，是因书中所述药物以植物药为主，冠以"神农"之名，是基于"神农尝百草"而发现药物的传说。《神农本草经》非一人一时所能完成，是诸多医家不断加工整理而成。《本经》三卷共收载药物 365 种，按照药物来源分类，有植物药 252 种、动物药 67 种、矿物药 46 种，其中植物药占比极高。《本经》是药物的规范性典籍，书的总论部分提出了按照药效性质分类的方法：120 种为君，"主养命以应天"，无毒，所以久服不伤人，可益寿延年，归为上药；120 种为臣，"主养性以应人"，有的有毒，有的无毒，可阻遏疾病，兼补羸弱，归为中药；125 种为佐使，"主治病以应地"，多数有毒性，能除寒热、破积聚，不可久服，归为下药。365 种药物对应的是一年 365 天。君臣佐使的配伍关系有"一君二臣三佐五使"或"一君三臣九佐使"，还有药的酸咸甘苦辛五味、药性的寒热温凉四气以及有毒无毒。关于药量的使用，则提倡"先起如黍粟，病去即止，若不去倍之，不去十之，取去为度"。三品的分类标准不是按照药物的高低贵贱，而是以毒性大小、是否适合长久服用来划分的。书的各论部分叙述药物的名称、性味、主治、功效、加工、别名、生长之地、炮制方法等。书中所述绝大部分是常用药，对药物性质的定位和功能主治的描述比较准确，如麻黄平喘、常山截疟、黄连止痢、海藻疗瘿、瓜蒂催吐、猪苓利尿、黄芩清热、雷丸杀虫、当归调经等。《神农本草经》系统地总结了成书之前医家和民间的用药经验，为中药学的发展奠定了初步基础，书中所述药物学理论，包括药物性能、功效及加工炮制方法等，至今仍有相当一部分内容是值得继承和发扬的。

世界上第一部由政府组织编修的药学著作是唐代组织编修的综合性本草著作《新修本草》（又称《唐本草》）。《新修本草》在广泛实地调查的基础上撰写而成，并附有彩色图谱，由三个相对独立的部分组成，总 54 卷。其中《新修本草》正文 20 卷，目录 1 卷；《药图》25 卷，目录 1 卷；《图经》7 卷。现存的《新修本草》系指其正文部分，是在南北朝陶弘景《本草经集注》的基础上增补修订而成的。

《本草纲目》是明代医药学家李时珍历时 27 年编著而成的药物学著作。李时珍（1518—1593）出身于世医之家，有感于本草著作关系重大，故广搜博采，实地考察，亲尝实践，对古代本草学进行了全面整理，在宋代唐慎微《经史证类备急本草》的基础上，参考 800 余种文献，经过三次大的修改，著成《本草纲目》。《本草纲目》是关于药物学的总纲和细目。全书分 52 卷，载药 1 892 种，附药图 1 000 余幅，附方 11 000 多个；改绘药图，订正错误，增药 374 种；以药物自然属性和生态条件为分类基础，从无机到有机，从低等到高等，分为水、火、土、金石、草、谷、菜、果、木、器服、虫、鳞、介、禽、兽、人等 16 部，共 60 类，每类药标正名为纲，纲之下列目，纲目清晰。《本草纲目》先后传播到朝鲜、日本和欧洲等地。

二、近代药理学阶段

18 世纪化学和生理学的迅速发展为药理学的发展奠定了科学基础。19 世纪初实验药理学的创立标志着近代药理学阶段的开始。

首先，化学的发展把植物药从古老的、成分复杂的粗制剂发展为化学纯品。例如，德国药师泽尔蒂纳（F. Sertürner）于 1806 年从罂粟中分离提纯吗啡，随后士的宁、咖啡因、奎宁、阿托品等生物碱相继问世。其次，生理学的兴起对药理学发展发挥了重要作用。19 世纪生理学家建立了许多实验生理学的方法，并用来观察植物药和合成药对生理功能的影响。1819 年，法国生理学家马让迪（F. Magendie）用青蛙实验确定了士的宁的作用部位在脊髓。1878 年，英国生理学家兰利（J. Langley）提出了药物作用的受体假说，为现代受体学说奠定了基础。这些工作为药理学创造了实验方法，并系统地用于药物筛选。此后，诸如镇静催眠药、解热镇痛抗炎药和局部麻醉药等大量应用于临床。在此期间,德国科学家布克海姆(R. Buchheim)建立了第一个药理实验室,使药理学真正成为一门独立的学科。

三、现代药理学阶段

现代药理学阶段从 20 世纪初开始。1909 年,德国科学家埃利希(P. Ehrlich)发现砷凡纳明可以治疗梅毒,开创了应用化学药物治疗传染病的新纪元。1940 年,英国病理学家弗洛里(H. Florey)在弗莱明(A. Fleming)研究的基础上提取出青霉素,使化学治疗进入抗生素时代。20 世纪中叶自然科学的蓬勃发展为新药研究与开发提供了理论、技术和方法,使药理学研究从原来的系统、器官水平发展到细胞、亚细胞及分子水平,对药物作用机制的研究也逐步深入。随着其他学科的发展,尤其是分子生物学技术包括单克隆抗体技术、基因重组技术及基因敲除技术等应用,现代药理学的发展更加迅速,已形成许多各具特色的分支学科以及与其他学科相互渗透而形成的边缘交叉学科,如生化药理学、分子药理学、免疫药理学、临床药理学等。药理学已由过去的传统经典药理学逐步发展成为与基础医学和临床医学等多学科密切相关的综合学科。特别是分子药理学的发展不仅深入地阐明了许多药物的作用机制,准确地指导药物合成及基因工程药物的研制,而且促进了神经药理学、时辰药理学等学科的发展。

第三节　我国对现代药理学的贡献

20 世纪 20 年代,现代中药药理学的主要研究者陈克恢开始对麻黄进行研究,研究结果表明麻黄的有效成分麻黄碱的生理作用与肾上腺素类似且较持久,这是我国近代学者进行的首次中药药理学研究。50 年代血吸虫病主要用锑剂进行治疗,但锑剂有很大的不良反应。药理学家丁光生开始研究锑剂在体内的毒性与代谢,作为主要研究者研制出二巯丁二酸,成为我国首创的重金属广谱解毒药,用于锑、汞、铅、砷等中毒及肝豆状核变性。1965 年,我国科学家人工合成了结晶牛胰岛素,这是世界上第一次人工合成多肽类生物活性物质,引起世界轰动。从 70 年代开始,我国学者启动了三氧化二砷和全反式维 A 酸治疗急性早幼粒细胞白血病的研究,并从分子水平上揭示了相关作用机制,该治疗方案后来被推广至全球。60 年代末 70 年代初,以屠呦呦为代表的抗疟药物研究团队分离提取出青蒿素,为人类治疗疟疾作出重要贡献。屠呦呦荣获国家最高科学技术奖、诺贝尔生理学或医学奖。2019 年,国家药品监督管理局批准甘露特钠胶囊上市,用于治疗轻中度阿尔茨海默病,这是我国自主研发并拥有自主知识产权的创新药。

近年来我国新药研发数量快速增长,已处于世界领先水平,药品质量体系也逐步与国际接轨,创新水平和研发新药在临床上的意义和价值逐步得到国际认可,未来新药研发将继续保持强劲态势。人工智能技术为推动生物医药快速发展带来了新的曙光。与此同时,中医药发展也取得了巨大成就,一大批中成药制剂如复方丹参滴丸、速效救心丸、麝香保心丸等数在临床上广泛应用,并且出口到世界百余个国家和地区。

第四节　新药研究与开发

新药是指未曾在中国境内上市销售的药品。对已生产上市的药品改变剂型、改变给药途径、增加新的适应证或制成新的复方制剂,也属于新药范围,也按新药管理。新药研究与开发是非常严格而复杂的过程,是不断发现和提供安全、高效、适应疾病谱变化的药物的源泉,对保障人民健康和发展社会经济具有十分重要的意义。现代科学技术的进步推动了医药工业的发展,提高了新药研制水平,加快了新药开发速度。

新药研究过程分为临床前研究、临床研究和上市后药物监测三个阶段。

临床前研究包括药物制备工艺路线、理化性质、质量控制标准及用实验动物为研究对象进行药物效应动力学、药物代谢动力学及毒理学研究。

新药临床研究一般分为四期。Ⅰ期临床试验的研究对象为正常成年志愿者,是初步的临床药理学及人体安全性评价试验。Ⅱ期临床试验一般采用随机双盲对照临床试验形式,主要对新药的有效性和安全性作出初步评价。Ⅲ期临床试验为扩大的多中心临床试验,目的是进一步验证新药的有效性和安全性。通过Ⅲ期临床试验后,新药才能被批准生产和上市。

上市后药物监测即Ⅳ期临床试验,目的是考察新药在广泛长期临床应用的条件下药物的疗效和不良反应,评价新药使用的利益与风险的关系,调整给药剂量等。此期自该新药批准生产之日起计算,一般不超过 5 年。但不同的新药根据安全性和有效性、境内外研究状况等,监测期限有所不同。

国家鼓励具有自主知识产权的新药研究与开发。

（秦志华）

思考题

1. 简述药理学的研究内容。
2. 我国对现代药理学的重要贡献有哪些?

任务 2 | 药物代谢动力学

学习目标

1. 掌握药物的体内过程,首过消除、药酶等重要概念,药动学主要参数及其意义。
2. 熟悉影响药物吸收、分布、代谢、排泄的主要因素。
3. 了解药物跨膜转运的主要方式。
4. 能运用药动学知识解释药物的体内过程对药物作用的影响,开展临床用药咨询服务,指导患者合理用药。
5. 具备合理选药、正确用药、提高患者用药的依从性的职业素养。

药物代谢动力学(pharmacokinetics)简称药动学,是研究机体对药物的处置过程及血药浓度随时间变化规律的科学。机体对药物的处置过程包括机体对药物的吸收、分布、代谢和排泄过程,又称药物的体内过程。

第一节 药物的跨膜转运

药物的体内过程需要通过各种生物膜,这一过程称为药物的跨膜转运。生物膜主要由脂类、蛋白质和糖类组成。膜的结构是以脂质双分子层为基本骨架,极性部分向外,非极性部分向内,蛋白质镶嵌在脂质双分子层内。生物膜上布满细孔,称为膜孔,水和一些小分子水溶性物质可以通过。

一、药物跨膜转运的方式

药物的跨膜转运方式有被动转运(包括滤过和简单扩散)、载体转运(包括主动转运和易化扩散)和膜动转运(包括胞饮和胞吐)。

(一)被动转运

被动转运(passive transport)是指药物由膜的高浓度一侧向低浓度一侧的扩散过程。被动转运的特点是:①顺浓度差转运;②不需要载体;③不消耗能量;④无竞争现象;⑤无饱和现象。水溶性极性或非极性药物借助流体静压或渗透压,随体液通过细胞膜的水性通道进行跨膜转运,即水溶性扩散(又称滤过)。脂溶性药物溶解于细胞膜的脂质层,顺浓度差通过细胞膜,即脂溶性扩散(又称简单扩散)。多数药物以简单扩散进行跨膜转运。

(二)载体转运

载体转运(carrier transportation)是指细胞膜上的特殊跨膜蛋白控制体内一些重要的内源性生理物质(如糖、氨基酸、神经递质、金属离子)和药物进出细胞。这些跨膜蛋白称为转运体(transporter)。载体转运主要发生在肾小管、胆道、血-脑屏障和胃肠道。载体转运主要有主动转运和易化扩散两种方式。

1. **主动转运(active transport)** 主动转运是指药物从浓度低的一侧向浓度高的一侧转运。主动转运的特点为:①逆浓度差转运;②需要载体,且载体对药物具有特异性和选择性;③消耗能量;④存在竞争性抑制现象;⑤具有饱和现象。例如,青霉素和丙磺舒均由肾小管同一载体转运排泄,两药同时应用时,因丙磺舒占据了大量载体,使青霉素的主动转运被竞争性抑制,排泄减少,血药浓度维持时间延长,从而增强了青霉素的药理作用。

2. 易化扩散(facilitated diffusion)　易化扩散是指药物在细胞膜载体的帮助下由膜高浓度侧向低浓度侧扩散的过程。易化扩散不消耗能量,不能逆电位差转运。易化扩散可加快药物的转运速率。如维生素 B_{12} 经胃肠道吸收、葡萄糖进入红细胞、甲氨蝶呤进入白细胞等均以易化扩散方式转运。

(三) 膜动转运

膜动转运(membrane moving transport)是指大分子物质通过膜的运动而转运,包括胞饮和胞吐。胞饮(pinocytosis)又称吞饮或入胞,是指某些液态蛋白质或大分子物质通过细胞膜的内陷,形成胞饮泡而进入细胞内。如脑垂体后叶粉剂可从鼻黏膜给药,以胞饮方式吸收。胞吐(exocytosis)又称胞裂外排或出胞,是指胞质内的大分子物质以外泌囊泡的形式排出细胞的过程。如腺体分泌激素及神经末梢释放递质。

二、影响药物跨膜转运的因素

绝大多数药物属于弱酸性或弱碱性有机化合物,在体液中均不同程度地解离。分子型(非解离型)药物疏水而亲脂,易通过细胞膜;离子型(解离型)药物极性高,不易通过细胞膜。药物解离度取决于体液 pH 和药物解离常数。改变体液 pH 可明显影响弱酸性或弱碱性药物的解离度;药物以简单扩散方式通过细胞膜时,除受药物解离度和体液 pH 的影响,药物分子跨膜转运的速率还与膜两侧药物浓度差、膜面积、膜通透系数和膜厚度等因素有关。药物通过膜面积大的器官(如肺、小肠)的细胞膜脂质层的速度远比膜面积小的器官(如胃)快;血流量丰富、流速快时,不含药物的血液能迅速取代含有较高药物浓度的血液,从而维持很大的浓度差,使药物跨膜转运的速率增高;营养状况和蛋白质的摄入影响细胞膜转运蛋白的数量,从而影响药物的跨膜转运。

第二节　药物的体内过程

一、药物的吸收

药物的吸收(absorption)是指药物从给药部位进入血液循环的过程。药物吸收的速度和程度决定药理效应产生快慢和强弱。影响药物吸收的因素如下。

(一) 药物的理化性质

药物的分子量越小,脂溶性越高或极性越小,越易吸收。不溶于水又不溶于脂类的药物(如活性炭等)口服后只能在肠道中发挥局部作用。

(二) 药物的剂型

药物可制成多种剂型,如溶液剂、糖浆剂、片剂、胶囊剂、颗粒剂、注射剂、气雾剂、栓剂等。剂型不同,给药途径不同,药物吸收速度也不同。如片剂的崩解、胶囊剂的溶解等均可影响口服给药的吸收速度;油剂和混悬剂注射液可在给药局部滞留,使药物吸收缓慢而持久。缓释制剂(sustained-release preparation)利用无药理活性的基质或包衣阻止药物迅速溶出,以达到非恒速缓慢释放的效果。控释制剂(controlled-release preparation)可以控制药物按零级动力学恒速或近恒速释放,以保持恒速吸收,既保证疗效的持久性,又方便使用。

（三）药物的给药途径

除静脉给药的药物直接进入血液循环外，其他给药途径均存在药物吸收过程。按照给药途径的不同，药物吸收快慢的顺序为：吸入给药 > 舌下给药 > 肌内注射（肌注）给药 > 皮下注射给药 > 口服给药 > 皮肤给药。吸入给药、舌下给药、肌内注射给药、皮下注射给药吸收较完全，口服给药次之。静脉给药包括静脉注射（静注）和静脉滴注（静滴）。

1. 口服给药　口服给药是较安全、方便、经济的给药途径，也是最常用的给药途径。药物主要经小肠黏膜吸收入血，这是由于小肠吸收面积大、血流丰富，少数弱酸性药物可在胃中吸收，胃肠吸收的药物须通过毛细血管经肝门静脉再进入体循环。口服药物在通过肠黏膜及肝脏时经过代谢灭活，使进入体循环的药量减少，药效随之减弱，称为首过消除（first pass elimination），又称首过效应（first pass effect）或首关代谢（first pass metabolism）。为避开首过消除，可采用舌下给药或直肠给药。

2. 舌下给药　药物经舌下给药，可以通过血流丰富的颊黏膜吸收入血，直接进入全身血液循环，可在很大程度上避开首过消除。如硝酸甘油口服给药首过消除大，故采用舌下含服。

3. 直肠给药　药物经直肠给药，一条途径是药物通过直肠上静脉，经肠系膜下静脉、脾静脉到肝门静脉入肝脏，在肝脏代谢后再转运至全身；另一条途径是药物通过直肠下静脉和肛静脉、髂静脉进入下腔静脉，从而绕过肝脏直接进入血液循环。因此，直肠给药应注意给药部位，为避开首过消除，药物经直肠给药至距离肛门 1.0~1.5cm 处，不宜过深。如药物不受首过消除影响，如对乙酰氨基酚栓经直肠给药可至距离肛门 2~4cm 处。

4. 皮下注射给药和肌内注射给药　药物经皮下注射给药和肌内注射给药，主要经毛细血管吸收入血。肌肉组织的血流量比皮下组织丰富，故药物肌内注射比皮下注射吸收速度快。皮下注射虽然起效慢，但作用维持时间长，如胰岛素皮下注射。

5. 吸入给药　药物经吸入给药，可以通过肺泡上皮细胞吸收入血。由于肺泡表面积大、血流量丰富，吸入给药后药物吸收速度快，如沙丁胺醇雾化吸入。

（四）吸收环境

药物局部吸收面积、血液循环情况、局部环境 pH、胃排空速度、肠蠕动速度等均可影响药物的吸收。如口服给药空腹服药吸收快，餐后服药吸收较缓慢；皮下注射胰岛素，腹部较上臂外侧吸收快，上臂外侧较股前外侧吸收快。

二、药物的分布

药物的分布（distribution）是指药物吸收后经过血液循环到达机体各个组织器官的过程。影响药物分布的因素如下。

（一）药物的血浆蛋白结合率

血液中的药物与血浆蛋白结合的百分率表示药物与血浆蛋白的结合程度。多数药物进入血液循环后能不同程度地与血浆蛋白可逆性结合，结合后呈现以下特点：①结合型药物分子量大，不能跨膜转运，暂时失去药理活性，也不能被代谢或排泄，故血浆蛋白结合率高的药物在体内消除较慢，作用维持时间较长。当血浆中游离型药物浓度降低时，结合型药物解离为游离型药物，使两者始终处于动态平衡状态。②因血浆蛋白结合点有限，具有饱和性，当血药浓度过高、结合达到饱和时，血浆内游离型药物浓度可骤升，作用增强或毒性增大。③存在竞争现象，药物与血浆蛋白结合特异性低，与相同蛋白结合的两种药物可在结合部位发生竞争性置换现象，也可使游离型药物增加。如抗凝血药双香豆素与解热镇痛药保泰松的血浆蛋白结合率分别为 99% 和 98%，当两药同时应用时因竞争置换而使双香豆素结合率下降，游离型药物浓度增加，可致抗凝血作用增强，甚至出现自发性出血等不良反应。

（二）体液的 pH

在生理状态下，细胞外液 pH 为 7.4，细胞内液 pH 为 7.0，弱酸性药物在细胞外液中易解离，不易进入细胞内液，弱碱性药物则相反。如果改变体液的 pH，则可改变药物的分布，如弱酸性药巴比妥类中毒时，用碳酸氢钠碱化血液及尿液，可促使药物从脑组织向血浆转移，并加速经肾随尿排出体外。

（三）药物与组织的亲和力

大多数药物在体内分布是不均匀的，药物与组织的亲和力与药物分布的多少有关。当连续给药，血药浓度和组织中的浓度达到动态平衡时，各组织中药物浓度并不均等，血药浓度与组织内的浓度也不相等，这是由于药物与各组织的亲和力不同所致。如碘剂主要分布到甲状腺，氯喹在肝内的浓度高。

（四）组织器官的血流量

药物由血液向各组织器官分布的速度主要取决于该组织器官的血流量。如肝、肾、脑、肺等血流丰富的器官药物分布较快，皮肤、脂肪等组织药物分布较慢。组织器官的血流量并不能决定药物的最终分布浓度。如静脉注射麻醉药硫喷妥钠，首先分布到血流量大的脑组织发挥作用，随后向血流量少的脂肪组织转移，以致患者苏醒，这称为药物在体内的再分布。

（五）体内屏障

1. 血-脑屏障（blood-brain barrier，BBB） 脑组织内的毛细血管内皮细胞紧密相连，内皮细胞之间无间隙，且毛细血管外表面几乎均被星形胶质细胞包围，这种特殊结构形成了血浆与脑脊液之间的屏障。此屏障能阻碍许多大分子、水溶性或解离型药物通过，只有脂溶性高的药物才能通过血-脑屏障。这种大脑自我保护的生理屏障有利于维持中枢神经系统内环境的相对稳定。婴幼儿血-脑屏障发育不完善，中枢神经系统易受某些药物的影响。炎症也会改变血-脑屏障的通透性，如脑膜炎时血-脑屏障对青霉素的通透性增高，使青霉素在脑脊液中能达到有效治疗浓度，而其他疾病应用相同剂量的青霉素时进入脑脊液的药物较少。

2. 胎盘屏障（placental barrier） 胎盘绒毛与子宫血窦间的屏障称为胎盘屏障。该屏障由数层生物膜组成，其通透性与生物膜相似，几乎所有能通过生物膜的药物都能穿透胎盘进入胎儿体内。药物进入胎盘后即在胎儿体内循环，并很快在胎盘和胎儿之间达到平衡，此时胎儿血液和组织内的药物浓度通常与母亲的血浆药物浓度相似。因此，妊娠期间用药应谨慎，禁用对胎儿发育有影响的药物。

3. 血眼屏障（blood-eye barrier） 血眼屏障是血-视网膜、血-房水、血-玻璃体屏障的总称。全身给药时，药物在房水、晶状体和玻璃体等组织难以达到有效浓度，采取局部滴眼或眼周给药如结膜下注射、球后注射及结膜囊给药等，可提高眼内药物浓度，并减少全身不良反应。

三、药物的代谢

药物的代谢（metabolism）是指药物在体内发生的化学结构和药理活性的变化，又称生物转化（biotransformation）。药物经过代谢可改变药理活性，多数药物由活性药物转化为无活性的代谢物，称为灭活；少数药物由无活性或活性较低的药物转化为有活性或活性较高的代谢物，称为活化。个别药物转化为有毒性的代谢物，称为毒性反应。肝脏是药物代谢的主要器官，其次是肠、肾、肺等。药物在肝脏代谢时受肝功能影响，肝功能不全时药物代谢减慢，使药物在体内蓄积。

（一）药物代谢方式

药物在体内代谢是在酶的催化下进行的，有氧化、还原、水解、结合 4 种方式，可分为两个时相：Ⅰ相反应为氧化、还原、水解反应，在药物分子结构中加入或使之暴露出极性基团；Ⅱ相反应为结合反应，药物分子结构中的极性基团与体内的葡萄糖醛酸、乙酰基、硫酸基、甲基等结合，使药物水溶性和极性增加,易通过肾脏随尿排出体外。

(二)药物代谢酶

1. 专一性酶 专一性酶是特异性酶,针对特定的化学结构基团进行代谢,分别存在于肝、肾、肺、肠、神经组织及血浆中,如胆碱酯酶、单胺氧化酶(monoamine oxidase,MAO)等。

2. 非专一性酶 非专一性酶是非特异性酶,为肝脏微粒体单加氧酶(混合功能氧化酶)系统,又称肝药酶。肝药酶由许多结构和功能相似的细胞色素 P450(cytochrome P450,CYP450)同工酶组成,主要参与药物代谢的 I 相反应。其特点为:①选择性低,能对多种药物进行代谢。②个体差异大,常因种族、遗传、年龄、机体状态等因素的影响而产生明显的个体差异。③易受药物影响,表现为酶活性增强或减弱。

CYP450 主要包括 3 个家族:CYP1、CYP2、CYP3。参与药物代谢的有 7 种重要的同工酶:CYP1A2、CYP2A6、CYP2C9、CYP2C19、CYP2D6、CYP2E1、CYP3A4。CYP3A4 和 CYP2C9 在人体中含量丰富,前者代谢约 50% 的药物,后者代谢约 10% 的药物。两者具有遗传多态性,了解其酶学特点,可为临床个体化治疗和预测药物的相互作用奠定基础。例如,阿司匹林加氯吡格雷双联抗血小板治疗是预防心脑血管血栓栓塞性疾病的重要基石。CYP2C19 参与氯吡格雷活性代谢产物的形成,其基因多态性使氯吡格雷抗血小板作用存在个体差异,所以在患者服用氯吡格雷之前须做 CYP2C19 基因检测,从而预测患者是否适用氯吡格雷,并制定合理的给药剂量。

(三)肝药酶的诱导与抑制

某些药物可使肝药酶的活性增强或减弱,从而影响该药本身及其他药物的代谢和作用(表 1-2-1)。

表 1-2-1 临床常用的 CYP450 诱导剂和抑制剂

CYP450	诱导剂	抑制剂
CYP1A2	奥美拉唑、兰索拉唑、埃索美拉唑、胰岛素、卡马西平、灰黄霉素等	洛美沙星、美西律、诺氟沙星、氧氟沙星、奋乃静等
CYP2A6	地塞米松、苯巴比妥、利福平等	香豆素、奎尼丁、氟西汀等
CYP2C9	苯巴比妥、利福平等	苯妥英钠、氟康唑、华法林、甲苯磺丁脲等
CYP2C19	苯巴比妥、利福平等	氯霉素、埃索美拉唑、吲哚美辛、伏立康唑、异烟肼、胺碘酮等
CYP2D6	利福平、苯妥英钠、苯巴比妥、卡马西平等	胺碘酮、氯苯那敏、氯丙嗪、西咪替丁、苯海拉明、美沙酮等
CYP2E1	异烟肼、乙醇等	双硫仑、红霉素、环孢素等
CYP3A4	苯巴比妥、苯妥英钠、地塞米松、卡马西平、利福平、咪达唑仑等	多西环素、依诺沙星、红霉素、西咪替丁、伊曲康唑等

1. 肝药酶诱导剂(enzyme inducer) 能增强肝药酶活性或增加肝药酶生成的药物称为肝药酶诱导剂。如巴比妥类、苯妥英钠等有肝药酶诱导作用,能加速药物的消除而使药效减弱,若与抗凝血药双香豆素合用,可加速双香豆素代谢,降低其血药浓度,使药效减弱。有些经肝药酶代谢的药物本身也是肝药酶诱导剂,因而也可加速药物自身的代谢。

2. 肝药酶抑制剂(enzyme inhibitor) 能减弱肝药酶活性或减少肝药酶生成的药物称为肝药酶抑制剂。如氯霉素、西咪替丁等有肝药酶抑制作用,能减慢在肝脏代谢药物的消除而使药效增强,若与双香豆素合用,可减慢双香豆素代谢,使其血药浓度升高,甚至引起自发性出血。

氯吡格雷的抗血小板活性除了受 CYP2C19 基因多态性影响,还与合用药物的相互作用有关,CYP2C19 诱导剂如苯巴比妥等可提高氯吡格雷的抗血小板作用,CYP2C19 抑制剂如氯霉素等可降低氯吡格雷的抗血小板作用。常用的质子泵抑制剂也经过 CYP2C19 代谢,与氯吡格雷竞争 CYP2C19 的同一结合位点,使氯吡格雷活性代谢产物减少,从而降低其抗血小板作用。

四、药物的排泄

药物的排泄（excretion）是指药物以原形或其代谢产物形式通过排泄或分泌器官自体内排出体外的过程。排泄是药物从机体消除的重要方式，肾是主要排泄器官，胆道、肠道、肺、乳腺、唾液腺、汗腺及泪腺等也可排泄某些药物。药物经这些器官排泄时具有以下共同规律：①多数药物的排泄属于被动转运，少数药物属于主动转运。②排泄物可以是水溶性代谢物，也可以是在体内未经转化的药物原形，大多数药物部分以原形、部分以代谢物形式排泄。③药物在排泄器官中浓度较高时既具有治疗价值，同时也可造成某种程度的不良反应。④这些排泄器官功能不全时，药物排泄速率减慢。代谢与排泄统称为药物的消除过程。

（一）肾排泄

1. 肾排泄药物的方式

（1）**肾小球滤过**：由于肾小球膜孔较大、血流丰富、滤过压高，大多数游离型药物及其代谢物均易通过肾小球滤过，但与血浆蛋白结合的药物不易滤过，所以血浆蛋白结合率高的药物排泄较慢。

（2）**肾小管分泌**：少数药物在近曲小管经载体主动转运，自血浆进入肾小管排泄。药物可分为弱酸性药物和弱碱性药物两大类，分别由弱酸性或弱碱性载体转运。

2. 肾排泄药物的特点

（1）**肾小管重吸收**：药物及其代谢产物自肾小球滤过到达肾小管后，极性低、脂溶性高、非解离型的药物及其代谢产物可重吸收进入血液，使之排泄延缓。

（2）**竞争性抑制现象**：经同一类载体转运的两种药物同时应用时，两者存在竞争性抑制现象。如丙磺舒与 β-内酰胺类合用时，相互竞争同一载体，丙磺舒抑制青霉素的主动分泌，使后者血药浓度升高，排泄减慢，作用时间延长，药效增强。

3. 影响肾排泄药物的因素

（1）**肾功能**：药物经肾排泄受肾功能状态的影响，肾清除率与肾小球滤过率成正比，而肾小球滤过率又与肾血流量成正比。肾功能不全时，主要自肾排泄的药物消除减慢，可致药物蓄积中毒，宜相应减少药物的剂量或延长给药间隔时间，对肾排泄较慢的药物如强心苷类等尤其应注意。

（2）**尿液 pH**：改变肾小管内尿液 pH 可使弱酸性或弱碱性药物的排泄加速或延缓。

（二）胆汁排泄

有些药物及其代谢产物可经胆汁排泄。任何影响肝血流量、肝细胞对药物的摄取、药物在肝内的代谢、药物向胆汁的转运、胆汁形成的速度等因素，均可影响药物从胆汁排泄。经胆汁排泄的药物胆道内药物浓度较高，可用于治疗胆道疾病，如红霉素、利福平等治疗胆道感染。从胆汁排入肠腔的药物可再经小肠上皮细胞吸收，经肝脏进入血液循环，药物在肝脏、胆汁、小肠间的循环称为肝肠循环（hepato-enteral circulation）。肝肠循环可使药物作用时间延长，当胆道引流或阻断肝肠循环时可加速药物的排泄。如考来烯胺可阻断洋地黄毒苷的肝肠循环，用于后者中毒的解救。

（三）其他途径排泄

药物还可从乳汁、唾液、泪液、汗液、肠道及肺排泄，这些途径的排泄受药物脂溶性、解离度、所处环境 pH 等因素的影响。如乳汁 pH 略低于血浆，又富含脂质，脂溶性强或弱碱性药物（如阿托品、吗啡等）可由乳汁排泄而影响乳儿，哺乳期妇女用药应注意。有些药物（如苯妥英钠）经唾液排出时，唾液中药物的排出量与血药浓度有良好的相关性，由于唾液标本易采集且无创伤，临床上可取唾液代替血标本进行血药浓度监测。某些药物（如利福平等）可由汗液排出。有些药物经肠黏膜分泌到肠道，随粪便排出体外。肺是挥发性药物的主要排泄途径，如检测呼气中的乙醇含量可间接判定血液乙醇含量，常用此法检测机动车驾驶员是否酒后驾车。

第三节 药物的速率过程

药物在体内转运或转化过程中始终伴随着药物体内浓度随时间变化而变化的动态过程,称为药物的速率过程或动力学过程。药动学参数的计算能够定量反映药物在体内的这种动态变化规律,是临床制订和调整给药方案的重要依据。

一、血药浓度变化的时间过程

(一) 血药浓度-时间曲线

以血药浓度为纵坐标、时间为横坐标作图,即为血药浓度-时间曲线,简称药-时曲线。口服给药形成的曲线由迅速上升的以吸收为主的吸收相和缓慢下降的以消除为主的消除相两部分组成,静脉注射给药形成的曲线由急速下降的以分布为主的分布相和缓慢下降的以消除为主的消除相两部分组成(图1-2-1)。药物效应随时间的变化而变化的规律称为时效关系。若将药-时曲线纵坐标的血药浓度改为药物效应,可得到时间-效应曲线(时效曲线)。由于血药浓度与药物效应呈正相关,血药浓度的变化易于监测,所以药-时曲线更为常用。

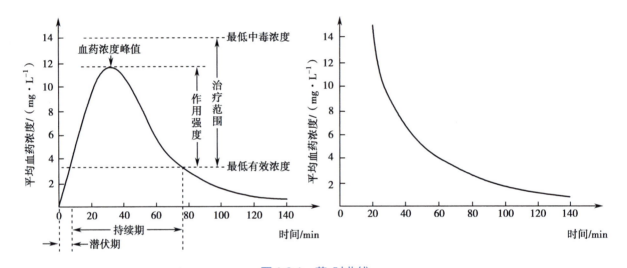

图 1-2-1 药-时曲线

左图为口服给药的药-时曲线,右图为静脉注射给药的药-时曲线。

(二) 药-时曲线的意义

1. **药-时曲线的形态** 药-时曲线的形态有助于定量分析药物在体内的动态变化过程。体内的药物吸收速度大于消除速度时曲线上升,故曲线升段反映药物吸收及分布的快慢,吸收快的药物曲线升段坡度陡。曲线的最高点为高峰浓度,此时药物的吸收速度与消除速度相等。体内药物的消除速度大于吸收速度时曲线下降,故曲线降段反映药物消除的快慢,消除快的药物曲线下降快。

2. **药-时曲线的时间段** 药-时曲线的时间段反映药物在体内的时间过程,受药物的吸收与消除速率影响。①潜伏期是指给药后到开始呈现疗效或达到有效血药浓度的时间,静脉给药一般无潜伏期。②显效时间是指药物刚开始产生疗效或刚达到最小有效血药浓度的时间。③达峰时间是指药物在体内达到高峰浓度的时间。④持续期是指药物维持最小有效血药浓度或基本疗效的持续时间。⑤残留期是指体内药物降至最小有效浓度以下,直至在体内完全消除的时间。

3. **曲线下面积**(area under the curve,AUC) 药-时曲线下覆盖的面积称为曲线下面积,反映药物进入体循环的相对量,与吸收进入血液循环的药物相对累积量成比例。

二、房室模型

房室模型是广泛应用于定量分析药物在体内动态变化的数学模型。假设机体由几个互相连通的房室组成,这个房室不是解剖学上分隔体液的房室,而是根据药物在体内的转运速率,以数学方法划分的药动学概念的房室,是反映药物分布状况的假设空间。凡分布特点相同、摄取或消除药物速率相似、药物浓度同步增减的器官组织,可划归为同一房室。其中一室模型和二室模型应用较多,三室模型或多室模型较为复杂,虽有理论意义,但实际应用较少。

(一)一室模型

药物在体内转运速率高,在全身体液和各组织器官中分布可迅速达到动态平衡,此时的整个机体可视为单一房室,此房室的容积就是药物在体内的表观分布容积。一室模型分布的药物从体内消除的速率常与血药浓度成正比。

(二)二室模型

药物在体内组织器官中的分布速率不同,吸收后首先分布到血流丰富的组织器官,然后再分布到血流较少的组织器官。因此,设想机体是由相互贯通的中央室和周边室组成。中央室包括血液及心、肝、脑、肺、肾等血流量丰富并迅速与血液中药物达到平衡的器官,分布容积较小。周边室包括肌肉、皮肤、脂肪、骨髓等血流量相对较少,且不能立即与血液中药物达到平衡的器官,分布容积较大。但两者的界限并不明确,药物能在中央室和周边室之间可逆性转运。药物的消除发生在中央室。二室模型考虑了药物体内分布过程的影响,较好地反映了体内药物浓度的动态变化,多用于药动学研究。

三、药物消除动力学

药物自血浆的消除(elimination)是指进入血液循环的药物由于分布、代谢和排泄,血药浓度不断衰减的过程。

(一)恒比消除

恒比消除即单位时间内体内药量以恒定比例消除,又称一级动力学消除。其药-时曲线在常规坐标图上作图时呈曲线,在半对数坐标图上则为直线(图 1-2-2),故一级动力学消除也称线性消除。机体消除功能正常,体内药量未能超过机体的最大消除能力时,如大多数药物在治疗量时的消除,呈恒比消除。

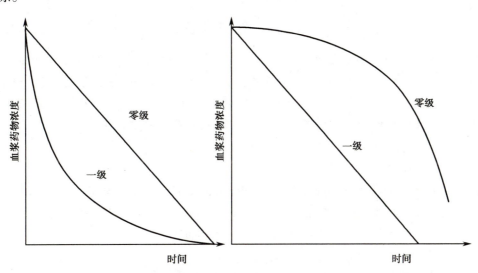

图 1-2-2　恒比消除与恒量消除的药-时曲线
左图为常规坐标图,右图为半对数坐标图。

（二）恒量消除

恒量消除即单位时间内体内药量以恒量消除,又称零级动力学消除。在半对数坐标图上其药-时曲线呈曲线(图1-2-2),故零级动力学消除又称非线性消除。血中药物消除速率与血药浓度无关。当机体消除功能低下,或用药剂量过大、超过机体的最大消除能力时,机体消除能力达饱和,此时药物按恒量消除。

（三）混合消除

有些药物在体内可表现为混合消除,即在高浓度时呈恒量消除,但当血药浓度下降到最大消除能力以下时,又可转为恒比消除,如苯妥英钠、阿司匹林等。

四、药物代谢动力学基本参数

（一）生物利用度

1.概念 生物利用度(bioavailability)是指非血管内给药时药物吸收进入血液循环的药量占所给总药量的百分率,用 F 表示,计算公式为:

$$F=A/D×100\%$$

式中: A 为进入血液循环的药量; D 为实际给药总量,通常用血管内给药所得药-时曲线下面积表示。药物静脉注射全部进入血液循环, F 值为100%。以口服药物为例,其绝对生物利用度和相对生物利用度计算公式为:

$$绝对生物利用度(\%)= 口服等量药物后 AUC/静脉注射等量药物后 AUC×100\%$$
$$相对生物利用度(\%)= 待测制剂 AUC/标准制剂 AUC×100\%$$

2.意义

(1)生物利用度是评价药物吸收率、药物制剂质量或生物等效性的一个重要指标。

(2)绝对生物利用度可用于评价同一药物不同途径给药的吸收程度。

(3)相对生物利用度可用于评价药物剂型对吸收率的影响,可以反映不同厂家同一种制剂或同一厂家不同批号药品的吸收情况。

(4)生物利用度还反映药物吸收速度对药效的影响。同一药物的不同制剂 AUC 相等时,吸收快者血药浓度达峰时间短且峰值高。

知识拓展

药物一致性评价

药物一致性评价即药品一致性研究,是仿制药必须与原研药"管理一致性、中间过程一致性、质量标准一致性等全过程一致"的高标准要求,具体要求杂质谱一致、稳定性一致、体内外溶出规律一致,是保证药品生物等效性的前提。《国家药品安全"十二五"规划》明确要求未通过药品质量一致性评价的仿制药不予再注册和注销其药品批准证明文件。

（二）表观分布容积

1.概念 表观分布容积(apparent volume of distribution, V_d)是假设药物在血浆和组织内分布达到平衡时,按照血药浓度(C)推算体内药物总量(A)在理论上应占有的体液容积,计算公式为:

$$V_d(L)=A(mg)/C(mg/L)$$

2.意义

(1)所测得的 V_d 并非药物在体内真正占有的体液容积,仅反映所测药物在组织中分布的范围、结合程度的高低。 V_d 的大小取决于药物脂溶性和药物与组织的亲和力。

（2）根据 V_d 可推测药物分布范围。对一个 70kg 体重的正常人，如 V_d 为 5L 左右，相当于血浆的容量，表示药物主要分布于血浆；如 V_d 为 10~20L，相当于细胞外液的容量，表示药物分布于细胞外液；如 V_d 为 40L，相当于细胞内、外液容量，表示药物分布于全身体液；如 V_d 为 100~200L，则表示药物可能在特定组织器官中蓄积，即体内有"贮库"，如对甲状腺、肝及脂肪组织有较高亲和力的药物。

（3）根据 V_d 还可推算体内药物总量、血药浓度、达到某血药浓度所需药物剂量及排泄速度。V_d 小的药物排泄快，V_d 越大则药物排泄越慢。

（三）半衰期

1. 概念 半衰期（half-life time，$t_{1/2}$）通常指血浆半衰期，即血浆药物浓度下降一半所需要的时间。大多数药物的消除速率属于恒比消除，$t_{1/2}$ 是恒定值。$t_{1/2}$ 是药物消除速率的一个重要参数。

2. 意义

（1）$t_{1/2}$ 反映药物消除的速度和体内消除药物的能力，可用于计算血药浓度、作用持续时间，确定给药间隔、给药量。

（2）恒比消除的药物一次给药后经 4~5 个 $t_{1/2}$，药物从体内消除 97% 以上，即基本消除。按 $t_{1/2}$ 的长短可将药物分类为：超短效，$t_{1/2} \leq 1h$；短效，$t_{1/2}$ 为 1~4h；中效，$t_{1/2}$ 为 4~8h；长效，$t_{1/2}$ 为 8~12h；超长效，$t_{1/2} > 24h$。

（3）恒比消除的药物间隔 1 个 $t_{1/2}$ 给药时，经 4~5 个 $t_{1/2}$，药物在体内可达到稳态血药浓度。对肝、肾功能不全者，绝大多数药物的 $t_{1/2}$ 延长，应调整用药剂量或给药间隔。

（4）恒比消除的药物间隔 1 个 $t_{1/2}$ 给药时，首剂药量加倍（负荷量等于 2 倍维持量），以后用维持量，可在首次给药后迅速达到稳态血药浓度。给予负荷量是快速、有效的给药方法，但仅适用于安全范围大、起效较慢的药物。

（四）清除率

清除率（clearance，CL）是指机体消除器官在单位时间内清除药物的血浆容积。CL 与消除速率常数及表观分布容积成正比，计算公式为：

$$CL = k \cdot V_d$$

清除率是药物自体内消除的一个重要指标，是肝、肾及其他清除器官清除率的总和。对恒比消除的药物，清除率是一个恒定值；对恒量消除的药物，清除率则是可变的。

（五）稳态血药浓度

临床治疗常须连续给药，以维持有效血药浓度。恒比消除或恒量消除的药物连续恒速或分次恒量给药时，当给药速度大于消除速度，血药浓度会逐渐增高，体内药物蓄积；当给药速度等于消除速度，血药浓度维持在一个相对稳定的水平，称为稳态血药浓度（steady state concentration，C_{ss}），其波动的峰值为峰浓度（C_{max}），谷值为谷浓度（C_{min}），两者之间相对距离为波动幅度。临床用药可根据药动学参数如 V_d、CL、$t_{1/2}$、AUC 等计算给药剂量及设计给药方案，达到并维持有效稳态血药浓度。

1. 达到稳态时间与 $t_{1/2}$ 成正比 按维持剂量给药时，通常需要 4~5 个 $t_{1/2}$ 达到稳态血药浓度。临床需要立即达到有效血药浓度时，可在首次给药时采用负荷剂量，以后用维持剂量，这样可使稳态血药浓度提前产生。如果口服给药，每隔 1 个 $t_{1/2}$ 给药一次，负荷剂量可采用首剂加倍；持续静脉滴注给药时，负荷剂量可采用 1.44 倍第 1 个 $t_{1/2}$ 静脉滴注量静注（图 1-2-3）。

2. 稳态血药浓度波动与给药间隔有关 单位时间内给药总量不变时，延长或缩短给药间隔将影响血药浓度的波动幅度。静脉恒速滴注时，血药浓度可以平稳地达到稳态血药浓度，分次给药血药浓度可上下波动，给药间隔时间越长波动越大。缩短给药时间，达稳态时间不变，但稳态浓度升高（图 1-2-4 左图）。

3. 稳态血药浓度高低与给药剂量有关 单位时间内恒量给药时，稳态浓度的高低取决于连续给药的剂量，剂量大稳态浓度高，剂量小则稳态浓度低。增加给药剂量，达稳态时间不变，但血药浓度会升高（图 1-2-4 右图）。

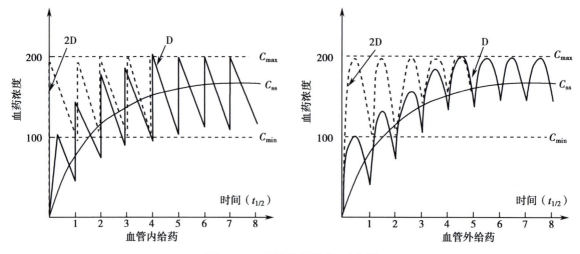

图 1-2-3　连续给药的药-时曲线

D：每个 $t_{1/2}$ 的给药量；2D：首剂加倍量；C_{ss}：平均稳态血药浓度。

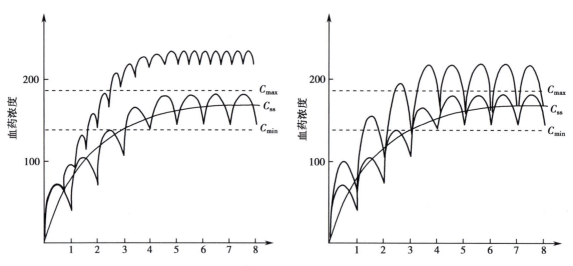

图 1-2-4　多次间歇给药的药-时曲线

左图为缩短给药时间，右图为增加给药剂量。

知识拓展

治疗药物监测

治疗药物监测（therapeutic drug monitoring，TDM）是指通过测定患者体内的药物暴露、药理标志物或药效指标，利用定量药理模型，以药物治疗窗为基准，制订适合患者的个体化给药方案。近年来广泛应用的治疗药物监测方法有高效液相层析技术（HPLC）、液相层析-质谱联用分析（LC-MS）、荧光偏振免疫分析（FPIA）、酶联免疫吸附分析（ELISA）、放射免疫分析（RIA）等。

治疗药物监测主要用于治疗指数低、毒性反应强、最低有效浓度与中毒浓度十分接近、容易发生过量中毒的药物。临床需要进行监测的药物包括：强心苷类，如洋地黄毒苷、地高辛；抗心律失常药，如普鲁卡因胺、利多卡因、奎尼丁、胺碘酮；抗癫痫药，如苯妥英钠、苯巴比妥、丙戊酸钠、卡马西平；三环类抗抑郁药，如阿米替林、丙米嗪等；抗躁狂药，如碳酸锂；平喘药，如茶碱;氨基糖苷类,如庆大霉素、妥布霉素、卡那霉素;其他抗生素,如氯霉素、万古霉素;抗肿瘤药,如甲氨蝶呤;免疫抑制药,如环孢素;抗风湿药,如水杨酸。

（秦志华）

思考题

1. 什么是首过消除? 首过消除对临床用药有何意义?
2. 肝药酶诱导剂和肝药酶抑制剂对临床用药有何意义?
3. 半衰期和稳态血药浓度对临床用药有何意义?

任务 3 | 药物效应动力学

学习目标

1. 掌握药物的基本作用、药物作用的类型，药物不良反应的类型。
2. 熟悉药物的量效关系、受体理论。
3. 了解药物的作用机制。
4. 能运用药效学知识解释临床药物治疗方案、药物不良反应。
5. 具备职业素养，理解药物作用的两重性，建立以患者为中心、安全用药的观念。

药物效应动力学（pharmacodynamics）简称药效学，是研究药物对机体的作用及其作用规律的科学。

第一节　药物的作用

一、药物作用的基本规律

（一）药物作用与药理效应

药物作用（drug action）是药物与机体大分子间的初始作用，而药理效应（pharmacological effect）是药物与机体大分子相互作用引起机体生理、生化功能的变化。例如，肾上腺素对血管的初始作用是激动 α 受体，而药理效应是引起血管收缩、血压上升。这种区分有助于分析药物的作用机制，但在通常情况下药物作用和药理效应两者相互通用。

（二）药物的基本作用

兴奋作用和抑制作用是药物的基本作用，兴奋是使机体器官原有功能水平提高或增强，抑制是使机体器官原有功能水平降低或减弱。从治疗学的角度来看，药物通过将机体病理生理状态调整为正常生理功能状态而发挥治疗作用。因此，对机体功能低下者，选用具有兴奋作用的药物；对机体功能亢进者，选用具有抑制作用的药物，从而使机体功能在药物的作用下达到新的动态平衡。

二、药物作用的类型

（一）直接作用和间接作用

直接作用是指药物对所接触的组织器官直接产生的作用。由直接作用引发的其他作用称为间接作用。如去甲肾上腺素激动血管平滑肌上的 α 受体，使血管收缩、血压升高，属于直接作用；当血压升高后，通过机体压力感受性反射使心率减慢，则属于间接作用。

（二）局部作用和吸收作用

局部作用是指药物吸收入血之前在用药部位产生的作用。如局部麻醉药丁卡因涂于黏膜表面,可使黏膜下神经麻醉。药物从给药部位吸收入血后分布到机体各组织器官所呈现的作用称为吸收作用或全身作用,如阿司匹林的解热镇痛作用。有些外用药也可以通过皮肤或黏膜产生吸收作用。

(三) 药物作用的选择性

药物对机体不同组织器官的作用性质或作用强度方面的差异称为药物作用的选择性。一般来说,这种选择性与药物在体内的分布、机体组织器官的结构及生化功能等方面的差异有关,并取决于药物与组织的亲和力和组织细胞对药物的反应性。

在治疗剂量下,选择性高的药物,作用专一性强,不良反应较少,如尼可刹米治疗剂量时可选择性兴奋延髓呼吸中枢。而选择性低的药物作用较广泛,不良反应较多,如抗肿瘤药等。药物的选择性是相对的,与用药剂量有关。当尼可刹米用量增大时,可广泛兴奋中枢神经系统,甚至导致惊厥。

在多数情况下,药物作用的选择性与药物作用的特异性有关,但有的药物作用的特异性与其选择性并不平行。如阿托品特异性阻断 M 受体,由于 M 受体分布广泛,阿托品对腺体、内脏、心血管、神经系统等可产生较广泛的药理效应。

三、药物作用的两重性

药物既有防治疾病的作用,也可给患者带来不适和危害,故药物作用具有两重性,即防治作用和不良反应。

(一) 防治作用

凡符合用药目的或能达到防治疾病效果的作用称为防治作用,包括预防作用和治疗作用。治疗作用是指药物引起符合用药目的的作用,是有利于防病、治病的作用。根据治疗目的的不同,可将治疗作用分为对因治疗和对症治疗。

1. 预防作用(preventive action) 用药目的在于预防疾病的发生。如接种疫苗预防疾病的发生,使用维生素 D 预防佝偻病等。

2. 对因治疗(etiological treatment) 用药目的在于消除原发致病因子,又称治本。如抗生素抑制或杀灭体内致病微生物,消除病因,起到根治疾病的作用。

3. 对症治疗(symptomatic treatment) 用药目的在于改善疾病症状或减轻患者痛苦,又称治标。如应用解热镇痛药使高热患者的体温降至正常,起到缓解症状的作用。

一般来说,对因治疗比对症治疗更为重要,但在某些情况下对症治疗是必不可少的。对病因未阐明、暂时无法根治的疾病,或治疗某些诊断未明的危重急症如休克、高热、疼痛、惊厥、心力衰竭时,对症治疗比对因治疗更为迫切,这对维持重要的生命指征、为对因治疗赢得时机非常重要。因此,临床药物治疗时应根据患者的具体情况,遵循"急则治其标,缓则治其本,标本兼治"的原则。

(二) 不良反应

凡不符合用药目的或给患者带来不适甚至危害的反应称为不良反应(adverse reaction)。多数不良反应是药物固有的效应,在一般情况下是可以预知的,但不一定能够避免。少数较严重的较难恢复的不良反应称为药源性疾病(drug-induced disease),如庆大霉素等引起的神经性耳聋。

1. 副作用(side effect) 副作用是指药物在治疗剂量时与治疗作用同时出现的、与治疗目的无关的作用,又称副反应(side reaction)。由于药物选择性低,药理效应涉及多个器官,当某一效应作为治疗目的时,其他效应就成为副作用。因此,随着治疗目的的不同,治疗作用与副作用可以相互转化。如阿托品有松弛内脏平滑肌(用于缓解胃肠痉挛)和抑制腺体分泌(用于全身麻醉前给药)等作用,当其中一种作用被用作治疗目的时,其另一种作用就成为副作用。

2. 毒性反应（toxic reaction）　毒性反应是指用药剂量过大、用药时间过长或肝肾功能低下时，药物在体内蓄积过多而引起的危害性反应。用药剂量过大而迅速发生的毒性反应称为急性毒性，多损害循环、呼吸及神经系统功能。长期用药在体内蓄积而逐渐发生的毒性反应称为慢性毒性，可损害肝、肾、骨髓及内分泌等器官功能。

某些药物有致癌作用（carcinogenesis）、致畸作用（teratogenesis）、致突变作用（mutagenecity）的毒性作用，合称为"三致"反应，是药物损伤细胞遗传物质所致的特殊毒性作用或潜在毒性作用，也属于慢性毒性范畴。药物使 DNA 分子中的碱基对排列顺序发生改变，造成基因变异，称为致突变作用；突变发生在体细胞，在个体导致肿瘤形成，称为致癌作用；突变发生在胚胎细胞，影响其正常发育，使之畸变，称为致畸作用。

> **知识拓展**
>
> ### "反应停"事件
>
> "反应停"事件又称沙利度胺事件。一家制药公司研究发现沙利度胺不但具有镇静催眠作用，还能显著抑制妊娠期妇女的呕吐反应，于 1957 年将沙利度胺以商品名"反应停"正式推向市场。"反应停"一时间风靡世界，成为妊娠期妇女的理想之选。1960 年欧洲的医生发现新生儿畸形率明显升高。这些畸形婴儿四肢非常短小，状如海豹的肢体，臂和腿的长骨细小，被称为海豹肢畸形。随后"反应停"被禁用。后来研究发现，沙利度胺是由两种各占 50% 的空间结构呈镜面对称的化合物组成，右手构型化合物（R 构型）有抑制妊娠反应和镇静作用，而左手构型化合物（S 构型）有致畸作用。"反应停"事件对药物研究产生了深远影响：一是关于药理作用的种属差异得到重视，监管机构从此改变了药物测试和安全性评价的要求；二是药物手性现象得到重视。手性药物推动了创新药物的发现和对沙利度胺的重新认识。经过科学的临床研究后，1998 年沙利度胺被批准用于治疗麻风结节性红斑，2006 年沙利度胺被批准用于治疗多发性骨髓瘤。

3. 变态反应（allergic reaction）　变态反应是指药物作为抗原或半抗原，经接触致敏后所引发的病理性免疫反应，又称过敏反应（anaphylactic response）。变态反应性质与药物作用、药物剂量、作用时间无关，是致敏患者对某药的特殊反应。反应程度从轻微的皮疹、发热，至造血功能障碍、肝肾损害、休克，甚至危及生命，且不易预知。引起过敏反应的致敏物质可能是药物本身，也可能是其代谢物或制剂中的杂质。如青霉素可致过敏性休克，临床用药前必须做皮肤过敏试验，但即使进行皮肤过敏试验，仍有少数假阳性或假阴性反应。

4. 后遗效应（residual effect）　后遗效应是指停药后血药浓度已降至阈浓度以下时残存的药理效应。如应用巴比妥类催眠药可导致次日晨乏力、困倦现象。

5. 继发反应（secondary reaction）　继发反应是由药物的治疗作用所引起的不良后果，又称治疗矛盾。如长期应用广谱抗生素可引起继发感染，即二重感染。

6. 停药反应（withdrawal reaction）　停药反应是指长期用药后突然停药，原有疾病症状迅速重现或加剧的现象，又称反跳现象（rebound phenomenon）。如长期应用普萘洛尔降压，突然停药出现血压升高现象。

7. 特异质反应（idiosyncrasy reaction）　少数特异体质患者对某些药物的反应特别敏感，这与遗传基因多态性有关。反应的严重程度与药物剂量相关。如葡萄糖-6-磷酸脱氢酶缺乏者在应用抗疟药伯氨喹等治疗时易发生溶血现象。

8. 耐受性（tolerance）　连续用药后，机体对药物的反应性降低，必须增加药物剂量方可保持原有药物效应,称为耐受性。停药后机体对药物反应性可逐渐恢复到原有水平。在短时间内多次用药后立即发生者,称为快速耐受性。长期应用化疗药物后,病原体或肿瘤细胞对药物的敏感性降低,称为耐药性(resistance),又称抗药性。

9. 依赖性(dependence) 依赖性是指长期用药后患者对药物产生主观和客观上需要连续用药的现象。依赖性分为精神依赖性和躯体依赖性。精神依赖性(psychic dependence)又称心理依赖性(psychological dependence),是指患者对药物产生精神上的依赖,用药后有愉快满足的感觉,精神上渴望连续用药,以达到舒适感。停药会造成患者极大的精神负担,主观上渴望再次用药,没有客观的用药体征。躯体依赖性(physical dependence)又称生理依赖性(physiological dependence),是指患者因长期用药而对药物产生适应状态,一旦中断用药将产生强烈的戒断症状。如镇痛药吗啡、哌替啶等应用后均可引起精神依赖性和躯体依赖性。

第二节 药物剂量与效应关系

药物效应与剂量在一定范围内的规律性变化称为药物的剂量-效应关系(dose-effect relationship),简称量效关系。

一、药物的剂量与效应

剂量即用药的份量。剂量的大小决定血药浓度的高低,血药浓度又决定药理效应。因此,在一定剂量范围内,剂量越大,药理效应也随之增强(图1-3-1)。临床医生应当根据需要,按照诊疗规范、药品说明书中的药品适应证、药理作用、用法、用量、禁忌、不良反应和注意事项等开具处方。处方中所用剂量通常为常用量。

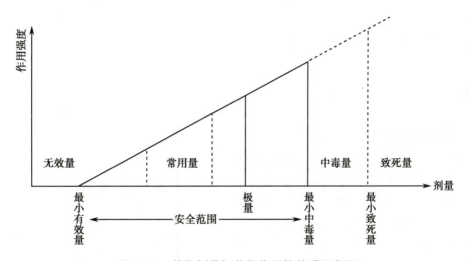

图 1-3-1 药物剂量与药物作用的关系示意图

1. 无效量 无效量是药物剂量过小,在体内达不到有效浓度,不能产生明显药理效应的剂量。

2. 最小有效量 最小有效量是刚能引起药理效应的剂量,又称阈剂量。

3. 有效量 有效量是介于最小有效量和极量之间的量,又称治疗量。在治疗量中,大于最小有效量、小于极量,疗效显著、安全的剂量,为常用量。

4. 极量 极量是能引起最大效应而不至于中毒的剂量,又称最大治疗量。极量是国家药典明确规定允许使用的最大剂量,即安全剂量的极限,超过极量有中毒的危险。除非特殊需要时,一般不采用极量。

5.最小中毒量和中毒量 药物引起毒性反应的最小剂量为最小中毒量。介于最小中毒量和最小致死量之间的剂量为中毒量。一般将最小有效量与最小中毒量之间的剂量范围称为安全范围(治疗作用宽度),此范围越大该药越安全。

6.最小致死量和致死量 药物引起死亡的最小剂量为最小致死量。用量大于最小致死量即为致死量。

二、剂量-效应曲线

量效关系可用剂量-效应曲线(简称量-效曲线)表示。以药理效应的强度为纵坐标、药物剂量或血药浓度为横坐标,绘制出长尾S形的曲线即剂量-效应曲线(dose-effect curve)。

(一)量反应量-效曲线

药理效应的强弱呈连续增减的变化,可用具体的数量或最大效应的百分率表示者,称为量反应(graded response),如心率快慢、血压升降等。以药物的剂量或血药浓度为横坐标、效应强度为纵坐标作图,可获得直方双曲线;如将对数剂量或对数浓度为横坐标、效应强度为纵坐标作图,则曲线呈典型的对称S形(图1-3-2)。

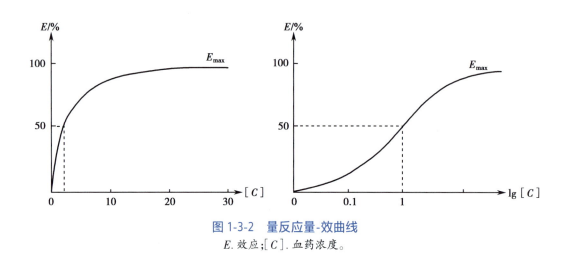

图 1-3-2　量反应量-效曲线

E.效应;[C].血药浓度。

(二)质反应量-效曲线

药理效应是以阴性或阳性(有效或无效、生存或死亡等)表示的变化称为质反应(quantal response)。质反应量-效曲线如以阳性反应发生频数为纵坐标、对数剂量(或浓度)为横坐标作图,则为正态分布曲线。当纵坐标采用累加阳性反应发生频率,其曲线也呈典型对称S形(图1-3-3)。

三、量-效曲线的意义

量-效曲线在药理学上有重要意义,依据药物量-效曲线可以比较药物作用强度和安全性。

(一)效能

效能(efficacy)是指药物所能产生的最大效应。随着药物剂量(或血药浓度)增加,效应强度相应增强,当效应达到一定程度后,再增加剂量(或血药浓

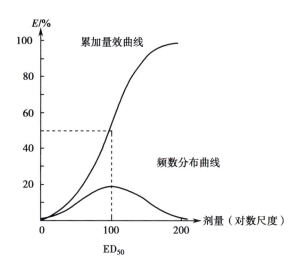

图 1-3-3　质反应量-效曲线

E.效应。

度),效应不再继续增强,这一药理效应的极限称为效能,反映药物内在活性的大小。高效能药物所产生的最大效应是低效能药物无论多大剂量也无法产生的。如吗啡是高效能镇痛药,用于剧痛;吲哚美辛是低效能镇痛药,对钝痛有效,但对剧痛效果差。

(二)效价强度

效价强度(potency)是指能引起等效反应的剂量,其值越小,效价强度越大。药效性质相同的两个药物的效价强度进行比较,称为效价比。如 10mg 吗啡的镇痛作用强度与哌替啶 100mg 的镇痛作用强度相当,即吗啡的效价强度为哌替啶的 10 倍。

效价强度与效能之间无相关性,在具有相同作用的同类药物中,效能最大的药物不一定效价强度也大。如利尿药以每日排钠量为效应指标进行比较,氢氯噻嗪的效价强度大于呋塞米,但呋塞米的最大效应远远大于氢氯噻嗪(图 1-3-4)。当需要更大的反应时,药物效能对临床用药非常重要。如果不区分最大效应和效价强度,只讲甲药比乙药强若干倍,则容易产生误解。在临床治疗时,药物的效价强度和效能可作为选择药物和确定用药剂量的依据。

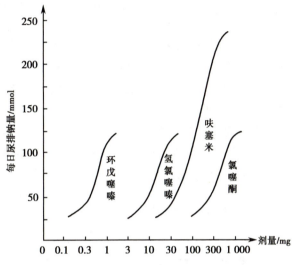

图 1-3-4 各种利尿药效价强度及最大效应比较

(三)半数有效量

半数有效量(median effective dose,ED_{50})常以效应指标命名,量-效曲线在 50% 效应处的斜率最大(图 1-3-3)。在量反应量-效曲线中是指能引起 50% 最大反应强度的药物剂量;在质反应量-效曲线中是指能引起 50% 实验动物出现阳性反应的药物剂量。如果效应指标为死亡,则称为半数致死量(median lethal dose,LD_{50})。

(四)治疗指数

治疗指数(therapeutic index,TI)是指药物的半数致死量(LD_{50})与半数有效量(ED_{50})的比值。治疗指数可用来评价药物的安全性,治疗指数大的药物较治疗指数小的药物安全性大。但这仅适用于治疗效应和致死效应的量-效曲线相平行的药物,对两条曲线不平行的药物,还应参考 1% 致死量(LD_1)和 99% 有效量(ED_{99})的比值,或 5% 致死量(LD_5)和 95% 有效量(ED_{95})的比值,来衡量药物的安全性。

第三节　药物的作用机制

药物作用机制(mechanism of drug action)是研究药物如何与机体细胞结合而发挥作用的机制。其研究有助于理解药物的治疗作用和不良反应的本质,从而为提高药物疗效、避免或减少不良反应提供理论依据。大多数药物的作用源自药物与机体生物大分子之间的相互作用,这种相互作用引起了机体生理、生化功能的改变。药物与机体细胞结合的部位称为药物作用的靶点(target),根据药物有无特异性作用的靶点,将药物作用机制分为特异性作用机制和非特异性作用机制。

一、药物作用机制分类

(一)药物非特异性作用机制

药物非特异性作用机制比较简单,没有特异性作用靶点,主要通过吸附作用、沉淀作用、渗透压改变、离子交换、酸碱中和、氧化还原、水解结合及络合反应等引起细胞内外环境理化性质改变(如解离度、溶解度、表面张力等)。例如,甘露醇脱水利尿,用于治疗脑水肿;抗酸药中和胃酸,用于治疗消化性溃疡等。

(二)药物特异性作用机制

药物特异性作用机制比较复杂,药物有特异性作用靶点,如受体、酶、离子通道等。这些靶点几乎涉及生命代谢过程的所有环节,可概括为以下几个方面:

1. 参与或干扰代谢过程 有些药物通过补充生命代谢所需要的重要物质而发挥治疗作用,如维生素、铁剂等。有些药物由于化学结构与正常代谢所需物质相似,干扰后者参与代谢过程,即通过抑制或阻断代谢过程而发挥治疗作用,如氟尿嘧啶与尿嘧啶结构相似,可掺入恶性肿瘤细胞 DNA 及 RNA 中,干扰其蛋白质合成。

2. 影响物质转运过程 许多物质在体内转运需要载体参与,有些药物通过干扰载体转运而产生药理效应。如利尿药抑制肾小管 Na^+-K^+、Na^+-H^+ 交换而发挥排钠利尿作用。细胞膜离子通道的开放或关闭能改变细胞功能,如硝苯地平阻滞血管平滑肌细胞上的钙离子通道,使钙离子内流减少,血管平滑肌收缩力减弱,血管扩张。

3. 影响酶的活性 机体的许多代谢过程是在酶的催化下进行的,酶是有些药物作用的靶点。如新斯的明抑制胆碱酯酶,氯解磷定复活胆碱酯酶等。

4. 作用于受体 详见下文。

二、药物的受体理论

(一)受体

1. 受体与配体 受体(receptor)是存在于细胞膜或细胞内,能识别、结合特异性配体(如药物、激素、神经递质等)并产生特定生物效应的大分子物质。配体(ligand)是能与受体特异性结合的物质,又称第一信使,包括内源性配体(如神经递质、激素、自体活性物质等)和外源性配体(如药物、毒物等)。

知识拓展

受体类型

受体根据结构、信号转导过程、所在位置不同分为以下几类。①G 蛋白偶联受体:此类受体胞内部分结合着鸟苷酸结合调节蛋白(G 蛋白)。G 蛋白有多种亚型,形成 G 蛋白家族,具有信号转导功能。激动药与受体结合,通过激活 G 蛋白,可将信息传递至效应器。此类受体最多,如肾上腺素受体等。②离子通道受体:此类受体直接控制离子通道的开关,调控细胞内外离子的转运;药物与之结合后,影响膜离子通道,改变离子的跨膜转运,导致膜电位或胞内离子浓度的变化而产生效应,如烟碱型受体(N 受体)等。③酪氨酸激酶受体:此类受体由细胞外、跨膜及细胞内三部分组成,细胞外侧与配体结合,与之相连的是一段跨膜结构,细胞内侧为酪氨酸激酶活性区域,能促进自身酪氨酸残基的磷酸化,增强酶活性,再催化细胞内各种底物蛋白磷酸化,从而将细胞外信息传递到细胞内,如胰岛素受体、表皮生长因子受体等。④细胞内受体:又称核受体,被激活后通过转录促进一些活性蛋白的合成,其配体如糖皮质激素、盐皮质激素、性激素、维生素 D、甲状腺激素等脂溶性高。

---

2. 受体的特性

(1)**特异性**:受体对其配体具有高度特异性识别能力,能与其结构相适应的配体特异性结合。

（2）**敏感性**：受体只需与很低浓度的配体结合就能产生显著的效应。

（3）**饱和性**：因受体的数目是一定的，受体与配体的结合具有饱和性，且作用于同一受体的配体之间存在竞争结合现象。

（4）**可逆性**：受体与配体的结合是可逆的，受体-配体复合物可以解离。

（5）**多样性**：同一类型的受体可广泛分布在不同的细胞，产生不同的效应。受体的多样性是受体亚型分类的基础。

（二）药物与受体的结合

多数药物通过分子间化学键与受体结合。其中分子间引力、氢键、离子键的键能小，易解离；共价键的键能较大，结合牢固，不易解离。药物与受体的结合方式决定了药物作用持续的时间。如短效 α 受体阻断药酚妥拉明以氢键、离子键与受体结合，作用持续 2h 左右；而长效 α 受体阻断药酚苄明以共价键与受体结合，作用可持续 3~4 天。

（三）作用于受体的药物分类

药物与受体结合产生效应必须具备两个条件：一是药物与受体的结合力，即亲和力（affinity）；二是药物与受体结合后激活受体产生特异性药理效应的能力，即效应力（efficacy），又称内在活性。根据亲和力与内在活性的不同，可将作用于受体的药物分为以下两类：

1. 激动药（agonist） 激动药是指与受体既有亲和力又具有内在活性的药物，能与受体结合并激动受体而产生效应。根据激动药内在活性的大小又可分为完全激动药（full agonist）和部分激动药（partial agonist），前者具有较强亲和力和内在活性，后者有较强亲和力，但内在活性不强，与激动药并用还可拮抗激动药的部分效应。如吗啡为完全激动药，而喷他佐辛为部分激动药。

2. 拮抗药（antagonist） 拮抗药是指与受体有较强的亲和力但无内在活性的药物，能与受体结合，但不能激动受体，因占据受体而拮抗激动药的效应，又称阻断药（blocker）。少数拮抗药以拮抗作用为主，同时尚有较弱的内在活性，故有较弱的激动受体作用，如 β 受体拮抗药氧烯洛尔。拮抗药根据与受体结合是否具有可逆性，分为竞争性拮抗药和非竞争性拮抗药两类：

（1）**竞争性拮抗药（competitive antagonist）**：与激动药可逆性竞争同一受体，其结合是可逆的，拮抗激动药的作用，与激动药合用时的效应取决于两者的浓度和亲和力。

（2）**非竞争性拮抗药（noncompetitive antagonist）**：与受体的结合是相对不可逆的，结合牢固，可引起受体构型的改变，从而阻碍激动药与同一受体的结合，改变效应器的反应性。激动药不能竞争性对抗非竞争性拮抗药的作用。

（四）受体调节

受体的数量、亲和力及效应力受到各种生理、病理或药物等因素的影响而发生的变化称为受体调节（receptor regulation）。受体调节是维持机体内环境稳定的一个重要因素，其调节方式有脱敏和增敏两种方式。

1. 受体脱敏（receptor desensitization） 受体脱敏是指长期使用受体激动药后，受体的数目、亲和力、内在活性下降，受体对激动药的敏感性和反应性下降的现象。如 β 受体激动药治疗哮喘，长期用药易出现耐受性。

2. 受体增敏（receptor hypersensitization） 受体增敏是指长期使用受体拮抗药或受体激动药水平降低后，受体的数目、亲和力、内在活性增强的现象，是某些药物停药反跳的原因。如长期应用 β 受体阻断药普萘洛尔，突然停药可出现心率增快、血压升高等反跳现象，这是由于 β 受体增敏所致。

（五）信号转导

受体在识别相应配体（第一信使）并与之结合后，细胞内环腺苷酸（cAMP）、环鸟苷酸（cGMP）、钙离子（Ca^{2+}）、肌醇磷脂等（第二信使）增加，参与细胞的各种生物调控过程，将获得的信息增强、分化、整合并传递给效应器,发挥特定的生理功能或药理作用。这种将细胞外信息传递到细胞内的过程称为信号转导。

(秦志华)

思考题

1. 什么是受体的激动药和拮抗药?

2. 如何最大限度地减少药物不良反应发生?

3. 如何确定药物的给药剂量和给药次数? 理论依据是什么?

任务 4 | 影响药物作用的因素

药物的作用可受到多种因素的影响,使药物作用增强或减弱,甚至发生质的改变。影响药物作用的因素可分为机体方面的因素和药物方面的因素。

第一节 机体方面的因素

一、年龄

机体的某些生理功能如肝、肾功能,体液与体重的比例,血浆蛋白结合量等可因年龄而异,年龄对药物作用的影响在小儿和老年人方面体现得尤为突出。一般所说的剂量是指 18~60 岁成年人的药物平均剂量。

老年人由于各器官功能逐渐减退,特别是肝、肾功能逐渐减退,对药物的代谢和排泄能力降低,对药物的耐受性较差,用药剂量一般约为成人的 3/4。在敏感性方面,老年人与成年人也有所不同。老年人对中枢神经抑制药、心血管系统药、非甾体抗炎药等反应更敏感,易发生不良反应,用药时应注意。

小儿的各种生理功能包括自身调节功能尚未发育完善,与成年人有很大差异,对药物的代谢能力差而敏感性高,以致影响某些药物的肝脏代谢或肾脏排泄而产生不良反应。如新生儿尤其是早产儿肝脏葡萄糖醛酸转移酶结合能力尚未发育完善,应用吗啡可导致呼吸抑制;新生儿的血-脑屏障发育尚未完善,药物更容易透过血-脑屏障。

二、性别

除性激素外,性别对药物反应通常无明显差别,但妇女有月经、妊娠、哺乳等特点,用药时应注意。月经期应避免使用作用剧烈的泻药和抗凝血药,以免月经过多。妊娠期特别在妊娠早期避免使用可能引起胎儿畸形或导致流产的药物。哺乳期妇女应注意药物是否可以进入乳汁而对乳儿产生影响。

三、病理状态

病理状态可改变机体对药物的敏感性,影响药物效应。如阿司匹林可使发热患者的体温下降,而对正常体温无影响;胰岛功能完全丧失的患者应用磺酰脲类药物无降血糖作用。病理因素也能引起药动学的改变,如肝、肾功能不全时,药物的清除率降低,药物的半衰期延长,血药浓度升高,效应增强,可产生严重的不良反应;一些慢性病引起的低蛋白血症会使奎尼丁、地高辛、苯妥英钠等药物的游离型增多,作用增强,甚至引起毒副作用。此外,一些药物可诱发或加重疾病,如糖皮质激素可诱发或加重溃疡病和糖尿病等。

四、心理精神因素

药物的效应在一定程度上受患者的情绪、患者对药物的信赖程度和医务人员的言语、表情、态度、暗示及工作经验等因素的影响。研究表明,安慰剂对于头痛、高血压、神经症等可获得30%~50%甚至更高的"疗效",显然这种"疗效"是心理因素起作用的结果。

患者对药物治疗信心不足,惧怕用药后产生的严重不良反应等,均会影响药物的疗效。这就要求医务人员运用自己掌握的药物知识,耐心、细致地向患者及其家属宣传介绍所用药物的治疗效果、不良反应及防治措施,尤其是对一些有特殊反应的药物,应讲清其利弊,消除患者的心理顾虑,正确对待用药反应,提高患者用药的依从性,使患者乐观地接受药物治疗,以便药物发挥更好的疗效。

五、遗传因素

遗传是药物代谢和效应的决定因素。基因是决定药物代谢酶、药物转运蛋白和受体活性与功能表达的结构基础,基因的突变可引起所编码的药物代谢酶、转运蛋白和受体蛋白氨基酸序列和功能异常,成为产生药物效应个体差异和种族差异的主要原因。

(一)遗传多态性

具有遗传多态性的常见药物代谢酶,如异烟肼的代谢,具有快乙酰化型和慢乙酰化型。服用同样剂量的异烟肼,快乙酰化型患者的血药浓度低、半衰期短。

(二)种族差异

种族因素包含遗传和环境两个方面。不少药物的代谢和反应具有种族差异,如对于服用普萘洛尔后的心血管反应,美国华裔比白种人敏感,而黑种人的敏感性最差。

(三)个体差异

人群中即使各方面条件都相同,还有少数人对药物的反应与大多数人存在质或量的差异,称为个体差异。其中量的差异表现为高敏性和耐受性,质的差异有变态反应和特异质反应。

知识拓展

遗传多态性对药物作用的影响

随着基因测序技术在药物领域的研究和应用日益增多,人们对基因和遗传多态性的认识逐渐加深。临床药物疗效和不良反应存在个体差异,药物代谢酶、转运蛋白、药物作用靶点遗传多态性是重要影响因素。如细胞色素P450、乙醛脱氢酶、乙酰转移酶等药物代谢酶的活性,个体间可相差几十倍,甚至1 000倍以上,严重影响药物代谢速率,表现出不同的药动学和药效学特点,进而使药物作用强弱、维持时间长短、毒性大小呈现出个体差异。

六、饮食

饮食和药物之间相互作用表现为饮食改变药物的吸收和排泄、药物与饮食的配伍禁忌等。医务人员有责任向患者及其家属讲明用药期间饮食方面的注意事项,指导患者选择合理的饮食,以提高药物疗效,避免不必要的后果。

(一)饮食对药物吸收的影响

例如,酸性食物可增加铁的溶解度,使 Fe^{3+} 还原为 Fe^{2+},促进铁的吸收;高脂饮食可促进脂溶性维生素的吸收,增强药效。含钙磷较多的食物、饮茶等影响铁的吸收;婴幼儿补充钙剂时,不宜同食含有大量草酸的食物如菠菜等,以免形成不易溶解的草酸钙而影响钙剂的吸收。

(二)饮食对药物排泄的影响

尿液 pH 常受饮食影响。鱼、肉、蛋等属于酸性食物,菠菜、豆类、水果、牛奶等属于碱性食物。氨苄西林等在酸性尿液中抗菌能力强,使用这类药物时宜多食酸性食物;红霉素、头孢菌素类、氨基糖苷类、磺胺类等在碱性尿液中抗菌能力强,使用这类药物时宜多食碱性食物。

(三)饮食与药物的相互作用

含蛋白的药物制剂忌与茶同服,以防止鞣酸和蛋白质发生络合作用而失去药效;服用降压药、排钠利尿药时应限制高钠饮食;应用中枢神经抑制药、头孢菌素类、甲硝唑等药物期间禁止饮酒,否则可发生严重的毒性反应(双硫仑样反应),甚至导致死亡。

第二节　药物方面的因素

一、药物结构

一般来说,药物化学结构相似,其作用相似,如苯二氮䓬类有镇静、催眠、抗焦虑作用。但有些药物化学结构相似但其作用相反,如维生素 K 与华法林化学结构相似,但分别具有促凝血和抗凝血作用。

二、药物剂型

药物剂型不同,其生物利用度往往不同,血浆药物浓度也会有很大差异,影响药物的疗效。一般而言,注射剂比口服剂型吸收快;口服给药时,溶液剂吸收最快,散剂次之,片剂和胶囊剂较慢。吸收快的剂型,血药浓度达峰时间较快,故起效快;吸收慢的剂型,因其潜伏期长,故起效慢,作用维持时间长。

三、给药途径

给药途径可影响药物吸收、药物作用快慢和维持时间的长短。有的药物给药途径不同,其药物作用性质也不同。如硫酸镁口服可产生导泻和利胆作用,肌内注射呈现降压和抗惊厥作用;利多卡因局部给药可产生局部麻醉作用,静脉注射给药可产生抗心律失常作用。

四、给药时间和给药次数

给药时间和给药次数可影响药物疗效,临床用药时应根据疾病特点和药物特点确定给时间和给药次数。如催眠药应在睡前服用,助消化药在饭前或饭时服用,驱肠虫药宜空腹或半空腹服用,对胃肠道有刺激性的药物宜饭后服用。短效制剂通常每天给药 1~3 次,长效制剂每天给药 1 次或隔日给药。

人体的生理功能活动存在昼夜节律性变化,按照生物周期节律性变化设计临床给药方案,能更好地发挥药物疗效,减少不良反应。

知识拓展

时辰药理学

时辰药理学(chronopharmacology)又称时间药理学,包括时间药动学和时间药效学。时辰药理学与临床实践相结合,即时间治疗学。它根据机体生理、生化和病理功能表现的节律性变化以及药动学特征、靶器官的敏感性节律等,制订出合理的给药剂量和给药时间,以获得最佳疗效和最小不良反应。

例如,高血压患者可 7 时和 14 时两次服药,使药物作用达峰时间正好与血压自然波动的高峰期吻合;硝酸甘油上午 6 时服用,预防运动性心绞痛发作优于其他时间;糖皮质激素类药物上午 7~8 时给药或隔日上午 7~8 时 1 次给药,可减轻对下丘脑-垂体-肾上腺功能的负反馈抑制;胰岛素须餐前 30min 皮下注射,能与碳水化合物的吸收相匹配;平喘药氨茶碱缓释片、长效 β_2 受体激动药(班布特罗、丙卡特罗)、白三烯受体拮抗药(孟鲁司特)等睡前 1 次服药,平喘效果优于每天 2 次给药;他汀类抑制胆固醇合成的限速酶羟甲基戊二酰辅酶 A 还原酶,晚上给药比白天给药更有效;多数抗菌药物的吸收均受食物的影响,空腹服用吸收迅速,生物利用度高,药物通过胃时不被食物稀释,作用达峰快,疗效好。

五、联合用药及药物的相互作用

两种或多种药物合用或先后序贯应用,称为联合用药或配伍用药。联合用药的目的是提高疗效,减少药物剂量,减少不良反应,防止耐受性或耐药性的发生。

两种或多种药物合用或先后序贯使用而引起药物作用和效应的变化称为药物相互作用(drug interaction)。药物相互作用可使药效加强,也可使药效降低或不良反应增加,在用药过程中要加以注意。

(一)体外配伍禁忌

药物在体外配伍时发生理化反应,降低疗效甚至产生毒性而影响药物的使用,为配伍禁忌。注射剂在混合使用或大量稀释时易产生理化反应,因此静脉滴注时应特别注意配伍禁忌,避免发生严重后果。

(二)药效学方面的相互作用

联合用药时表现为药物效应增强称为协同作用(synergism),表现为药物效应减弱称为拮抗作用(antagonism)。如吗啡与阿托品合用治疗胆绞痛,前者有镇痛作用,后者可解除胆道痉挛,两药合用可使疗效增强,为协同作用;沙丁胺醇的扩张支气管作用可被普萘洛尔所拮抗,若两药合用则为拮抗作用。

(三)药动学方面的相互作用

联合用药时,一种药物影响到另一种药物的吸收、分布、代谢和排泄,从而改变药物作用和效应。如铁剂与维生素 C 合用,可促进铁的吸收;铁剂与西咪替丁合用,可减少铁的吸收;铁剂与氟喹诺酮类合用,可使后者吸收减少。

(秦志华)

1.影响药物作用的因素有哪些?

2.遗传因素是怎样影响药物作用的?

| ER 1-3 受体激动药 | ER 1-4 受体拮抗药 | ER 1-5 药物不同给药途径 | ER 1-6 药理学的定义和研究内容 | ER 1-7 模块1练习题 |

附:药物基础知识

一、药物名称及分类

药物的名称分为通用名、商品名、化学名及别名。

1.通用名 通用名是指中国药品通用名称(China Approved Drug Names,CADN),由国家药典委员会按照《中国药品通用名称命名原则》组织制定并报国家行政部门备案的药品的法定名称,是同一种成分或相同配方组成的药品在中国境内的通用名称,具有强制性和约束性。因此,凡上市流通的药品标签、说明书或包装上必须用通用名称。其命名应当符合《中国药品通用名称命名原则》的规定,不可用作商标注册。如普萘洛尔(propranolol)。

2.商品名(proprietary name) 商品名是指药厂生产新药时向政府管理部门申请许可证所用的专属名称。在一个通用名下,由于生产厂家的不同,可有多个商品名。如心得安(inderal)为普萘洛尔的商品名。在学术刊物和著作中不能使用商品名。

3.化学名(chemical name) 化学名是依药物的化学组成按公认的命名法命名的名称。如普萘洛尔的化学名为1-异丙氨基-3-(1-萘氧基)-2-丙醇基。因为化学名过于烦琐,很少被医护人员使用。

4.别名(alias name) 有些药品还有习惯上的称谓,称为别名。别名不受使用的约束和法律的保护。如对乙酰氨基酚别名扑热息痛,苯妥英钠别名大仑丁。

二、药物处方及医嘱的一般知识

(一)处方

处方是指由注册的执业医师和执业助理医师(以下简称医师)在诊疗活动中为患者开具的、由取得药学专业技术职务任职资格的药学专业技术人员(以下简称药师)审核、调配、核对,并作为患者用药凭证的医疗文书。处方直接关系到患者的健康,所以必须严肃、认真地开写处方和调配处方,以保证患者安全有效用药。处方还具有法律上的意义,一旦出现用药差错事故,处方可作为法律凭证。

1.处方的内容

(1)前记:包括医疗机构名称、费用类别、患者姓名、性别、年龄、门诊或住院病历号,科别或病区和床位号、临床诊断、开具日期等。可添列特殊要求的项目。麻醉药品和第一类精神药品处方还应当包括患者身份证明编号,代办人姓名、身份证明编号。

（2）**正文**：以 Rp 或 R 标示，分列药品名称、剂型、规格、数量、用法用量。

（3）**后记**：医师签名或者加盖专用签章，药品金额以及处方审核、调配、核对、发药药师签名或者加盖专用签章。

2. 处方颜色

（1）普通处方的印刷用纸为白色。

（2）急诊处方印刷用纸为淡黄色，右上角标注"急诊"。

（3）儿科处方印刷用纸为淡绿色，右上角标注"儿科"。

（4）麻醉药品和第一类精神药品处方印刷用纸为淡红色，右上角标注"麻、精一"。

（5）第二类精神药品处方印刷用纸为白色，右上角标注"精二"。

3. 处方的开写规则及注意事项

（1）处方必须在专用的处方笺上用钢笔或碳素笔书写，要求字迹清楚、剂量准确、内容完整，一般不能涂改，如有涂改，医师必须在涂改处签字，以示负责。

（2）每张处方限于一名患者的用药。

（3）处方中每一种药占一行，制剂规格和数量写在药名后面，用药方法写在药名下面。开写药物较多时，应按药物所起作用的主次顺序书写。

（4）西药和中成药可以分别开具处方，也可以开具一张处方，但中药饮片应当单独开具处方。

（5）处方中药物的剂量常采用药典规定的常用量，一般不应超过极量，如因病情需要超过极量时，医生应在剂量旁签字或加"！"，以示负责。

（6）处方中的药物剂量与数量一律用阿拉伯数字表示，并采用法定计量单位。重量以克（g）、毫克（mg）、微克（μg）、纳克（ng）为单位；容量以升（L）、毫升（ml）为单位；国际单位（IU）、单位（U）；中药饮片以克（g）为单位。

（7）处方中的药物总量，一般不得超过 7 日用量；急诊处方一般不得超过 3 日用量。根据患者诊疗需要，长期处方的处方量一般在 4 周内；根据慢性病特点，病情稳定的患者适当延长，最长不超过 12 周。超过 4 周的长期处方，医师应当严格评估，强化患者教育，并在病历中记录，患者通过签字等方式确认。为门（急）诊癌症疼痛患者和中、重度慢性疼痛患者开具的麻醉药品、第一类精神药品注射剂，每张处方不得超过 3 日常用量；控缓释制剂，每张处方不得超过 15 日常用量；其他剂型，每张处方不得超过 7 日常用量。

长期处方适用于临床诊断明确、用药方案稳定、依从性良好、病情控制平稳、需长期药物治疗的慢性病患者。医疗用毒性药品、放射性药品、易制毒药品、麻醉药品、第一类和第二类精神药品、抗微生物药物（治疗结核等慢性细菌真菌感染性疾病的药物除外），以及对储存条件有特殊要求的药品不得用于长期处方。

（8）急需用药时，应使用急诊处方笺，若用普通处方，应在其左上角写上"急"或"cito!"字样，以便药剂人员优先发药。

（二）医嘱

医嘱是医生拟订，由护理人员执行的治疗计划。其内容包括医嘱日期、时间、护理常规、护理级别、饮食种类、体位、药物的名称、剂量和用法、各种检查及治疗、医生和护士签名。医嘱分为长期医嘱、临时医嘱、备用医嘱和停止医嘱 4 种。此处仅介绍医嘱中药物开写基本格式。

1. 开写格式　包括药名、剂型、每次剂量、给药次数、给药途径、时间、部位等。

2. 示例

处方 1：

Rp：注射用青霉素钠　80 万 U×6 支

用法：一次 80 万 U，一日 2 次，i.m.

处方 2：

Rp：利福平胶囊　0.15g×12 粒

用法：一次 0.45~0.6g，一日 1 次，清晨空腹顿服

（三）处方、医嘱常用外文缩写词与中文对照

外文缩写词	中文对照	外文缩写词	中文对照
qd	每日 1 次	id	皮内注射
bid	每日 2 次	ig	灌胃
tid	每日 3 次	pr	灌肠
qid	每日 4 次	am	上午
qh	每小时	pm	下午
qm	每晨	ac	饭前
qn	每晚	pc	饭后
q6h	每 6 小时 1 次	hs	睡前
q8h	每 8 小时 1 次	prn	必要时
qod	隔日一次	sos	需要时
qw	每周一次	st	立即
biw	一周两次	cito!	急速地
po	口服	Rp	请取
im	肌内注射	co	复方的
iv	静脉注射	sig 或 s	用法
ivgtt	静脉滴注	U	单位
ip	腹腔注射	IU	国际单位
sc	皮下注射		

三、药物制剂与剂型

制剂是按照国家颁布的药品规格、标准，将药物制成适合临床需要并符合一定质量标准的制品。剂型是指将药物加工制成适合患者需要的给药形式。常用剂型主要有以下几种：

1. 液体剂型　液体剂型是指药物分散在液体分散介质中组成的内服或外用的液态制剂。包括溶液剂、注射剂、乳剂、混悬剂、合剂、糖浆剂、洗剂、酊剂、滴眼剂等。

2. 固体剂型　常用的固体剂型有散剂、颗粒剂、片剂、胶囊剂、滴丸剂、膜剂、海绵剂等。固体制剂的共同特点是与液体制剂相比，物理、化学稳定性好，生产制造成本较低，服用与携带方便；药物在体内先溶解后才能透过生物膜被吸收进入血液循环。

3. 软体剂型　常用的软体剂型有软膏剂、栓剂、硬膏剂等。

4. 气雾剂　气雾剂是指药物与适宜的抛射剂（液化气体或压缩空气）一同装于耐压密封容器中的液体制剂。当气雾剂阀门打开后，借助气化的抛射剂的压力，可将药液呈雾状定量或非定量地喷射出来。

5. 新剂型　新剂型有微囊剂、长效剂与控释剂、定向制剂等。

四、药品标识

（一）药品的批准文号、批号和有效期

1. 批准文号　供医疗使用的药品必须有国家药品行政管理部门批准生产的文号，这是药品生

产、上市、使用的依据。现统一格式为"国药准(试)字+1位字母+8位数字":①"准"字代表国家批准正式生产的药品,"试"字代表国家批准试生产的药品。②1位字母:化学药品使用字母"H",中药使用字母"Z",保健药品使用字母"B",生物制品使用字母"S",进口分装药品使用字母"J",药用辅料使用字母"F",体外化学诊断试剂使用字母"T"。③8位数字:第1、2位为批准文号的来源,第3、4位为批准某药生产之公元年号的后两位数字,第5、6、7、8位数字为顺序号。

2. 批号 批号用于识别"批"的一组数字或字母加数字,用以追溯和审查该药品的生产历史。批号通常以生产日期表示。批号是表示药品生产日期的一种编号,也是表示这批药品是同一次投料,同一生产工艺所生产的。

3. 有效期 有效期是指药品在规定的贮藏条件下质量能够符合规定要求的期限。其表示方法有3种。①直接标明有效期:以有效月份最后1天为到期日。如某药品有效期为2026年4月,表明药品在2026年4月30日前使用均有效。②直接标明失效期:进口药品有采用"EXP,Date"或"Use before"标明失效期,以表示有效期限。如某药标明"EXP,Date:May 2026",则表示该药失效期为2026年5月,即有效使用时间为2026年4月30日。③标明有效年限:标明有效期为几年,配合生产日期即可判断有效期是何日。如某药品标明生产日期为240501,有效期3年,则表示该药品可用到2026年4月30日。

《中华人民共和国药品管理法》明确规定,未标明或者更改有效期的药品、未注明或者更改产品批号的药品、超过有效期的药品为劣药。

(二)药品说明书

药品说明书是载明药品重要信息的法定文件,是选用药品的法定指南。内容应包括药品的品名、规格、生产企业、药品批准文号、产品批号、有效期、主要成分、适应证或功能主治、用法、用量、禁忌证、不良反应和注意事项、药品的贮藏条件、生产厂家等。中药制剂说明书还应包括主要药味(成分)性状、作用、贮藏等。药品说明书能提供用药信息,是医护人员、患者了解药品的重要途径。说明书的规范程度与医疗质量密切相关。

(三)药品的特殊标志

药品的特殊标志见封三彩图。

五、药品管理基本知识

(一)药典和药品管理法

《中华人民共和国药典》(以下简称药典)是国家对药品规格所定标准的法规文件,规定比较常用而有一定防治效果的药品和制剂的标准规格和检验方法,是国家管理药品生产、供应、使用与检验的依据。药典分为一、二两部,一部收载中药材、中药成方制剂,二部收载化学药品、抗生素、生物制品等各类药物和制剂。药典对于我国药品的生产、药品质量的提高和人民用药安全有效等方面均起到重要作用。

为加强药品管理,保证药品质量,保障公众用药安全和合法权益,保护和促进公众健康,1984年9月20日第六届全国人民代表大会常务委员会第七次会议通过《中华人民共和国药品管理法》,2001年2月28日第九届全国人民代表大会常务委员会第二十次会议第一次修订,根据2013年12月28日第十二届全国人民代表大会常务委员会第六次会议《关于修改〈中华人民共和国海洋环境保护法〉等七部法律的决定》第一次修正,根据2015年4月24日第十二届全国人民代表大会常务委员会第十四次会议《关于修改〈中华人民共和国药品管理法〉的决定》第二次修正,2019年8月26日第十三届全国人民代表大会常务委员会第十二次会议第二次修订,自2019年12月1日起施行。

《中华人民共和国药品管理法》规定:药品生产企业按照《药品生产质量管理规范》(Good

Manu-facturing Practice，GMP）组织生产；医疗机构配制制剂必须有《医疗机构制剂许可证》；药品经营企业必须遵循《药品经营质量管理规范》（Good Supplying Practice，GSP）。

（二）处方药与非处方药

按照药品的药理性质、临床应用范围及安全性等特性，药品分为处方药和非处方药两类。处方药是指必须凭执业医师处方才可在医院药房或药店调配、购买和使用的药品；非处方药（over-the-counter drug，OTC）是指经过国家药品监督管理部门按一定原则遴选认定，不须凭执业医师处方，消费者可自行购买和使用的药品。非处方药符合以下特点：应用安全、疗效确切、质量稳定、使用方便。

非处方药又分为甲类非处方药和乙类非处方药。甲类非处方药是只能在具有《药品经营许可证》、配备执业药师或药师以上技术人员的社会药店、医疗机构药房零售的非处方药。乙类非处方药除了社会药店和医疗机构药房，还可在经过批准的普通零售商业企业零售。

（三）国家基本药物

《中华人民共和国药品管理法》第九十三条规定，国家实行基本药物制度，遴选适当数量的基本药物品种，加强组织生产和储备，提高基本药物的供给能力，满足疾病防治基本用药需求。国家基本药物制度是药品供应保障体系的基础，是医疗卫生领域基本公共服务的重要内容。国家基本药物制度的建立和实施，对健全药品供应保障体系、保障群众基本用药、减轻患者用药负担发挥了重要作用。

六、特殊药品管理知识

国家对麻醉药品、精神药品、医疗用毒性药品、放射性药品等实行严格的特殊管理，既保证医疗需要，又防止产生社会流弊。

（一）麻醉药品管理

麻醉药品是指连续使用后易产生躯体依赖性，列入麻醉药品目录的药品和其他物质，包括阿片、吗啡等。

执业医师经培训、考核合格后，取得麻醉药品、第一类精神药品处方资格。麻醉药品的注射剂处方为1次用量；其他剂型处方不得超过3日用量；控缓释制剂处方不得超过7日用量。为癌痛、慢性中度至重度非癌痛患者开具的麻醉药品注射剂处方不得超过3日用量；其他剂型处方不得超过7日用量。麻醉药品开具应使用专用处方，要求书写完整，字迹清楚，对签字开方医生姓名严格核对，配方和核对人员均应签名，并建立麻醉药品处方登记册。医务人员不得为自己开具处方使用麻醉药品。

（二）精神药品管理

精神药品是指直接作用于中枢神经系统，使之兴奋或抑制，连续使用后可产生依赖性的药品。根据使人体产生的依赖性和危害人体健康的程度，精神药品分为第一类和第二类：第一类精神药品包括咖啡因、司可巴比妥等；第二类精神药品包括巴比妥类（司可巴比妥除外）、苯二氮䓬类等。

医生应根据医疗需要合理使用精神药品，严禁滥用。第一类精神药品处方开具规定同麻醉药品；第二类精神药品处方每次不超过7日常用量，对于某些特殊情况，处方用量可适当延长，但应当注明理由。精神药品开具须使用专用处方，处方必须写明患者的姓名、年龄、性别、药品名称、剂量、用法等。经营单位和医疗单位对精神药品的购买证明和处方不得有任何涂改。

（三）医疗用毒性药品管理

医疗用毒性药品是指毒性强烈、治疗量与中毒剂量相近，使用不当会致人中毒或死亡的药品。医疗用毒性药品可分为两类：①毒性西药，如洋地黄毒苷、阿托品、毛果芸香碱等。②毒性中药，如砒霜、雄黄等。

医疗用毒性药品每次处方剂量不得超过 2 日极量。对处方未注明"生用"的毒性中药,应当付炮制品。如发现处方有疑问时,须经原处方医生重新审定后再行调配。处方一次有效,取药后处方保存 2 年备查。

(四) 放射性药品管理

放射性药品是指用于临床诊断或者治疗的放射性核素制剂或者其标记药品。必须由经核医学技术培训的技术人员从事放射性药品的使用工作。

(秦志华)

模块 2

传出神经系统药物

ER 2-1　　　　　　ER 2-2

教学课件　　　　　思维导图

　　神经系统可分为中枢神经系统和外周神经系统,前者包括脑和脊髓,后者包括脑和脊髓以外的神经和神经节。外周神经系统按功能分为传入神经系统和传出神经系统。传出神经系统药物通过影响神经递质的合成、贮存、释放、失活以及与受体的结合而发挥作用。本模块主要介绍传出神经系统药理、拟胆碱药、抗胆碱药、拟肾上腺素药、抗肾上腺素药。

任务 1 | 传出神经系统药理概述

学习目标

1. 掌握传出神经系统受体的分类、分布及效应。
2. 熟悉传出神经系统药物的作用方式及药物分类。
3. 了解传出神经系统的分类、神经递质。
4. 能依据受体类型及受体效应推理传出神经系统药物的基本作用。
5. 具备重视临床用药选择的职业素养,关心、爱护患者。

传出神经主要是指传导来自中枢神经的冲动,以支配效应器官活动的一类神经。传出神经系统药物通过直接或间接影响传出神经的化学传递过程而改变效应器官的功能活动。

第一节 传出神经系统概述

一、传出神经系统的分类

（一）按解剖学分类

传出神经系统按解剖学分类可分为自主神经和运动神经。

1. 自主神经 自主神经包括交感神经和副交感神经,主要支配心脏、平滑肌、腺体及眼等效应器官。自主神经自中枢发出后,都要经过神经节交换神经元,然后到达所支配的效应器官,故有节前纤维和节后纤维之分。

2. 运动神经 运动神经自中枢发出后,中途不交换神经元,直接到达骨骼肌支配其运动。

（二）按释放的递质分类

根据神经末梢释放递质的不同,传出神经主要分为胆碱能神经和去甲肾上腺素能神经。

1. 胆碱能神经 胆碱能神经包括全部交感神经和副交感神经的节前纤维、副交感神经的节后纤维、极少数交感神经的节后纤维(如支配汗腺分泌和骨骼肌的血管舒张神经)和运动神经。

2. 去甲肾上腺素能神经 去甲肾上腺素能神经包括绝大部分交感神经的节后纤维。

除了上述两类神经,传出神经系统还有多巴胺能神经、5-羟色胺(5-HT)能神经、嘌呤能神经和肽能神经等,它们释放出多种辅助递质(如三磷酸腺苷、5-HT、脑啡肽等)。这些神经主要在局部发挥调节作用。

传出神经系统分类模式图见图 2-1-1。

二、传出神经系统的递质

传出神经释放的递质主要有乙酰胆碱(acetylcholine,ACh)和去甲肾上腺素(noradrenaline,NA)。

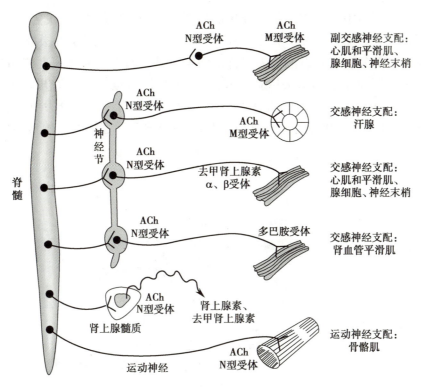

图 2-1-1　传出神经系统分类模式图

（一）乙酰胆碱

乙酰胆碱的生物合成主要在胆碱能神经末梢。胆碱能神经末梢内的胆碱和乙酰辅酶 A 在胆碱乙酰化酶的催化下合成乙酰胆碱。乙酰胆碱形成后即进入囊泡，并与 ATP 和囊泡蛋白共同贮存于囊泡中。当神经冲动到达神经末梢时，囊泡中的乙酰胆碱以胞裂外排的方式释放至突触间隙，并作用于突触后膜上的胆碱受体，产生效应。突触间隙的乙酰胆碱数毫秒内即被乙酰胆碱酯酶（acetylcholinesterase，AChE）水解为胆碱和乙酸。部分胆碱被突触前膜再摄取，供合成乙酰胆碱用。乙酰胆碱的生物合成及代谢见图 2-1-2。

（二）去甲肾上腺素

去甲肾上腺素的生物合成主要在去甲肾上腺素能神经末梢。酪氨酸从血液循环进入神经元后，经酪氨酸羟化酶催化生成多巴，再经多巴脱羧酶的催化生成多巴胺（dopamine，DA），后者进入囊泡中，经多巴胺 β-羟化酶的催化转变为去甲肾上腺素。去甲肾上腺素形成后，与 ATP 及嗜铬粒蛋白结合，贮存于囊泡中，以避免被胞质中的 MAO 破坏。当神经冲

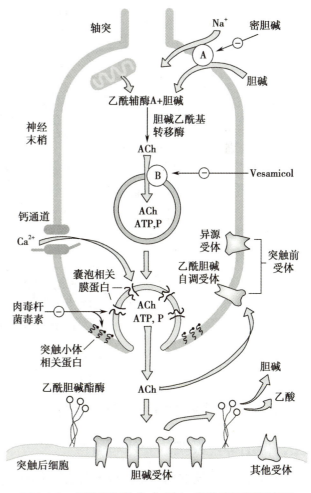

图 2-1-2　乙酰胆碱的合成、贮存、释放和灭活示意图

动到达神经末梢时,囊泡中的递质以胞裂外排的方式释放至突触间隙,与突触后膜的肾上腺素受体结合而产生效应。突触间隙的去甲肾上腺素 75%~95% 被突触前膜再摄取,重新贮存于囊泡中,以供再次释放。部分未进入囊泡的去甲肾上腺素可被胞质中线粒体膜上的 MAO 破坏。非神经组织如心肌、平滑肌等也能摄取去甲肾上腺素,递质摄取后被细胞内的儿茶酚-O-甲基转移酶(catechol-O-methyltransferase,COMT)和 MAO 破坏。此外,尚有一小部分去甲肾上腺素从突触间隙扩散到血液中,最后被肝、肾等组织中的 COMT 和 MAO 破坏。去甲肾上腺素的生物合成及代谢见图 2-1-3。

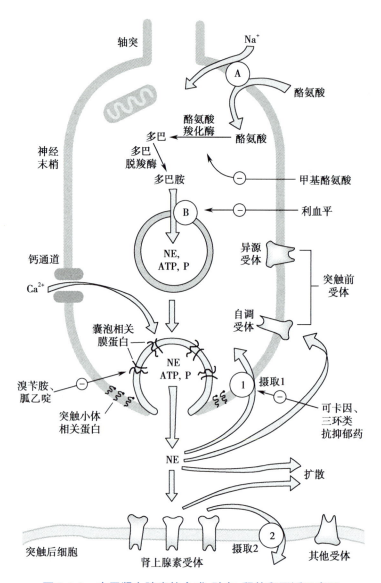

图 2-1-3　去甲肾上腺素的合成、贮存、释放和灭活示意图

此外,传出神经递质还有多巴胺、5-羟色胺等。

三、传出神经系统的受体与效应

传出神经系统的相关受体根据与之结合的递质不同可分为乙酰胆碱受体、肾上腺素受体。传出神经系统受体的分布以及受体兴奋后的效应见表 2-1-1。

表 2-1-1　传出神经系统受体的分布及效应

受体类型		分布	效应
胆碱受体	M₁	自主神经节 胃壁细胞 中枢神经系统	兴奋 胃酸分泌 中枢兴奋
	M₂	心脏(心肌、窦房结、传导系统)	收缩力减弱,心率减慢,传导减慢
	M₃	平滑肌(支气管、胃肠道、胆囊及胆道、膀胱、子宫等) 括约肌(胃肠道、膀胱等) 眼 　瞳孔括约肌 　睫状肌 血管内皮 腺体(唾液腺、汗腺、胃肠道及呼吸道等)	收缩 舒张 收缩(缩瞳) 收缩(近视) 血管舒张 分泌
	Nₙ	自主神经节 肾上腺髓质	兴奋 儿茶酚胺释放
	Nₘ	骨骼肌	收缩
肾上腺素受体	α₁	血管(皮肤、黏膜、内脏) 瞳孔开大肌 汗腺	收缩 收缩(扩瞳) 分泌
	α₂	突触前膜	抑制 NA 释放
	β₁	心脏(心肌、窦房结、传导系统) 肾	收缩力增强,心率加快,传导加快 肾素分泌
	β₂	平滑肌(支气管、胃肠道、胆囊与胆道、膀胱、子宫等) 括约肌(胃肠道、膀胱等) 血管(冠状动脉、骨骼肌) 肝糖原、肌糖原 突触前膜	舒张 收缩 舒张 分解 促进 NA 释放
	β₃	脂肪	分解

(一) 乙酰胆碱受体

能与乙酰胆碱结合的受体称为乙酰胆碱受体,分为毒蕈碱型受体(M 受体)和烟碱型受体(N 受体)。M 受体根据配体对不同组织 M 受体的不同亲和力又分为 M_1、M_2、M_3、M_4、M_5。N 受体根据分布部位不同又分为 N_N 受体和 N_M 受体。

(二) 肾上腺素受体

能与去甲肾上腺素或肾上腺素结合的受体称为肾上腺素受体,分为 α 受体和 β 受体。α 受体又分为 $α_1$ 受体和 $α_2$ 受体 2 个亚型。β 受体又分为 $β_1$ 受体、$β_2$ 受体和 $β_3$ 受体 3 个亚型。

第二节　传出神经系统药物的作用方式及分类

一、传出神经系统药物的作用方式

(一) 直接作用于受体

某些传出神经系统药物能直接与胆碱受体或肾上腺素受体结合而产生效应。结合后能激动受体,产生与递质相似作用的药物,称为受体激动药或拟似药,如胆碱受体激动药、肾上腺素受体激动药(拟肾上腺素药)。结合后不能激动受体,阻碍递质或激动药与受体结合,产生与递质相反作用的药物,称为受体阻断药或拮抗药,如胆碱受体阻断药(抗胆碱药)、肾上腺素受体阻断药(抗肾上腺素药)。

(二)影响递质

1. 影响递质的生物转化 如抗胆碱酯酶药新斯的明通过抑制胆碱酯酶而阻碍 ACh 水解,使突触间隙的 ACh 含量增加,激动胆碱受体,发挥拟胆碱作用。

2. 影响递质的转运、贮存 如利血平通过抑制突触前膜对递质 NA 的再摄取,影响囊泡内递质的贮存而产生作用。

3. 影响递质的释放 如麻黄碱和间羟胺可促进 NA 的释放而发挥拟肾上腺素作用。

二、传出神经系统药物的分类

传出神经系统药物可按作用性质及对受体选择性的不同进行分类(表 2-1-2)。

表 2-1-2　传出神经系统药物分类

拟似药		拮抗药	
(一)胆碱受体激动药		(一)胆碱受体阻断药	
1. M、N 受体激动药	卡巴胆碱	1. M 受体阻断药	
2. M 受体激动药	毛果芸香碱	(1)非选择性 M 受体阻断药	阿托品
3. N 受体激动药	烟碱	(2)M₁ 受体阻断药	哌仑西平
(二)抗胆碱酯酶药	新斯的明	2. N 受体阻断药	
(三)肾上腺素受体激动药		(1)Nɴ 受体阻断药	六甲双胺
1. α、β 受体激动药	肾上腺素	(2)Nᴍ 受体阻断药	琥珀胆碱
2. α 受体激动药		(二)肾上腺素受体阻断药	
(1)α₁、α₂ 受体激动药	去甲肾上腺素	1. α 受体阻断药	
(2)α₁ 受体激动药	去氧肾上腺素	(1)α₁、α₂ 受体阻断药	酚妥拉明
(3)α₂ 受体激动药	可乐定	(2)α₁ 受体阻断药	哌唑嗪
3. β 受体激动药		(3)α₂ 受体阻断药	育亨宾
(1)β₁、β₂ 受体激动药	异丙肾上腺素	2. β 受体阻断药	
(2)β₁ 受体激动药	多巴酚丁胺	(1)β₁、β₂ 受体阻断药	普萘洛尔
(3)β₂ 受体激动药	沙丁胺醇	(2)β₁ 受体阻断药	阿替洛尔
		3. α、β 受体阻断药	拉贝洛尔

(彭海平)

思考题

1. M 受体兴奋可产生哪些效应?

2. 心脏分布有哪些传出神经系统受体?各有什么作用?

任务 2 | 拟胆碱药

学习目标

1. 掌握拟胆碱药的分类、代表药物、药理作用、临床应用、不良反应和注意事项。
2. 熟悉拟胆碱药的作用特点。
3. 了解拟胆碱药的合理用药。
4. 能依据临床表现等合理选择拟胆碱药,正确用药,及时处置不良反应。
5. 具备与患者及其家属进行有效沟通、开展用药咨询服务、指导患者合理用药的职业素养,关心、爱护患者。

拟胆碱药(cholinomimetics)是一类与胆碱能神经递质 ACh 作用相似的药物。按作用方式的不同,拟胆碱药可分为胆碱受体激动药和抗胆碱酯酶药。

临床情景

患者,女性,48 岁。半个月前间断性轻微头痛,服用对乙酰氨基酚未见好转,最近 3~4 天症状加重,3h 前左眼突然剧烈胀痛、视物模糊,并伴有恶心、呕吐。眼科检查:左眼裸眼视力 0.1,眼压 57mmHg,角膜水肿(+++)。前房角镜示:左眼上方象限局限性房角粘连,范围 9:30~12:00;右眼正常。

诊断:急性闭角型青光眼(左眼)。

处方:

1. 硝酸毛果芸香碱滴眼液,每次 1 滴,每 5~10min 滴眼 1 次;滴眼 3~6 次后每 1~3h 滴眼 1 次。

2. 马来酸噻吗洛尔滴眼液,每次 1 滴,每日 2 次。

学习任务

课前:该患者有哪些既往史? 现在的主要症状是什么? 对该患者使用了哪些药物?

课中:毛果芸香碱属于哪类药物? 其药理作用、临床应用、不良反应是什么? 对该患者使用毛果芸香碱是否合理?

课后:对青光眼患者,除了毛果芸香碱,还可以使用哪类药物治疗? 对该患者使用哪种药物更合适?

第一节 胆碱受体激动药

一、M、N 受体激动药

卡巴胆碱

卡巴胆碱（carbachol）又名氨甲酰胆碱，为人工合成的拟胆碱药，其作用与 ACh 相似，化学性质较稳定，不易被水解，作用时间较长。全身给药可激动 M、N 受体。因不良反应较多，仅限眼科局部用药。其药理作用与 M 受体激动药相似。

醋甲胆碱

醋甲胆碱（methacholine）可选择性激动 M 受体，对心血管系统的选择性较强，对胃肠道及膀胱平滑肌的作用较弱，也可收缩支气管平滑肌，使支气管分泌增加。其性质稳定，可以口服，但吸收少而不规则。因被胆碱酯酶灭活较慢，故作用较持久。主要用于房性心动过速，也可用于外周血管痉挛性疾病，如雷诺病及血栓闭塞性脉管炎。

吸入用氯醋甲胆碱为支气管激发试验的激发剂，不能用于显著哮喘或喘息患者。

二、M 受体激动药

毛果芸香碱

毛果芸香碱（pilocarpine）又名匹鲁卡品，是从毛果芸香属植物叶子中提取的生物碱，现已人工合成，其水溶液稳定，临床常用其硝酸盐。

【体内过程】

毛果芸香碱具有水溶和脂溶的双相溶解度，故其滴眼液的通透性良好。1% 滴眼液滴眼后 10~30min 出现缩瞳作用，持续时间达 4~8h 以上。降眼压作用的达峰时间约为 75min，持续 4~14h（与浓度有关）。用于缓解口干的症状时，20min 起效，单次使用作用持续 3~5h。母体化合物的清除 $t_{1/2}$ 为 0.76~1.35h。毛果芸香碱及其失活代谢物随尿排出。

【药理作用】

毛果芸香碱能直接激动 M 受体，对眼和腺体的作用最为明显。

1.对眼的作用

(1)缩瞳：毛果芸香碱能直接激动瞳孔括约肌上的 M 受体，使瞳孔括约肌收缩、瞳孔缩小。

(2)降低眼压：毛果芸香碱通过缩瞳作用，使虹膜向中心方向收缩，虹膜根部变薄，从而使处在虹膜周围部的前房角间隙扩大，房水易通过小梁网并经巩膜静脉窦流入血液循环，使眼压降低。

M 受体激动药与 M 受体阻断药对眼的作用见图 2-2-1。

知识拓展

眼压与青光眼

眼压是指眼球内容物对眼球壁的压力，正常眼压为 10~21mmHg。眼球内容物包括房水、晶状体、玻璃体，其中房水对眼压的产生最为重要。房水由睫状体产生→进入后房→越过瞳孔到达前房→再从前房的小梁网进入巩膜静脉窦（施勒姆管）→然后通过集液管和房水静脉汇入巩膜表面的睫状前静脉，回流进入血循环，这一过程称为房水循环。房水的产生和排出保持动态平衡是维持正常眼压的关键所在。房水循环中某一环节发生故障，眼压就会增高。

青光眼是一种常见的高致盲性眼病,一般分为闭角型和开角型两种。闭角型青光眼为各种原因所致的前房闭塞引起的眼压升高。开角型青光眼是在前房角开放的情况下房水循环障碍引起的眼压升高。眼压升高引发一系列的临床表现,如眼睛疼痛、视力下降、视物模糊等,同时伴有头痛、恶心、呕吐等症状。持续高眼压可使视网膜视神经萎缩,严重者可致失明。

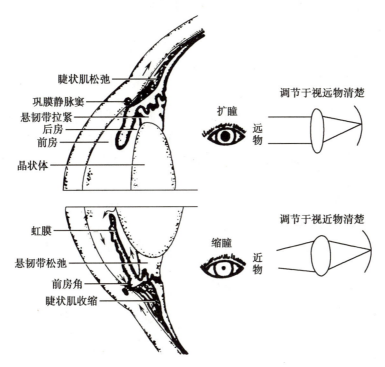

图 2-2-1　M 受体激动药和 M 受体阻断药对眼的作用
上图为 M 受体阻断药的作用,下图为 M 受体激动药的作用;箭头表示房水流动及睫状肌松弛或收缩的方向。

(3)调节痉挛:毛果芸香碱能激动睫状肌环状纤维上的 M 受体,使睫状肌向瞳孔中心方向收缩,悬韧带松弛,晶状体因本身弹性而自然变凸,屈光度增加,视近物清楚,而视远物模糊。毛果芸香碱的这种作用称为调节痉挛。

2.对腺体的作用　毛果芸香碱能激动腺体的 M 受体,使腺体分泌增加,以汗腺和唾液腺分泌增加最为明显。

【临床应用】

1.青光眼　毛果芸香碱对闭角型青光眼疗效较佳;对开角型青光眼的早期也有一定疗效,可能与睫状肌被收缩牵拉后使房水易于回流等因素有关。

2.M 受体阻断药中毒　毛果芸香碱可用于 M 受体阻断药阿托品等药物中毒的解救。

【不良反应和注意事项】

毛果芸香碱可引起流涎、多汗、腹痛、腹泻、支气管痉挛等 M 样症状,可用阿托品对抗。滴眼时应将下眼睑拉成袋状,同时以中指压迫内眦的鼻泪管开口,以免药液经鼻泪管流入鼻腔由鼻黏膜吸收而引起全身不良反应。遇光易变质,应避光保存。

第二节　抗胆碱酯酶药

抗胆碱酯酶药又称胆碱酯酶抑制药,能抑制胆碱酯酶活性,使乙酰胆碱水解减少,导致乙酰胆碱在突触间隙蓄积而激动 M、N 受体。按药物与胆碱酯酶结合后水解速度的快慢,可分为易逆性抗胆碱酯酶药和难逆性抗胆碱酯酶药。

一、易逆性抗胆碱酯酶药

新斯的明

新斯的明(neostigmine)为季铵类化合物,脂溶性低。

【体内过程】

新斯的明口服不易吸收,给药后 1h 显效,作用持续 3~4h;皮下注射或肌内注射 15min 显效,作用可持续 2~4h。不易透过血-脑屏障,无明显中枢作用;滴眼时不易透过角膜,对眼的作用很弱。

【药理作用】

新斯的明主要通过抑制胆碱酯酶,使乙酰胆碱蓄积而产生效应。其作用具有选择性,对骨骼肌的兴奋作用最强,是因能直接激动骨骼肌运动终板上的 N_M 受体所致。对胃肠平滑肌和膀胱平滑肌兴奋作用较强,对心血管、腺体、眼和支气管等作用较弱。

【临床应用】

1. 重症肌无力　新斯的明通过兴奋骨骼肌,可改善肌无力症状。一般口服给药即可使症状改善,重症患者或紧急时可皮下注射或肌内注射。

2. 肠胀气和尿潴留　新斯的明可增强胃肠和膀胱平滑肌的张力,促进排便和排尿,常用于治疗术后肠胀气和尿潴留。

3. 阵发性室上性心动过速　新斯的明可使心率减慢。

4. 非去极化型肌松药及阿托品中毒的解救　新斯的明适用于非去极化型肌松药过量中毒的解救,对去极化型肌松药过量中毒无效;也可用于 M 受体阻断药(如阿托品等)中毒的解救。

【不良反应和注意事项】

新斯的明治疗量时不良反应较少,可引起恶心、呕吐、腹痛、心动过缓、呼吸困难、肌肉震颤等。过量可引起胆碱能危象,表现为肌无力症状加重,还可伴有大汗淋漓、大小便失禁、心动过速等,严重者可发生呼吸肌麻痹,必要时给予阿托品对抗。出现上述症状时,要特别注意鉴别是疾病未能有效控制还是药物过量所致。

机械性肠梗阻、尿路梗阻和支气管哮喘患者禁用。

【药物相互作用】

氨基糖苷类、林可霉素类、多黏菌素类、利多卡因等可使骨骼肌张力减弱,不宜与新斯的明合用。

吡斯的明

吡斯的明(pyridostigmine)作用类似于新斯的明,但起效缓慢,作用维持时间较长。口服胃肠吸收差,生物利用度为 10%~20%,$t_{1/2}$ 约为 3.3h,可被血浆胆碱酯酶水解,经肝代谢,以原形或代谢产物经肾排泄。主要用于重症肌无力,也用于肠胀气和尿潴留。

毒扁豆碱

毒扁豆碱(physostigmine)是从毒扁豆种子中提取的生物碱,已可人工合成。脂溶性高,易透过血-脑屏障;滴眼时易透过角膜。吸收后的外周作用与新斯的明相似;中枢作用表现为小剂量兴奋,大剂量抑制。吸收作用选择性低,毒性大,较少全身用药。对眼的作用与毛果芸香碱相似,但作用强、起效快而持久。缩瞳作用和降低眼压作用可维持 1~2 天。主要用于治疗青光眼,常以 0.25% 溶液滴眼。滴眼后可致睫状肌强烈收缩而伴有头痛、眼痛,且刺激性强,患者不易耐受,不宜久用。滴眼时须压迫内眦,以免药液流入鼻腔后被吸收进入体内而引起中毒。

二、难逆性抗胆碱酯酶药

难逆性抗胆碱酯酶药主要为有机磷酸酯类,是农业和环境杀虫药,具有毒理学意义。本类药物能够与胆碱酯酶(AChE)结合成难以解离的磷酰化胆碱酯酶,使之失去水解乙酰胆碱(ACh)的活性,导致体内 ACh 过度蓄积,从而激动胆碱受体,引起一系列胆碱能神经功能亢进的中毒症状(详见模块 12 任务 1 解毒药)。

附:治疗重症肌无力的药物

重症肌无力(myasthenia gravis,MG)是一种由神经肌肉接头处传递功能障碍引起的自身免疫性疾病,表现为受累骨骼肌极易疲劳。其主要特征是肌肉经过短暂重复的活动后出现肌无力症状,如上睑下垂、声音嘶哑、复视、表情淡漠、四肢无力、咀嚼吞咽困难,严重者可致呼吸困难,甚至危及生命。

目前治疗重症肌无力的药物主要有四类:抗胆碱酯酶药、糖皮质激素、非激素类免疫抑制药、补体抑制药。

1. 抗胆碱酯酶药 该类药物属于症状性治疗,最常用的是吡斯的明。吡斯的明是一种合成的抗胆碱酯酶药,可抑制突触间隙中 ACh 的分解,是治疗所有类型重症肌无力的一线药物,可改善绝大部分患者的临床症状。

2. 糖皮质激素 糖皮质激素也是重症肌无力患者的一线治疗药物,可使 70%~80% 患者的症状得到明显改善。为避免长期使用糖皮质激素引起的不良反应,在达到目标剂量后应考虑隔日疗法;一旦症状得到控制,应逐渐减低到最小有效剂量。同时为避免口服大量药物,治疗初期应与其他非激素类免疫抑制药联用。

3. 非激素类免疫抑制药 用于治疗重症肌无力的非激素类免疫抑制药有硫唑嘌呤、他克莫司、环孢素、环磷酰胺等,主要与激素合用,有助于减少激素用量、防止疾病复发以及患者不耐受激素等。

4. 补体抑制药 目前临床上用于重症肌无力治疗的补体抑制药是具有靶向补体抑制作用的依库珠单抗以及利妥昔单抗。

(彭海平)

思考题

1. 试论述毛果芸香碱治疗青光眼的机制。毛果芸香碱滴眼时有哪些注意事项?
2. 重症肌无力首选哪种药物治疗? 其药理学基础是什么?

任务 3 | 抗胆碱药

学习目标

1. 掌握抗胆碱药的分类、代表药物、药理作用、临床应用、不良反应和注意事项。
2. 熟悉抗胆碱药的作用特点。
3. 了解抗胆碱药的合理用药。
4. 能依据临床表现等合理选择抗胆碱药,正确用药,及时处置不良反应。
5. 具备与患者及其家属进行有效沟通、开展用药咨询服务、指导患者合理用药的职业素养,关心、爱护患者。

抗胆碱药(anticholinergics)即胆碱受体阻断药,通过与胆碱受体结合,阻碍乙酰胆碱或拟胆碱药对胆碱受体的激动,发挥抗胆碱作用。抗胆碱药根据对胆碱受体选择性的不同可分为 M 受体阻断药和 N 受体阻断药。

M 受体阻断药常用药物有阿托品、东莨菪碱、山莨菪碱以及阿托品的替代药物等。

临床情景

患者,男性,70 岁。进食后上腹部疼痛、恶心、呕吐。呕吐物为胃内容物,非喷射状。疼痛为阵发性绞痛,无放射痛,伴有腹泻,大便为黄色稀水样便,1 日 10 余次,无脓血和里急后重,无明显发热。患者有青光眼 2 年,前列腺增生 5 年。查体:上腹部压痛,无反跳痛和肌紧张。血常规正常。

诊断:急性腹泻;青光眼;前列腺增生。

处方:

1. 消旋山莨菪碱片,每次 10mg,每日 3 次,口服。
2. 口服补液盐Ⅱ,每次 30g,溶于 500ml 温水,分次 4h 内口服。

学习任务

课前:该患者有哪些既往史? 现在的主要症状是什么? 对该患者使用了哪些药物?

课中:山莨菪碱属于哪类药物? 其药理作用、临床应用、不良反应有哪些? 山莨菪碱与阿托品的主要区别是什么? 对该患者使用山莨菪碱是否合理?

课后:对腹泻患者主要使用哪些药物? 对该患者使用哪种药物更合适?

第一节　M 受体阻断药

一、阿托品及其类似生物碱

阿托品

阿托品（atropine）是从颠茄、曼陀罗或莨菪等植物中提取的一种生物碱。天然存在的生物碱为不稳定的左旋莨菪碱，在提取过程中可得到稳定的消旋莨菪碱，即阿托品。

【体内过程】

阿托品可口服、皮下注射、肌内注射、静脉注射或外用。口服阿托品，由胃肠道黏膜迅速吸收，1h 后血药浓度达峰值，$t_{1/2}$ 为 2~4h，迅速分布于全身组织，可透过血-脑屏障及胎盘屏障，血浆蛋白结合率为 14%~22%，主要经肝脏代谢，50%~60% 以原形随尿液排出。肌内注射阿托品，15~20min 血药浓度达峰值。眼部应用阿托品，经眼结膜吸收，30min 起效，扩瞳作用可持续 7~10 天，调节麻痹作用持续 7~12 天。

【药理作用】

阿托品阻断 M 胆碱受体，作用广泛。随药物剂量增加，依次对腺体、眼睛、心脏、胃肠道及膀胱、输尿管平滑肌产生作用，大剂量可出现中枢症状（表 2-3-1）。

表 2-3-1　阿托品作用与剂量的关系

剂量/mg	药理作用
0.5	轻微心率减慢，略有口干及少汗
1.0	口干，心率加速，瞳孔轻度扩大
2.0	心悸，显著口干，瞳孔扩大，有时出现视物模糊
5.0	上述症状加重，并有言语不清、烦躁不安、皮肤干燥发热、排尿困难、肠蠕动减少
≥10.0	上述症状更重，脉速而弱，呼吸加快加深，出现谵妄、幻觉、惊厥等；严重中毒时可由中枢兴奋转入抑制，产生昏迷和呼吸肌麻痹等。致死量成人为 80~130mg，儿童为 10mg

1. **对腺体的作用**　阿托品阻断腺体细胞膜上的 M 胆碱受体，使腺体分泌减少。对唾液腺和汗腺的作用最为显著。治疗量即可使唾液腺及汗腺分泌减少，分别表现为口干和皮肤干燥；随着剂量增大，抑制作用更加明显。对汗腺分泌的抑制可使体温升高。同时泪腺和呼吸道腺体分泌也明显减少。较大剂量也可减少胃酸分泌，降低黏蛋白的分泌浓度。但对胃酸的影响较小，因为胃酸的分泌还受组胺、胃泌素等影响，阿托品不能阻断胃肠道激素和非胆碱能神经递质对胃酸分泌的调节作用，同时阿托品可以抑制胃中 HCO_3^- 的分泌。胰液、胆汁和肠液等分泌主要受体液因素的调节，阿托品对其影响较小。

2. **对眼睛的作用**　阿托品阻断瞳孔括约肌和睫状肌上的 M 胆碱受体，表现为扩瞳、升高眼压和调节麻痹。

(1) **扩瞳**：阿托品阻断瞳孔括约肌上的 M 胆碱受体，使瞳孔括约肌松弛，去甲肾上腺素能神经支配的瞳孔开大肌功能占优势，瞳孔扩大。

(2) **升高眼压**：由于扩瞳作用，虹膜退向四周边缘，压迫前房角，使前房角间隙变窄，阻碍房水回流进入巩膜静脉窦，导致眼压升高。

(3) **调节麻痹**：阿托品阻断睫状肌上的 M 胆碱受体，使睫状肌松弛而退向外缘，悬韧带拉紧，致晶状体处于扁平状态，屈光度降低，不能将近物清晰成像于视网膜上，故视近物模糊不清，视远物清晰。这种不能调节视力作用的状态称为调节麻痹。

阿托品等 M 受体阻断药对眼的作用见图 2-2-1。

3. 对内脏平滑肌的作用 阿托品对胆碱能神经所支配的多种内脏平滑肌均有松弛作用,尤其对过度活动或痉挛收缩的内脏平滑肌松弛作用最为明显。其中,对胃肠道平滑肌痉挛引起的绞痛疗效最好,对输尿管及膀胱逼尿肌痉挛引起的绞痛效果次之,对胆道、支气管及子宫平滑肌的解痉作用最弱。

4. 对心血管系统的作用

(1)**心率**:注射治疗剂量的阿托品可使部分患者的心率短暂轻度减慢。研究表明,这一效应是由于阻断了副交感神经节后纤维上的 M_1 受体,从而减少突触中乙酰胆碱对递质释放的负反馈作用,促进神经末梢乙酰胆碱的释放所致。较大剂量时可阻断心脏窦房结的 M 受体(M_2 受体),从而解除迷走神经对心脏的抑制效应,使心率加快。心率加快的速度取决于心脏迷走神经张力的高低,健康成年人迷走神经的张力相对较高,阿托品的影响亦较为显著,如肌内注射 2mg,心率可增加 35~40 次/min。幼儿及老年人迷走神经的张力相对较低,对心率的影响较小。

(2)**房室传导**:阿托品能对抗迷走神经过度兴奋所致的心房和房室结的传导阻滞,促进心房和房室传导,显著缩短 PR 间期,缩短房室结的有效不应期,增加心房颤动或心房扑动患者的心室率。

(3)**血管**:治疗量阿托品对血管和血压无明显影响,这可能与多数血管床缺乏胆碱能神经支配有关。较大剂量则可引起皮肤血管舒张,表现为皮肤潮红、温热,尤以面颈部皮肤为甚。当机体组织器官的微循环小血管痉挛时,大剂量阿托品也有明显的解痉作用。其扩张小血管的机制尚未阐明,但一般认为与其抗胆碱作用无关。有人认为阿托品可能阻断 α 受体而使血管扩张,也有人认为这是机体对阿托品引起的体温升高的代偿性散热反应。

5. 对中枢神经系统的作用 治疗剂量的阿托品对中枢神经系统的影响不明显,可轻度兴奋延髓及高级中枢而引起较弱的迷走神经兴奋作用。较大剂量(1~2mg)则可兴奋延髓和大脑,5mg 时中枢兴奋作用明显增强,患者表现为焦躁不安、精神亢奋,甚至谵妄、呼吸兴奋。中毒剂量(10mg 以上)常使患者产生幻觉、定向障碍、共济失调、抽搐或惊厥。严重中毒时可由兴奋转入抑制,患者出现昏迷及延髓和呼吸肌麻痹,最后死于循环和呼吸衰竭。阿托品的中枢神经兴奋效应可能与其阻断 M_2 受体以及促进突触前膜 ACh 的释放有关。

【临床应用】

1. 麻醉前给药 阿托品用于麻醉前给药,以防止分泌物吸入呼吸道而引起吸入性肺炎。还可用于严重盗汗和流涎等治疗。

2. 眼科应用

(1)**虹膜睫状体炎**:阿托品滴眼液滴眼,可使虹膜括约肌和睫状肌松弛而得以充分休息,有利于控制炎症。

(2)**验光和检查眼底**:阿托品能使睫状肌松弛,晶状体相对固定,此时能准确检测晶状体的屈光度,也可用于检查眼底。但缺点是本药的扩瞳作用持久,一般可维持 1~2 周,调节麻痹作用也要维持 2~3 天,致使视力恢复较慢。现常用人工合成的短效 M 受体阻断药托吡卡胺等替代。但儿童验光仍需用阿托品,原因是儿童睫状肌的调节功能较强。

3. 内脏绞痛 阿托品用于治疗胃肠痉挛,能使之迅速缓解。对幽门梗阻则疗效较差。对胆绞痛及肾绞痛,常与阿片类镇痛药联合应用。由于阿托品能松弛膀胱逼尿肌及增加括约肌张力,可用于治疗儿童遗尿症。对尿频、尿急等膀胱刺激症状也有较好疗效。

4. 缓慢型心律失常 阿托品可用于治疗迷走神经过度兴奋所致的窦性心动过缓、窦房传导阻滞、房室传导阻滞等缓慢型心律失常。

5. 感染性休克 阿托品可用于治疗严重感染(如暴发型流行性脑脊髓膜炎、中毒性菌痢、中毒性肺炎)所致的休克。但休克伴有高热和心动过速时一般不用。

6. 有机磷酸酯类中毒　因阿托品拮抗中枢和外周 M 胆碱受体,阻断过量乙酰胆碱的效应,使得阿托品成为治疗有机磷酸酯类中毒的重要药物(详见模块 12　任务 1　解毒药)。

【不良反应和注意事项】

阿托品随用药剂量的增加,不良反应逐渐增多、加重。小剂量(0.5mg)有心率轻度减慢,略有口干、少汗;较大剂量可有口渴、心率加快、瞳孔扩大、调节麻痹、视近物模糊;中毒剂量除了上述症状加重,还能产生严重的中枢神经系统症状,包括语言和吞咽困难、兴奋不安、皮肤干燥潮红、排尿困难、肠蠕动减少、便秘,还可出现幻觉、谵妄、惊厥、运动失调等。严重中毒时则由兴奋转入抑制,出现昏迷甚至延髓麻痹等。

青光眼、前列腺增生者禁用。妊娠期妇女静脉注射阿托品可使胎儿心动过速。哺乳期妇女使用有抑制泌乳作用。婴幼儿对阿托品极为敏感,特别是痉挛性瘫痪与脑损伤的小儿,环境温度较高时有体温急骤升高的危险。老年人注射阿托品容易出现排尿困难(特别是男性)、便秘、口干,减少汗液分泌,影响散热,故夏天慎用。

山莨菪碱

山莨菪碱(anisodamine)是从茄科植物山莨菪中提取的一种生物碱,为左旋体,常简称“654”,常用的为人工合成的消旋体,称“654-2”,有明显外周抗胆碱作用。与阿托品相比,其解除血管平滑肌痉挛、改善微循环障碍作用较强;解除内脏平滑肌痉挛较阿托品弱,但选择性高;抑制唾液腺分泌、散瞳作用仅为阿托品的 1/20~1/10。因不易通过血-脑屏障,中枢作用弱。临床主要用于感染性休克、内脏平滑肌绞痛、急性微循环障碍等。不良反应、禁忌证与阿托品相似,副作用少。

> **知识拓展**
>
> ### 修氏理论
>
> 修瑞娟是世界著名的微循环专家。1983 年,她首次提出微循环对组织细胞的海涛式灌注理论。她在大量实验的基础上发现并证明,人体的各级微动脉血管的自律性运动是以波浪形进行传播的,微循环对器官和组织的灌注是海涛式灌注。这一成果是该领域研究的重大突破,否定了当时世界上流行的田园式灌注的推论,被世界誉为“修氏理论”,并被评为“1983 年世界十大科技进展之一”,这标志着我国微循环研究走在了世界的前列。
>
> 从 20 世纪 60 年代起,山莨菪碱用于治疗流行性脑脊髓膜炎并取得良好效果。其病理生理学基础在于能够解除微血管痉挛、改善灌流效果,从而达到治疗目的。

东莨菪碱

东莨菪碱(scopolamine)是从洋金花、颠茄或莨菪等植物中提取的一种生物碱。与阿托品相比,其作用特点为:①对中枢作用强且表现为抑制作用,随剂量增加依次为镇静、催眠、麻醉,但能兴奋呼吸中枢。②抑制腺体分泌、扩瞳和调节麻痹作用强于阿托品,而对心血管及内脏平滑肌作用较弱。主要用于麻醉前给药,作用效果优于阿托品。此外,可用于预防晕动病和抗帕金森病。其防晕止吐作用可能与抑制前庭神经内耳功能或大脑皮质功能及抑制胃肠蠕动有关。对帕金森病患者,可缓解流涎、震颤和肌强直,与其中枢抗胆碱作用有关。不良反应与阿托品相似。此外,本药可引起老年人思维错乱,应避免用于麻醉前给药。

二、阿托品的替代药物

阿托品作用广泛、副作用多,为克服这些缺点,人工合成了一些副作用较少的替代药物,包括扩瞳药、解痉药和选择性 M 受体阻断药。

（一）扩瞳药

扩瞳药有托吡卡胺（tropicamide）、环喷托酯（cyclopentolate）等。这些药物与阿托品相比，扩瞳作用时间短，适用于一般的眼科检查（表 2-3-2）。

表 2-3-2　几种扩瞳药作用的比较

药物	浓度	扩瞳作用		调节麻痹作用	
		高峰/min	消退/d	高峰/h	消退/d
阿托品	1.0%	30~40	7~10	1~3	7~12
托吡卡胺	0.5%~1.0%	20~40	0.25	0.5	<0.25
环喷托酯	0.5%	30~50	1	1.0	0.25~1

（二）解痉药

1. 季铵类　异丙托溴铵、噻托溴铵等可选择性阻断支气管平滑肌上的 M 胆碱受体，有较强的舒张支气管平滑肌的作用。溴丙胺太林（propantheline bromide）对胃肠道平滑肌选择性高，主要用于消化性溃疡、肠痉挛。

2. 叔胺类　贝那替秦（benactyzine）有缓解胃肠道平滑肌痉挛及抑制胃酸分泌作用，适用于消化性溃疡、胃酸过多者。黄酮哌酯（flavoxate）和奥昔布宁（oxybutynin）等对泌尿生殖系统平滑肌有选择性解痉作用，用于泌尿系统疾病引起的尿频、尿急、尿痛等症状。

（三）选择性 M 受体阻断药

哌仑西平为选择性 M_1 受体阻断药，对胃壁细胞有高度亲和力，减少胃酸和胃蛋白酶分泌，用于消化性溃疡的治疗。

（四）新型选择性抗胆碱药

戊乙奎醚（penehyclidine）肌内注射后快速吸收，约 0.5h 血药浓度达到峰值，$t_{1/2}$ 长达 10h；对心率无明显影响，对外周 N 受体无明显阻断作用，能通过血-脑屏障对抗中枢乙酰胆碱作用。主要用于麻醉前给药和救治有机磷酸酯类中毒。

第二节　N 受体阻断药

一、N_N 受体阻断药

N_N 受体阻断药又称神经节阻滞药，可阻断交感神经节 N_N 胆碱受体，使血管扩张，血压下降，曾作为降压药，但因其同时阻断副交感神经节，不良反应较多，现已少用。

二、N_M 受体阻断药

N_M 受体阻断药又称骨骼肌松弛药，简称肌松药，是一类通过阻断神经肌肉接头后膜的 N_M 受体，阻断神经肌肉传导，导致骨骼肌松弛的药物。主要作为外科麻醉的辅助用药。肌松药按作用机制的不同可分为去极化型肌松药和非去极化型肌松药两类。

（一）去极化型肌松药

去极化型肌松药与神经肌肉接头后膜的 N_M 受体结合后，被胆碱酯酶的水解较 ACh 缓慢，故产生与 ACh 相似但较为持久的去极化作用，神经肌肉接头后膜失去了对乙酰胆碱的反应性，从而导致骨骼肌松弛。其特点是：①用药后常先出现短暂的肌束颤动。②连续用药可产生快速耐受性。③胆碱酯酶抑制药可增强本类药物的肌松作用，其中毒时不可用新斯的明解救。④治疗量无神经节阻滞作用。

<h2 style="text-align:center">琥珀胆碱</h2>

琥珀胆碱（suxamethonium）又名司可林,由琥珀酸和2分子胆碱组成,在碱性溶液中易被分解。

【体内过程】

琥珀胆碱进入血液循环后被假性胆碱酯酶迅速水解,故作用持续时间短暂。约2%以原形经肾排泄,其余以代谢产物的形式从尿液中排出。

【药理作用】

琥珀胆碱肌松作用快而短暂,静脉注射先出现短暂的肌束颤动,尤以胸腹部肌肉明显。1min内即转变为肌肉松弛,约2min肌松作用达高峰,持续5~8min。静脉滴注可延长其作用时间。肌肉松弛顺序依次为眼睑肌、颜面部肌肉、颈部肌、上肢肌、下肢肌、躯干肌、肋间肌、膈肌。肌松作用以颈部和四肢最为明显。

【临床应用】

1. 气管内插管、支气管镜和食管镜检查　静脉注射琥珀胆碱后,对喉肌松弛作用强,有利于气管内插管等操作。

2. 辅助麻醉　静脉滴注琥珀胆碱可使肌肉完全松弛,便于在浅麻醉下进行外科手术,以减少麻醉药用量,保证手术安全。

【不良反应和注意事项】

1. 术后肌痛　可能由于肌束颤动损伤肌梭所致,一般3~5天可自愈。

2. 呼吸肌麻痹　氨基糖苷类抗生素、多肽类抗生素也有肌松作用,不能与琥珀胆碱合用。胆碱酯酶抑制药（如新斯的明）抑制胆碱酯酶活性,延缓该药水解,因此琥珀胆碱过量时不能用新斯的明抢救。

3. 血钾升高　琥珀胆碱使骨骼肌持久性去极化,导致大量钾离子外流而致血钾升高。禁用于烧伤、广泛软组织损伤、偏瘫、脑血管意外及肾功能不全伴血钾升高的患者,以免发生高血钾性心搏骤停。

4. 眼压升高　琥珀胆碱能使眼外肌短暂收缩,引起眼压升高。青光眼、白内障晶体摘除术患者禁用。

严重肝功能不全、营养不良和电解质紊乱者慎用。

知识拓展

<h3 style="text-align:center">真假胆碱酯酶</h3>

胆碱酯酶是一类催化酰基胆碱水解的酶类,又称酰基胆碱水解酶。该酶分为两种形式:一种称为真性胆碱酯酶（genuine-cholinesterase）或乙酰胆碱酯酶（acetylcholinesterase,AChE）,主要存在于胆碱能神经末梢突触间隙,可水解乙酰胆碱;另一种称为假性胆碱酯酶（pseudo-cholinesterase,PChE）或丁酰胆碱酯酶（butyrylcholine esterase,BChE）,由肝脏合成,存在于血浆中。临床上测定的胆碱酯酶是指假性胆碱酯酶。

有机磷酸酯类既能抑制AChE,又能抑制BChE,进入人体后可与胆碱酯酶结合形成稳定的磷酰化胆碱酯酶。此时,AChE失去分解乙酰胆碱的能力,大量乙酰胆碱积聚,导致毒蕈碱样、烟碱样和中枢神经系统症状。临床上常采用丁酰硫代胆碱底物法测定BChE活性。

(二) 非去极化型肌松药

非去极化型肌松药与神经肌肉接头后膜的 N_M 受体也有亲和力,但没有内在活性,竞争性拮抗 ACh 对 N 受体的作用,使骨骼肌松弛。其特点是:①骨骼肌松弛前无肌束颤动。②胆碱酯酶抑制药可对抗其作用,故本类药物过量中毒可用新斯的明解救。③具有一定的神经节阻断作用,可引起血压下降。

泮库溴铵

泮库溴铵(pancuronium bromide)为人工合成的长效非去极化型肌松药,肌松作用强,4~6min 起效,维持时间 2~3h,蓄积性小,治疗量无神经节阻断作用和促进组胺释放作用。主要用于各种手术维持肌松和气管插管等。因有轻度抗胆碱作用和促进儿茶酚胺释放作用,可引起心率加快和血压升高。

维库溴铵和阿曲库铵

维库溴铵(vecuronium bromide)和阿曲库铵(atracurium)作用选择性更高,治疗量无明显迷走神经或神经节阻断作用。静脉注射后 2~4min 显效,作用维持 30~40min。临床应用与泮库溴铵相似。因阿曲库铵主要被血液中的假性胆碱酯酶水解失活,肝、肾功能不全者可选用本药。

(彭海平)

思考题

1. 阿托品在眼科有哪些临床应用?
2. 简述阿托品的禁忌证。
3. 琥珀胆碱和泮库溴铵有什么区别?

任务 4 | 拟肾上腺素药

学习目标

1. 掌握拟肾上腺素药的分类、代表药物、药理作用、临床应用、不良反应和注意事项。
2. 熟悉拟肾上腺素药的作用特点。
3. 了解拟肾上腺素药的合理用药。
4. 能依据临床表现等合理选择拟肾上腺素药,正确用药,及时处置不良反应。
5. 具备与患者及其家属进行有效沟通、开展用药咨询服务、指导患者合理用药的职业素养,关心、爱护患者。

拟肾上腺素药(adrenergics)能与肾上腺素受体结合并激动受体,产生肾上腺素样作用,又称肾上腺素受体激动药(adrenoreceptor agonists)。拟肾上腺素药根据对肾上腺素受体的选择性不同分为 α、β 受体激动药,α 受体激动药和 β 受体激动药。

临床情景

患者,男性,24 岁。2 天前咽痛、发热。查体见扁桃体Ⅲ度肿大,表面有黄色分泌物。诊断为化脓性扁桃体炎。青霉素皮试(-),给予青霉素 800 万 U 加入 0.9% 氯化钠溶液(NS)250ml 静脉滴注,用药 5min 后患者出现面色苍白、胸闷、气短、头晕、烦躁不安。查体:呼吸 22 次/min,心率 105 次/min,血压 75/50mmHg。诊断为过敏性休克。立即停药,平卧吸氧,给予盐酸肾上腺素注射液 0.5mg 肌内注射,迅速开通静脉通道,地塞米松磷酸钠注射液 5mg 加入 10% 葡萄糖溶液(GS)500ml 静脉滴注。30min 后患者症状好转,生命体征平稳。

学习任务

课前:该患者有哪些疾病? 主要症状有哪些? 对该患者使用了哪些药物?

课中:肾上腺素属于哪类药物? 其药理作用、临床应用、不良反应有哪些? 对该患者使用肾上腺素抢救是否合理?

课后:抢救过敏性休克,除了肾上腺素,还可以应用哪几类药物? 在应用肾上腺素急救过程中应注意哪些问题?

第一节 α、β 受体激动药

肾上腺素

肾上腺素(adrenaline,AD;epinephrine)是肾上腺髓质分泌的主要激素。药用肾上腺素是从家畜肾上腺提取或人工合成的。本药不宜与氧化剂、碱性药物合用,以免失效。与日光或空气接触易变质,应避光保存。

【体内过程】

肾上腺素口服被碱性肠液破坏而失效;皮下注射因血管收缩而吸收缓慢,作用维持 1h 左右;肌内注射吸收较快,作用维持 10~30min;静脉注射立即起效,作用仅维持数分钟。在体内迅速被突触前膜再摄取或被 COMT、MAO 代谢失活,其代谢产物经肾排泄。

【药理作用】

肾上腺素可直接激动 α 受体和 β 受体,产生相应的作用。由于靶器官上肾上腺素受体的亚型分布及密度不同,因而作用强度不同。

1. 兴奋心脏 肾上腺素能激动心脏 β_1 受体,使心肌收缩力增强,心率加快,传导加速,心输出量增加,心肌耗氧量增加。剂量过大或静脉注射给药速度过快可引起心律失常甚至心室颤动。

2. 对血管的作用 肾上腺素能激动血管平滑肌的 α_1 受体及 β_2 受体,使以 α_1 受体占优势的皮肤、黏膜和内脏血管收缩,以 β_2 受体占优势的骨骼肌血管和冠状动脉舒张。

3. 对血压的影响 肾上腺素对血压的影响与用药剂量有关:①治疗量肾上腺素激动 β_1 受体,使心脏兴奋,心输出量增加,收缩压增高;由于激动 β_2 受体,使骨骼肌血管舒张,抵消或超过了皮肤、黏膜和内脏血管的收缩作用,故舒张压不变或略下降,脉压增大。②较大剂量肾上腺素除了强烈兴奋心脏,还可使血管平滑肌的 α_1 受体兴奋占优势,血管收缩效应超过血管舒张效应,外周阻力增加,收缩压和舒张压均升高。

4. 扩张支气管 肾上腺素能激动支气管平滑肌上的 β_2 受体,使支气管平滑肌舒张;并抑制肥大细胞释放过敏性物质如组胺等;还可兴奋支气管黏膜 α_1 受体,使血管收缩,有利于消除支气管黏膜水肿。

5. 影响代谢 肾上腺素能提高机体代谢,增加细胞耗氧量;激动 α 受体与 β_2 受体,促进肝糖原分解,并抑制外周组织对葡萄糖的摄取,使血糖升高;促进脂肪分解,使血中游离脂肪酸升高。

【临床应用】

1. 心搏骤停 因溺水、麻醉及手术意外、药物中毒、传染病、房室传导阻滞等所致的心搏骤停,可用肾上腺素静脉注射或心室内注射,同时进行心脏按压、人工呼吸等。电击或卤素类全身麻醉药意外引起心搏骤停常伴有或诱发心室颤动,应配合使用除颤器、起搏器。

2. 过敏性休克 肾上腺素是抢救过敏性休克的首选药物。肾上腺素有兴奋心脏、收缩血管、舒张支气管、抑制过敏性物质释放和减轻支气管黏膜水肿等作用,可迅速缓解过敏性休克所致的循环衰竭和呼吸衰竭症状。一般皮下注射或肌内注射,必要时也可用 0.9% 氯化钠溶液稀释 10 倍后缓慢静脉注射。

3. 支气管哮喘 肾上腺素可用于控制支气管哮喘急性发作。皮下注射或肌内注射后数分钟内起效,作用强,但维持时间短。

4. 与局部麻醉药配伍 在局部麻醉药液中加入少量肾上腺素,可使注射部位血管收缩,延缓局部麻醉药的吸收,延长作用时间;并可减少局部麻醉药吸收中毒的发生率。但手指、足趾、阴茎等处手术时不宜加用肾上腺素,以免引起局部组织缺血坏死。

5. 局部止血 当鼻黏膜或牙龈出血时,可将浸有 0.1% 肾上腺素溶液的棉球或纱布填塞于出血处。

【不良反应和注意事项】

肾上腺素可引起心悸、烦躁、皮肤苍白和头痛等。剂量过大或静脉注射速度过快,可致血压骤升、搏动性头痛,有发生脑出血的危险,也可引起心律失常甚至心室颤动。应严格控制剂量,密切观察患者的血压、脉搏及情绪变化。

高血压、器质性心脏病、糖尿病和甲状腺功能亢进患者禁用。老年人慎用。

多巴胺

多巴胺(dopamine,DA)是体内去甲肾上腺素合成的前体,药用多巴胺为人工合成品。

【体内过程】

多巴胺口服无效,一般采用静脉滴注给药,在体内迅速经 MAO、COMT 代谢灭活,故作用时间短暂,药物不易透过血-脑屏障,故无中枢作用。

【药理作用】

多巴胺直接激动 α、β 和外周多巴胺受体,也可促进去甲肾上腺素能神经末梢释放去甲肾上腺素。

1. 兴奋心脏 多巴胺能激动心脏 β_1 受体,使心肌收缩力增强,心输出量增加。治疗量对心率影响不明显,大剂量也可加快心率,但较少引起心律失常。

2. 对血管的作用 治疗量多巴胺能激动多巴胺受体(D_1 受体),使肾和肠系膜血管扩张;激动 α、β_1 受体,使皮肤、黏膜血管收缩。大剂量时则以 α 受体的兴奋作用占优势,皮肤、黏膜、肾及肠系膜血管均收缩。

3. 对血压的影响 治疗量多巴胺使收缩压升高,舒张压不变或略升。但大剂量给药则使收缩压、舒张压均升高。

4. 改善肾功能 治疗量多巴胺能使肾血管舒张,肾血流量及肾小球滤过率增加;还能直接抑制肾小管对 Na^+ 重吸收,产生排钠利尿作用。但应用大剂量时因激动肾血管 α 受体,使肾血管明显收缩,肾血流量减少。

【临床应用】

1. 休克 多巴胺可用于各种休克,如感染性休克、心源性休克、失血性休克等,尤其适用于伴有心肌收缩力减弱、尿量减少的休克。用药前应注意补充血容量和纠正酸中毒。

2. 急性肾衰竭 多巴胺与利尿药合用可增强疗效。

【不良反应和注意事项】

多巴胺偶见恶心、呕吐。剂量过大或静脉滴注速度过快可致心动过速、血压升高、心律失常、肾血管收缩等。一旦发现肾功能下降,应立即减慢滴速或停药,严重者可用酚妥拉明对抗。室性心律失常、血管闭塞、心肌梗死、动脉硬化、高血压等患者慎用。嗜铬细胞瘤患者禁用。

麻黄碱

麻黄碱(ephedrine)是从中药麻黄中提取的一种生物碱,可人工合成。

【体内过程】

麻黄碱口服易吸收,可通过血-脑屏障。吸收后大部分以原形经肾排泄,消除缓慢。作用较肾上腺素持久。$t_{1/2}$ 为 3~6h。

【药理作用】

麻黄碱能直接激动 α、β 受体,又能促进去甲肾上腺素能神经末梢释放去甲肾上腺素。与肾上腺素相比,其特点是:①兴奋心脏、收缩血管、升高血压和舒张支气管的作用缓慢、温和而持久。②中枢兴奋作用强,易致失眠。③短期内反复应用可产生快速耐受性。

【临床应用】

麻黄碱主要用于防治硬膜外麻醉和蛛网膜下隙麻醉引起的低血压。鼻黏膜充血所致鼻塞,常用 0.5%~1% 麻黄碱溶液滴鼻,可明显改变黏膜充血肿胀。也可用于预防支气管哮喘发作和轻症患者的治疗。

【不良反应和注意事项】

麻黄碱不良反应主要有中枢兴奋,出现不安、失眠等,尽量不在晚间用药。禁忌证同肾上腺素。

麻黄碱属于易制毒化学药品,不能滥用含麻黄碱的复方制剂。

第二节 α 受体激动药

去甲肾上腺素

去甲肾上腺素（noradrenaline，NA；norepinephrine）是去甲肾上腺素能神经末梢释放的主要递质，肾上腺髓质亦少量分泌，药用为人工合成品。

【体内过程】

去甲肾上腺素口服易被碱性肠液破坏，皮下注射和肌内注射因强烈收缩血管而易发生局部组织坏死。静脉注射因迅速被突触前膜再摄取或被 COMT、MAO 破坏而作用短暂，故临床常采用静脉滴注给药，以维持疗效。

【药理作用】

主要激动 α 受体，对 β_1 受体作用较弱，对 β_2 受体几乎无作用。

1. 对血管的作用 去甲肾上腺素能激动血管 α_1 受体，使全身小动脉、小静脉收缩，以皮肤黏膜血管收缩最为明显，其次为肾血管。此外，脑、肝、肠系膜及骨骼肌血管也呈收缩反应。因心脏兴奋，代谢产物如腺苷等增多，故冠状血管舒张。

2. 兴奋心脏 去甲肾上腺素能激动心脏 β_1 受体，使心肌收缩力增强，心率加快，传导加速。但在整体情况下，心率可因血管收缩而反射性减慢。大剂量也能引起心律失常，但较肾上腺素少见。

3. 升高血压 小剂量去甲肾上腺素静脉滴注，因兴奋心脏，心输出量增加，收缩压升高；此时血管收缩不剧烈，故舒张压升高不多，脉压增大。较大剂量时因血管强烈收缩，外周阻力明显增高，故收缩压、舒张压均明显升高。

【临床应用】

1. 休克和低血压 目前去甲肾上腺素在休克治疗中已不占重要地位，仅用于神经源性休克早期、过敏性休克、应用血管扩张药无效的感染性休克及药物中毒（如氯丙嗪、酚妥拉明）引起的低血压等。切忌大剂量或长时间应用，否则会因血管剧烈收缩而加重微循环障碍。

知识拓展

休克及其分类

休克是由各种病因引起的急性循环功能障碍，使组织血液灌流量严重不足，导致细胞损伤、重要器官功能代谢紊乱和结构损害的全身性病理过程。休克根据病因大致可分为失血性休克、创伤性休克、感染性休克、心源性休克、过敏性休克、神经源性休克等。尽管休克的病因不同，但有效灌流量减少使微循环发生障碍是多数休克发生的共同基础。主要临床表现为血压下降、面色苍白、皮肤湿冷、脉搏细速、神志淡漠甚至昏迷等。

---

2. 上消化道出血 去甲肾上腺素 1~3mg 适量稀释后口服，可使食管或胃黏膜血管收缩而产生局部止血效应。

【不良反应和注意事项】

1. 局部组织缺血坏死 静脉滴注时间过长、浓度过高或药液外漏，使局部血管剧烈收缩，可引起局部组织缺血坏死。因此，静脉穿刺时药液不得外漏，静脉滴注时间不宜过长，浓度不应过高，给药后要注意观察给药部位有无苍白、水肿等表现，一旦出现应立即更换注射部位，局部热敷，并用 α 受体阻断药酚妥拉明或普鲁卡因局部浸润注射，以扩张局部血管。

2. 急性肾衰竭 用药时间过长或剂量过大，可使肾血管剧烈收缩，肾血流量急剧减少，出现少尿、无尿等现象。在用药过程中应严格控制静脉滴注速度，严密监测尿量、血压、末梢循环状况等。

高血压、动脉硬化、器质性心脏病、少尿或无尿患者禁用。

间 羟 胺

间羟胺（metaraminol）又名阿拉明，主要激动 α 受体，对 $β_1$ 受体作用弱。还可促进去甲肾上腺素能神经末梢释放去甲肾上腺素。与去甲肾上腺素相比，其主要特点为：①收缩血管、升高血压的作用较弱而持久。②肾血管收缩作用较弱，不易引起急性肾衰竭。③对心率影响不明显，不易引起心律失常，有时可因血压升高而反射性减慢心率。④给药方便，可静脉滴注，也可肌内注射。常作为去甲肾上腺素的良好代用品，用于各种休克早期或其他低血压。

去氧肾上腺素

去氧肾上腺素（phenylephrine）又名苯肾上腺素，能选择性激动 $α_1$ 受体而使血管收缩、血压升高，反射性兴奋迷走神经而使心率减慢。升压作用比肾上腺素弱而持久。由于肾血流量减少作用比去甲肾上腺素更为明显，较少用于休克。临床主要用于防治脊髓麻醉或全身麻醉引起的低血压，也可用于治疗阵发性室上性心动过速。去氧肾上腺素还能激动瞳孔开大肌上的 $α_1$ 受体，产生扩瞳作用，眼科用于眼底检查。与阿托品相比，其扩瞳作用弱、起效快、维持时间短，一般不引起眼压升高和调节麻痹，在眼底检查时作为快速短效的扩瞳药。

羟甲唑啉

羟甲唑啉（oxymetazoline）又名氧甲唑啉，为 $α_1$ 受体激动药，能收缩血管，减轻炎症引起的充血和水肿。临床主要用于鼻炎、鼻窦炎、过敏性鼻炎。

同类药物还有萘甲唑啉（naphazoline）、赛洛唑啉（xylometazoline）。

第三节　β 受体激动药

异丙肾上腺素

异丙肾上腺素（isoprenaline）又名喘息定，为人工合成品，临床常用其盐酸盐。

【体内过程】

异丙肾上腺素口服无效，气雾吸入或舌下给药吸收较快，亦可静脉滴注。在体内主要被 COMT 代谢，作用维持时间较肾上腺素略长。

【药理作用】

异丙肾上腺素主要激动 β 受体，对 $β_1$、$β_2$ 受体均有强大的激动作用。

1. **兴奋心脏**　异丙肾上腺素能激动心脏 $β_1$ 受体，使心肌收缩力增强，心率加快，传导加速，心输出量增加，心肌耗氧量增加。与肾上腺素相比，异丙肾上腺素加快心率、加速传导的作用较强，对正位起搏点兴奋作用强，也可引起心律失常，但较少产生心室颤动。

2. **舒张血管**　异丙肾上腺素能激动 $β_2$ 受体，使骨骼肌血管和冠状血管明显舒张，对肾和肠系膜血管舒张作用较弱。

3. **对血压的影响**　因兴奋心脏，使心输出量增加，而外周血管舒张，使外周阻力下降，故收缩压升高而舒张压下降，脉压增大。

去甲肾上腺素、肾上腺素、异丙肾上腺素及多巴胺作用比较见图 2-4-1。

4. **扩张支气管**　异丙肾上腺素能激动 $β_2$ 受体，松弛支气管平滑肌，缓解支气管痉挛作用比肾上腺素强；也可抑制组胺等释放，但无收缩支气管黏膜血管的作用。

5. **影响代谢**　异丙肾上腺素能促进糖原和脂肪分解，升高血糖和血中游离脂肪酸，增加组织耗氧量。

【临床应用】

1. **支气管哮喘**　异丙肾上腺素气雾吸入或舌下给药，可迅速控制支气管哮喘急性发作，疗效快

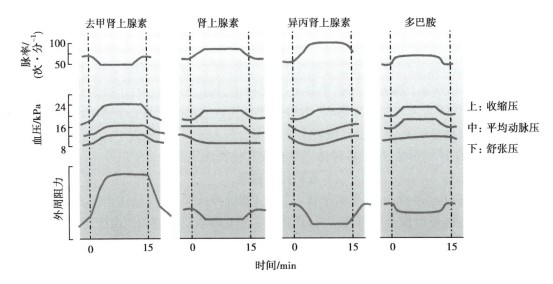

图 2-4-1　去甲肾上腺素、肾上腺素、异丙肾上腺素及多巴胺作用比较
静脉滴注,除多巴胺为 500μg/min 外,其余均为 10μg/min。

而强。

2. 房室传导阻滞　异丙肾上腺素舌下给药或静脉滴注给药,治疗二度和三度房室传导阻滞。

3. 心搏骤停　异丙肾上腺素心室内注射,用于心室自身节律缓慢、房室传导阻滞或窦房结功能衰竭导致的心搏骤停。

4. 休克　在补足血容量的基础上,异丙肾上腺素通过兴奋心脏以及扩血管作用,使心肌收缩力增强,心输出量增加,适用于中心静脉压高、心输出量低的感染性休克。

【不良反应和注意事项】

异丙肾上腺素常见心悸、头痛、头晕等。当支气管哮喘患者已明显缺氧时,易致心律失常,用药过程中应密切注意。长期反复应用易产生耐受性,使疗效下降,继续加大剂量有可能产生严重的心律失常,甚至心室颤动而引起猝死,故应严格控制剂量。

冠心病、心肌炎和甲状腺功能亢进等患者禁用。

多巴酚丁胺

多巴酚丁胺(dobutamine)能选择性激动 β_1 受体,使心肌收缩力增强,心输出量增加,对心率影响不明显。主要用于心肌梗死并发的心功能不全。连续用药可产生快速耐受性(详见模块 4　任务 2　治疗心力衰竭的药物)。

沙丁胺醇和克仑特罗

沙丁胺醇(salbutamol)和克仑特罗(clenbuterol)能选择性激动 β_2 受体,舒张支气管平滑肌,对 β_1 受体影响较弱,主要用于支气管哮喘(详见模块 7　任务 1　平喘药)。

附:心肺复苏及药物治疗

心搏骤停是指心脏突然停止搏动,有效的心脏射血功能终止,脑血流量急剧减少,导致意识突然丧失、晕厥、大动脉搏动消失等。心搏骤停的生存率很低,抢救成功的关键是尽早进行心肺复苏和复律治疗。心肺复苏分为初级心肺复苏和高级心肺复苏。

1. 初级心肺复苏　初级心肺复苏即基础生命活动支持。一旦确立心搏骤停的诊断,应早期心肺复苏、迅速使用自动体外除颤器。心肺复苏遵循"C-A-B"步骤实施高质量复苏抢救,即胸外心脏按压(compression)、开通气道(airway)和人工呼吸(breathing)。

2. 高级心肺复苏　高级心肺复苏是在基础生命活动支持的基础上进行气管插管开放气道,除颤转复心律、稳定心率,建立静脉通路,应用药物维持血液循环。心搏骤停合理用药如下:

(1)心搏骤停在第2次除颤不成功后开始药物治疗。在除颤同时,给予抗休克药、抗心律失常药及酸碱平衡调节药。

(2)肾上腺素是心肺复苏的首选药物,可用于电击无效的心室颤动及无脉性室性心动过速、心脏停搏或无脉性心电活动。血管升压素也可以作为一线药物。严重低血压可以给予去甲肾上腺素、多巴胺、多巴酚丁胺。

(3)复苏过程中产生的代谢性酸中毒通过改善通气常可以得到改善,不应过分积极补充碳酸氢盐纠正。心搏骤停、复苏时间过长或早已存在代谢性酸中毒、高钾血症,可适当补充碳酸氢钠,但应注意防止产生碱中毒。

(4)给予2~3次除颤加心肺复苏及肾上腺素后仍然存在心室颤动或无脉性室性心动过速,考虑给予抗心律失常药。常用药物为胺碘酮,也可以考虑利多卡因(详见模块4　任务3　抗心律失常药)。

(5)缓慢型心律失常、心脏停搏可给予阿托品。阿托品能够提高心率,有助于心跳恢复。

(彭海平)

思考题

1.治疗过敏性休克为什么首选肾上腺素?
2.简述多巴胺抗休克的药理学基础。

任务 5 ｜ 抗肾上腺素药

学习目标

1. 掌握抗肾上腺素药的分类、代表药物、药理作用、临床应用、不良反应和注意事项。
2. 熟悉抗肾上腺素药的作用特点。
3. 了解抗肾上腺素药的合理用药。
4. 能依据临床表现等合理选择抗肾上腺素药，正确用药，及时处置不良反应。
5. 具备与患者及其家属进行有效沟通、开展用药咨询服务、指导患者合理用药的职业素养，关心、爱护患者。

抗肾上腺素药（antiadrenergic drugs）能与肾上腺素受体结合，阻断去甲肾上腺素能神经递质或肾上腺素受体激动药的作用，又称肾上腺素受体阻断药。抗肾上腺素药根据对肾上腺素受体的选择性不同分为 α 受体阻断药、β 受体阻断药和 α、β 受体阻断药三类。

临床情景

患者，女性，35 岁。有过敏性哮喘史 2 年。近日自感心慌、气短，休息后不能缓解。查体：呼吸 18 次/min，心率 110 次/min，血压 110/70mmHg。心电图检查示窦性心动过速。

诊断：窦性心动过速；支气管哮喘。

处方：酒石酸美托洛尔片，每次 25mg，每日 2 次，口服。

学习任务

课前：该患者有哪些既往史？现在的主要症状是什么？对该患者使用了哪些药物？

课中：美托洛尔属于哪类药物？其药理作用、临床应用、不良反应有哪些？美托洛尔与普萘洛尔的区别是什么？对该患者选用美托洛尔是否合理？

课后：窦性心动过速可以选用哪些药物治疗？对于该患者选用哪种药物更合适？

第一节　α 受体阻断药

α 受体阻断药能选择性地与 α 受体结合，阻断去甲肾上腺素能神经递质及肾上腺素受体激动药与 α 受体结合而发挥抗肾上腺素作用。α 受体阻断药能阻断肾上腺素激动 α_1 受体引起的缩血管作用，但对其激动 β_2 受体的舒张血管作用无影响，故能将肾上腺素的升压作用翻转为降压作用，这种现象称为肾上腺素作用翻转（图 2-5-1）。根据药物的选择性不同，α 受体阻断药又可分为非选择性 α 受体阻断药和选择性 α_1 受体阻断药。

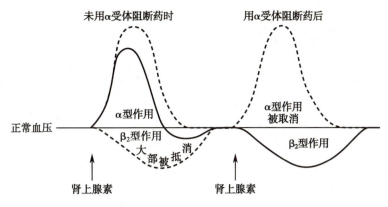

图 2-5-1　肾上腺素作用翻转

一、非选择性 α 受体阻断药

酚妥拉明

酚妥拉明（phentolamine）又名利其丁，为短效 α 受体阻断药。

【体内过程】

酚妥拉明口服生物利用度低，常采用肌内注射或静脉给药。肌内注射作用维持 30~45min，药物在体内迅速代谢，大多数以无活性的代谢物从尿中排出。

【药理作用】

1. 舒张血管　静脉注射酚妥拉明可阻断血管平滑肌 α 受体，直接松弛血管平滑肌，使血管舒张，肺动脉压和外周阻力降低，血压下降。

2. 兴奋心脏　因血压下降，可反射性兴奋交感神经，又因阻断去甲肾上腺素能神经末梢突触前膜 $α_2$ 受体，增加去甲肾上腺素释放而兴奋心脏，心肌收缩力增强，心率加快，心输出量增加。

3. 其他作用　酚妥拉明尚有拟胆碱和拟组胺样作用，可使胃肠平滑肌兴奋，胃酸分泌增加。

【临床应用】

1. **外周血管痉挛性疾病**　酚妥拉明用于治疗雷诺病、血栓闭塞性脉管炎。

2. **去甲肾上腺素静脉滴注外漏**　酚妥拉明局部浸润注射可以防止局部组织因去甲肾上腺素外漏引起的缺血坏死。

3. **嗜铬细胞瘤**　酚妥拉明用于嗜铬细胞瘤的鉴别诊断、嗜铬细胞瘤所致的高血压危象及手术前治疗。

知识拓展

嗜铬细胞瘤与高血压危象

肾上腺髓质及交感神经节中的嗜铬细胞无限制地生长形成嗜铬细胞瘤。该肿瘤细胞可持续或阵发性地向血液及组织释放儿茶酚胺，导致患者出现持续性或阵发性高血压、头痛、出汗、心悸及代谢紊乱等一系列临床症状。手术切除肿瘤为本病的根治措施，但术前患者骤发高血压危象（血压急剧升高、剧烈头痛、头昏、视物模糊、气促、心动过速，甚至出现心绞痛、肺水肿、高血压脑病等表现），应立即使用药物抢救。可用酚妥拉明 5mg 加入 5% 葡萄糖溶液 20ml 缓慢静脉推注，同时密切观察血压，当血压降至 160/100mmHg 左右时即停止推注，继之以 10~50mg 酚妥拉明加入 5% 葡萄糖氯化钠注射液 500ml 中静脉滴注。一般病例需 40~60mg 方可控制。

4. 休克 酚妥拉明能扩张血管,改善微循环,还可兴奋心脏,增加心输出量,有利于休克的纠正。但给药前应补足血容量,否则可致血压下降。适用于感染性休克、心源性休克及神经源性休克。

5. 顽固性充血性心力衰竭 酚妥拉明能扩张血管,解除心力衰竭引起的小动脉和小静脉反射性收缩,降低心脏前、后负荷,使左心室舒张末期压和肺动脉压下降,心输出量增加,心力衰竭得以减轻。

【不良反应和注意事项】

1. 心血管反应 酚妥拉明常见低血压,静脉给药可引起心率加快、心律失常和心绞痛,冠心病患者慎用。用药过程中注意监测血压、脉搏变化。

2. 胃肠道反应 酚妥拉明可引起腹痛、腹泻、呕吐、胃酸分泌增多等,甚至可诱发或加剧溃疡病,溃疡病患者慎用。

妥拉唑林

妥拉唑林(tolazoline)作用与酚妥拉明相似,但对 α 受体阻断作用较弱。主要用于血管痉挛性疾病,局部浸润注射用于去甲肾上腺素静脉滴注外漏。不良反应与酚妥拉明相似,但发生率较高。

酚苄明

酚苄明(phenoxybenzamine)为长效 α 受体阻断药,作用强大而持久。因局部刺激性强,主要采用口服给药和静脉给药。一次用药作用可持续 3~4 天。临床主要用于治疗外周血管痉挛性疾病和前列腺增生引起的排尿困难,也可用于抗休克和治疗嗜铬细胞瘤并发高血压危象的患者。常见不良反应有直立性低血压和心悸,一旦发生应立即平卧,采用头低足高位,必要时给予去甲肾上腺素,禁用肾上腺素;也可出现心率加快、鼻塞等。

二、选择性 α₁ 受体阻断药

哌唑嗪

哌唑嗪(prazosin)对突触前膜 α₂ 受体作用极弱,因此能拮抗去甲肾上腺素和肾上腺素的升压作用。不促进去甲肾上腺素释放,故在扩张血管、降低外周阻力使血压下降的同时加快心率的作用较弱。近年来合成了一些哌唑嗪的衍生物,如特拉唑嗪、多沙唑嗪等,临床主要用于高血压及顽固性心力衰竭的治疗。

坦洛新

坦洛新(tamsulosin)结构上与其他 α 受体阻断药不同,生物利用度高,$t_{1/2}$ 为 9~15h。对尿道、膀胱颈及前列腺平滑肌上的 α₁ 受体具有选择性拮抗作用。主要用于治疗前列腺增生导致的异常排尿症状,适用于轻、中度患者及未导致严重排尿障碍者。

第二节 β 受体阻断药

β 受体阻断药能选择性地与 β 受体结合,竞争性阻断去甲肾上腺素能神经递质或肾上腺素受体激动药与 β 受体结合而发挥作用。根据对受体亚型(β₁ 受体和 β₂ 受体)选择性的不同,β 受体阻断药又可分为非选择性 β 受体阻断药(如普萘洛尔、纳多洛尔等)和选择性 β₁ 受体阻断药(如阿替洛尔、美托洛尔等)。多数 β 受体阻断药具有共同特点,有些 β 受体阻断药除了能阻断 β 受体,还对 β 受体有一定的激动作用,称为内在拟交感活性(如吲哚洛尔)。β 受体阻断药分类及常用药物特点见表 2-5-1。

表 2-5-1　β 受体阻断药分类及常用药物特点

药物名称	内在拟交感活性	生物利用度/%	血浆半衰期/h	首过消除/%	主要消除器官
非选择性 β 受体阻断药					
普萘洛尔	–	30	3~5	60~70	肝
纳多洛尔	–	30~40	14~24	0	肾
噻吗洛尔		75	3~5	25~30	肝
吲哚洛尔	++	90	3~4	10~20	肝、肾
选择性 β₁ 受体阻断药					
美托洛尔	–	50	3~4	25~60	肝
阿替洛尔	–	40	5~8	0~10	肾
醋丁洛尔	+	40	2~4	30	肝
α、β 受体阻断药					
拉贝洛尔	+/–	25~70	6~8	60	肝
阿罗洛尔	–	70~85	10~12	0	肝、肾
卡维地洛	–	25~35	7~10	65~75	肝、肾

注:+/-~++ 表示作用由弱至强,-表示无作用。

一、β 受体阻断药的共性

【体内过程】

β 受体阻断药的体内过程特点与药物的脂溶性有关。药物口服后自小肠吸收,由于受脂溶性及首过消除的影响,其生物利用度差异较大。如普萘洛尔口服容易吸收,但首过消除明显,生物利用度低;吲哚洛尔生物利用度较高。脂溶性高的药物主要在肝脏代谢,少量以原形随尿排出。本类药物的半衰期多数在 3~6h,纳多洛尔的半衰期可达 14~24h,属于长效 β 受体阻断药。脂溶性低的药物如阿替洛尔、纳多洛尔经肾排泄,肾功能不良者应调整剂量。

【药理作用】

1. β 受体阻断作用

(1)对心血管系统的影响:β 受体阻断药阻断心脏 β₁ 受体,使心率减慢,心房和房室结的传导减慢,心肌收缩力减弱,心输出量减少,心肌耗氧量下降,血压降低。由于非选择性 β 受体阻断药(如普萘洛尔)对血管 β₂ 受体也有阻断作用,加上心脏功能受到抑制,反射性兴奋交感神经,引起血管收缩和外周阻力增加,可使肝、肾和骨骼肌等血流量减少,冠状血管血流量降低。

(2)收缩支气管平滑肌:β 受体阻断药阻断支气管平滑肌 β₂ 受体,使支气管平滑肌收缩,增加呼吸道阻力,可诱发或加重哮喘。

(3)影响代谢:β 受体阻断药可抑制交感神经兴奋所致的脂肪、糖原分解,减弱肾上腺素的升高血糖作用,延缓使用胰岛素后的血糖恢复,并能掩盖低血糖时交感神经兴奋的症状,使低血糖不易被及时察觉。对血糖、血脂正常者的糖代谢、脂肪代谢影响较小。

(4)抑制肾素分泌:β 受体阻断药通过阻断球旁细胞 β₁ 受体而抑制肾素的释放,这可能是其具有降压作用的原因之一。以普萘洛尔的作用最强。

2. 内在拟交感活性　内在拟交感活性较弱的药物,其拟交感活性可被 β 受体阻断作用所掩盖。内在拟交感活性较强的药物在临床应用时,其抑制心肌收缩力、减慢心率和收缩支气管作用较弱。

3. 膜稳定作用　有些 β 受体阻断药具有局部麻醉作用和奎尼丁样作用,这两种作用都是由于其降低细胞膜对离子的通透性所致,故称为膜稳定作用。这一作用在常用量时与其治疗作用的关系不大。

4. 其他作用　普萘洛尔具有抗血小板聚集作用。噻吗洛尔具有降低眼压作用,这可能与其阻断血管平滑肌 $β_2$ 受体、减少房水形成有关。

【**临床应用**】

1. 心律失常　β 受体阻断药对多种原因引起的快速型心律失常均有效,对交感神经兴奋性过高、甲状腺功能亢进等引起的窦性心动过速疗效较好,也可用于治疗运动或情绪激动所引发的窦性心律失常。

2. 心绞痛和心肌梗死　β 受体阻断药对心绞痛有良好疗效。长期应用可降低心肌梗死复发率和猝死率。

3. 高血压　β 受体阻断药是治疗高血压的常用药物,能使高血压患者的血压下降,并伴有心率减慢。

4. 充血性心力衰竭　β 受体阻断药对扩张型心肌病心力衰竭治疗作用明显,在心肌状况严重恶化之前早期应用能缓解某些充血性心力衰竭的症状,改善预后。

5. 辅助治疗甲状腺功能亢进　β 受体阻断药可降低基础代谢率,减慢心率,控制激动不安等症状,对甲状腺危象可迅速控制症状。

6. 其他应用　①可用于治疗嗜铬细胞瘤和肥厚型心肌病。②普萘洛尔用于治疗偏头痛、肌束震颤、肝硬化所致的上消化道出血等。③噻吗洛尔局部用药治疗青光眼,疗效与毛果芸香碱相近或较优,且无缩瞳和调节痉挛等不良反应。

【**不良反应和注意事项**】

1. 一般不良反应　β 受体阻断药有恶心、呕吐、轻度腹泻等消化道症状。偶见过敏反应,如皮疹、血小板减少等。

2. 心脏抑制　因 β 受体阻断药对心脏 $β_1$ 受体的阻断作用,可引起心脏抑制。特别是窦性心动过缓、房室传导阻滞、心功能不全等患者对药物的敏感性增高,尤易发生,甚至引起严重心功能不全、肺水肿、房室传导完全阻滞或心搏骤停等严重后果。

3. 诱发或加重支气管哮喘　由于 β 受体阻断药阻断支气管平滑肌 $β_2$ 受体,使支气管平滑肌收缩,呼吸道阻力增加。

4. 外周血管收缩和痉挛　由于 β 受体阻断药对血管平滑肌 $β_2$ 受体的阻断,可使外周血管收缩和痉挛,导致四肢发冷、皮肤苍白或发绀,出现雷诺现象或间歇性跛行,甚至引起脚趾溃疡和坏死。

5. 反跳现象　长期应用 β 受体阻断药突然停药,可使疾病原有症状加重,这与 β 受体向上调节有关。

6. 其他　本类药物可掩盖低血糖引起的心动过速、出汗等症状,使用本类药物的糖尿病患者应注意。

【**禁忌证**】

严重心功能不全、窦性心动过缓、三度房室传导阻滞和支气管哮喘等患者禁用。心肌梗死、肝功能不全者慎用。

二、常用 β 受体阻断药

普萘洛尔

普萘洛尔（propranolol）又名心得安，是 β 受体阻断药的代表药。对 β 受体的选择性很低，无内在拟交感活性。临床主要用于治疗心律失常、高血压、心绞痛、甲状腺功能亢进等。用药期间应密切监测心率、血压，心率低于 50 次/min 者停止用药。长期用药者撤药须逐渐递减剂量，至少经过 3 天，一般为 2 周。

美托洛尔

美托洛尔（metoprolol）对 β_1 受体有选择性阻断作用，无内在拟交感活性，对 β_2 受体作用较弱，故增加呼吸道阻力作用较轻，但哮喘患者仍须慎用。常用其酒石酸或琥珀酸盐，口服用于治疗各型高血压、心绞痛、心律失常、甲状腺功能亢进等。静脉注射用于治疗室上性快速型心律失常、心肌缺血、急性心肌梗死伴快速型心律失常和胸痛。

第三节　α、β 受体阻断药

本类药物对 α 受体和 β 受体均有阻断作用，但对 β 受体的阻断作用强于对 α 受体的阻断作用。代表药物为拉贝洛尔、阿罗洛尔等，临床主要用于高血压的治疗。

拉贝洛尔

拉贝洛尔（labetalol）口服给药或静脉注射给药可治疗各种类型的高血压，尤其是高血压危象。口服吸收完全，能同时阻断 α 受体和 β 受体，其中阻断 β_1 受体和 β_2 受体的作用强度相似，对 α_1 受体的阻断作用较弱，对 α_2 受体无作用。主要用于治疗各种类型的高血压，静脉注射或静脉滴注用于高血压危象。也用于冠心病的高血压及伴有心绞痛或心力衰竭的高血压的治疗。还可用于外科手术前控制性降压、嗜铬细胞瘤的降压治疗以及妊娠高血压。不良反应包括眩晕、乏力、上腹不适等，大剂量可引起直立性低血压。支气管哮喘及心功能不全者禁用。小儿、妊娠期妇女及脑出血患者禁止静脉注射。注射液不能与葡萄糖氯化钠注射液混合静脉滴注。

阿罗洛尔

阿罗洛尔（arotinolol）与拉贝洛尔相比，β 受体阻断作用强于 α 受体阻断作用，其 α 受体与 β 受体阻断作用之比为 1:8。对 α_1 受体的阻断作用较拉贝洛尔弱。通过适宜的 α_1 受体阻断作用使外周血管阻力下降，血管舒张，血压降低。口服给药可用于高血压、心绞痛及室上性心动过速的治疗。对高血压合并冠心病者疗效佳，可提高生存率。

卡维地洛

卡维地洛（carvedilol）是同时具有 α_1 和非选择性 β 受体阻断作用的药物，无内在拟交感活性。阻断突触后膜 α_1 受体，从而扩张血管，降低外周血管阻力；阻断 β 受体，抑制肾素分泌，阻断肾素-血管紧张素-醛固酮系统，产生降压作用。降压迅速，可长时间维持降压作用，不影响心率或使其稍微减慢，极少产生水钠潴留。用于治疗充血性心力衰竭，可明显改善症状，提高射血分数，防止和逆转心力衰竭进展过程中出现的心肌重构，提高生活质量，降低心力衰竭患者的住院率和病死率。

（彭海平）

1. 简述酚妥拉明的临床应用。

2. β 受体阻断药的临床应用有哪些？有哪些禁忌证？

房水的生成及
阿托品与毛果
芸香碱对眼压
的影响

β 受体阻断药
治疗高血压的
作用机制

心搏骤停及
心搏骤停
发生原因

NA 合成、贮
存、释放和
代谢

ACh 合成、贮
存、释放和
代谢

案例分析

模块 2
练习题

中枢神经系统药物

ER 3-1   ER 3-2

教学课件　　　　思维导图

　　中枢神经系统的结构和功能复杂,含有大量神经元,神经元间有多种形式的突触联系,由多种神经递质传递信息,通过激活相应的受体与离子通道和逐级放大的细胞内信号转导途径而介导繁杂的功能调节作用。作用于中枢神经系统的药物主要通过影响突触传递的不同环节(如递质、受体、受体后的信号转导等)产生相应的药理学功能。

任务 1 | 麻醉药

学习目标

1. 掌握常用局部麻醉药的作用特点、临床应用、不良反应和注意事项。
2. 熟悉局部麻醉药的共同药理作用。
3. 了解常用吸入麻醉药和静脉麻醉药的临床应用。
4. 能依据临床表现等合理选择麻醉药、及时处置不良反应。
5. 具备与患者及其家属进行有效沟通、开展用药咨询服务的职业素养,关心、爱护患者。

第一节　局部麻醉药

局部麻醉药(local anesthetics)简称局麻药,是一类以适当浓度局部应用于神经末梢或神经干周围,能暂时、完全和可逆地阻断神经冲动的产生和传导,在意识清楚的状态下使局部的痛觉暂时消失的药物。在临床使用的浓度下,局麻作用消失后神经功能可以完全恢复,并对各类组织都无损伤作用。根据化学结构的不同,局麻药分为酯类局麻药和酰胺类局麻药。

临床情景

患者,女性,25 岁。近日自觉乏力、低热,右下腹不适,5 小时前出现恶心、呕吐、腹痛,因转移性右下腹疼痛 2 小时而入院。查体:体温 37.6℃,血压 115/80mmHg,呼吸 20 次/min,心率 120 次/min,心律不齐。右下腹麦氏点有压痛、反跳痛。血常规检查:红细胞 $4×10^{12}$/L,白细胞 $1.8×10^{10}$/L,中性粒细胞占 90%。

诊断:急性阑尾炎。

治疗:在硬膜外麻醉下行阑尾切除术。

选用 2% 利多卡因试验剂量 3~5ml,5min 后追加 5~10ml,并加入 1∶200 000 肾上腺素。

学习任务

课前:该患者的主要临床症状有哪些? 对该患者采取了什么治疗方法? 应用了哪些药物?

课中:常用的局部麻醉方法有哪些? 局部麻醉时,为什么常在局麻药液中加入少量肾上腺素? 哪些部位的手术不可以加入肾上腺素? 为什么?

课后:除了利多卡因,还有哪些药物可用于硬膜外麻醉? 对该患者是否可以用布比卡因进行硬膜外麻醉?

一、局部麻醉药概述

局麻药对各种神经以及神经的各个部分都有阻断作用,作用强度与神经纤维的直径大小及神经组织的解剖特点有关。一般规律是:神经纤维末梢、神经节及中枢神经系统的突触部位对局麻药最为敏感,细神经纤维比粗神经纤维更易被阻断,无髓鞘神经纤维较有髓鞘神经纤维更易被阻断。传导痛觉冲动的神经纤维细而无髓鞘,因此作用于混合神经时,痛觉先消失,其次是冷觉、温觉、触觉和压觉,最后是运动功能消失。蛛网膜下隙麻醉时,首先阻断自主神经,然后按上述顺序产生麻醉效应。作用结束后,神经冲动传导的恢复则是按相反的顺序进行。

【药理作用】

局麻药以非解离型状态进入神经细胞膜内表面后转变为解离型带电的阳离子,作用于电压门控性 Na^+ 通道,与 Na^+ 通道的一种或多种特异性位点相结合,引起通道蛋白构象发生改变,抑制 Na^+ 内流,阻止动作电位的产生和神经冲动的传导,从而产生局麻作用。局麻药的作用具有频率和电压依赖性,刺激频率越高,膜电位差越大,则开放的通道数目越多,局麻药的阻断作用也越强。

【临床应用】

常用的局部麻醉方法有以下几种(图 3-1-1)。

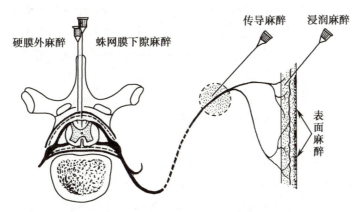

图 3-1-1　常用局麻药给药方法示意图

1. **表面麻醉**(topical anesthesia)　表面麻醉又称黏膜麻醉,是将穿透性强的局麻药直接点滴、涂布或喷于黏膜表面,使黏膜下神经末梢麻醉。多用于口腔、鼻、咽喉、气管、食管、眼及泌尿生殖道等黏膜的浅表手术或检查,常选用丁卡因或利多卡因等。

2. **浸润麻醉**(infiltration anesthesia)　浸润麻醉是将局麻药注入手术切口部位的皮内、皮下或手术视野附近的深部组织,使局部神经末梢麻醉。适用于浅表的小手术,常选用利多卡因、普鲁卡因或布比卡因等。

3. **传导麻醉**(conduction anesthesia)　传导麻醉又称神经阻滞麻醉,是将局麻药注射于外周神经干附近,阻断神经冲动的传导,使该神经所分布的区域产生麻醉。多用于口腔和四肢等手术,常选用利多卡因、普鲁卡因或布比卡因等。应用时应注意防止误将药物注入血管内。

4. **蛛网膜下隙麻醉**(subarachnoid anesthesia)　蛛网膜下隙麻醉又称脊髓麻醉,俗称腰麻,是将局麻药注入腰椎蛛网膜下隙,麻醉该部位的脊神经根,首先被阻断的是交感神经纤维,其次是感觉纤维,最后是运动纤维。适用于下腹部及下肢手术,常选用丁卡因或布比卡因等。药物在脑脊液内的扩散受患者体位和药液比重等影响。患者取坐位或头高位时,高比重溶液可扩散到硬脊膜腔的最低部位;相反,采用低比重溶液有扩散入颅腔的危险。

蛛网膜下隙麻醉的主要危险是呼吸肌麻痹和血压下降。麻醉时应注意药液的比重和患者的体位,防止药液扩散进入颅腔,抑制延髓呼吸中枢。血压下降是由于交感神经传导被阻断,引起血管扩张,可事先应用麻黄碱预防。

5. **硬膜外麻醉**(epidural anesthesia)　硬膜外麻醉是将局麻药注入硬膜外隙,使其沿神经鞘扩散,穿过椎间孔阻断神经根。硬膜外隙终止于枕骨大孔,不与颅腔相通,故药液不会扩散至脑组织,不出现蛛网膜下隙麻醉时头痛或脑膜刺激现象。适用于从颈部至下肢的多种手术,特别适用于上腹部手术,常选用利多卡因、丁卡因或布比卡因等。硬膜外麻醉用药量较蛛网膜下隙麻醉大 5~10 倍,如误入蛛网膜下隙,可引起严重的毒性反应。硬膜外麻醉时也可使交感神经传导被阻断,引起外周血管扩张、血压下降及心脏抑制,可应用麻黄碱防治。

6. 区域阻滞镇痛(regional block analgesia) 区域阻滞镇痛是一种围手术期有效的镇痛方法,与阿片类药物联合应用可减少阿片类药物用量。常用布比卡因和罗哌卡因,后者具有感觉和运动阻滞分离的特点,为区域阻滞镇痛的首选药。

【不良反应和注意事项】

1. 毒性反应 局麻药从给药部位吸收入血或误入血管达到足够浓度时,可引起毒性反应,主要表现为中枢神经系统和心血管系统毒性。

(1)**中枢神经系统**:局麻药吸收后可抑制中枢神经元,表现为先兴奋后抑制。首先抑制对药物敏感的中枢抑制性神经元,引起脱抑制,出现兴奋现象,表现为烦躁不安、震颤和焦虑,甚至发生意识错乱和阵挛性惊厥等;随后抑制中枢兴奋性神经元,引起中枢神经广泛抑制,出现昏迷、呼吸肌麻痹等。发生惊厥时可静脉注射地西泮,出现呼吸抑制时应立即进行人工呼吸和给氧。

(2)**心血管系统**:局麻药对心肌细胞膜具有膜稳定作用,吸收后可降低心肌兴奋性,使心肌收缩力减弱,心脏传导减慢,甚至引起心脏停搏。多数局麻药剂量过大时通过抑制交感神经,导致血管扩张、血压下降甚至休克。偶有少数患者应用小剂量突发心室颤动而导致死亡。布比卡因较易诱发室性心动过速和心室颤动,而利多卡因则具有抗室性心律失常的作用。

为预防局麻药吸收引起的不良反应,给药时应掌握好浓度和剂量,尽量采用分次小剂量注射的方法;也可根据需要,在局麻药液中加入少量肾上腺素(1∶100 000~1∶200 000),可以收缩局部血管,从而延缓局麻药的吸收,延长局麻作用时间和预防吸收中毒,亦可减少手术视野出血。但对手指、足趾、鼻尖和阴茎等末梢部位进行麻醉时勿加肾上腺素,以免导致组织坏死。

2. 过敏反应 过敏反应较少见,少数患者用药后立即出现荨麻疹、支气管痉挛、喉头水肿、低血压甚至休克等症状。一旦发生过敏反应,应立即停药,并适当应用肾上腺素、肾上腺皮质激素、抗组胺药等。酯类局麻药比酰胺类局麻药过敏反应发生率高,对酯类局麻药过敏者可改用酰胺类局麻药。

二、酯类局麻药

普鲁卡因

普鲁卡因(procaine)又名奴佛卡因,为短效酯类局麻药,常用其盐酸盐。注射给药 1~3min 起效,作用维持 30~45min,溶液中加入少量肾上腺素能使局麻作用延长 20%。在血浆中被丁酰胆碱酯酶水解,生成对氨基苯甲酸和二乙氨基乙醇,前者能对抗磺胺类的抗菌作用,故应避免与磺胺类同时应用。脂溶性低,对黏膜穿透力弱,不适用于表面麻醉,主要用于浸润麻醉、传导麻醉、腰麻和硬膜外麻醉,也可用于损伤部位的局部封闭。过量应用能引起中枢神经系统及心血管反应,还可出现过敏反应,故用药前应做皮肤过敏试验,试验阴性者仍可发生过敏反应。

丁 卡 因

丁卡因(tetracaine)又名地卡因,为长效酯类局麻药。化学结构与普鲁卡因相似,其麻醉强度和毒性反应均比普鲁卡因强。1~3min 显效,作用维持 2~3h。脂溶性高,穿透性强,常用于表面麻醉,也可用于传导麻醉、腰麻和硬膜外麻醉。由于毒性大,一般不用于浸润麻醉。主要在肝脏代谢,但转化、降解速度缓慢,加之吸收迅速,易发生毒性反应。

三、酰胺类局麻药

利多卡因

利多卡因(lidocaine)又名赛罗卡因,为中效酰胺类局麻药。在肝脏被肝微粒体酶水解失活,但代谢较慢，$t_{1/2}$ 为 90min，作用持续 1~2h。脂溶性较高，具有起效快、作用强而持久、穿透力强及安全范围较大等特点，同时对血管无扩张作用，对组织无刺激性，临床可用于各种麻醉，有全能麻醉药之称，是目前应用最多的局麻药。由于扩散力强，麻醉范围不易控制，故用于腰麻时应慎重。尚有抗心律失常作用，常用于治疗室性心律失常（详见模块4 任务3 抗心律失常药）。反复应用后可产生快速耐受性。其毒性大小与所用药液的浓度有关，增加浓度可相应增加毒性反应，用量过大可引起惊厥及心脏停搏，故切勿过量。重度肝功能不全、严重房室传导阻滞、有癫痫大发作史者禁用。

布比卡因

布比卡因（bupivacaine）又名麻卡因，为长效酰胺类局麻药，其盐酸盐易溶于水，化学结构与利多卡因相似。局麻效力比利多卡因强 4~5 倍，作用持续时间长达 5~10h。可用于浸润麻醉、传导麻醉和硬膜外麻醉。因对组织穿透力弱，故不适用于表面麻醉。与等效剂量利多卡因相比，可产生严重的心脏毒性，难以治疗，特别在酸中毒、低氧血症时尤为严重。

左布比卡因（levobupivacaine）是布比卡因的左旋体。与布比卡因相比，有更好的安全性和较少的中枢神经系统和心脏毒性。

罗哌卡因

罗哌卡因（ropivacaine）的化学结构与布比卡因类似，为长效酰胺类局麻药。其阻断痛觉的作用较阻断运动的作用强，对心肌的毒性较布比卡因小。有明显的收缩血管作用，使用时无须加入肾上腺素。适用于浸润麻醉、传导麻醉和硬膜外麻醉。对子宫和胎盘血流无影响，故适用于产科手术麻醉。

罗哌卡因和左布比卡因作为新型的长效局麻药，具有毒性低、时效长及良好的耐受性等特点，为局麻药的重要选择，也是布比卡因较为理想的替代药物。

几种常用局麻药的比较见表 3-1-1。

表 3-1-1　常用局麻药的比较

分类及药物	麻醉相对强度	毒性大小	黏膜穿透力	作用持续时间/h	临床应用
酯类局麻药					
普鲁卡因	1	1	弱	0.5~0.75	浸润麻醉、传导麻醉、腰麻、硬膜外麻醉
丁卡因	10	10~12	强	2~3	表面麻醉、传导麻醉、腰麻、硬膜外麻醉
酰胺类局麻药					
利多卡因	2	1~2	强	1~2	表面麻醉、浸润麻醉、传导麻醉、硬膜外麻醉
布比卡因	8~10	6.5	弱	5~10	浸润麻醉、传导麻醉、硬膜外麻醉
罗哌卡因	8	小于6.5	弱	5~8	浸润麻醉、传导麻醉、硬膜外麻醉

其他常用的局麻药还有依替卡因（etidocaine）、甲哌卡因（mepivacaine）、丙胺卡因（prilocaine）和阿替卡因（articaine）等。

第二节　全身麻醉药

全身麻醉药（general anesthetics）简称全麻药，是一类能可逆性抑制中枢神经系统，引起暂时性感觉、意识和反射消失，骨骼肌松弛，有利于进行外科手术的药物。根据给药途径的不同，全麻药分为吸入麻醉药和静脉麻醉药。

一、吸入麻醉药

吸入麻醉药是指经过呼吸道吸入产生麻醉效应的药物。吸入麻醉药都是脂溶性高的挥发性液体或气体,易通过生物膜,经肺泡扩散而吸收入血,然后随血液循环分布至中枢神经系统发挥作用,当中枢神经系统的吸入麻醉药达到一定的分压(浓度)时,产生全身麻醉作用。药物的脂溶性越高、吸入气中麻醉药的浓度越高、肺部血流量及通气量越大,药物的吸收速率越快。临床上一般用最低肺泡有效浓度(minimum alveolar concentration,MAC)衡量药物麻醉作用的强度。最低肺泡有效浓度是指在一个大气压下,可使50%的患者痛觉消失的肺泡气体中麻醉药的浓度。药物的MAC值越低,则药物的麻醉作用越强。

吸入麻醉药首先分布于血液,当血液中与吸入气体中药物浓度达到平衡时的比值称为血/气分配系数。血/气分配系数大,药物在血液中的溶解度大,分布于血液的药物多,组织尤其是脑组织中的药物含量升高缓慢,麻醉诱导时间长;反之,药物的麻醉诱导时间短。脂溶性高的全麻药容易进入脂质含量丰富的脑组织。血中药物浓度与脑组织中药物浓度达到平衡时的比值称为脑/血分配系数。脑/血分配系数越大,进入脑组织的药量越大,麻醉效应越强而持久。当停止给药后,机体组织中未经代谢的原形药物随血流经肺泡排出。药物的血/气分配系数及脑/血分配系数越小,消除越快,患者苏醒越快。

吸入麻醉药对中枢神经系统具有广泛和显著的抑制作用,使患者的意识、痛觉等各种感觉和神经反射暂时消失,达到镇痛和一定程度的肌松作用。

吸入剂量超过外科麻醉量的2~4倍时,可明显抑制心脏和呼吸功能,严重者可导致死亡;偶见恶性高热;可导致肝、肾损害以及流产;手术室工作人员长期吸入可能导致头痛、警觉性降低等。

氟　烷

氟烷(halothane)为无色透明液体,略带水果香味,无刺激性,耐受性好,不燃不爆,化学性质不稳定。麻醉作用快而强,诱导期短,苏醒快。镇痛和肌松作用较弱,常难以满足手术要求,因此一般须加用阿片类镇痛药或肌松药。可使脑血管扩张,导致颅内压升高;增加心肌对儿茶酚胺的敏感性,易诱发心律失常。可致子宫肌松弛而诱发产后出血,禁用于难产或剖宫产。反复应用偶致肝炎或肝坏死。现已被更安全的药物替代。

恩氟烷和异氟烷

恩氟烷(enflurane)和异氟烷(isoflurane)为同分异构体,又名安氟醚和异氟醚,是目前较为常用的吸入麻醉药。与氟烷相比,化学性质稳定,麻醉诱导平稳、迅速和舒适,麻醉停药后苏醒快,麻醉时肌肉松弛良好,不增加心肌对儿茶酚胺的敏感性,反复使用无明显副作用,偶有恶心、呕吐。主要用于麻醉维持。异氟烷对呼吸道有一定刺激性。恩氟烷浓度过高或有明显低碳酸血症时,可致患者出现癫痫发作,有癫痫史者避免使用。

地　氟　烷

地氟烷(desflurane)又名地氟醚,化学结构与异氟烷相似,化学性质非常稳定。麻醉效价强度低,为现有吸入麻醉药中最低者,故麻醉诱导期短,患者易苏醒。对呼吸道有一定的刺激性,可引起咳嗽、流涎和喉痉挛等,但对心血管功能影响小。用于成人和儿童的麻醉维持,也可用于成人诱导麻醉。

七　氟　烷

七氟烷(sevoflurane)又名七氟醚,化学结构与异氟烷相似,麻醉诱导期短而平稳,患者苏醒快,麻醉强度高于地氟烷,麻醉深度易于控制。不刺激呼吸道,对心脏功能影响小。广泛用于成人和儿童诱导麻醉和麻醉维持,对严重缺血性心脏病而施行高危心脏手术者尤为适用。

氧化亚氮

氧化亚氮(nitrous oxide)又名笑气,为无色、味甜、无刺激性气体,性质稳定,不燃不爆,在体内不代谢,绝大多数经肺以原形药物呼出。麻醉诱导期短,患者苏醒较快,感觉舒适、愉快。镇痛作用强,对呼吸和肝、肾功能无不良影响,但对心肌略有抑制作用。麻醉效价强度低,须与其他麻醉药配伍方可达到满意的麻醉效果,主要用于诱导麻醉或与其他全麻药配伍使用。

二、静脉麻醉药

静脉麻醉药是指通过静脉注射入血后透过血-脑屏障作用于中枢神经系统,产生全身麻醉效果的药物。静脉麻醉药的优点是无诱导期,患者迅速进入麻醉状态,对呼吸道无刺激性,麻醉方法简便易行。主要缺点是不如吸入麻醉药易于掌握麻醉深度。常用的静脉麻醉药有硫喷妥钠、丙泊酚、依托咪酯和氯胺酮等。

硫喷妥钠

硫喷妥钠(thiopental sodium)为超短效巴比妥类药物。脂溶性高,麻醉作用起效快,静脉注射10~30s 意识即丧失,无兴奋期。但由于本药在体内迅速重新分布,从脑组织转运到肌肉和脂肪组织,因此作用维持时间短,终止给药后患者在 10min 内苏醒。麻醉时各种反射依然存在,镇痛作用弱,肌肉松弛作用不完全,临床主要用于诱导麻醉、基础麻醉、脓肿切开引流、骨折及脱臼的闭合复位等短时手术。对呼吸中枢有明显抑制作用,新生儿及婴幼儿禁用。易诱发喉头和支气管痉挛,支气管哮喘患者禁用。

丙 泊 酚

丙泊酚(propofol)为短效静脉麻醉药,对中枢有抑制作用,产生良好的镇静、催眠效应。起效快,作用时间短,苏醒迅速,无蓄积作用,镇痛作用弱。能抑制咽喉反射,有利于气管插管,能降低颅内压和眼压,减少脑耗氧量及脑血流量。临床主要用于诱导麻醉、麻醉维持及镇静催眠辅助用药。术后恶心、呕吐发生率低,主要不良反应是对心血管和呼吸系统的抑制。

依托咪酯

依托咪酯(etomidate)为强效超短时非巴比妥类催眠药,起效快,维持时间短,患者苏醒迅速,无明显镇痛作用,故作诱导麻醉时常须加用镇痛药、肌松药或吸入麻醉药。对心血管和呼吸系统影响很小,诱导麻醉后患者心血管功能稳定,是冠心病、心脏瓣膜病和其他心脏储备功能差的患者的最佳选择,也适用于脑血管、呼吸系统疾病、颅内高压以及不宜采用硫喷妥钠的患者。临床主要用于诱导麻醉及短小手术的麻醉维持。主要缺点是恢复期恶心、呕吐发生率高,并可抑制肾上腺皮质激素合成。

氯 胺 酮

氯胺酮(ketamine)能阻断痛觉冲动向丘脑和大脑皮质的传导,同时又能兴奋脑干及边缘系统。患者出现痛觉消失、短暂性记忆缺失,但意识并未完全消失,可能出现睁眼凝视呈木僵状、眼球震颤、幻觉、肌张力增加、肢体不自觉运动等,此状态称为分离麻醉。氯胺酮麻醉时对体表镇痛作用明显,对内脏镇痛作用差,但诱导迅速。临床主要用于短时的体表小手术,如烧伤清创、切痂、植皮等。对呼吸影响轻微,对心血管具有明显兴奋作用。

三、复合麻醉

理想的全麻药应麻醉平稳、起效和恢复迅速、意识消失、明显镇痛、必要的肌肉松弛、不良反应少。目前临床上使用的全麻药单独应用都不够理想,为克服不足,常在麻醉前或麻醉过程中同时或先后应用两种以上麻醉药或其他辅助药,这种麻醉方法称为复合麻醉(combined anesthesia)。

1. 麻醉前给药(preanesthetic medication) 麻醉前给药是指患者进入手术室前应用药物。如麻醉前应用地西泮、苯巴比妥等镇静催眠药,使患者消除紧张、稳定情绪;注射吗啡、哌替啶等镇痛药,增强镇痛效果;注射阿托品、东莨菪碱等 M 受体阻断药,减少呼吸道分泌物,防止窒息和吸入性肺炎,也可以防止反射性心律失常的发生。

2. 基础麻醉(basal anesthesia) 基础麻醉是指进入手术室前给予较大剂量的催眠药,如巴比妥类等,使患者处于深睡状态,在此基础上进行麻醉可减少麻醉药用量并使麻醉过程平稳。常用于不配合的小儿或极度紧张不能自控者。

3. 诱导麻醉(anesthesia induction) 诱导麻醉是指先使用诱导期短的全麻药,如硫喷妥钠或氧化亚氮等,使患者迅速进入外科麻醉期,避免诱导期的不良反应,然后改用其他麻醉药物维持麻醉。

4. 合用肌松药 麻醉同时合用琥珀胆碱或筒箭毒碱等肌松药,以满足手术时对肌肉松弛的要求。

5. 低温麻醉(hypothermal anesthesia) 低温麻醉是指在物理降温的基础上配合氯丙嗪,使体温下降到 28~30℃,以降低心、脑等生命器官的耗氧量,可用于一些复杂的心血管及颅脑手术等。

6. 控制性降压(controlled hypotension) 控制性降压是指加用短效血管扩张药硝普钠或钙通道阻滞药,使血压适度适时下降,并抬高手术部位,以减少出血。常用于止血比较困难的颅脑手术。

7. 神经安定镇痛术(neuroleptanalgesia) 用神经安定药氟哌利多与强效麻醉性镇痛药芬太尼按 50∶1 制成合剂静脉注射,使患者意识模糊、自主动作停止、痛觉消失,适用于外科小手术。如同时加用全麻药(如氧化亚氮)和肌松药(如琥珀胆碱),则可达到满意的外科麻醉效果,又称神经安定麻醉。

(孙宏丽)

思考题

1. 试论述局麻药的不良反应及防治措施。
2. 简述普鲁卡因的局麻作用特点。
3. 简述利多卡因的局麻作用特点。
4. 简述丁卡因的局麻作用特点。

任务 2 │ 镇静催眠药

学习目标

1. 掌握苯二氮䓬类的作用机制、药理作用、临床应用、不良反应和注意事项。
2. 熟悉巴比妥类的临床应用和不良反应。
3. 了解其他镇静催眠药的作用特点和临床应用。
4. 能依据临床表现等合理选择镇静催眠药,正确用药,及时处置不良反应。
5. 具备与患者及其家属进行有效沟通、开展用药咨询服务、指导患者合理用药的职业素养,关心、爱护患者。

镇静催眠药(sedative-hypnotics)是一类能选择性抑制中枢神经系统,产生镇静和维持近似生理睡眠的药物。

临床情景

患者,女性,36 岁。因工作压力大,近 1 年来经常出现入睡困难,入睡后多梦甚至噩梦,夜间觉醒次数多,每天只能睡 2~3h。日间困倦疲劳,注意力不集中,记忆力减退,并伴有焦虑、紧张不安和情绪低落。

诊断:失眠症。

处方:艾司唑仑片,每次 2mg,每日 1 次,睡前口服。

该患者采用艾司唑仑口服治疗后睡眠明显改善,自行连续口服 3 个月,其间未复诊。后自觉症状好转,自行停药,停药后变得焦虑、烦躁,入睡困难更加严重。

学习任务

课前:该患者的主要症状有哪些? 对该患者应用了哪些药物?

课中:艾司唑仑属于哪类药物? 该类药物在临床上可以用于治疗哪些疾病? 如果服用该类药物中毒后应如何解救?

课后:该患者自行停药后变得焦虑、烦躁,入睡困难更加严重,原因是什么? 医生应如何对该患者进行服药和健康生活方式的指导?

镇静催眠药对中枢神经系统的抑制作用具有明显的剂量依赖性:小剂量能产生缓和激动、消除躁动、恢复安静情绪的镇静作用;较大剂量能产生诱导入睡、促进和维持近似生理睡眠的催眠作用。临床常用的镇静催眠药主要有苯二氮䓬类、巴比妥类、新型非苯二氮䓬类和其他镇静催眠药。

生理睡眠

根据脑电图特点和睡眠中眼球运动的情况,可将生理睡眠分为非快速眼动睡眠(non-rapid eye movement sleep,NREM sleep)和快速眼动睡眠(rapid eye movement sleep,REM sleep)。非快速眼动睡眠又分为1期、2期、3期和4期,显示睡眠由浅入深的过程;后两期合称慢波睡眠,易出现惊梦、夜间惊恐和夜游症。非快速眼动睡眠功能是促进生长、恢复体力、消除疲劳。快速眼动睡眠又称快波睡眠,70%梦境发生于此期,与智力发育、学习记忆和精力恢复有关。睡眠开始后先进入非快速眼动睡眠,持续80~120min后转入快速眼动睡眠,持续20~30min又转入非快速眼动睡眠,整个睡眠过程中交替4~6次。

睡眠是人不可或缺的基本生命活动,长期失眠可严重影响身体健康甚至危及生命。镇静催眠药可产生近似生理睡眠。理想的催眠药应具备:能够快速诱导睡眠,服药后30min内即可入睡;不引起睡眠结构紊乱;对精神运动无影响;无记忆损害;没有宿醉现象;没有依赖性;无呼吸抑制;与其他药物没有相互作用。

第一节 苯二氮䓬类

苯二氮䓬(benzodiazepine,BZ)类的基本化学结构为1,4-苯并二氮䓬。根据各个药物(及其活性代谢物)半衰期的长短可分为三类:①长效类,包括地西泮(diazepam,又名安定)、氟西泮(flurazepam)、夸西泮(quazepam)、氯氮䓬(chlordiazepoxide)等。②中效类,包括阿普唑仑(alprazolam)、艾司唑仑(estazolam)、劳拉西泮(lorazepam)、替马西泮(temazepam)、氯硝西泮(clonazepam)等。③短效类,包括三唑仑(triazolam)、奥沙西泮(oxazepam)等(表3-2-1)。

表 3-2-1 苯二氮䓬类的分类及作用时间

药物	达峰浓度时间/h	$t_{1/2}$/h	代谢物活性($t_{1/2}$/h)
长效类			
地西泮	1~2	20~80	有活性(80)
氟西泮	1~2	40~100	有活性(81)
夸西泮	2	30~100	有活性(73)
氯氮䓬	2~4	15~40	有活性(82)
中效类			
阿普唑仑	1~2	12~15	无活性
艾司唑仑	1~2	10~24	无活性
劳拉西泮	2	10~20	无活性
替马西泮	2~3	10~40	无活性
氯硝西泮	1~2	16~35	弱活性
短效类			
三唑仑	1	2~3	有活性(7)
奥沙西泮	2~4	5~15	无活性

【体内过程】

苯二氮䓬类脂溶性高,口服吸收迅速而完全,肌内注射吸收缓慢而不规则,一般采用口服或静脉给药。本类药物达峰浓度时间和半衰期各不相同(表3-2-1)。地西泮吸收入血后95%以上与血浆蛋白结合,可迅速分布到脑组织,然后再分布于肌肉、脂肪等组织中,亦可通过胎盘屏障。主要在肝脏代谢为多种活性代谢产物(如去甲西泮、奥沙西泮、替马西泮等),最终与葡萄糖醛酸结合经肾排泄。连续使用应注意药物及代谢产物在体内的蓄积。

【作用机制】

此类药物能增强 γ-氨基丁酸(GABA)的中枢抑制作用。GABA$_A$ 受体是脑中主要的 GABA 受体亚型,是一个大分子复合体。它是一种配体门控性 Cl$^-$ 通道,在通道周围含有 GABA、苯二氮䓬类、巴比妥类、印防己毒素和乙醇的结合位点。苯二氮䓬类与 GABA$_A$ 受体上的结合位点结合,诱导受体发生构象改变,促进 GABA 与 GABA$_A$ 受体的结合,增加 Cl$^-$ 通道开放的频率,使更多的 Cl$^-$ 内流进入神经细胞而产生超极化,产生中枢抑制效应。

【药理作用和临床应用】

1. 抗焦虑 苯二氮䓬类在小于镇静剂量时即可显著改善患者的紧张、忧虑、恐惧、烦躁不安及失眠等焦虑症状,从而缓解由于焦虑引起的心悸、出汗、震颤等生理功能的改变。这与其选择性作用于边缘系统有关,对各种原因引起的焦虑症均有显著疗效(详见模块3 任务7 抗焦虑药)。

2. 镇静催眠 苯二氮䓬类随着剂量增大,出现镇静及催眠作用。能明显缩短入睡诱导时间、减少夜间觉醒次数、延长睡眠持续时间。其特点是:①治疗指数高,对呼吸影响小,大剂量也不会引起麻醉,安全范围大。②主要延长非快速眼动睡眠2期,对快速眼动睡眠影响小,连续应用停药后反跳现象轻;缩短非快速眼动睡眠3期和4期,从而减少发生于此期的夜惊或梦游症。③对肝药酶无诱导作用,联合用药相互干扰小。④依赖性、戒断症状较轻。用于镇静催眠已基本取代了巴比妥类,主要用于各种情绪紧张引起的失眠,但对躯体病理刺激引起的失眠作用较差。

3. 抗惊厥及抗癫痫 苯二氮䓬类具有抗惊厥作用,以地西泮和三唑仑的作用最强。临床上用于辅助治疗破伤风、子痫、小儿高热及药物中毒等引起的惊厥。

地西泮可抑制癫痫病灶异常放电的扩散,具有抗癫痫作用。静脉注射地西泮是治疗癫痫持续状态的首选药物,对其他类型的癫痫发作则以硝西泮和氯硝西泮的疗效较好(详见模块3 任务3 抗癫痫药和抗惊厥药)。

4. 中枢性肌肉松弛 地西泮有较强的中枢性肌肉松弛作用,但不影响正常活动。单用本类药物达不到外科手术所要求的肌松状态,即使增加剂量,也不会产生麻醉作用。临床上主要用于治疗脑血管意外、脊髓损伤等中枢神经病变引起的肌肉僵直,也可缓解腰肌劳损等局部病变引起的肌肉痉挛。

5. 其他 苯二氮䓬类较大剂量可引起暂时性记忆缺失。临床用于麻醉前给药、心脏电击复律或内镜检查前给药,可缓解患者对手术的恐惧情绪,减少麻醉药用量,并使患者对手术中的不良刺激在术后不复记忆。

【不良反应和注意事项】

苯二氮䓬类毒性小,安全范围大,一般不良反应与药物对中枢神经系统抑制有关。

1. 中枢神经系统反应 表现为头晕、嗜睡、乏力及记忆力下降等,长效类尤易发生,大剂量可导致共济失调。服药期间应避免从事驾驶车辆、高空作业和操作机器等工作。

2. 耐受性和依赖性 长期服用可产生耐受性和依赖性,尤其是与乙醇合用时容易发生,突然停药可出现反跳和戒断症状(如失眠、焦虑、激动、震颤等),故不宜长期应用。与巴比妥类相比,本类药物的戒断症状发生较迟、较轻。

3. 呼吸及循环抑制 静脉注射速度过快时对呼吸和心血管有抑制作用,同时应用其他中枢抑制药和乙醇等可显著增强中枢抑制作用。过量中毒可致昏迷及呼吸、循环抑制，一旦出现急性中毒，除了加速药物排出、阻止吸收及对症治疗，还可应用选择性苯二氮䓬受体阻断药氟马西尼（flumazenil，安易醒）进行解救。

4.其他 偶见过敏反应，表现为皮疹、白细胞减少等；长期用药有致畸性，妊娠早期禁用；可通过胎盘屏障和乳汁分泌，临产前应用大量地西泮，可使新生儿肌张力降低、体温下降及轻度呼吸抑制，故产前和哺乳期慎用。

第二节　巴比妥类

巴比妥类（barbiturates）是巴比妥酸的衍生物。巴比妥酸本身并无中枢抑制作用，用不同基团取代 C_5 上的 2 个氢原子后，可获得一系列中枢抑制药。根据作用时间的长短，巴比妥类可分为长效、中效、短效和超短效（表 3-2-2）。

表 3-2-2　巴比妥类的作用比较

药物	起效时间/h	作用时间/h	$t_{1/2}$/h	药理作用
长效类				
苯巴比妥	0.5~1	6~8	80~120	镇静催眠、抗惊厥、抗癫痫
中效类				
异戊巴比妥	0.25~0.5	3~6	10~40	镇静催眠、抗惊厥
短效类				
司可巴比妥	0.25	2~3	15~40	镇静催眠、抗惊厥
超短效类				
硫喷妥钠	静注立即起效	0.25	8~10	静脉麻醉

【体内过程】

巴比妥类口服或注射均易吸收，并迅速分布于全身。硫喷妥钠脂溶性高，静脉注射后迅速进入中枢神经系统发挥作用，然后又迅速再分布到肌肉和脂肪组织中储存，故作用维持时间短。苯巴比妥脂溶性低，静脉注射需 30min 才显效，代谢物及原形经肾排泄，因排出缓慢，故维持时间较长。尿液 pH 影响巴比妥类的排出，巴比妥类中毒时可用碳酸氢钠碱化尿液，以促进其排出。

【药理作用和临床应用】

巴比妥类随着剂量的增加，中枢抑制作用由弱变强，相应表现为镇静、催眠、抗惊厥及抗癫痫、麻醉等作用。大剂量对心血管系统也有抑制作用，过量可引起呼吸中枢麻痹而致死。由于安全性差，易发生依赖性，已很少用于镇静催眠。

苯巴比妥有较强的抗惊厥及抗癫痫作用，临床可用于小儿高热、破伤风、子痫、脑炎、脑膜炎及中枢兴奋药中毒引起的惊厥，也可用于癫痫大发作和癫痫持续状态的治疗（详见模块 3　任务 3　抗癫痫药和抗惊厥药）；硫喷妥钠可用于静脉麻醉（详见模块 3　任务 1　麻醉药）。

【不良反应】

服用巴比妥类后，次日晨可出现头晕、困倦、精神不振及精细运动不协调等后遗效应；长期反复应用可产生耐受性和依赖性；少数人可出现皮疹、血管神经性水肿，偶见过敏性皮炎和剥脱性皮炎等严重反应。

大剂量误服或静脉注射过量、过速，可引起急性中毒，表现为深度昏迷、呼吸抑制、血压下降、体温降低和反射消失，呼吸衰竭是致死的主要原因。抢救措施为维持呼吸和循环功能，同时采用催吐、洗胃和导泻等方法排出药物,给予碳酸氢钠碱化血液和尿液,促使药物由神经组织向血液转移,并减少药物在肾小管的重吸收,加速药物从肾脏排泄。

第三节 新型非苯二氮䓬类

唑吡坦

唑吡坦(zolpidem)为咪唑吡啶类催眠药,有类似苯二氮䓬类的镇静催眠作用,但抗焦虑、肌肉松弛和抗惊厥作用很弱。对正常睡眠干扰少,可缩短入睡潜伏期,减少觉醒次数,延长总睡眠时间,后遗效应、耐受性、依赖性和戒断症状均较轻。主要用于偶发性失眠和暂时性失眠患者。中毒时可用氟马西尼解救。15 岁以下儿童、妊娠期和哺乳期妇女禁用,老年人应从常用量的半量开始服用。

佐匹克隆

佐匹克隆(zopiclone)为环吡咯酮类催眠药,具有与苯二氮䓬类类似的抗焦虑、镇静、催眠、抗惊厥和肌肉松弛作用。与其他镇静催眠药相比,起效快,维持时间长,对快速眼动睡眠影响小,可缩短入睡潜伏期,减少觉醒次数,延长睡眠时间。后遗效应和宿醉现象轻,长期使用无明显的耐受性和停药反跳现象。主要用于各种原因引起的失眠症。右佐匹克隆(dexzopiclone)为佐匹克隆的右旋异构体,不良反应轻微,主要是口苦和头晕,不须处理即可自行消失。

扎来普隆

扎来普隆(zaleplon)化学结构不同于其他已知的催眠药,具有抗焦虑、镇静、催眠、抗惊厥和肌肉松弛作用。起效快,能缩短入睡时间。但作用时间短,不能明显增加睡眠时间和减少觉醒次数。为短效催眠药,主要用于入睡困难的失眠症的短期治疗。无明显宿醉作用,依赖性及停药反应等不良反应小。

药物依赖性比较:苯二氮䓬类 > 佐匹克隆 > 唑吡坦 > 扎来普隆。

第四节 其他镇静催眠药

水合氯醛

水合氯醛(chloral hydrate)是三氯乙醛的水合物,口服易吸收,治疗量催眠作用强而可靠,15min起效,作用维持 6~8h。不缩短快速眼动睡眠,无宿醉后遗效应,大剂量有抗惊厥作用。可用于治疗顽固性失眠,以及子痫、破伤风、小儿高热等引起的惊厥。对胃刺激性强,可引起恶心、呕吐、胃炎等,须稀释后口服或灌肠。久服可产生耐受性和依赖性,戒断症状较重。胃炎、胃溃疡和严重心、肝、肾疾病患者禁用。

雷美替胺

雷美替胺(ramelteon)为褪黑素受体激动药。褪黑素参与正常睡眠昼夜节律的调节过程。雷美替胺能明显缩短入睡潜伏期,延长总睡眠时间,对睡眠结构没有明显影响。可用于治疗入睡困难型失眠症,对慢性失眠和短期失眠也有效。无明显的后遗效应,长期应用无戒断现象和反跳性失眠等不良反应。

第五节 镇静催眠药合理应用

镇静催眠药属于中枢抑制药,治疗失眠应遵循以下几点。

1. **基本原则** 在病因治疗、心理治疗和睡眠健康教育的基础上,酌情给予催眠药。
2. **用药剂量个体化** 小剂量开始给药,达到有效剂量后不轻易调整药物剂量。

3. **给药原则** 按需、间断、足量。每周服药 3~5 天,而不是连续每晚用药。需长期药物治疗的患者宜按需服药。按需使用镇静催眠药的具体策略是:①预期入睡困难时,于上床前 5~10min 服用。②根据夜间睡眠的需求,于上床 30min 后仍不能入睡或比通常起床时间提前(≥5h)醒来且无法再次入睡时服用(仅适合使用短半衰期药物)。③根据白天活动的需求,即当第 2 天白天有重要工作或事情时可于睡前服用。

4. **用药疗程** 根据患者睡眠情况调整用药剂量和维持时间。短于 4 周的药物干预,可选择连续治疗。超过 4 周的药物干预,需每个月定期评估;每 6 个月或旧病复发时,须对睡眠情况进行全面评估;必要时变更治疗方案,或根据患者的睡眠改善状况适时采用间歇治疗。

5. **对特殊人群** 对儿童,妊娠期及哺乳期妇女,肝、肾功能损害,重度睡眠呼吸暂停综合征,重症肌无力患者,不宜采用催眠药治疗。老年人对中枢抑制药敏感性增加,服用镇静催眠药时出现血压改变、脑缺血、记忆障碍、跌倒等不良反应的风险显著增加,应酌情减量。

6. **药物相互作用** 避免与含乙醇的饮料、其他镇静催眠药、镇痛药、麻醉药、抗组胺药、单胺氧化酶抑制药和三环类抗抑郁药联合用药,防止相互增效,引起严重的过度镇静作用。

7. **用药种类选择的顺序** 首选短效、中效的苯二氮䓬类,新型非苯二氮䓬类或褪黑素受体激动药(如雷美替胺)。不推荐抗癫痫药、抗精神病药作为首选药物使用。巴比妥类、水合氯醛等临床上不推荐使用。

(孙宏丽)

思考题

1. 简述苯二氮䓬类药物的作用机制。
2. 治疗失眠时苯二氮䓬类为什么取代了巴比妥类?
3. 试论述苯二氮䓬类的不良反应及防治措施。

任务 3 | 抗癫痫药和抗惊厥药

学习目标

1. 掌握苯妥英钠和卡马西平的药理作用、临床应用、不良反应和注意事项。
2. 熟悉其他抗癫痫药和硫酸镁的作用特点、临床应用、不良反应和注意事项。
3. 了解癫痫发作的类型及癫痫临床用药原则。
4. 能依据癫痫和惊厥临床表现等合理选择药物，正确用药，及时处置不良反应。
5. 具备与患者及其家属进行有效沟通、开展用药咨询服务、指导患者合理用药的职业素养，关心、爱护患者。

癫痫（epilepsy）是由脑组织局部病灶神经元异常高频放电并向周围扩散，导致大脑功能短暂失调的综合征。

临床情景

患者，男性，15岁。2年前诊断为癫痫复杂部分性发作，一直服用抗癫痫药卡马西平治疗（每次 200mg，每日 2 次），症状得到控制。数日前因出游忘记带药，停药后第 6 天早晨突然意识丧失，跌倒在地，双眼上翻，牙关紧闭，面色青紫，口吐白沫，四肢强直阵挛，伴有大小便失禁，立即被送往医院就诊。脑电图检查呈高幅棘慢波。

诊断：癫痫大发作。

处方：苯妥英钠片，每次 100mg，每日 2 次，口服。

学习任务

课前：该患者的主要症状有哪些？对该患者应用了哪些药物？

课中：对癫痫大发作，应首选何种药物？该药在临床上可用于治疗哪些疾病？如果癫痫大发作未得到控制而转入癫痫持续状态，应如何治疗？

课后：除了苯妥英钠，还有哪些药物可用于癫痫大发作的治疗？该患者癫痫发作加重的原因是什么？

第一节　概　述

由于异常高频放电神经元发生部位及扩散范围的不同，癫痫在临床上表现出不同程度的短暂运动、感觉功能失调，意识障碍及精神失常等症状，反复发作，并可伴有脑电图（electroencephalogram，EEG）异常。癫痫按病因可分为原发性癫痫和继发性癫痫两种。前者与遗传等因素有一定关系，后者因脑部外伤、肿瘤、感染、发育异常、脑血管疾病或某种代谢异常引起。根据临床症状和脑电图的不同,癫痫又可分为局限性发作和全身性发作(表 3-3-1)。

表 3-3-1 癫痫发作的类型及治疗药物

主要发作类型	临床发作特征	临床常用药物
局限性发作		
1. 单纯性局限性发作	局部肢体运动或感觉异常,无意识障碍。每次发作持续 20~60s	卡马西平、苯妥英钠、苯巴比妥、伊来西胺、丙戊酸钠等
2. 复合性局限性发作(精神运动性发作)	以精神症状为主,有意识障碍,出现无意识的运动,如摇头、唇抽动等。每次发作持续 0.5~2min	卡马西平、苯妥英钠、扑米酮、丙戊酸钠等
全身性发作		
1. 失神发作(小发作)	多见于儿童,表现为短暂而突发的意识丧失、知觉丧失、动作和语言中断,不倒地,无抽搐。每次发作持续 5~30s。EEG 呈 3Hz/s 高幅、左右对称的同步化棘波	乙琥胺、氯硝西泮、丙戊酸钠、拉莫三嗪等
2. 肌阵挛性发作	根据年龄可分为婴儿、儿童和青春期肌阵挛,表现为部分肌群发生短暂休克样抽动(约 1s),意识丧失。EEG 呈现特有的短暂爆发性多棘波	糖皮质激素、丙戊酸钠、氯硝西泮等
3. 强直-阵挛性发作(大发作)	突然意识丧失,倒地,全身强直-阵挛性抽搐,面色青紫,口吐白沫,继之较长时间的中枢抑制,每次发作持续数分钟。EEG 呈高幅棘慢波或棘波	苯妥英钠、卡马西平、苯巴比妥、扑米酮、丙戊酸钠等
4. 癫痫持续状态	大发作持续状态,反复抽搐,持续昏迷,易危及生命	地西泮、劳拉西泮、苯妥英钠、苯巴比妥等

目前防治癫痫发作的主要方法是长期服用抗癫痫药。药物作用方式有两种:①直接抑制病灶神经元的高频放电。②作用于病灶周围正常脑组织,防止病灶异常放电的扩散。抗癫痫药的机制可能与增强脑内 GABA 功能、促进 Cl⁻ 内流、降低神经细胞膜兴奋性有关;或与阻滞 Na⁺、K⁺、Ca²⁺ 等离子通道,发挥膜稳定作用有关。

第二节 常用抗癫痫药

苯妥英钠

苯妥英钠(phenytoin sodium)又名大仑丁,是从 1938 年开始使用的非镇静催眠性抗癫痫药。

【体内过程】

苯妥英钠口服吸收缓慢且不规则,连续服药 6~10 日才能达到有效血药浓度。因其呈强碱性(pH 10.4),刺激性大,故不宜肌内注射。血浆蛋白结合率为 85%~90%。主要经肝药酶代谢失活,由肾排泄。消除速率与血药浓度密切相关,血药浓度低于 $10\mu g/ml$,按一级动力学消除,$t_{1/2}$ 约 20h;高于此浓度,按零级动力学消除,$t_{1/2}$ 可延长至 60h。由于血药浓度个体差异较大,且不同厂家制剂的生物利用度亦有差别,故临床用药时应注意剂量的个体化。苯妥英钠的血药浓度 $>10\mu g/ml$ 时可控制癫痫发作,$>20\mu g/ml$ 时则开始出现毒性反应。

【药理作用和临床应用】

苯妥英钠对癫痫病灶的异常放电没有抑制作用,但可阻止异常放电向周围正常脑组织的扩散。其作用机制为:①抑制突触传递的强直后增强(post-tetanic potentiation,PTP)。②具有膜稳定作用。可阻断电压依赖性 Na⁺ 通道、Ca²⁺ 通道,抑制 Na⁺ 和 Ca²⁺ 内流,降低细胞膜的兴奋性,抑制动作电位的产生。但对哺乳动物丘脑神经元的 T 型 Ca²⁺ 通道无阻断作用,可能是苯妥英钠对失神发作无效的原因。还可抑制钙调素激酶的活性,影响突触传递功能。苯妥英钠的膜稳定作用也是治疗三叉神经痛等中枢疼痛综合征和抗心律失常的药理作用基础。

1. 抗癫痫　苯妥英钠是治疗癫痫大发作和局限性发作的首选药。由于起效慢,故常先用苯巴比妥等作用较快的药物控制发作,在改用本药前应逐步撤除先用的药物,再过渡为本药,两药不宜长期合用。静脉注射用于癫痫持续状态,对精神运动性发作亦有效,但对小发作和肌阵挛性发作无效。

2. 治疗中枢疼痛综合征　治疗三叉神经痛和舌咽神经痛等中枢疼痛综合征。

3. 抗心律失常　对室性心律失常,特别是强心苷中毒所致室性心律失常的疗效较好(详见模块4　任务3　抗心律失常药)。

【不良反应和注意事项】

1. 局部刺激　苯妥英钠为强碱性,局部刺激性较大,口服可致厌食、恶心、呕吐和腹痛等,宜饭后服用。静脉注射可致静脉炎。

2. 神经系统反应　为药量过大所致,当血药浓度大于 $20\mu g/ml$ 时即可出现毒性反应,表现为小脑-前庭系统功能失调症状,如眼球震颤、眩晕、共济失调、复视等;严重者可出现语言障碍、精神错乱、昏睡或昏迷等。

3. 牙龈增生　长期服用苯妥英钠可引起牙龈增生,与药物自唾液排出刺激胶原组织增生有关,多见于儿童和青少年。服药期间应注意口腔卫生,防止齿龈炎,经常按摩牙龈也可防止或减轻增生。一般停药3~6个月后可恢复。

4. 血液系统反应　苯妥英钠抑制二氢叶酸还原酶,长期应用可导致叶酸缺乏,产生巨幼细胞贫血。可用甲酰四氢叶酸治疗。

5. 骨骼系统反应　由于苯妥英钠诱导肝药酶,使维生素 D 代谢加速,长期应用可致低钙血症,儿童患者可发生佝偻病样改变,少数成年患者出现骨软化症。必要时应用维生素 D 预防。

6. 过敏反应　表现为皮疹、粒细胞缺乏、血小板减少、再生障碍性贫血、肝坏死等。长期用药应定期检查血常规和肝功能。

7. 其他　静脉注射过快可引起血压下降、心律失常。妊娠初期服药偶致胎儿畸形,妊娠期妇女慎用。偶见男性乳房增大、女性多毛症等。长期服用突然停药可使癫痫发作加剧,甚至诱发癫痫持续状态。

【药物相互作用】

磺胺类、苯二氮䓬类、水杨酸类和口服抗凝血药等与苯妥英钠竞争血浆蛋白结合部位,使游离型苯妥英钠血药浓度增加。肝药酶抑制剂氯霉素、异烟肼等可提高苯妥英钠的血药浓度;而肝药酶诱导剂苯巴比妥、卡马西平等则可降低其血药浓度。苯妥英钠本身也为肝药酶诱导剂,能加速多种药物的代谢而降低药效,如皮质类固醇和避孕药等。

卡马西平

卡马西平(carbamazepine)又名酰胺咪嗪,最初用于治疗三叉神经痛,20 世纪 70 年代开始用于治疗癫痫。

【体内过程】

卡马西平口服吸收缓慢且不规则,2~4h 血药浓度达高峰,有效血药浓度为 4~10μg/ml,血浆蛋白结合率为 75%~80%。经肝代谢生成的环氧化物仍有抗癫痫活性,其强度近似卡马西平,进一步代谢后由肾排泄。单次给药血浆 $t_{1/2}$ 为 36h。本药有肝药酶诱导作用,可加速自身代谢,故连续用药后血浆 $t_{1/2}$ 缩短为 15~20h。

【药理作用和临床应用】

卡马西平的抗癫痫作用机制与苯妥英钠相似,可降低神经细胞膜对 Na^+ 和 Ca^{2+} 的通透性,从而降低细胞的兴奋性,延长不应期,抑制癫痫病灶及其周围神经元异常放电;亦可能与增强 GABA 的突触传递功能有关。

卡马西平是广谱抗癫痫药,对多种癫痫均有治疗作用。对精神运动性发作、大发作和单纯性局限性发作疗效较好;对癫痫并发的精神症状亦有效。对三叉神经痛疗效优于苯妥英钠,对舌咽神经痛也有效。对锂盐无效的躁狂症、抑郁症有效,副作用比锂盐少而疗效好。

【不良反应】

常见不良反应有眩晕、视物模糊、恶心、呕吐和共济失调等,也可有皮疹和心血管反应,不需要中断治疗,1 周左右逐渐消退。偶见严重的不良反应有骨髓抑制、肝损害等。

奥卡西平

奥卡西平(oxcarbazepine)是卡马西平的 10-酮基衍生物,作用与卡马西平相似,对大脑皮质运动有高度选择性抑制作用。主要用于对卡马西平过敏者,作为卡马西平的替代药物,对于精神运动性发作和大发作效果较好。对糖尿病性神经病、偏头痛、带状疱疹后神经痛和中枢性疼痛也有效。常见不良反应有头晕、头痛、复视,过量后可出现共济失调等。

苯巴比妥

苯巴比妥(phenobarbital)又名鲁米那,是巴比妥类中最有效的一种抗癫痫药,具有起效快、疗效好、毒性小和价格低等优点。既能抑制癫痫病灶的异常放电,又能抑制异常放电的扩散。对大发作及癫痫持续状态疗效较好;对精神运动性发作和单纯性局限性发作也有一定疗效;对小发作、婴儿痉挛疗效差。因其中枢抑制作用明显,不作为首选药。

扑 米 酮

扑米酮(primidone)化学结构和作用与苯巴比妥相似,对大发作和单纯性局限性发作疗效好,也可作为精神运动性发作的辅助用药。与苯妥英钠和卡马西平合用有协同作用。与苯巴比妥相比无特殊优点,且价格较贵,主要用于其他药物无效的患者。常见不良反应有嗜睡、眩晕、复视、共济失调、眼球震颤等,偶见白细胞、血小板减少和巨幼细胞贫血等。

乙 琥 胺

乙琥胺(ethosuximide)可选择性抑制丘脑神经元低阈值钙通道。对小发作疗效好,其疗效虽不及氯硝西泮,但副作用及耐受性的产生较少,故仍为临床治疗小发作的首选药,对其他类型癫痫无效。常见不良反应为胃肠道反应,其次为中枢神经系统症状。有精神病史者易引起精神行为异常,故应慎用。偶见粒细胞缺失,严重者发生再生障碍性贫血,故用药期间应定期检查血象。

苯二氮䓬类

苯二氮䓬类具有抗癫痫作用,临床上常用的药物有地西泮(diazepam)、硝西泮(nitrazepam)和氯硝西泮(clonazepam)。

地西泮静脉注射是治疗癫痫持续状态的首选药,作用迅速、疗效好且安全。在癫痫持续状态的急性期,地西泮与劳拉西泮合用可使作用持续时间更长。硝西泮主要用于小发作,对肌阵挛性发作和婴儿痉挛也有效。氯硝西泮抗癫痫谱较广,对小发作疗效好,对肌阵挛性发作和婴儿痉挛也有较好的疗效,静脉注射还可用于癫痫持续状态。

丙戊酸钠

丙戊酸钠(sodium valproate)是广谱抗癫痫药,可抑制癫痫病灶异常放电的扩散,对各种癫痫均有一定疗效。对大发作疗效不如苯妥英钠和苯巴比妥,但对后两药无效者,用本药仍有效;对小发作疗效优于乙琥胺,因具有肝毒性,一般不作为首选药;对精神运动性发作疗效与卡马西平相似。临床上作为大发作合并小发作治疗的首选药,对其他药物无效的难治性癫痫也有效。不良反应主要有胃肠道反应,如恶心、呕吐及食欲缺乏等;少见中枢神经系统反应,如嗜睡、乏力、震颤、共济失调等;严重毒性为肝损害,约 30% 患者在服药几个月内出现无症状肝功能异常,主要表现为天冬氨酸转氨酶（AST）升高,偶见重症肝炎,应定期检查肝功能;少数患者有皮疹、脱发、血小板减少、急性胰腺炎、高氨血症等。

氟桂利嗪

氟桂利嗪(flunarizine)为强效钙通道阻滞药,多年来主要用于治疗偏头痛和眩晕,近年来发现它具有较强的抗惊厥作用,对多种癫痫动物模型均有不同程度的治疗作用。适用于各型癫痫,尤其对局限性发作、大发作疗效好。不良反应有嗜睡、乏力等。

拉莫三嗪

拉莫三嗪(lamotrigine)作用与阻断电压依赖性 Na^+ 通道、稳定神经细胞膜和抑制兴奋性氨基酸释放有关。单独使用可治疗全身性发作,可作为局限性发作的辅助用药,临床上多与其他抗癫痫药合用治疗难治性癫痫。不良反应有头晕、困倦、头痛、共济失调、皮疹等。

托 吡 酯

托吡酯(topiramate)为广谱抗癫痫药,对各型癫痫发作均有效,其中对大发作及局限性发作疗效好,可作为辅助药物治疗难治性癫痫。常见的不良反应有共济失调、注意力受损、头晕、嗜睡、精神错乱等。

知识拓展

癫痫持续状态的治疗

癫痫持续状态是致死率和致残率极高的神经内科的急危重症,治疗目标是尽快终止癫痫发作,改善预后。苯二氮䓬类是癫痫持续状态的一线治疗药物。癫痫持续状态的二线治疗药物包括丙戊酸钠、左乙拉西坦、苯妥英钠等。苯二氮䓬类和二线抗癫痫药治疗后,仍无法终止临床发作或脑电发作,即为难治性癫痫持续状态,可考虑给予静脉麻醉性抗惊厥药,如咪达唑仑、丙泊酚、硫喷妥钠、戊巴比妥等,后两者临床实际应用较少;也可考虑联合应用第三代抗癫痫药物,如吡仑帕奈、拉科沙胺等。若经过上述药物治疗 24h 后,包括麻醉减量或撤除过程中,癫痫发作仍无法终止或复发,则称为超级难治性癫痫持续状态,可考虑给予高剂量苯巴比妥、氯胺酮,以及生酮饮食、亚低温疗法、迷走神经刺激、电休克疗法等。无活动性癫痫或其他相关神经系统疾病患者新出现的难治性癫痫持续状态,称为新发难治性癫痫持续状态,与炎症和免疫反应有关,可考虑给予免疫治疗,如糖皮质激素、免疫球蛋白、血浆置换等。

第三节　抗癫痫药合理应用

癫痫是一种慢性疾病,需长期使用抗癫痫药防止发作,甚至终生用药。理想的抗癫痫药应具备疗效好、安全性高、无严重不良反应、抗癫痫谱广、价格便宜等优点。抗癫痫药的用药原则包括以下几点。

1.若 1 年内偶发 1~2 次者,一般不必用药。

2.根据癫痫发作类型合理选用药物。

3.单纯型癫痫最好选用一种药物,先从小剂量开始,逐渐增量至获得理想疗效时维持治疗。若单用一种药难以奏效或混合型癫痫患者,常需合并用药,联合用药一般不宜超过 3 种。

4.在治疗过程中不宜随意更换药物,若需更换药物时,应逐渐过渡换药,即在原药基础上加用新药,待新药发挥疗效后再逐渐减量至撤销原药。即使症状完全控制后,也不可随意停药,至少应维持治疗 2~3 年后方可在数月甚至 1~2 年内逐渐停药,否则会发生反跳。有些患者需终身用药。

5. 长期使用抗癫痫药的患者须注意毒副作用,应密切观察,定期进行血常规、肝功能等检查。妊娠期及哺乳期妇女应慎用。

第四节　抗惊厥药

惊厥(convulsion)是由疾病或药物等多种原因引起的中枢神经系统过度兴奋,导致全身骨骼肌不自主地强直性收缩。多见于高热、子痫、破伤风、癫痫大发作和中枢兴奋药中毒等。常用抗惊厥药有苯二氮䓬类、巴比妥类和水合氯醛等。此外,硫酸镁注射给药也具有抗惊厥作用。

硫　酸　镁

硫酸镁(magnesium sulfate)因给药途径不同可产生完全不同的药理作用。口服给药有泻下及利胆作用(详见模块 7　任务 4　消化系统功能调节药),注射给药则产生全身作用,引起中枢抑制、骨骼肌松弛和血压降低。

【药理作用和作用机制】

运动神经末梢乙酰胆碱的释放过程需要 Ca^{2+} 参与,Mg^{2+} 与 Ca^{2+} 化学性质相似,可特异性竞争 Ca^{2+} 结合位点,拮抗 Ca^{2+} 的作用,干扰乙酰胆碱的释放,使神经肌肉接头处乙酰胆碱减少,导致骨骼肌松弛。同时,Mg^{2+} 也作用于中枢神经系统,引起感觉及意识丧失。此外,硫酸镁可引起血管扩张,导致血压下降。

【临床应用】

临床上硫酸镁主要用于缓解子痫、破伤风等引起的惊厥,也常用于高血压危象的救治,常以肌内注射或静脉滴注给药。

【不良反应和注意事项】

血镁浓度过高可引起呼吸抑制、血压骤降和心搏骤停。肌腱反射消失是呼吸抑制的先兆,因此在连续用药期间应经常检查腱反射。中毒时应立即进行人工呼吸,并缓慢静脉注射氯化钙或葡萄糖酸钙加以对抗。

(孙宏丽)

思考题

1. 试论述苯妥英钠的不良反应及防治措施。
2. 简述卡马西平的临床应用。
3. 简述丙戊酸钠的临床应用及不良反应。
4. 试论述硫酸镁注射给药的药理作用、临床应用和不良反应。

任务 4 │ 抗中枢神经系统退行性疾病药

学习目标

1. 掌握抗帕金森病药和抗阿尔茨海默病药的分类、代表药物、作用机制、临床应用、不良反应和注意事项。

2. 熟悉抗帕金森病药和抗阿尔茨海默病药的作用特点。

3. 了解抗帕金森病药和抗阿尔茨海默病药的合理用药。

4. 能依据帕金森病和阿尔茨海默病的临床表现等合理选择药物,正确用药,及时处置不良反应。

5. 具备与患者及其家属进行有效沟通、开展用药咨询服务、指导合理用药的职业素养,关心、爱护患者。

第一节　概　述

中枢神经系统退行性疾病是指一组由慢性进行性中枢神经系统不同区域神经元退行性变性甚至缺失而产生的疾病的总称,主要包括帕金森病(Parkinson disease,PD)、阿尔茨海默病(Alzheimer disease,AD)、亨廷顿病(Huntington disease,HD)和肌萎缩侧索硬化(amyotrophic lateral sclerosis,ALS)等。虽然本组疾病的病因及病变的部位各不相同,但共同特征是脑或脊髓神经元发生退行性病理学改变,确切病因和发病机制尚不清楚。目前药物治疗主要是针对神经元丢失的功能代偿,尚不能逆转神经元的丢失及疾病的进程。

流行病学调查结果显示,PD 和 AD 主要发生于中老年人。随着社会发展,人口老龄化问题日益突出,本组疾病已成为仅次于心血管疾病和肿瘤的、严重影响人类健康和生活质量的第三位因素。但是除 PD 患者通过合理用药可使寿命延长和生活质量提高外,本组其余疾病的治疗效果均难以令人满意。除 PD 和 AD 外,其他中枢神经系统退行性疾病的药物治疗未成系统,故本任务重点介绍 PD 和 AD 的治疗药物。

临床情景

患者,男性,72 岁。患前列腺增生 7 年。3 年前无明显诱因出现走路时右脚拖步,自觉右脚无力、发沉、抬脚费力,并较快累及右上肢,右手活动慢、笨拙并伴轻微不自主运动,安静休息时较为明显,症状渐进性加重。入院前 3 个月出现左侧肢体活动缓慢、僵硬。查体:神志清,高级活动反应慢,四肢肌张力增高,右手静止性震颤,手部精细活动困难,动作迟缓,行走时出现慌张步态;小写征明显。头部 MRI 未见异常。

诊断:帕金森病;前列腺增生。

处方:

1. 多巴丝肼片,每次 125mg,每日 3 次,餐后 1h 口服。
2. 盐酸苯海索片,每次 2mg,每日 2 次,口服。

学习任务

课前:该患者有哪些既往史?现在的主要症状是什么?对该患者使用了哪些药物?

课中:多巴丝肼片是由哪两种药物组成的复方制剂?两者为何联用?苯海索属于哪类药物?其药理作用、临床应用及不良反应有哪些?

课后:对该患者选用苯海索是否合理?患者在一次用药后急于如厕,刚从床上站到地上就突然晕倒,可能的原因有哪些?

第二节 抗帕金森病药

帕金森病是一种主要表现为进行性锥体外系功能障碍的中枢神经系统退行性疾病。其典型症状表现为静止性震颤、肌强直、运动迟缓和共济失调等运动症状,亦可先后或同时出现睡眠障碍、嗅觉减退、便秘和抑郁等非运动症状。此外,病毒性脑炎、一氧化碳中毒、脑外伤、脑动脉硬化,及抗精神分裂症药、氰化物、一氧化碳、锰等中毒,也可引起类似帕金森病的症状,统称为帕金森综合征(Parkinsonism)。帕金森病的发病原因及机制尚不清楚,一般认为遗传因素和环境因素共同参与了帕金森病的发病。

研究发现,帕金森病患者的黑质多巴胺能神经元几乎完全丢失,导致其投射到纹状体的神经纤维末梢退行性变性,由此提出发病机制假说。该假说认为,帕金森病是纹状体内多巴胺(DA)减少或缺乏所致,主要病变在锥体外系黑质纹状体通路。黑质中多巴胺能神经元发出上行性纤维到纹状体(尾核及壳核),与纹状体神经元形成突触,释放递质 DA,最终对脊髓前角运动神经元起抑制作用(抑制性递质);纹状体内有胆碱能神经元释放递质乙酰胆碱(ACh),对脊髓前角运动神经元起兴奋作用(兴奋性递质)。正常时,两种递质相互拮抗,处于平衡状态,共同作用于脊髓前角运动神经元,参与运动功能调节。帕金森病是由于黑质中多巴胺能神经元变性,使纹状体 DA 含量减少,造成黑质纹状体通路多巴胺能神经功能减弱而胆碱能神经功能相对占优势,从而产生肌张力增高等一系列临床症状(图 3-4-1)。

经典的抗帕金森病药可分为拟多巴胺类和抗胆碱药两类。前者通过直接补充 DA 前体物或抑制 DA 降解而产生作用;后者通过拮抗相对过高的胆碱能神经功能而缓解症状。两药联用可增加疗效,总体目标是恢复多巴胺能和胆碱能神经系统功能的平衡状态,控制或缓解症状,改善预后,减少并发症,提高生活质量和延长寿命,但不能根治。

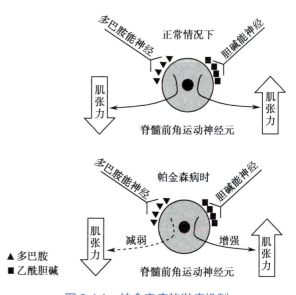

图 3-4-1 帕金森病的发病机制

一、拟多巴胺类

（一）多巴胺前体药

左旋多巴

左旋多巴（levodopa，L-DOPA）是由酪氨酸形成儿茶酚胺的中间产物，即 DA 的前体，现已人工合成。

【体内过程】

左旋多巴口服吸收迅速，0.5~2h 血药浓度达峰值。$t_{1/2}$ 较短，为 1~3h。食物中的其他氨基酸可在小肠与左旋多巴竞争同一转运载体，从而减少其吸收。口服后绝大部分（95% 以上）在肝和胃肠黏膜被外周组织芳香族 L-氨基酸脱羧酶（aromatic L-amino acid decarboxylase，AADC）脱羧，转变成DA，后者不易透过血-脑屏障，在外周引起不良反应；仅有少量（约 1%）左旋多巴进入中枢神经系统，在脑内脱羧转变为 DA 发挥疗效。若同时服用 AADC 抑制药，可使进入中枢的左旋多巴增多，提高疗效，同时减轻外周不良反应。其代谢产物经肾排出。

【药理作用】

左旋多巴进入中枢，在中枢脱羧酶作用下转变为 DA，补充纹状体中的 DA，使多巴胺能和胆碱能神经系统重新达到平衡，改善帕金森病症状，但显效较慢。

【临床应用】

1. 原发性帕金森病及非药源性帕金森综合征 左旋多巴的疗效特点为：①疗效与黑质、纹状体病损程度相关，轻症或年轻患者疗效较好，重症或年老体弱者疗效较差。②显效慢，服药 2~3 周出现体征改善，1~6 个月后疗效最强。③改善肌强直、运动困难效果较改善肌肉震颤效果好。④对吩噻嗪类抗精神分裂症药引起的帕金森综合征无效，因该类药物能阻断中枢 DA 受体。

用药早期，左旋多巴可使 80% 帕金森病患者症状明显改善，其中 20% 患者可恢复到正常运动状态。随着用药时间的延长，本品的疗效逐渐下降，3~5 年后疗效已不显著。据统计，服用左旋多巴的帕金森病患者的寿命与未服者相比明显延长，生活质量显著提高。

2. 肝性脑病 左旋多巴在中枢神经系统能转化为 DA、NA 等兴奋性神经递质，可对抗伪递质，促使肝性脑病患者苏醒。

【不良反应和注意事项】

1. 胃肠道反应 约 80% 患者治疗初期有恶心、呕吐、食欲减退等，偶见溃疡、出血或穿孔。这与左旋多巴在外周脱羧为 DA，直接刺激胃肠道和兴奋延髓催吐化学感受区 D_2 受体有关。饭后服药、同服外周脱羧酶抑制药可明显减轻该反应。D_2 受体阻断药多潘立酮也是消除恶心、呕吐的有效药物。

2. 心血管反应 约 30% 患者治疗初期出现轻度直立性低血压，严格控制药量可避免。老年患者亦可引起心律失常，这与外周 DA 过多从而扩张血管、兴奋 β 受体有关，可用 β 受体阻断药治疗。冠心病患者禁用。

3. 神经系统反应

（1）运动过度症（不自主异常运动）：为长期用药所引起的不随意运动，多见于面部肌群抽动，如张口、伸舌、咬牙，故称为口舌颊三联征，亦可有皱眉和头颈扭动等。也可累及肢体或躯体肌群引起摇摆运动，偶见喘息样呼吸，表明已达最大耐受量。服药 2 年以上者发生率达 90%。

（2）症状波动及开-关反应：服药 3~5 年后 40%~80% 患者出现症状快速波动，重者出现开-关反应（on-off response），即患者突然多动或活动正常（"开"），而后出现全身性或肌强直性运动不能（"关"），两种现象可交替出现，严重妨碍患者正常活动。用药疗程长者发生率高。为减轻症状波动，可使用 AADC 抑制药缓释剂或 DA 受体激动药，或加用 MAO 抑制药如司来吉兰等，也可调整用药方法，即改为静脉滴注、增加服药次数等，但不改变药物剂量。

4. 精神症状 10%~15% 患者可出现精神错乱,可见失眠、焦虑、噩梦、躁狂、幻觉、妄想或抑郁等,须减量或停药。此反应可能与 DA 作用于边缘系统有关,可应用氯氮平对抗。

【**药物相互作用**】

维生素 B_6 为多巴脱羧酶的辅基,可增强外周脱羧酶活性,增加左旋多巴的外周不良反应,降低疗效。抗精神病药吩噻嗪类和丁酰苯类能阻断中枢 DA 受体,故能拮抗左旋多巴的中枢作用。利血平能耗竭中枢 DA,甚至引起帕金森综合征,使左旋多巴作用失效。非选择性 MAO 抑制药能抑制 DA 在外周的代谢,可增强左旋多巴的外周不良反应,也能使 NA 堆积,引起血压升高,甚至发生高血压危象。以上药物不能与左旋多巴合用。

(二)左旋多巴增效药

1. AADC 抑制药

卡比多巴

卡比多巴(carbidopa)又名 α-甲基多巴肼,是较强的 AADC 抑制药,不易透过血-脑屏障,故仅能抑制外周 AADC 的活性,使左旋多巴在外周组织中脱羧减少,进入脑中增多。与左旋多巴合用,不仅能使循环中左旋多巴含量增高,也可减轻外周不良反应,症状波动减轻,为左旋多巴的主要辅助药。卡比多巴单独应用基本无作用。临床上将卡比多巴与左旋多巴以 1:4 或 1:10 的比例配伍,制成复方制剂。

苄丝肼

苄丝肼(benserazide)作用与卡比多巴相似,与左旋多巴按 1:4 的比例制成复方制剂多巴丝肼(levodopa and benserazide)。

2. 单胺氧化酶-B(MAO-B)抑制药

人体内单胺氧化酶(MAO)分为 A、B 两型。MAO-A 主要分布于肠道,对食物、肠道内和血液循环中的单胺类物质进行氧化脱羧代谢;MAO-B 主要分布于黑质、纹状体,功能是降解 DA。

司来吉兰

司来吉兰(selegiline)是选择性较高的中枢神经系统 MAO-B 抑制药,在脑内抑制纹状体中的 DA 降解,使纹状体中 DA 增多,是治疗帕金森病的辅助药。与左旋多巴合用可减少后者剂量和不良反应,增加疗效,消除长期单独使用左旋多巴出现的开-关反应。司来吉兰为神经保护药,能优先抑制黑质、纹状体中的超氧阴离子($\cdot O_2^-$)和羟自由基($\cdot OH$)的形成,延迟神经元变性和帕金森病的发展。司来吉兰的代谢产物为苯丙胺和甲基苯丙胺,可引起焦虑、失眠、幻觉等精神症状。不宜与哌替啶、三环类抗抑郁药或其他 MAO 抑制药合用。

同类药物还有雷沙吉兰(rasagiline)。

3. 儿茶酚-O-甲基转移酶(COMT)抑制药

恩他卡朋、硝替卡朋和托卡朋

恩他卡朋(entacapone)、硝替卡朋(nitecapone)和托卡朋(tolcapone)为 COMT 抑制药。其中,硝替卡朋和恩他卡朋只抑制外周 COMT,增加左旋多巴的生物利用度,使纹状体中左旋多巴和 DA 增加,发挥抗帕金森病作用,安全而有效地延长症状波动患者"开"的时间。托卡朋是唯一能同时抑制外周和中枢 COMT 的药物,能延长左旋多巴半衰期,生物利用度更高,作用更强。三者均可明显改善病情稳定的帕金森病患者日常生活能力和运动功能,尤其适用于有症状波动的患者。托卡朋的主要不良反应为肝损伤,甚至引起暴发性肝衰竭,仅用于其他抗帕金森病药无效的患者,而且要严密监测肝功能。

(三)促 DA 释放药

金刚烷胺

金刚烷胺(amantadine)可通过多种方式加强 DA 的功能,如促进纹状体中残存的多巴胺能神经元合成和释放 DA、抑制 DA 的再摄取，表现出 DA 受体激动药的作用；还有较弱的中枢抗胆碱作用。特点为起效快、维持时间短，用药数日即可获得最大效应，但连用 6~8 周后作用逐渐减弱。而左旋多巴起效慢、维持时间长，所以两者合用有协同作用。对帕金森病患者的肌强直、震颤和运动障碍的缓解作用较强，优于抗胆碱药，但不及左旋多巴。长期用药不良反应有下肢皮肤出现网状青斑，这可能与儿茶酚胺释放引起外周血管收缩有关；还可引起精神不安、失眠和运动失调等；偶致惊厥，癫痫患者禁用。

本药也可用于甲型流感病毒的预防和早期治疗(详见模块 10　任务 2　抗病毒药)。

(四) DA 受体激动药

溴 隐 亭

溴隐亭(bromocriptine)为 D_2 样受体(含 D_2、D_3、D_4 受体)强激动药,对 D_1 样受体(含 D_1、D_5 受体)具有部分拮抗作用;对外周 DA 受体、α 受体也有较弱的激动作用。口服吸收迅速,血药浓度个体差异大(可达 5 倍之多),故剂量应个体化。小剂量首先激动结节漏斗束 D_2 受体,抑制催乳素和生长激素分泌,用于产后回乳、乳溢-闭经综合征和肢端肥大症;大剂量可激动黑质-纹状体通路的 D_2 受体,主要用于治疗帕金森病。与左旋多巴合用疗效较好,能减少症状波动。不良反应较多,消化系统常见食欲减退、恶心、呕吐、便秘等,对消化性溃疡患者可诱发出血。用药初期,心血管系统常见直立性低血压;长期用药可出现无痛性手指血管痉挛,减少药量可缓解。也可诱发心律失常,一旦出现立即停药。精神症状比左旋多巴更常见且严重,如幻觉、错觉和思维混乱等,停药后可消失。

利 舒 脲

利舒脲(lisuride)为新型 DA 受体激动药,主要激动 D_2 样受体,激动作用比溴隐亭强 1 000 倍,对 D_1 样受体有弱拮抗作用。优点是能改善运动功能障碍,减轻左旋多巴所致的开-关反应和不自主异常运动。

普 拉 克 索

普拉克索(pramipexole)为非麦角类 DA 受体激动药,能高度选择性地激动 D_2 样受体,对 D_1 样受体几乎没有作用。还可能通过抗氧化和保护线粒体,对帕金森病患者发挥神经保护作用,尚可改善抑郁症状。用于帕金森病的早期治疗,可单独或与左旋多巴合用。耐受性较溴隐亭好。

二、抗胆碱药

抗胆碱药通过阻断中枢胆碱受体、减弱纹状体中 ACh 的作用治疗帕金森病,常用药物有苯海索、苯扎托品等。传统胆碱受体阻断药阿托品、东莨菪碱,抗帕金森病有效,但因外周抗胆碱作用引起的不良反应大,一般不用。

苯 海 索

苯海索(trihexyphenidyl)又名安坦,对中枢胆碱受体有明显阻断作用,能阻断纹状体胆碱受体而使增高的肌张力降低。对震颤和肌强直有效,但对运动迟缓效果差。主要用于抗精神病药等 DA 受体拮抗药引起的锥体外系反应(迟发性运动障碍除外)和以震颤为主的帕金森病,对无震颤的帕金森病患者不推荐使用。疗效不及左旋多巴,与之合用可提高疗效。

苯海索外周抗胆碱作用弱,为阿托品的 1/10~1/3,有与阿托品相似但较轻的外周不良反应,闭角型青光眼、前列腺增生患者慎用。中枢神经系统不良反应有精神错乱、谵妄及幻觉等,使其应用受到一定的限制。有报道苯海索长期使用可产生依赖性,应避免预防用药及长期用药。久用突然停药可使病情恶化。

三、抗帕金森病药合理应用

对帕金森病的运动症状和非运动症状一般采取全面综合治疗,用药原则应以达到有效改善症状、提高工作能力和生活质量为目标。

1. 早期诊断和治疗 尽早治疗不仅可以更好地改善症状，而且可能达到延缓疾病进展的效果。

2. 个体化方案 治疗应遵循循证医学的证据，也应强调个体化用药。不同患者的用药选择需要综合考虑患者的疾病特点和疾病严重程度、有无认知障碍、发病年龄、有无共患病、药物不良反应、患者的意愿和经济承受能力等因素。对发病年龄≤70岁的患者，在不伴有智力减退的情况下，可按需选择非麦角类 DA 受体激动药、MAO-B 抑制药、金刚烷胺、复方制剂或抗胆碱药。对发病年龄>70岁或伴有智力减退的患者，一般首选复方制剂治疗；随着症状的加重或疗效减退，可添加 DA 受体激动药、MAO-B 抑制药或 COMT 抑制药治疗。尽量不应用抗胆碱药，尤其是老年男性患者，因其不良反应较多。

3. 长期用药 由于药物治疗和手术治疗仅能改善症状，无法治愈，不能阻止帕金森病的病情进展，因此需要长期用药，以达到长期效应。但长期用药会产生疗效减低或症状波动。疗效减低时可加用其他抗帕金森病药，症状波动时可调整用药次数和剂量或联合用药。

4. 药物剂量 应从小剂量开始，逐渐递增，力求实现"尽可能以小剂量达到满意临床效果"的原则，避免或降低运动并发症尤其是运动过度症的发生率。

5. 撤药原则 长期用药突然停药会导致症状急剧加重，应逐渐减量或用其他抗帕金森病药替代。

第三节 治疗阿尔茨海默病药

老年性痴呆分为原发性痴呆、血管性痴呆和两者的混合型，前者被称为阿尔茨海默病。阿尔茨海默病是一种与年龄高度相关的、以进行性认知障碍和记忆力损害为主的中枢神经系统退行性疾病，表现为记忆力、判断力、抽象思维等一般智力丧失，还可出现精神行为的改变，但视力、运动能力等不受影响。其病因与遗传、神经递质功能障碍、氧化应激等有关。阿尔茨海默病约占老年性痴呆患者总数的 70%，发病率在 65 岁以上人群为 5%，在 95 岁以上人群则高达 90% 以上。随着人类寿命的延长和人口老龄化问题日益突出，阿尔茨海默病患者数量和比例将持续增高，给患者本人、家庭和社会带来沉重负担。

阿尔茨海默病的发病机制尚未完全明确，目前研究较多、较为认可的主要有胆碱能学说、兴奋性毒性假说、β-淀粉样蛋白毒性学说和 Tau 蛋白过度磷酸化学说等。在患者的大脑中发现胆碱能神经元明显减少，胆碱能神经系统活性降低，ACh 含量降低，下降的程度与痴呆的严重程度有关。此外，阿尔茨海默病的病理机制还与谷氨酸所致的 N-甲基-D-天冬氨酸（N-methyl-D-aspartate，NMDA）受体过度激活有关。因此，目前治疗阿尔茨海默病所采用的两种比较特异性的策略分别是增强中枢胆碱能神经功能和抑制谷氨酸的兴奋性毒性，主要有胆碱酯酶抑制药和 NMDA 受体拮抗药，能有效地缓解阿尔茨海默病患者认知功能下降的症状，但不能从根本上消除病因。

此外，改善阿尔茨海默病患者认知功能的药物均有一定改善精神症状的作用。如果经过非药物治疗和改善认知的药物治疗后，患者仍有较严重的精神症状，可根据症状分别给予抗精神病药、抗抑郁药和苯二氮䓬类进行治疗。

一、胆碱酯酶抑制药

本类药物中的他克林（tacrine）属第一代可逆性胆碱酯酶抑制药，因有严重不良反应，特别是肝毒性，现已撤市。

多奈哌齐

多奈哌齐（donepezil）为第二代可逆性胆碱酯酶抑制药。口服吸收良好，进食和服药时间对药物吸收无影响,生物利用度为 100%,血药浓度达峰时间 3~4h,$t_{1/2}$ 约为 70h,因此可每天服用 1 次。与他克林相比,对中枢胆碱酯酶有更高的选择性,能改善轻、中度阿尔茨海默病患者的认知能力和其他症状。用于治疗轻、中度阿尔茨海默病,具有剂量小、毒性低和价格相对较低等优点。不良反应较他克林轻,患者耐受性较好,常见有流感样胸痛、牙痛,高血压、血管扩张、低血压、心房颤动等心血管反应,大便失禁、胃肠道出血、腹部胀痛等,亦可出现谵妄、震颤、眩晕、易怒和感觉异常等神经系统反应。

加兰他敏

加兰他敏(galanthamine)属于第二代胆碱酯酶抑制药,疗效与他克林相当,肝毒性小。用于治疗轻、中度阿尔茨海默病,临床有效率为 50%~60%。主要不良反应为用药早期(2~3 周)的恶心、呕吐及腹泻等胃肠道反应,稍后即消失。本药也可用于重症肌无力、进行性肌营养不良、脊髓灰质炎后遗症、脑性瘫痪等神经系统疾病所致感觉或运动障碍、多发性神经炎等。

利斯的明

利斯的明(rivastigmine)又名卡巴拉汀,是第二代可逆性胆碱酯酶抑制药。对中枢胆碱酯酶的抑制作用明显强于对外周的作用,能选择性地抑制大脑皮质、海马中的胆碱酯酶活性。尚可减慢淀粉样蛋白前体的形成。适用于治疗轻、中度阿尔茨海默病,可改善患者的记忆和认知功能,提高日常生活能力,减轻精神症状,对伴有心、肝、肾疾病的患者具有独特的疗效,是极有前途的阿尔茨海默病治疗药物。不良反应轻,常有恶心、呕吐、乏力、眩晕、嗜睡、腹痛、腹泻等。

石杉碱甲

石杉碱甲(huperzine A)是我国学者于 1982 年从石杉属植物千层塔中分离得到的一种生物碱,为强效、可逆性胆碱酯酶抑制药。口服吸收迅速、完全,易透过血-脑屏障。有较强的拟胆碱活性,能易化神经肌肉接头递质传递,改善阿尔茨海默病患者的记忆障碍和认知功能,与高压氧治疗相比效果显著。用于治疗老年性记忆功能减退及阿尔茨海默病。不良反应有胃肠道反应和头晕、多汗、视物模糊等,一般可自行消失,严重者可用阿托品对抗。

二、NMDA 受体非竞争性拮抗药

美金刚

美金刚(memantine)可与 NMDA 受体上的苯环己哌啶位点结合,其机制可能与干扰谷氨酸兴奋性毒性反应、抗氧化应激有关,是第一个用于治疗晚期阿尔茨海默病的 NMDA 受体非竞争性拮抗药。能显著改善轻、中度血管性痴呆患者的认知能力,对较严重的患者效果更好;对中、重度阿尔茨海默病患者,能改善动作能力、认知障碍和社会行为,与胆碱酯酶抑制药合用效果更好。不良反应有轻微眩晕、不安、口干等。饮酒可能加重不良反应。肝功能不全、意识紊乱患者以及妊娠期、哺乳期妇女禁用。肾功能不全时减量。

三、治疗阿尔茨海默病药合理应用

1. 尽早诊断,及时治疗,终身管理。现有的治疗阿尔茨海默病药虽不能逆转疾病,但可以延缓进展,应尽可能坚持长期治疗。

2. 根据患者的症状选择药物,同时考虑药物不良反应对患者可能造成的影响。治疗行为症状和心理症状,应治疗的症状包括:躁动、攻击、压抑、焦虑冷漠、睡眠或食欲改变、记忆减退、语言障碍、注意力分散、定向错误、智力减退等。常针对特定的症状采用相应的抗精神病药治疗。

3. 对阿尔茨海默病患者,一经诊断确认,即应考虑使用多奈哌齐等中枢胆碱酯酶抑制药,以改善患者的记忆功能和认知功能。对中、重度患者,考虑使用美金刚治疗。

4. 采用脑血管扩张药或钙通道阻滞药改善脑循环,减轻脑缺血损伤,保护神经功能。

5. 可采用脑代谢改善药如胞磷胆碱、脑蛋白水解物（脑活素）等,改善脑组织的营养和能量供给,促进脑内葡萄糖和氨基酸的代谢利用。

打造中国"蓝色药库"

2019年Ⅰ类新药甘露特钠胶囊上市,用于治疗轻、中度阿尔茨海默病,这是由中国科学家自主研发并拥有完全自主知识产权的药物。甘露特钠是以海洋褐藻提取物为原料制取的低分子酸性寡糖化合物,是继2002年美金刚上市之后,第一个在该领域获批上市的新药。

甘露特钠的研发得益于中国海洋生物医药的迅速发展。1978年全国科技大会提出了"开发海洋湖沼资源,创建中国蓝色药业"的战略设想。2018年中国海洋大学倡导发起了中国"蓝色药库"开发计划,加快开发海洋中孕育的药用资源。目前我国各科研团队已取得多项自主研发成果,以甘露特钠为代表的海洋糖类药物研发已进入国际领先地位。合理开发利用海洋生物资源,高质量发展海洋生物医药产业,是国家"海上丝绸之路"战略的重要组成部分,也将在更多领域产生新突破。

（文 雯）

思考题

1. 简述左旋多巴与卡比多巴合用的优点。
2. 简述左旋多巴的不良反应及处理措施。
3. 简述治疗阿尔茨海默病药的分类及代表药物。

任务 5 | 抗精神分裂症药

学习目标

1. 掌握抗精神分裂症药的分类、代表药物、药理作用、临床应用、不良反应和注意事项。
2. 熟悉抗精神分裂症药的作用特点。
3. 了解抗精神分裂症药的合理应用。
4. 能依据临床表现等合理选择药物，正确用药，及时处置不良反应。
5. 具备与患者及其家属进行有效沟通、开展用药咨询服务、指导合理用药的职业素养，关心、爱护患者。

精神分裂症（schizophrenia）是一类以思维、情感、行为之间不协调，精神活动与现实脱离为主要特征的常见精神病。根据临床症状，精神分裂症分为Ⅰ型精神分裂症和Ⅱ型精神分裂症。Ⅰ型精神分裂症以阳性症状（幻觉和妄想等）为主，Ⅱ型精神分裂症以阴性症状（情感淡漠、主动性缺乏等）为主。本任务讲述的药物主要对Ⅰ型精神分裂症治疗效果好，对Ⅱ型精神分裂症疗效差甚至无效。抗精神分裂症药（antischizophrinic）又称神经安定药（neuroleptic），主要用于治疗精神分裂症，对其他精神病的躁狂症状也有作用。这类药物多为强效多巴胺受体阻断药，但中枢神经系统的多巴胺能神经通路主要有 4 条（图 3-5-1），因多数药物选择性低，在发挥治疗作用的同时可引起情感淡漠、精神运动迟缓和运动障碍等不良反应。本类药物可分为典型抗精神分裂症药和非典型抗精神分裂症药两大类。根据化学结构，典型抗精神分裂症药又分为四类：吩噻嗪类、硫杂蒽类、丁酰苯类及其他类。

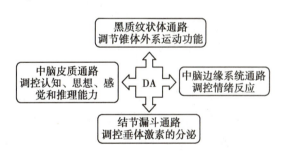

图 3-5-1　中枢神经系统的多巴胺能神经通路

临床情景

患者，女性，29 岁。3 个月前无明显诱因逐渐出现精神异常，表现为自言自语，敏感多疑，易怒，入睡困难，做噩梦，经常认为周围的人要伤害她，遂自动离职。后独自外出，与家人失去联系，报警称有人要追杀她，当地警察将她送回家，由家人强迫就诊。患者有哮喘史 12 年，间断用药，否认其他既往史。查体：心率 106 次/min，血压 109/68mmHg，其余正常。

诊断：偏执型精神分裂症；窦性心动过速。

处方：

1. 盐酸氯丙嗪片，每次 25mg，每日 3 次，口服。

2. 奋乃静片，每次 4mg，每日 3 次，口服。

3. 盐酸普萘洛尔片，每次 10mg，每日 3 次，口服。

第一节　典型抗精神分裂症药

一、吩噻嗪类

氯 丙 嗪

【体内过程】

氯丙嗪(chlorpromazine)又名冬眠灵,口服后吸收慢而不规则,2~4h达血药浓度峰值,个体差异较大,易受食物及药物(如抗胆碱药)的影响,不同个体口服相同剂量氯丙嗪后血药浓度可差10倍以上,故给药剂量需个体化。肌内注射吸收迅速,血浆蛋白结合率为90%以上。分布于全身各组织,易透过血-脑屏障,脑内浓度可达血浆浓度的10倍,亦可通过胎盘屏障进入胎儿体内。$t_{1/2}$为6~9h。主要在肝代谢,经肾排泄。因其脂溶性较高,易蓄积于脂肪组织内,故排泄缓慢。

【药理作用】

氯丙嗪通过阻断脑内多巴胺受体(D_2受体)产生抗精神分裂症作用,此外还可阻断α受体、M受体等。

1. 对中枢神经系统的作用

(1)**抗精神分裂症作用**:氯丙嗪对中枢神经系统有较强的抑制作用,即神经安定作用。正常人服用治疗剂量的氯丙嗪后,表现为安静、活动减少、感情淡漠、注意力下降、对周围事物不感兴趣、答话缓滞但理智正常,在安静环境中易诱导入睡,但易被唤醒,醒后神志清醒,加大剂量也不出现麻醉。精神分裂症患者用药后能迅速控制兴奋躁狂症状;大剂量连续用药可使患者的幻觉和妄想等症状逐渐消失,情绪安定,理智恢复,生活自理。对抑郁症状无效,甚至可使之加剧。

氯丙嗪等吩噻嗪类的抗精神分裂症作用机制是阻断了中脑-边缘系统和中脑-皮质系统的多巴胺D_2样受体。

(2)**镇吐作用**:氯丙嗪具有较强的镇吐作用。小剂量氯丙嗪即可通过阻断延髓第四脑室底部的催吐化学感受区的D_2样受体,对抗多巴胺受体激动药阿扑吗啡引起的呕吐;大剂量则直接抑制呕吐中枢。但对因前庭刺激引起的呕吐无效。还可抑制位于延髓与催吐化学感受区旁的呃逆中枢调节部位,对顽固性呃逆有效。

(3)**体温调节作用**:氯丙嗪对下丘脑体温调节中枢有很强的抑制作用,可使其调节功能失灵,进而使机体温度随外界温度变化而改变。在物理降温措施的配合下,氯丙嗪可使体温降至正常以下。在高温环境下,氯丙嗪又可使体温高于正常水平,这是其干扰了机体正常散热机制的结果。

(4)**加强中枢抑制药的作用**:氯丙嗪对中枢神经系统有较强的抑制作用,与麻醉药、镇静催眠药、镇痛药以及乙醇等中枢抑制药合用时,应适当减少后几类药物的剂量,以免加重对中枢神经系统的抑制。

2. 对自主神经的作用　氯丙嗪能阻断α受体,可使血管扩张、血压下降,并翻转肾上腺素的升压作用。因其易产生耐受性,且不良反应较多,不适合用于高血压的治疗。阻断 M 受体作用较弱,无治疗意义,多与其不良反应有关。

3. 对内分泌系统的影响　氯丙嗪可通过阻断结节-漏斗系统中 D_2 样受体,抑制下丘脑多种激素的分泌,如催乳素释放抑制因子、卵泡刺激素释放因子、黄体生成素释放因子和促肾上腺皮质激素等,从而增加催乳素的分泌,抑制促性腺激素和糖皮质激素的分泌。氯丙嗪亦可抑制垂体生长激素的分泌。

【临床应用】

1. 精神分裂症　氯丙嗪对急、慢性精神分裂症均有效。主要用于 I 型精神分裂症,急性期时药物起效较快且效果尤佳,能显著缓解或消除患者的阳性症状,如兴奋、躁狂、进攻以及幻觉、妄想等,能有效改善异常的思维、情感和行为,恢复理智,生活自理。但不能根治,需长期用药甚至终身治疗。对 II 型精神分裂症无效甚至加重病情。也可用于治疗各种器质性精神分裂症(如动脉硬化性精神分裂症、感染中毒性精神分裂症等)和症状性精神分裂症的兴奋、幻觉、妄想等症状,须小剂量应用,症状控制后立即停药。

2. 呕吐和顽固性呃逆　氯丙嗪可用于多种药物或疾病引起的呕吐,对顽固性呃逆也有显著疗效,但对晕动病无效。

3. 低温麻醉与人工冬眠　在物理降温配合下,氯丙嗪可降低患者体温,用于低温麻醉。氯丙嗪与镇痛药哌替啶、抗组胺药异丙嗪组成冬眠合剂,具有抗肾上腺素、抗组胺、抗胆碱及抑制中枢神经系统等作用,可使患者呈深睡状态,体温、基础代谢及组织耗氧量均明显降低,增强患者对缺氧的耐受力,减轻机体对伤害性刺激的反应,使自主神经传导阻滞和中枢神经系统反应性降低,机体处于此种状态称为人工冬眠。人工冬眠疗法有利于帮助机体度过危险期,为采取其他有效的对因治疗措施争取时间,常用于严重创伤和感染、中毒性高热、惊厥、妊娠毒血症及甲状腺危象等辅助治疗,呼吸衰竭者慎用。

【不良反应和注意事项】

1. 一般不良反应　包括中枢抑制症状,如嗜睡、无力、淡漠等;M 受体阻断症状,如口干、无汗、便秘、视物模糊、眼压升高等;α 受体阻断症状,如鼻塞、血压下降、直立性低血压以及反射性心率过快等。注射液局部刺激性较强,故应深部肌内注射。静脉注射可引起血栓性静脉炎,应以生理盐水或葡萄糖注射液稀释后缓慢注射。为防止出现直立性低血压,注射给药后应立即卧床休息 2h 左右方可缓慢起立。

2. 锥体外系反应　锥体外系反应为长期大量应用氯丙嗪后出现的严重不良反应,常见以下三种表现。①帕金森综合征:患者出现肌张力增高、面容呆板(即面具脸)、动作迟缓、肌肉震颤、流涎等症状。②静坐不能:表现为坐立不安、反复徘徊。③急性肌张力障碍:多在用药后 5 天内出现,由于舌、面、颈及背部肌肉痉挛,患者可出现强迫性张口、伸舌、斜颈、呼吸运动障碍以及吞咽困难等。上述表现是因氯丙嗪阻断了黑质纹状体通路的 D_2 样受体,使多巴胺的功能减弱、乙酰胆碱的功能增强引起的。减少用药量或停药后症状可减轻甚至消失,必要时加用抗胆碱药(苯海索等)以缓解。

此外,约 1/5 患者可出现一种特殊而持久的运动障碍,称为迟发性运动障碍。表现为不自主、有节奏的刻板运动,出现口舌颊三联症(如吸吮、舔舌、咀嚼等)及广泛性舞蹈样手足徐动症,停药后仍长期不消失。此反应难以治疗,应用抗胆碱药反而加重,抗多巴胺药可减轻此反应。

3. 精神异常　氯丙嗪本身可以引起精神异常,表现为兴奋、躁动、恐惧、妄想、意识障碍、淡漠、萎靡或抑郁、焦虑等,应注意与原有疾病鉴别。一旦发生,应立即减量或停药。

4. 过敏反应　皮疹、接触性皮炎较常见,少数患者可出现肝损害、黄疸、粒细胞减少、溶血性贫血甚至再生障碍性贫血等。

5. 内分泌系统反应　长期用药可引起内分泌紊乱,出现乳房增大、泌乳、月经不调、闭经、抑制儿童生长等。

6. 急性中毒　一次过量应用氯丙嗪后可致急性中毒,出现昏睡、血压降至休克水平,并出现心肌损害,如心动过速、心电图异常(P-R间期或Q-T间期延长,T波低平或倒置)等,应立即进行对症治疗。可用去甲肾上腺素升压,但禁用肾上腺素。

【禁忌证】

青光眼、乳腺增生、乳腺癌、昏迷、严重肝功能障碍及有癫痫、惊厥病史者禁用。对冠心病患者易致猝死,应慎用。

奋乃静、氟奋乃静和三氟拉嗪

吩噻嗪类中侧链为哌嗪环的药物有奋乃静(perphenazine)、氟奋乃静(fluphenazine)和三氟拉嗪(trifluoperazine)。三者的共同特点是抗精神分裂症作用强,镇静作用较弱,锥体外系反应明显。其中,奋乃静作用较氯丙嗪缓和,除镇静作用、控制精神运动兴奋作用次于氯丙嗪外,其他作用同氯丙嗪,对慢性精神分裂症的疗效高于氯丙嗪。对心血管系统、肝脏及造血系统的不良反应较氯丙嗪小,适用于治疗器质性精神分裂症、老年性精神障碍及儿童攻击性行为障碍;还可用于各种原因所致的呕吐或顽固性呃逆。氟奋乃静、三氟拉嗪对中枢有兴奋和激活作用,除了有明显的抗幻觉妄想作用,对有行为退缩、情感淡漠症状的患者疗效也较好,适用于治疗慢性精神分裂症及偏执型精神分裂症。

硫利达嗪

硫利达嗪(thioridazine)又名甲硫达嗪,作用类似氯丙嗪,较为缓和,有明显的镇静作用,但抗幻觉妄想作用不如氯丙嗪。锥体外系反应在本类药中较轻,老年人易耐受,故应用较广泛。常用于老年患者,也可用于治疗儿童注意缺陷多动障碍(儿童多动症)和行为障碍。

二、硫杂蒽类

硫杂蒽类的基本结构与吩噻嗪类相似,但在吩噻嗪环上第10位的氮原子被碳原子取代,基本药理作用与吩噻嗪类极为相似。

氯普噻吨

氯普噻吨(chlorprothixene)又名泰尔登,是本类药的代表药物,其结构与三环类抗抑郁药相似,故有较弱的抗抑郁作用。与氯丙嗪相比,其镇静作用强,调整情绪、控制焦虑抑郁的作用较强,而抗幻觉妄想的作用较弱。常用于治疗伴有焦虑、抑郁症状的精神分裂症、焦虑性神经症及更年期抑郁症。不良反应为锥体外系反应,但较氯丙嗪轻。

氟哌噻吨

氟哌噻吨(flupentixol)又名三氟噻吨,抗精神分裂症作用与氯丙嗪相似,具有一定的抗抑郁焦虑作用。适用于治疗伴有情感淡漠、幻觉、焦虑及抑郁的精神分裂症,亦可用于治疗焦虑症或伴有焦虑的抑郁症。因其有特殊的激动效应,禁用于躁狂症患者。锥体外系反应较常见,偶有猝死现象。

三、丁酰苯类

丁酰苯类的化学结构与吩噻嗪类完全不同,但两者的药理作用与临床应用相似。

氟哌啶醇

氟哌啶醇(haloperidol)又名氟哌丁苯,是第一个合成的丁酰苯类,能选择性阻断D_2样受体,具有很强的抗精神分裂症作用。不仅可显著控制各种精神运动兴奋的作用,对慢性症状亦有较好疗效。锥体外系反应发生率高达80%且程度严重,但因对心血管和肝脏的影响较轻,临床仍保留其应用价值。因本药可从乳汁中排出,哺乳期妇女禁用。

氟哌利多

氟哌利多(droperidol)又名氟哌啶,作用同氟哌啶醇,由于在体内代谢快,故作用更快、更强,维持时间更短。临床常作为强安定药与镇痛药芬太尼合用,使患者处于一种特殊的麻醉状态,即痛觉消失、精神恍惚、对环境淡漠,称为神经安定镇痛术,用于小手术(如清创)、内镜检查、造影等,亦可用于麻醉前给药、止吐以及控制精神分裂症患者的攻击行为等。

四、其他典型抗精神分裂症药

舒 必 利

舒必利(sulpiride)又名硫苯酰胺,能选择性阻断中脑-边缘系统的 D_2 样受体,亦有一定的抗抑郁作用。常用于紧张性精神分裂症,疗效高,奏效快,有"药物电休克"之称。可改善患者与周围的接触,减轻幻觉和妄想;对情绪低落、抑郁等症状也有作用,可使患者情绪活跃;对长期应用其他药物治疗无效的难治性精神分裂症也有一定疗效;对顽固性恶心呕吐有效。锥体外系反应较轻。

五氟利多

五氟利多(penfluridol)为口服长效抗精神分裂症药,给药一次作用可维持1周,这可能与其能贮存于脂肪组织并缓慢释放入血有关。抗精神分裂症作用较强,也可镇吐,但镇静作用较弱。适用于治疗急、慢性精神分裂症,尤其是慢性病患者的维持和巩固治疗,对幻觉、妄想、退缩症状均有较好疗效。不良反应以锥体外系反应最为常见。

第二节　非典型抗精神分裂症药

以氯丙嗪为代表的第一代抗精神分裂症药(典型抗精神分裂症药)存在锥体外系反应大、对阴性症状效果差等缺点。20世纪60年代以来相继开发了以氯氮平、利培酮等为代表的第二代抗精神分裂症药(非典型抗精神分裂症药),它们在改善精神分裂症状尤其是阴性症状方面作用均较强,很少发生锥体外系反应和高催乳素血症等不良反应,患者对药物的耐受性和依从性更好。因此,本类药物被推荐为首发精神分裂症患者的一线治疗药,代表药物包括氯氮平、利培酮、奥氮平、喹硫平、齐拉西酮和阿立哌唑等。

氯 氮 平

氯氮平(clozapine)又名氯扎平,为广谱神经安定药。疗效与氯丙嗪相当,但起效迅速,多在1周内见效。抗精神分裂症作用强,对阳性和阴性症状都有治疗作用,常用于其他抗精神分裂症药无效或锥体外系反应明显的精神分裂症患者,也适用于慢性病患者。用于治疗氯丙嗪等药物引起的迟发性运动障碍,用药后可使症状明显改善,原有精神分裂症也得到控制。但对情感淡漠和逻辑思维障碍的疗效较差。具有抗胆碱、抗组胺、阻断 α 受体作用,几乎无锥体外系反应和内分泌紊乱等不良反应,但可引起粒细胞减少甚至缺乏,用药前及用药期间须做白细胞分类与计数检查。

奥 氮 平

奥氮平(olanzapine)为氯氮平的衍生物,用于各型精神分裂症的治疗,能与多巴胺受体、5-HT受体和胆碱能受体结合并产生拮抗作用。拮抗 D_2 样受体作用与治疗精神分裂症的阳性症状有关;拮抗 $5-HT_{2A}$ 受体作用与治疗精神分裂症的阴性症状有关。作用与氯氮平相似,可用于首发和多次发作的精神分裂症患者,几乎不发生粒细胞缺乏症。不良反应有嗜睡、直立性低血压和体重增加等。

利 培 酮

利培酮(risperidone)又名利司培酮,为继氯氮平之后上市的第二代抗精神分裂症药,对 $5-HT_{2A}$

受体和 D_2 样受体均有较强的阻断作用,也可阻断 α 受体,但对乙酰胆碱受体亲和性低。对精神分裂症的阳性症状与第一代药物相似,对阴性症状亦有较好疗效,常用于治疗首发急性或慢性病患者。不同于其他药物的是,该药对精神分裂症患者的认知功能障碍和继发性抑郁也有治疗作用。因具有应用剂量小、用药方便、见效快、锥体外系反应轻、抗胆碱样作用和镇静作用弱等特点,易被患者接受,自 20 世纪 90 年代应用于临床以来,已成为治疗精神分裂症的一线药物。

喹 硫 平

喹硫平(quetiapine)可用于各型精神分裂症,不仅对精神分裂症阳性症状有效,对阴性症状也有一定效果,还可减轻与精神分裂症有关的情感症状,如抑郁、焦虑及认知缺陷等。不良反应有困倦、头晕、便秘、口干、心动过速、直立性低血压、肝功能异常、体重增加等。

常用抗精神分裂症药在治疗剂量下作用不同,不良反应也有较大差异(表 3-5-1)。

表 3-5-1　常用抗精神分裂症药作用特点比较

药物	抗精神分裂症剂量/(mg·d⁻¹)	镇静作用	锥体外系反应	降压作用
氯丙嗪	25~300	+++	++	+++(肌内注射) ++(口服)
氟奋乃静	2~20	+	+++	++
三氟拉嗪	5~20	+	+++	+
奋乃静	8~32	++	+++	+
硫利达嗪	150~300	+++	+	+++
氟哌啶醇	10~80	+	+++	++
氯氮平	12.5~300	++		+++
利培酮	1~8	+	+	++

注:+++ 为强;++ 为次强;+ 为弱。

两代抗精神分裂症药的局限性

抗精神分裂症药分为典型(第一代)抗精神分裂症药和非典型(第二代)抗精神分裂症药两大类。第一代抗精神分裂症药主要有氯丙嗪、奋乃静、氟哌啶醇、舒必利、氟奋乃静、五氟利多等,第二代抗精神分裂症药主要有氯氮平、奥氮平、利培酮、喹硫平等。

第一代抗精神分裂症药的局限性:①不能改善认知功能,如药物不能改善执行、记忆、语言与视觉运动、精细运动功能,虽然能改善注意力的某些指标,但药物的抗胆碱作用可能会使记忆恶化。②对阴性症状作用微弱。③约 30% 患者的阳性症状不能有效缓解。④因发生锥体外系反应和迟发性运动障碍的比例高,常导致患者用药的依从性不佳。⑤药物对患者工作能力的改善作用较小,过度镇静也影响工作能力和生活质量。

第二代抗精神分裂症药的局限性:①发生锥体外系反应比第一代药物少而轻,发生率与药物剂量密切相关。②可出现高催乳素血症。③部分药物使心电图 Q-T 间期延长。④可出现体重增加及糖脂代谢异常等。

第三节　抗精神分裂症药合理应用

抗精神分裂症药物治疗的应遵循以下几点。

1. 早发现、早诊断、早治疗　患者首次治疗时患精神分裂症时间的长短与疗效及预后密切相关。发现越早,治疗越有针对性,患者对抗精神分裂症药的治疗反应越好,长期预后也越好。因此,精神分裂症一旦明确诊断,应尽早开始用药。

2. 合理选择药物　明确诊断,根据临床症状、药物作用和不良反应等选择一种非典型药物如利培酮、奥氮平、齐拉西酮或喹硫平等;也可选择典型药物如氯丙嗪、奋乃静、氟哌啶醇或舒必利等。

3. 单一药物治疗　一般主张单一用药,从小剂量开始,逐渐加至有效剂量。如疗效不满意且无严重不良反应,则在治疗剂量范围内适当增加剂量,尽量避免不必要的合并用药。待病情缓解后,逐步缓慢减少剂量至维持量。足疗程治疗,不宜突然停药。

4. 换药方案　在现用药物剂量充分、疗程充足但疗效仍不满意时,如急性病例经治疗量系统治疗 6~8 周、慢性病例充分治疗 3~4 个月仍无效,或患者遵医嘱用药,在无明显应激情况下仍复发时,可考虑换用另一种化学结构的药物。

5. 个体化用药　根据患者的症状、疾病类型、躯体状况等选择药物。依据患者对药物的反应,摸索个体化用药的剂量,并定期评定药物疗效和不良反应,制订个体化治疗方案。

6. 全程治疗　包括急性治疗期、巩固治疗期和维持治疗期。

(1)**急性治疗期**:目的是尽快控制症状,预防自杀及防止危害自身或他人的冲动行为的发生,争取最佳预后。急性期应保持足量药物治疗 6~8 周,一般不建议使用长效制剂。

(2)**巩固治疗期**:目的是巩固疗效,防止已缓解的症状复发或波动,促进患者社会功能恢复,并为患者回归社会做准备。以原有效药物及其剂量坚持巩固治疗,疗程一般持续 3~6 个月。

(3)**维持治疗期**:目的是预防和延缓精神症状复发,促进患者回归社会。该期可根据个体及所用药物的情况,酌情调整剂量,以维持病情稳定,减轻不良反应,提高服药依从性。对首发的、起病缓慢的患者,维持治疗时间至少需要 2~5 年;对急性发作、缓解迅速彻底的患者,维持治疗时间可相应缩短;对反复多次发作的患者,维持治疗时间应更长,甚至需终身用药。

(文 雯)

思考题

1. 简述氯丙嗪的临床应用。
2. 简述氯丙嗪引起锥体外系反应的主要机制、临床表现及处理方法。
3. 试论述非典型抗精神分裂症药与典型抗精神分裂症药的区别。

任务 6 | 抗躁狂药和抗抑郁药

学习目标

1. 掌握抗躁狂药和抗抑郁药的分类、代表药物、作用机制、临床应用、不良反应和注意事项。
2. 熟悉抗躁狂药和抗抑郁药的作用特点。
3. 了解抗躁狂药和抗抑郁药的合理用药。
4. 能依据躁狂症和抑郁症临床表现等合理选择药物,正确用药,及时处置不良反应。
5. 具备与患者及其家属进行有效沟通、开展用药咨询服务、指导患者合理用药的职业素养,关心、爱护患者。

躁狂抑郁症(manic-depressive illness)又称情感障碍(affective disorder),分为躁狂(mania)和抑郁(depression)两种症状。单独一种症状反复发作而无相反相位者称为单相情感障碍,两种症状交替出现者称为双向情感障碍。目前认为其发病机制与脑内单胺类神经递质改变有关,脑内 5-羟色胺(5-HT)含量降低是两者发病的共同基础。在此基础上,如去甲肾上腺素增多,表现为躁狂症,反之则表现为抑郁症。抗躁狂药(antimaniacs)和抗抑郁药(antidepressants)通过调节脑内 5-HT、NA 及 DA 能神经递质的含量与受体的功能而发挥治疗作用。

临床情景

患者,女性,66 岁。4 个月前出现睡眠障碍,表现以早醒为主,精力不济,自我评价下降,自罪自责,食欲降低,情绪低落,反复出现自杀念头,意识清楚。有青光眼病史 6 年。查体:体温 36.7℃,心率 85 次/min,血压 98/62mmHg。血常规正常。

诊断:抑郁症;青光眼。

处方:
1. 草酸艾司西酞普兰片,每次 5mg,每日 1 次,口服。
2. 盐酸阿米替林片,每次 25mg,每日 2 次,口服。

学习任务

课前:该患者有哪些既往史?现在的主要症状是什么?对该患者使用了哪些药物?

课中:艾司西酞普兰和阿米替林属于哪类药物?其药理作用和临床应用有哪些?该患者服药 1 周后出现口干、视物模糊、排尿困难、便秘、心动过速,原因是什么?

课后:对该患者使用的药物是否合理?用药期间应注意什么?

第一节　抗躁狂药

躁狂症主要表现为情绪高涨、烦躁不安、活动过度、联想丰富、思维和语言难以自制。氯丙嗪、氟哌啶醇及某些抗癫痫药具有抗躁狂作用，但碳酸锂是典型的抗躁狂药。因此类药可防止双相情感障碍的复发，即控制躁狂-抑郁循环发作，故被称为心境稳定剂（mood stabilizer）。

碳 酸 锂

碳酸锂（lithium carbonate）主要是锂离子发挥药理作用。

【体内过程】

碳酸锂口服吸收快且完全，生物利用度为 100%，服药 2~4h 后血药浓度达高峰，但透过血-脑屏障进入脑组织和神经细胞较慢，故显效慢，连续用药 2~3 周方可充分显效。不与血浆蛋白结合，$t_{1/2}$ 为 18~36h。在体内不被代谢，主要经肾排泄，因由肾小球滤过的锂在近曲小管与 Na^+ 竞争重吸收，钠盐摄入量多时可促进其排泄，使血浆锂离子浓度降低。

【药理作用】

目前认为其作用机制主要为：在治疗浓度抑制去极化和 Ca^{2+} 依赖性 NA 和 DA 的释放，促进神经末梢对 NA 的再摄取，并增加其转化和灭活，使 NA 浓度下降，但不影响或促进 5-HT 的合成和释放，从而稳定情绪。

【临床应用】

治疗量碳酸锂对躁狂症和精神分裂症的躁狂症状有显著疗效，尤其对急性躁狂和轻度躁狂效果明显，可使患者言语和行为恢复正常。主要用于躁狂症，但有时对抑郁症也有效，故有情绪稳定药之称。

【不良反应】

安全范围窄，急性治疗的血锂浓度为 0.6~1.2mmol/L，维持治疗的血锂浓度为 0.4~0.8mmol/L，1.5mmol/L 为有效浓度的上限，超过此值容易出现中毒。随着血药浓度的增加，轻者出现恶心、呕吐、腹痛、腹泻和细微震颤，严重者可出现精神错乱、反射亢进、肌肉明显震颤、发音困难、惊厥、癫痫发作等脑病综合征，甚至昏迷、休克、急性肾衰竭与死亡。故有条件的医院应开展血药浓度监测，发现血锂浓度过高时应立即减量或停药，并适当补充 0.9% 氯化钠注射液，以促进锂盐的排泄。

第二节　抗抑郁药

抑郁症是以情绪低落、思维缓慢、动作迟钝、兴趣丧失、注意困难、食欲下降、自责感强等为主要临床表现的一种疾病。各种抗抑郁药均可显著改善抑郁症患者病情，长期治疗可减少复发。目前临床使用的抗抑郁药大多是以单胺学说作为抑郁症发病机制而研发获得的。抗抑郁药根据药理作用机制分类见表 3-6-1。

表 3-6-1　抗抑郁药的分类及常用药物

药物分类	常用药物
选择性 5-HT 再摄取抑制药	氟西汀、帕罗西汀、舍曲林、西酞普兰等
5-HT 和 NA 再摄取抑制药	文拉法辛、度洛西汀等
NA 和特异性 5-HT 能抗抑郁药	米氮平等
其他抗抑郁药	三环类抗抑郁药，如丙米嗪、阿米替林、氯米帕明、多塞平等
	选择性 NA 再摄取抑制药，如马普替林、阿米替林、瑞波西汀等
	曲唑酮
	吗氯贝胺

一、选择性 5-HT 再摄取抑制药

选择性 5-HT 再摄取抑制药（selective serotonin reuptake inhibitors，SSRIs）对 5-HT 再摄取的抑制作用选择性强，对其他递质和受体作用甚微，因此对心血管和自主神经系统功能的影响很小，安全性较高，还具有抗抑郁和抗焦虑双重作用，是目前治疗抑郁症的一线药物。常用的有氟西汀、帕罗西汀、舍曲林、氟伏沙明、西酞普兰及艾司西酞普兰等。

氟 西 汀

氟西汀（fluoxetine）又名百优解，为临床广泛应用的 SSRIs。

【体内过程】

氟西汀口服吸收良好，血药浓度达峰时间为 6~8h，血浆蛋白结合率为 80%~95%；$t_{1/2}$ 为 48~72h。在肝脏代谢为活性与母体相同、半衰期更长的去甲氟西汀。

【药理作用】

氟西汀是一种强效 SSRIs，可增加突触间隙内 5-HT 的浓度，提高 5-HT 能神经的传导。对其他各种神经递质受体，如 M 受体、α_1 受体和 H_1 受体等几乎没有亲和力。对抑郁症的疗效好，还具有抗焦虑作用，耐受性和安全性较高。

【临床应用】

1. 抑郁症　可用于各型抑郁症，亦可用于焦虑症及强迫症。因药物在肝脏代谢，肝功能较差者可采取隔日疗法。

2. 神经性贪食　剂量 60mg/d，可有效控制摄食量。

【不良反应和注意事项】

氟西汀安全范围较大，不良反应轻，但会使年轻患者的自杀率升高。偶有恶心、呕吐、头痛、头晕、失眠、易激动、乏力、震颤、惊厥及性欲降低等。肝功能不全者服药后半衰期延长，应注意调整给药间隔。肾功能不全者长期用药须减量，并延长服药间隔时间。妊娠期妇女、哺乳期妇女、同时服用单胺氧化酶抑制药的患者及对本药过敏者禁用。

舍 曲 林

舍曲林（sertraline）属于 SSRIs 中对多巴胺再摄取抑制作用最强的药物，适合缺少快乐感的人和情感缺失者，对强迫症亦有效。一般 7 天可见效。对女性抑郁症治疗效果较男性好。主要不良反应为口干、恶心、腹泻、男性射精延迟、震颤、出汗等。禁止与单胺氧化酶抑制药合用。

同类药物还有帕罗西汀（paroxetine）、西酞普兰（citalopram）、艾司西酞普兰（escitalopram）和氟伏沙明（fluvoxamine）等（表 3-6-2）。

表 3-6-2　选择性 5-HT 再摄取抑制药的对比

药物	半衰期 */h	抗抑郁	抗焦虑	不良反应					
				镇静作用	抗胆碱作用	胃肠道作用	体重增加	性功能障碍	心脏作用
氟西汀	48~72（240）	++	+	-/+	0	+++	-	+++	-/+
舍曲林	25（65）	++	++	-/+	0	+++	-	+++	-
帕罗西汀	21	++	++	++	++	+++	-/+	+++	-
西酞普兰	35	++	++	-/+	0	+++	-	+++	-
艾司西酞普兰	27~32	+++	++	0	0	+++	-	+++	-
氟伏沙明	15~20	++	++	++	0	+++	-	+++	-

注：* 为消除半衰期，括号内为活性代谢产物半衰期；-，可忽略不计；-/+，很少；+，轻微；++，中度；+++，较严重。

二、5-HT 和 NA 再摄取抑制药

5-HT 和 NA 再摄取抑制药（serotonin and norepinephrine reuptake inhibitors，SNRIs）可同时抑制 5-HT 和 NA 的再摄取，对肾上腺素受体、胆碱受体和组胺受体等几乎无亲和力，因此对心血管和自主神经系统功能的影响较小，安全性和耐受性较好。代表药物有文拉法辛和度洛西汀。

文拉法辛和度洛西汀

文拉法辛（venlafaxine）为苯乙胺衍生物，其活性代谢产物能有效拮抗 5-HT 和 NA 的再摄取，对 DA 的再摄取也有轻度抑制作用，从而发挥抗抑郁作用。可用于各种抑郁症和广泛性焦虑障碍，对重度抑郁疗效好。度洛西汀（duloxetine）药理作用与文拉法辛相似，对抑郁障碍躯体症状特别是疼痛的患者有明确疗效，主要用于重症抑郁或伴有糖尿病周围神经炎的患者。两者的疗效与剂量相关，低剂量时与 SSRIs 的作用谱、疗效、不良反应相当；高剂量时作用谱增宽，疗效优于 SSRIs，但不良反应也相应增加。常见的不良反应有心悸、耳鸣、口干、恶心、腹泻、便秘、头晕、头痛、嗜睡、乏力、震颤、失眠、性功能障碍、血压轻度升高等。

三、NA 和特异性 5-HT 能抗抑郁药

NA 和特异性 5-HT 能抗抑郁药（noradrenergic and specific serotoninergic antidepressants，NaSSAs）是具有对 NA 和 5-HT 双重作用的新型抗抑郁药。

米 氮 平

米氮平（mirtazapine）通过阻断中枢突触前膜 α_2 受体而增加 NA 的释放，间接提高 5-HT 的更新率，发挥抗抑郁作用。用于治疗各种抑郁症，对快感缺乏、精神运动性抑制、睡眠欠佳（早醒）以及体重减轻均有疗效。主要不良反应为食欲增加、体重增加及嗜睡等。

四、其他抗抑郁药

丙 米 嗪

丙米嗪（imipramine）又名米帕明，是第一个被发现的三环类抗抑郁药。本类药物的结构中都有 2 个苯环和 1 个杂环，故称为三环类抗抑郁药（tricyclic antidepressive agents，TCAs）。在作用机制上，TCAs 属于非选择性单胺摄取抑制药，主要抑制 NA 和 5-HT 的再摄取，使突触间隙中这两种递质的浓度升高，促进突触传递功能，发挥抗抑郁作用。大多数 TCAs 还具有阻断 M 受体、α_1 受体和 H_1 受体的作用，因此不良反应较多。

【体内过程】

丙米嗪口服吸收良好，2~8h 血药浓度达峰值，药物吸收后在体内分布广泛，尤以脑、肝、肾及心脏分布较多。主要在肝内代谢，经肾排泄，$t_{1/2}$ 为 10~20h。

【药理作用】

1. 中枢神经系统作用　正常人服用丙米嗪后出现安静、嗜睡、血压稍降、头晕、目眩，并常出现口干、视物模糊等抗胆碱反应，连用数天后这些症状可能加重，甚至出现注意力不集中和思维能力下降。抑郁症患者连续用药后出现精神振奋、情绪高涨、思维得到改善、注意力集中。

2. 自主神经系统作用　治疗量丙米嗪有明显阻断 M 受体的作用，患者出现阿托品样反应，与其副作用有关。

3. 心血管系统作用　治疗量丙米嗪可能通过阻断单胺类再摄取而引起心肌中 NA 浓度升高，导致出现低血压、心律失常，其中心动过速较常见。心电图可出现 T 波倒置或低平。此外，对心肌尚有奎尼丁样直接抑制作用。

【临床应用】

1.**抑郁症** 丙米嗪对内源性及更年期抑郁症疗效较好,对反应性抑郁次之,对精神分裂症的抑郁症状效果较差。此外,还可用于强迫症的治疗。作用缓慢,须连续服药 2~3 周才会出现显著疗效。

2.**遗尿症** 对于儿童遗尿可试用丙米嗪治疗,剂量依年龄而定,睡前口服,疗程以 3 个月为限。

3.**焦虑和恐惧症** 对伴有焦虑的抑郁症患者疗效显著,对恐惧症也有效。

【不良反应和注意事项】

1.**一般不良反应** 阻断 M 受体表现为口干、视物模糊、眼压升高、便秘和排尿困难等。

2.**中枢神经反应** 阻断 H_1 受体表现为过度镇静,采取每日一次睡前服药的给药方式可避免。此外,还可出现乏力、头晕、失眠、震颤、反射亢进、共济失调、精神错乱、癫痫发作等。出现震颤时可减少剂量或换药。

3.**心脏毒性** 阻断 α_1 受体表现为直立性低血压、心动过速、心律失常、心电图异常等。

4.**其他** 极少数患者用药后可出现皮疹、粒细胞缺乏症及黄疸,故长期服药应定期复查血常规和肝功能。

心血管病患者、5 岁以下小儿、癫痫患者慎用。肝及肾功能不全、前列腺增生、青光眼、妊娠期妇女、甲状腺功能亢进者禁用。

三环类还有氯米帕明(clomipramine)、阿米替林(amitriptyline)和多塞平(doxepin)等,因不良反应多,临床已少用。

马普替林

马普替林(maprotiline)属于 NA 再摄取抑制药(noradrenaline reuptake inhibitors,NRIs),可选择性抑制 NA 的再摄取,对 5-HT 的再摄取几乎无影响。口服吸收缓慢但较完全,9~16h 血药浓度达峰值,分布广泛,血浆蛋白结合率约 90%。$t_{1/2}$ 为 27~58h,故用药 2~3 周后才充分发挥疗效。特点是起效快,镇静、抗胆碱和降压作用与丙米嗪类似。可用于各型抑郁症患者,尤其适用于老年抑郁症患者。常见不良反应有口干、便秘、眩晕、头痛及视物模糊等,少数患者可出现心动过速、直立性低血压、焦虑、震颤、躁狂、癫痫发作、过敏反应及中性粒细胞减少等。同类常用药物还有瑞波西汀(reboxetine)等。

曲 唑 酮

曲唑酮(trazodone)属于 5-HT 受体平衡拮抗药,抗抑郁作用可能与抑制 5-HT 的再摄取有关,但目前尚不明确。具有 α_2 受体阻断药的特点,可翻转可乐定的中枢性心血管效应。无 M 受体阻断作用,也不影响 NA 的再摄取,所以对心血管系统无显著影响。可用于各型抑郁症,有明显镇静作用,适用于夜间给药。用药较安全,不良反应较少,偶有恶心、呕吐、体重下降、心悸、直立性低血压等,过量中毒会出现惊厥、呼吸停止等。

吗氯贝胺

吗氯贝胺(moclobemide)属于单胺氧化酶抑制药(monoamine oxidase inhibitors,MAOIs),通过可逆性抑制脑内 A 型 MAO,抑制突触前膜囊泡内或突触间隙中儿茶酚胺的降解,从而提高脑内去甲肾上腺素、多巴胺和 5-HT 的水平,起到抗抑郁作用。具有作用快、停药后 MAO 活性恢复快的特点。常见不良反应有头痛、头晕、出汗、心悸、失眠、直立性低血压和体重增加等。MAOIs 禁止与其他抗抑郁药合用,以免发生 5-HT 综合征,表现为激越、恶心、呕吐、腹泻、高热、肌强直、心动过速、高血压、意识障碍,严重者可致死。一旦发生 5-HT 综合征,应立即停药并治疗。

第三节　抗躁狂药和抗抑郁药合理应用

一、抗躁狂药合理应用

对躁狂症患者须采用综合治疗,包括药物治疗、躯体治疗、物理治疗、心理治疗和危机干预等综合措施的运用。躁狂症的药物治疗以心境稳定剂(如碳酸锂、丙戊酸钠、卡马西平等)为主,控制兴奋躁动的症状,必要时在疾病治疗的早期可联合使用抗精神病药或苯二氮䓬类。在缓解期须服药预防复发。对急性重症躁狂发作或对锂盐治疗无效的躁狂发作患者,可辅以电休克治疗。药物治疗应遵循小剂量开始用药、剂量逐步递增、缓慢减量、个体化用药及全程治疗等原则。一般急性期治疗 6~8 周,巩固期治疗 2~3 个月,维持期治疗 2~3 年或更长时间。

二、抗抑郁药合理应用

抑郁症的治疗方法有药物治疗、心理治疗及康复治疗。药物治疗是抑郁症治疗的主要手段,主要用于改善脑部神经递质的不平衡。抗抑郁药的选择主要基于药物的药理作用、不良反应、安全性或耐受性对个体的影响,建议优先应用选择性 5-HT 再摄取抑制药、5-HT 和 NA 再摄取抑制药、NA 和特异性 5-HT 能抗抑郁药等安全性高、疗效好的新型抗抑郁药。经典的三环类抗抑郁药因选择性低、不良反应多,不作为优先推荐药物。抗抑郁药在应用中应遵循以下几点。

1. 早发现、早诊断、早治疗　若在轻度抑郁时及早发现并及早治疗,预后较好,可缩短治疗时间。

2. 单一药物治疗　应尽可能单一药物足量、足疗程治疗,一般不主张联合应用抗抑郁药。

3. 剂量逐步递增　起始剂量尽可能使用最小剂量,以减轻不良反应。若小剂量疗效不佳时,可根据不良反应和患者耐受情况逐渐增至足量。

4. 缓慢减量　在换药和停药时应逐渐缓慢减量,不宜突然停药,以免出现停药反应。

5. 个体化用药　不同个体对各类抗抑郁药的敏感性差异很大。因此,药物种类、剂量、用法和疗程的选择均应注意个体化。

6. 全程治疗　抑郁症为高复发性疾病,倡导全程治疗,包括急性期治疗、恢复期(巩固期)治疗和维持期治疗。

(1)**急性期治疗**:推荐 6~8 周,控制症状,尽量达到临床痊愈。治疗抑郁症时一般药物 2~4 周开始起效。如果患者用药治疗 4~6 周无效,可改用同类其他药物或作用机制不同的药物。

(2)**恢复期(巩固期)治疗**:至少 4~6 个月,在此期间患者病情不稳,复发风险较大,原则上应继续使用急性期治疗有效的药物且剂量不变。

(3)**维持期治疗**:单次发作的抑郁症患者 50%~85% 会有第 2 次发作,因此常需维持治疗,以防复发。维持治疗结束后,若病情稳定,可缓慢减药直至终止治疗,但应密切监测复发的早期征象,一旦发现有复发的早期征象,应迅速恢复原治疗。维持期抗抑郁药剂量可适当减低,维持治疗时间长短可因人而异,短者半年左右。一般来说,发作次数越多,则维持治疗时间应越长;发作一次,至少要维持治疗 6 个月 ~1 年;发作 2 次,至少要维持治疗 2~3 年;病情多次复发者甚至需要终身治疗。

(文　雯)

思考题

....

1. 简述目前临床一线抗抑郁药的类别。

2. 简述三环类抗抑郁药的作用特点和不良反应。

任务 7 | 抗焦虑药

学习目标

1. 掌握抗焦虑药的分类、代表药物、作用机制、临床应用和不良反应。
2. 熟悉抗焦虑药的作用特点。
3. 了解抗焦虑药的合理用药。
4. 能依据临床表现等合理选择药物，正确用药，及时处置不良反应。
5. 具备与患者及其家属进行有效沟通、开展用药咨询服务、指导合理用药的职业素养，关心、爱护患者。

焦虑症（anxiety disorder）是一种以情绪焦虑为主的精神障碍，临床分为广泛性焦虑障碍与惊恐发作两种主要形式，女性发病率高于男性。广泛性焦虑障碍是一种以缺乏明确对象和具体内容的提心吊胆和紧张不安为主的焦虑障碍，并有显著的自主神经功能紊乱、肌肉紧张及运动性不安，患者因难以忍受又无法解脱而感到痛苦。惊恐发作又称急性焦虑发作，是指反复出现、不可预期的惊恐发作的一种焦虑障碍，临床特点是反复突然出现强烈的害怕、恐惧或不适，可有濒死感或失控感。

抗焦虑药（anxiolytics）是指在不明显或不严重影响中枢神经其他功能的前提下，能选择性地消除焦虑症状的一类药物。目前使用最多的抗焦虑药有苯二氮䓬类和 5-HT 受体部分激动药，有抗焦虑作用的药物包括抗抑郁药和 β 受体阻断药等。

临床情景

患者，女性，31 岁。1 年前孩子出生后无明显诱因出现躯体不适，主要表现为：心慌、胸闷，肌肉紧张；睡眠差，入睡困难，思虑过多，半夜醒后难以入睡；担心自己的睡眠和健康，对所有家庭琐事和工作都十分担忧。1 个月前突然出现呼吸不畅、大汗淋漓、舌头发麻，说话时口齿不清，四肢软弱无力，伴明显濒死感，就医途中缓解。近 1 个月每日害怕再次发作，极度紧张。无既往史和过敏史，现已停止授乳。周末偶尔饮酒，否认使用其他物质。相关辅助检查未见明显异常。

诊断：广泛性焦虑障碍伴惊恐发作。

处方：

1. 盐酸帕罗西汀片，每次 20mg，每日 1 次，口服。
2. 艾司唑仑片，每次 1mg，每日 3 次，口服。

学习任务

课前：该患者的主要症状是什么？对该患者使用了哪些药物？

课中：帕罗西汀和艾司唑仑属于哪类药物？其药理作用和临床应用有哪些？目前用药为起始剂量，随着治疗进展，两药的剂量应如何调整？

课后：该患者用药期间应注意什么？

第一节　常用药物

一、苯二氮䓬类

小剂量苯二氮䓬类有抗焦虑作用,可使患者的焦虑、恐惧、紧张、烦躁等症状缓解,其机制可能与药物作用于大脑边缘系统如海马、杏仁核等有关。苯二氮䓬类起效快、抗焦虑作用强,一般可在数分钟至数小时内缓解情绪症状和躯体症状,对急性发作患者可考虑短期使用,一般治疗时间不超过 2~3 周。对广泛性焦虑障碍患者,在治疗初期可以短期联合使用,以快速控制焦虑症状,待其他抗焦虑药起效后再缓慢减少本类药物剂量。苯二氮䓬类长期大量应用可引起药物依赖,突然撤药时可出现反跳现象和戒断症状,因此一种苯二氮䓬类药物连续使用时间不宜超过 4 周。本类药物有镇静和认知功能损害,其肌松作用可能增加老年患者跌倒风险(详见模块 3　任务 2　镇静催眠药)。

二、5-HT 受体部分激动药

本类代表药物是丁螺环酮(buspirone)又名布斯哌隆,能与突触前 5-HT$_{1A}$ 受体结合,降低 5-HT 受体的敏感性并减少 5-HT 的神经传递,同时对突触后 5-HT$_{1A}$ 受体具有部分激动作用,从而产生抗焦虑作用。抗焦虑作用强度与地西泮相似,但起效较慢,需 2~4 周,个别患者甚至需要 6~7 周持续治疗。主要用于广泛性焦虑障碍,对焦虑伴有轻度抑郁症状者也有疗效,但对惊恐发作无效。对焦虑伴严重失眠者,需合用镇静催眠药。

本类药物的优点是镇静作用轻,较少引起运动障碍,无呼吸抑制和肌松作用,对认知功能影响小。常见不良反应有头晕、头痛、恶心、呕吐、口干、烦躁、失眠等。严重肝肾功能不全、青光眼、重症肌无力患者禁用,儿童、妊娠期及哺乳期妇女禁用。

三、抗抑郁药

各种抗抑郁药,包括选择性 5-HT 再摄取抑制药(如帕罗西汀、氟西汀、舍曲林等)、5-HT 和 NA 再摄取抑制药(如文拉法辛、度洛西汀等)、NA 和特异性 5-HT 能抗抑郁药(如米氮平)和三环类抗抑郁药等,均对焦虑症有不同程度的治疗效果,其中前三类目前应用最多。本类药物具有与苯二氮䓬类相似的抗焦虑作用,亦可用于伴有抑郁的焦虑症患者(详见模块 3　任务 6　抗躁狂药和抗抑郁药)。

四、β 受体阻断药

以普萘洛尔为代表的 β 受体阻断药通过阻断外周交感神经的 β 受体,可使焦虑及伴有的自主神经功能亢进症状(如心悸、震颤等)减轻,但对惊恐发作无效。单独用于治疗广泛性焦虑障碍作用有限。不能与单胺氧化酶抑制药合用(详见模块 2　任务 5　抗肾上腺素药)。

第二节　抗焦虑药合理应用

焦虑症应采取药物治疗、心理治疗以及其他治疗方法相结合的综合性治疗。一般来讲,心理治疗侧重于对因,药物治疗侧重于对症,药物治疗合并心理治疗的疗效优于单一治疗。焦虑症的药物治疗应遵循以下几点。

1. 应明确诊断,尽早治疗,合理选药　选择性 5-HT 再摄取抑制药、5-HT 和 NA 再摄取抑制药整体不良反应较轻,目前被推荐为治疗广泛性焦虑障碍的一线药物。为快速控制焦虑症状,早期可合并使用苯二氮䓬类,但不宜超过 4 周。5-HT 受体部分激动药对轻症患者可单独使用,对重症疗效较差者可合并用药。

2. 个体化用药　应根据疾病临床特征、个体病理情况、药物作用特点及不良反应等,施以个体化治疗。药物种类、剂量和用法均应注意个体化。

3. 剂量逐步递增　从小剂量开始用药,提高患者服药依从性;小剂量疗效不佳时,可逐渐增至最佳有效剂量,并巩固和维持治疗。

4. 缓慢减量　应告知患者及其家属所用药物的起效时间、疗程和可能的不良反应,患者应遵医嘱服药,不能骤然停药。停药过程不应短于 2 周,否则可出现停药反应。

5. 单一药物治疗　一般不主张两种以上抗焦虑药联用,应尽可能单一用药。单一药物疗效不佳时,可联用两种作用机制不同的抗焦虑药。

6. 全程治疗　应足量和足疗程治疗。急性期治疗是指开始药物治疗至症状缓解所需的一段时间,因不同患者症状缓解速度不同,急性期治疗时间也不同。巩固期治疗是指急性期症状缓解后的一段时间,应维持有效药物、原剂量至少 2~6 个月。维持期治疗是指巩固期后的治疗时期,通常至少维持治疗 12 个月,以预防复发。若一线药物治疗效果差,可选择二线药物或其他药物治疗。治疗过程中应监测疗效、耐受性,评估患者对治疗方案的依从性。

(文 雯)

思考题

1. 简述抗焦虑药的种类。
2. 简述苯二氮䓬类与 5-HT 受体部分激动药的抗焦虑作用和不良反应的区别。

任务 8 | 中枢兴奋药及促大脑功能恢复药

中枢兴奋药(central nervous system stimulants)是一类选择性兴奋中枢神经系统、提高其功能活动的药物。此类药物随剂量的增加,作用强度和范围也随之增大,用量过大可引起中枢神经系统广泛兴奋,甚至导致惊厥。根据作用部位和功能不同,中枢兴奋药分为大脑皮质兴奋药和呼吸中枢兴奋药两类。

临床情景

患者,男性,30 岁。在某歌厅昏迷后被急诊送入医院抢救,无陪同人员,无任何病史提供。入院时昏迷、面色苍白,体温 37.1℃,心率 55 次/min,口唇发绀,呼吸浅缓、频率 5~6 次/min,瞳孔呈针尖样大小。体格检查示全身外周静脉遍布注射痕迹。

诊断:急性阿片类药物中毒。

处方:

1. 纳洛酮注射液,0.4mg 静脉推注。

2. 尼可刹米注射液,0.375g 肌内注射。

学习任务

课前:该患者现在的主要症状是什么? 对该患者应该采取哪种治疗方法?

课中:尼可刹米属于哪类药物? 其药理作用、临床应用、不良反应有哪些? 使用纳洛酮和尼可刹米的主要原因是什么? 对该患者可否选择其他药物如洛贝林?

课后:对阿片类药物中毒患者主要选用哪些药物? 对该患者选用哪种药物更合适?

第一节　大脑皮质兴奋药

咖 啡 因

咖啡因(caffeine)是从茶叶和咖啡豆中提取的生物碱,现可人工合成。

【体内过程】

咖啡因脂溶性高,口服或注射均能吸收,吸收后可迅速进入中枢神经系统,亦可见于唾液及乳汁中,可通过胎盘屏障,在肝代谢,主要以代谢产物的形式经肾排泄。

【药理作用】

1. 中枢神经系统　咖啡因对中枢神经系统的作用强度和范围与剂量有关:①小剂量(50~200mg)可选择性兴奋大脑皮质,使人精神振奋,疲劳减轻,睡意消失,提高工作效率。②较大剂量(250~500mg)可直接兴奋延髓呼吸中枢和血管运动中枢,使呼吸加深加快、血压升高,在呼吸中枢受抑制时作用更显著。③中毒量则可引起中枢神经系统广泛兴奋,导致惊厥。

2. 心血管系统　咖啡因兴奋心脏,松弛外周血管,但对脑血管有收缩作用,可减少脑血管搏动的幅度,缓解头痛症状。

3. 其他　咖啡因可舒张胆道和支气管平滑肌,利尿及促进胃酸、胃蛋白酶分泌。

【临床应用】

1. 咖啡因临床用于解救严重传染病及中枢抑制药过量所致的呼吸抑制和循环衰竭。

2. 咖啡因与阿司匹林或对乙酰氨基酚配伍成复方制剂,治疗感冒引起的发热,或缓解轻中度疼痛如头痛、牙痛等。与麦角胺配伍,治疗偏头痛。

【不良反应和注意事项】

咖啡因治疗量不良反应较少。较大剂量可引起激动、不安、失眠、头痛、心悸;过量中毒引起中枢神经系统广泛兴奋,可致惊厥。婴幼儿高热时应避免使用含本药的复方制剂退热。久用产生耐受性及依赖性。消化性溃疡患者禁用。

哌 甲 酯

哌甲酯(methylphenidate)又名利他林,为苯丙胺类药物。

【体内过程】

哌甲酯口服易吸收,一次给药可维持4h,宜早餐或午餐前45分钟服用,体内代谢迅速,经肾排泄。临床多用其缓释制剂。

【药理作用】

哌甲酯为呼吸兴奋药,小剂量通过颈动脉体化学感受器反射性兴奋呼吸中枢,大剂量时直接兴奋延髓呼吸中枢,中毒量可导致惊厥。

【临床应用】

哌甲酯是治疗儿童注意缺陷多动障碍的主要药物,治疗机制尚不清楚,有研究认为与哌甲酯能阻断突触前神经元对去甲肾上腺素和多巴胺的再摄取有关。此外,还可用于治疗巴比妥类、水合氯醛等中枢抑制药过量引起的昏迷。

【不良反应和注意事项】

哌甲酯治疗量时不良反应较少,偶有失眠、心悸等。傍晚后不宜服用,以免引起失眠。大剂量时可使血压升高而致头痛、眩晕等。长期服用可抑制儿童生长发育,疗程越长,身高增长减慢越明显,并可产生耐受性和依赖性,故哌甲酯属一类精神药品而受到特殊管制。高血压、癫痫、青光眼、严重焦虑、过度兴奋者以及6岁以下儿童禁用。运动员慎用。

第二节　呼吸中枢兴奋药

尼可刹米

尼可刹米（nikethamide）又名可拉明，是烟酰胺衍生物。

【体内过程】

尼可刹米注射给药吸收好，起效快，作用时间短暂，一次静脉注射只能维持 5~10min，可分布至全身各组织，代谢产物 N-甲基烟酰胺随尿排出。

【药理作用】

尼可刹米治疗量可选择性直接兴奋延髓呼吸中枢，提高呼吸中枢对 CO_2 的敏感性，也可刺激颈动脉体和主动脉体化学感受器，反射性地兴奋呼吸中枢，使呼吸加深加快，对大脑皮质、血管运动中枢及脊髓也有较弱的兴奋作用，剂量过大可引起惊厥。

【临床应用】

尼可刹米临床广泛用于中枢性呼吸抑制及各种原因所致的呼吸衰竭，其中对吗啡中毒引起的呼吸抑制效果较好，对吸入性麻醉药中毒引起的呼吸抑制次之，对巴比妥类中毒引起的呼吸抑制效果较差。

【不良反应】

尼可刹米常见的不良反应有恶心、烦躁不安、抽搐等。大剂量可引起血压升高、心动过速、出汗、呕吐、肌肉震颤等。中毒时可出现惊厥。

二甲弗林

二甲弗林（dimefline）又名回苏灵，对呼吸中枢有较强的兴奋作用，是尼可刹米的 100 倍。注射给药起效快，维持时间短，为 2~3h。用药后肺换气量明显增加，降低血 CO_2 分压，显著改善呼吸功能，使呼吸加深加快。临床用于麻醉、催眠药及各种疾病引起的中枢性呼吸衰竭，对肺性脑病有较好的促苏醒作用。本药安全范围小，过量易引起肌肉震颤和惊厥，须缓慢静脉注射给药。临床上现多被其他药物取代。

多沙普仑

多沙普仑（doxapram）为呼吸兴奋药，静脉给药后 20~40s 生效，1~2min 达最大效应，作用持续 5~12min，代谢快。小剂量通过颈动脉体化学感受器反射性地兴奋呼吸中枢，大剂量可直接兴奋延髓呼吸中枢，使呼吸频率增快，潮气量增加，但对大脑皮质无影响。临床用于呼吸衰竭。本药安全范围大，不良反应可见头痛、乏力、恶心、呕吐、血压升高、心律失常等；过量表现为惊厥、不自主震颤和反射亢进。癫痫、惊厥、严重肺部疾病患者禁用。

贝美格

贝美格（bemegride）可直接兴奋呼吸中枢及血管运动中枢，使呼吸增加，血压升高。静脉注射，3~5min 给药一次，至病情改善。用于巴比妥类及其他镇静催眠药中毒引起的呼吸抑制。

洛贝林

洛贝林（lobeline）又名山梗菜碱，是从北美洲植物山梗菜中提取的一种生物碱，现已人工合成。对呼吸中枢并无直接兴奋作用，但可通过刺激颈动脉体和主动脉体化学感受器，反射性地兴奋呼吸中枢而使呼吸加快；对迷走神经中枢和血管运动中枢也有反射性兴奋作用。注射给药，起效快、维持时间短，一般为 20min，但安全范围大，不易引起惊厥。临床常用于新生儿窒息、小儿感染性疾病、一氧化碳中毒、阿片中毒引起的中枢性呼吸抑制。不良反应有恶心、呕吐、头痛、心悸等。大剂量可兴奋迷走神经中枢而致心动过缓、传导阻滞。有烟碱样作用，对自主神经节先兴奋后麻痹。过大量则可兴奋交感神经节，导致心动过速、呼吸抑制甚至惊厥。

第三节　促大脑功能恢复药

吡拉西坦

吡拉西坦（piracetam）又名脑复康，为 γ-氨基丁酸（GABA）的衍生物。

【体内过程】

吡拉西坦口服易吸收，30~45min 达血药浓度高峰，$t_{1/2}$ 为 5~6h，口服不被代谢，以原形主要由肾排泄。

【药理作用】

吡拉西坦能直接作用于大脑皮质，通过促进脑组织对氧、葡萄糖、氨基酸和磷脂的利用，改善脑代谢，促进乙酰胆碱合成，增加神经兴奋传导，达到激活、保护、修复脑细胞作用，从而增强记忆力，保护缺氧脑组织，增加脑血流量，增强脑部左右两半球间神经信息的传递。

【临床应用】

吡拉西坦临床广泛用于阿尔茨海默病、血管性痴呆、脑动脉硬化症、脑血管意外、脑外伤等原因引起的思维与记忆功能减退，以及轻、中度脑功能障碍；也可用于儿童智能发育迟缓；对巴比妥类、氰化物、一氧化碳及乙醇等中毒后的意识恢复有一定疗效。

【不良反应】

吡拉西坦不良反应常见兴奋、易激动、头晕和失眠等；偶见轻度肝功能损伤、体重增加、幻觉、共济失调、皮疹等。

同类药物还有茴拉西坦（aniracetam）和奥拉西坦（oxiracetam），与吡拉西坦相比，具有作用强、起效快、毒性低的特点，常见不良反应为口干、嗜睡、全身皮疹。

胞磷胆碱

胞磷胆碱（citicoline）又名胞二磷胆碱，为人体的正常成分。

【药理作用】

胞磷胆碱分子中含胆碱和胞嘧啶，作为辅酶参与磷脂酰胆碱（卵磷脂）的合成，修复受损的神经细胞膜，利于神经细胞再生；并能提供胆碱，促进胆碱能神经合成乙酰胆碱，增强记忆功能。具有兴奋网状结构上行激动系统，促进苏醒和大脑功能恢复，改变脑血管阻力、增加脑血流量而促进脑内物质代谢等作用。

【临床应用】

胞磷胆碱临床广泛用于急性颅脑外伤和脑手术后的意识障碍，也适用于脑梗死、药物急性中毒、重症酒精（乙醇）中毒、严重感染等所致的意识障碍。用于轻、中度阿尔茨海默病和血管性痴呆的治疗，可改善认知功能；对非创伤性脑出血患者的肌萎缩具有改善作用；也可用于耳鸣及神经性耳聋等。

【不良反应】

胞磷胆碱口服偶见胃肠道反应，但症状轻微，持续时间短。注射给药偶见低血压、发热等。

吡 硫 醇

吡硫醇（pyritinol）又名脑复新，是维生素 B_6（吡哆醇）的类似物，能促进脑内葡萄糖及氨基酸代谢，增加脑血流量，改善脑功能。口服或注射给药，用于脑震荡后综合征、脑外伤后遗症、脑炎后遗症等引起的头晕、头痛、失眠、记忆力减退、注意力不集中等症状的改善，也可用于脑动脉硬化、阿尔茨海默病等辅助治疗。偶有皮疹、恶心等不良反应。肝功能不全、糖尿病及妊娠期妇女、哺乳期妇女慎用。

第四节　中枢兴奋药及促大脑功能恢复药合理应用

一、中枢兴奋药合理应用

中枢兴奋药主要用于呼吸中枢抑制所致呼吸衰竭的辅助治疗,对心力衰竭和呼吸肌麻痹引起的外周性呼吸衰竭无效。使用中枢兴奋药,必须保持气道通畅,否则会导致呼吸肌疲劳,进而加重CO_2潴留。脑缺氧、水肿未纠正而出现频繁抽搐者慎用。患者的呼吸肌功能基本正常,不可突然停药。对新生儿窒息,必须先清除呼吸道分泌物后方可使用;对病情较重、支气管痉挛、痰液引流不畅的患者,在使用中枢兴奋药的同时,必须配合其他有效的改善呼吸功能的措施(如建立人工气道、吸痰等)。

此类药物安全范围小,用药时要严密观察病情变化,根据病情随时调整用量和用药时间。一旦出现兴奋、烦躁、肌肉抽动、惊厥等症状,应及时减量或停药。由于作用维持时间均较短,在临床急救中常需反复用药,为防止过量中毒,一般应采取两种中枢兴奋药联用或交替使用,并严格掌握用药剂量及给药间隔时间。部分药物持续应用会产生耐药现象,一般应用 3~5 天,或给药 12h,间歇12h。

二、促大脑功能恢复药合理应用

促大脑功能恢复药大多作用靶点不明确,作用机制复杂,包括促进脑组织对氧、葡萄糖、氨基酸和磷脂的利用,增加蛋白质的合成,改善脑代谢,促进大脑皮质及海马乙酰胆碱释放,保护神经细胞膜,增加脑血流等。

在促大脑功能恢复治疗中,首先应当明确药物治疗已不占主导地位。用药应遵循个体化用药原则,不可同时服用过多或过量的药物,临床尽量选用安全且证据级别高的药物。采用预防用药和维持治疗量,应掌握好适应证、不良反应、禁忌证等。如口服促大脑功能恢复药应在睡前 6h 用药,以防止失眠;颅内出血急性期不宜使用胞磷胆碱。

(冯翠娟)

思考题

1. 简述咖啡因的药理作用、临床应用和不良反应。
2. 试比较尼可刹米与洛贝林的作用机制和临床应用的异同。
3. 简述吡拉西坦与胞磷胆碱的作用机制和临床应用。

任务9 | 镇痛药

学习目标

1. 掌握镇痛药的分类、代表药物、药理作用、临床应用、不良反应和注意事项。
2. 熟悉镇痛药的作用特点。
3. 了解镇痛药作用机制。
4. 能根据临床表现等合理选择镇痛药，正确用药，及时处置不良反应。
5. 具备与患者及其家属进行沟通、开展用药咨询服务、指导患者合理用药的职业素养，关心、爱护患者。

疼痛（pain）是机体受到伤害性刺激时的一种保护性反应，常伴有不愉快的情绪反应，严重影响患者生活质量。对于心肌梗死、晚期癌症及外伤时出现的剧烈疼痛，常伴有恐惧、紧张、焦虑等精神和情绪上的变化，不及时镇痛还可引起生理功能紊乱甚至休克、死亡。适当应用镇痛药缓解剧痛、改善不良情绪并预防休克是必要的。但疼痛发生的部位和性质、疼痛发作时患者的体征和表现也是疾病诊断的重要依据，疾病确诊之前须慎用镇痛药，以免掩盖病情，贻误诊治。因此，合理应用镇痛药具有重要的临床意义。

镇痛药（analgesic）是一类主要作用于中枢神经系统，选择性减轻或消除疼痛以及疼痛引起的精神紧张和烦躁不安等情绪反应，但不影响意识及其他感觉的药物。该类药物包括阿片类镇痛药（opioid analgesic）和其他镇痛药。其中阿片类镇痛药又包括阿片生物碱类镇痛药（如吗啡、可待因等）、人工合成镇痛药（如哌替啶、曲马多和芬太尼等）以及某些内源性阿片肽。与阿片类镇痛药发生特异性结合的受体称为阿片受体（opioid receptor）。多数阿片类镇痛药反复应用可成瘾，被列入麻醉药品管理范围，又称麻醉性镇痛药或成瘾性镇痛药，在使用和保管上必须严格控制。

临床情景

患者，女性，35岁。主诉腹部剧烈疼痛、发冷、纳差、腹胀，伴有恶心、呕吐。查体：突发性右上腹持续性绞痛，向右肩胛下区放射，体温38.2℃，少尿，肌酐2.2mg/100ml，PT-INR（检验凝血功能的指标）1.8，血小板$70×10^9$/L，白细胞$20×10^9$/L。B超检查：胆囊周围积液，胆囊肿胀，胆囊壁4mm，有胆结石存在。本次入院前患者因疼痛难忍在其他医院注射过吗啡，用药后呕吐加剧，疼痛不能缓解，但腹泻减轻。

诊断：胆绞痛；急性胆囊炎。

处方：

1. 盐酸哌替啶注射液，每次25mg，肌内注射，每日不超过4次。
2. 硫酸阿托品注射液，0.5mg肌内注射。
3. 消炎利胆片，每次6片，一日3次。

第一节　阿片受体激动药

一、阿片生物碱类镇痛药

阿片(opium)为罂粟科植物罂粟未成熟蒴果浆汁的干燥物,含吗啡、可待因、罂粟碱等20多种生物碱。这些生物碱按化学结构可分为菲类和异喹啉类,前者以吗啡、可待因为代表,可激动阿片受体,具有镇痛、镇咳作用;后者以罂粟碱为代表,对血管、支气管、胃肠道、胆管等平滑肌有松弛作用。

吗　啡

吗啡(morphine)是阿片生物碱中的主要镇痛成分,是强阿片类镇痛药的代表药。

【体内过程】

吗啡口服易吸收,首过消除明显,生物利用度仅24%,皮下注射、肌内注射吸收较好,一次给药作用持续4~6h。血浆蛋白结合率约30%,分布于全身组织,少量通过血-脑屏障进入中枢,主要在肝代谢,经肾排泄。少量经胆汁、乳汁排泄,亦可通过胎盘屏障进入胎儿体内。新生儿血-脑屏障发育不完全,吗啡容易进入中枢系统。

【药理作用】

吗啡能激动阿片受体,对中枢神经系统、心血管系统及内脏平滑肌产生广泛的作用。

1. 中枢神经系统

(1)**镇痛、镇静、欣快感**:吗啡镇痛作用的特点如下。①用药后缓解或消除痛觉,而对其他感觉(如触觉、听觉、视觉等)、运动、意识等无影响。②镇痛作用强大,对各种疼痛均有效。③对慢性持续性钝痛尤其是内脏痛效果好,对急性间断性疼痛效果较差。有明显的镇静作用,能消除由疼痛所引起的焦虑、紧张、恐惧等情绪反应,提高患者对疼痛的耐受力;在安静环境时易诱导患者入睡,但易被唤醒。可产生欣快感,表现为满足感和飘然欲仙等,易致药物滥用或成瘾。

(2)**呼吸抑制**:吗啡通过降低延髓呼吸中枢对 CO_2 的敏感性以及直接抑制脑桥呼吸调节中枢两种机制抑制呼吸。治疗量吗啡即可使呼吸频率变慢,潮气量减少。疼痛等刺激因素可部分克服呼吸抑制。因此,当吗啡缓解强烈疼痛刺激后,患者的呼吸抑制可能突然加重,无呼吸障碍的患者尚可耐受,但伴有颅内压升高、哮喘、慢性阻塞性肺疾病或肺心病的患者尤为危险。呼吸抑制是吗啡致死的主要原因。

(3)**镇咳**:吗啡抑制延髓咳嗽中枢,使咳嗽反射消失,可能与其激动延髓孤束核阿片受体有关。

(4)**缩瞳**:吗啡可兴奋支配瞳孔的副交感神经,使瞳孔括约肌收缩、瞳孔缩小,中毒时可出现针尖样瞳孔,这是吗啡过量的诊断依据之一。

(5)**催吐**:吗啡兴奋延髓催吐化学感受区阿片受体,引起恶心、呕吐。

(6)**其他**:吗啡可抑制下丘脑释放促性腺激素释放激素(GnRH)和促肾上腺皮质激素释放激素(CRH),从而降低血浆黄体生成素(LH)、卵泡刺激素(FSH)、促肾上腺皮质激素(ACTH)的浓度。还可引起皮肤潮红,有时伴瘙痒、荨麻疹,可能是吗啡通过中枢作用于瘙痒性神经通路或促进外周组胺释放所致。

2. 心血管系统 吗啡可能引起低血压和轻度心动过缓。治疗量吗啡通过扩张阻力血管和容量血管、抑制压力感受性反射,可引起直立性低血压。吗啡的降压作用机制与其促组胺释放而扩张血管部分相关,也与其抑制血管运动中枢有关。低血容量者更易发生低血压。对冠状动脉疾病患者,8~15mg 吗啡静脉注射可使心肌耗氧量、左心室舒张末期压和心脏功能降低。因此,吗啡对心绞痛发作或急性心肌梗死具有较好的疗效。吗啡抑制呼吸,造成 CO_2 潴留,可继发性引起脑血管扩张和脑血流量增加,导致颅内压升高。

3. 平滑肌

(1)**胃肠道平滑肌**:吗啡兴奋胃肠道平滑肌和括约肌,引起痉挛,使张力增加,蠕动抑制,胃肠道内容物通过延缓,加之消化液分泌减少及中枢抑制,致使便意迟钝,最终导致肠内容物推进受阻,水分吸收增多,引起便秘。

(2)**胆道平滑肌**:治疗量吗啡可引起胆道平滑肌收缩,胆道和胆囊内压增高,导致上腹部不适,严重者出现胆绞痛;也可引起奥狄括约肌收缩,导致胆汁和胰液反流,血淀粉酶和脂肪酶水平升高。

(3)**其他平滑肌**:吗啡降低子宫平滑肌的反应性,延长产程,影响分娩;增强膀胱逼尿肌和括约肌张力,可致尿潴留;增加输尿管平滑肌张力,加重肾结石,引起肾绞痛;大剂量可引起支气管平滑肌收缩,诱发或加重哮喘。

4. 免疫系统 阿片类药物对细胞免疫和体液免疫均有抑制作用,在停药戒断期最明显。吗啡可抑制巨噬细胞的吞噬功能,抑制淋巴细胞增殖,抑制自然杀伤细胞的细胞毒作用。吗啡依赖者的免疫功能均严重受损,出现人类免疫缺陷病毒(human immunodeficiency virus,HIV)的感染率以及肿瘤发病率明显升高。

【作用机制】

中枢神经系统存在由内源性阿片肽(如脑啡肽、内啡肽等)和阿片受体等共同组成的镇痛系统。疼痛刺激使感觉神经末梢释放的谷氨酸、神经肽(如 P 物质)等兴奋性递质与相应受体结合,将痛觉冲动传入中枢。内源性阿片肽由特定的神经元释放后,激动脊髓感觉神经末梢突触前、后膜上的阿片受体,抑制腺苷酸环化酶,促进 K^+ 外流,减少 Ca^{2+} 内流,使突触前膜递质释放减少、突触后膜超极化,从而减弱或阻滞痛觉信号的传递,产生镇痛作用。阿片类药物镇痛机制复杂,大多数阿片类药物作用阿片受体,模拟内源性阿片肽对痛觉的抑制功能而产生镇痛作用(图 3-9-1)。

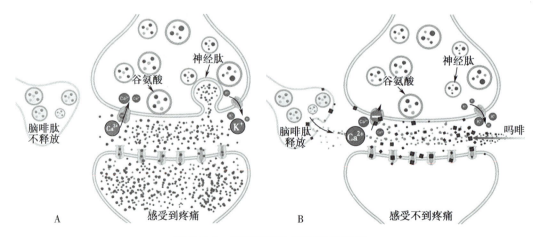

图 3-9-1 吗啡镇痛作用机制示意图

A:谷氨酸和神经肽是感觉传入神经末梢的主要递质,突触前、后膜均接受含脑啡肽的中间神经元调控,脑啡肽通常不释放。B:内源性脑啡肽或吗啡作用于突触前、后膜的阿片受体,导致 Ca^{2+} 内流减少,K^+ 外流增加,使突触前膜神经递质释放减少,突触后膜超极化,从而抑制痛觉传入。

【临床应用】

1.疼痛　吗啡对各种疼痛均有效。为防止反复应用成瘾,除癌症剧痛患者可以长期应用外,缓解其他镇痛药无效的急性锐痛,如严重外伤、大手术、骨折和烧伤等,一般短期应用。对急性心肌梗死引起的剧烈疼痛,不仅能缓解疼痛,减轻患者焦虑情绪,还可通过扩张血管减轻心脏负担。对胆绞痛和肾绞痛,应与解痉药(如阿托品等)合用。

2.心源性哮喘　急性左心衰竭患者突发急性肺水肿,导致肺泡换气功能障碍,CO_2 潴留刺激呼吸中枢,引起浅而快的呼吸,称为心源性哮喘。吗啡治疗心源性哮喘的作用机制包括:降低呼吸中枢对 CO_2 的敏感性,从而减慢呼吸频率,使浅而快的呼吸得到缓解;扩张外周血管,降低外周血管阻力,减轻心脏前、后负荷;可以消除患者的焦虑和紧张情绪。除了应用吗啡、吸氧,还应该采用强心、利尿等综合治疗措施。心肌缺血伴有肺水肿和心绞痛时,效果尤佳。如患者同时伴呼吸抑制时,禁用吗啡,以防加重呼吸抑制现象。

3.腹泻　可用于非细菌性、消耗性腹泻,以减轻症状,常用阿片酊或复方樟脑酊。若为细菌感染,应同时使用抗生素。

【不良反应和注意事项】

1.副作用　治疗量吗啡有时可引起恶心、呕吐、眩晕、嗜睡、尿潴留、便秘、排尿困难、呼吸抑制、胆绞痛等,也可见直立性低血压、颅内压升高、皮肤瘙痒、荨麻疹和呼吸抑制等。

2.耐受性和依赖性　连续反复应用可产生耐受性和依赖性。耐受性是指患者对吗啡的需求量逐渐增大和用药时间缩短。依赖性是指停药后产生戒断症状,主要表现为烦躁不安、失眠、出汗、流泪、流涕、呕吐、肌肉疼痛、震颤、腹泻,甚至虚脱和意识丧失等躯体依赖症状。除了躯体依赖性,患者还可能出现精神依赖性。

3.急性中毒　吗啡用量过大可致急性中毒,表现为昏迷、深度呼吸抑制、针尖样瞳孔三大特征,常伴有体温下降、严重缺氧、发绀、血压降低甚至休克。呼吸肌麻痹是其致死的主要原因。应及时采用人工呼吸、吸氧,给予呼吸兴奋药尼可刹米、阿片受体拮抗药纳洛酮等抢救措施。

支气管哮喘、肺心病患者禁用,分娩期及哺乳期妇女、新生儿、婴儿禁用,颅脑损伤、严重肝功能受损者禁用。

知识拓展

珍爱生命,远离毒品

毒品是指阿片、海洛因、甲基苯丙胺(俗称"冰毒")、吗啡、大麻、可卡因以及国家规定管制的其他能够成瘾的麻醉药品和精神药品。联合国麻醉药品委员会将毒品分为六大类:①吗啡型药物,包括阿片、吗啡、可卡因、海洛因和罂粟植物等。②可卡因和可卡叶。③大麻。④安非他明等人工合成兴奋剂。⑤安眠镇静药,包括巴比妥类和甲喹酮(安眠酮)。⑥精神药物,即苯二氮䓬类。毒品的危害如下:

1.身心危害　包括毒品对身体的毒性作用(如嗜睡、感觉迟钝、运动失调、幻觉、妄想、定向障碍等)、戒断反应、精神障碍、感染性疾病(如乙型肝炎、艾滋病等)。

2.社会危害　包括危害家庭、对社会生产力的巨大破坏、毒品活动扰乱社会治安。

可 待 因

可待因(codeine)又名甲基吗啡,在阿片中的含量较低(约≤3%)。口服易吸收,生物利用度为60%。经肝脏代谢,部分(约10%)代谢为吗啡,$t_{1/2}$ 为 2~4h。与阿片受体的亲和力很低,药理作用与吗啡相似。与吗啡相比,可待因的镇痛、呼吸抑制作用较弱,成瘾性也低于吗啡。具有明显的镇咳作用,除了阿片受体,还可能经由非阿片受体产生镇咳作用。主要用于治疗无痰干咳及剧烈频繁的咳嗽,也用于中度以上疼痛的镇痛。常见不良反应有便秘、呼吸微弱或不规则、欣快感、焦虑紧张、心律失常等。有呼吸困难等相关疾病的患者禁用。

羟考酮

羟考酮(oxycodone)是从生物碱蒂巴因中提取的半合成阿片类药物。口服吸收迅速,生物利用度为 60%~87%,一次给药作用可持续 3~4h,控释制剂作用可持续 12h。可分布于骨骼肌、肝、肠、肺、脾和脑组织中。肝脏代谢,代谢产物为有活性的去甲羟考酮和羟氢吗啡酮,经肾脏排泄。适用于缓解中、重度疼痛,如关节痛、癌性疼痛、牙痛、手术后疼痛等。常用羟考酮复方制剂如氨酚羟考酮(由羟考酮和对乙酰氨基酚组成)或羟考酮缓释制剂。不良反应包括嗜睡、呼吸抑制、低血压、恶心、便秘、呕吐、头痛、瘙痒等。麻痹性肠梗阻、慢性支气管哮喘、慢性阻塞性肺疾病、颅脑损伤以及肺源性心脏病患者禁用。

二、人工合成镇痛药

阿片生物碱类镇痛药虽然具有很强的镇痛作用,但是天然产物结构复杂,合成难度大。此外,该类药物易产生毒性及成瘾性,限制了其临床应用。因此,人们从简化吗啡结构入手,以活性高、毒副作用小为导向,发展了一系列合成镇痛药,如哌替啶、芬太尼、美沙酮等。这些药物化学结构虽与吗啡不同,却能激动或部分激动阿片受体,产生与吗啡相似的作用。

哌替啶

哌替啶(pethidine)又名度冷丁,是第一个全合成镇痛药。作用于阿片受体,镇痛作用较吗啡弱,为临床常用的吗啡代用品。

【体内过程】

哌替啶口服生物利用度低,一般注射给药。皮下或肌内注射吸收快,10min 即显效,可通过血-脑屏障或胎盘屏障。经血浆中的酯酶水解为无活性的哌替啶酸,在肝脏中则会被代谢为去甲基哌替啶,后者消除慢且具有中枢兴奋作用,易累积而引发癫痫或产生中枢毒性,因此不推荐用于慢性疼痛的治疗。主要由肾排泄,$t_{1/2}$ 为 3h。

【药理作用】

1. 中枢神经系统　哌替啶主要激动 μ 型阿片受体而发挥作用,药理作用与吗啡基本相同。其特点为:①镇痛、镇静作用持续时间较吗啡短,仅 2~4h,镇痛强度为吗啡的 1/10~1/7,镇静、欣快作用较吗啡弱。②有抑制呼吸和引起恶心、呕吐的作用。③无明显镇咳、缩瞳作用。④药物依赖性较吗啡轻,发生较慢。

2. 平滑肌　哌替啶对胃肠道平滑肌和括约肌的兴奋作用与吗啡相似,但作用强度弱,持续时间短,故不引起便秘。对妊娠末期子宫平滑肌无明显影响,不对抗缩宫素对子宫的兴奋作用,不影响产程。

3. 心血管系统　哌替啶抑制血管运动中枢,引起血管扩张;对心脏具有负性肌力作用;偶可引起直立性低血压。

【临床应用】

1. 镇痛　哌替啶现已代替吗啡用于创伤性疼痛和手术后疼痛、麻醉前用药等。缓解内脏剧烈绞痛(如胆绞痛、肾绞痛)须与阿托品联合应用。可用于分娩止痛,但产前 4h 内不能使用,以免抑制新生儿的呼吸。慢性钝痛患者不宜使用。

2. 心源性哮喘　哌替啶可替代吗啡作为心源性哮喘的辅助治疗。其作用机制与吗啡相同。

3. 麻醉前给药及人工冬眠　利用哌替啶的镇静作用,可消除患者术前紧张、恐惧情绪,减少麻醉药用量。与异丙嗪、氯丙嗪组成冬眠合剂,用于人工冬眠。

4.术后寒战 哌替啶是阿片类中最强的抗寒战药物。

【不良反应和注意事项】

治疗量哌替啶可引起眩晕、恶心、呕吐、口干、心悸、直立性低血压甚至晕厥等。耐受性及依赖性虽比吗啡轻,但久用仍可产生,故须控制使用。过量中毒时可发生昏迷、呼吸明显抑制、瞳孔散大、震颤、肌肉痉挛、反射亢进、谵妄甚至惊厥等中枢兴奋症状。纳洛酮能解除其呼吸抑制,但不能消除中枢兴奋症状,可配合使用抗惊厥药。禁忌证同吗啡。

曲 马 多

曲马多(tramadol)为中枢性镇痛药。口服、注射均易吸收,且镇痛功效相同。口服后 20~30min 起效,作用维持 6h。本药激动 μ 型阿片受体,同时可抑制神经元对 NA 和 5-HT 的再摄取。镇痛强度为吗啡的 1/10~1/8,镇咳强度为可待因的 1/2,主要经肝脏代谢,经肾排泄。无明显呼吸抑制及致平滑肌痉挛作用,不产生便秘,也不影响心血管功能。常用剂型较多,也可与对乙酰氨基酚组成复方制剂,广泛用于手术后、创伤、癌症晚期的镇痛,也用于剧烈的关节痛、神经痛、外科和产科手术等引起的各种疼痛。长期或大剂量服用可成瘾。2008 年我国将曲马多列为第二类精神药品管理。

芬 太 尼

芬太尼(fentanyl)属强效麻醉性镇痛药,是目前临床最常用的人工合成镇痛药物之一,其镇痛强度为吗啡的 100 倍,起效快,但作用持续时间短,不释放组胺,对心血管功能影响小。用于麻醉前给药及诱导麻醉,是复合麻醉的常用药物。芬太尼与氟哌利多合用产生神经阻滞镇痛效果,适用于外科小手术、医疗检查或大面积换药。还用于手术镇痛。芬太尼透皮贴用于止痛,镇痛作用可维持 72h。不良反应较吗啡少,可见眩晕、恶心、呕吐等。大剂量可产生肌肉僵直、呼吸抑制,反复用药也有依赖性。禁忌证同吗啡。

同类药物还有舒芬太尼(sufentanil)、阿芬太尼(alfentanil)、瑞芬太尼(remifentanil)等。舒芬太尼为强效阿片类镇痛药,镇痛能力是芬太尼的 10 倍,作为复合麻醉的镇痛用药或全身麻醉的诱导麻醉和维持用药。阿芬太尼和瑞芬太尼给药后即刻起效,作用维持时间短,约 10min,应用同芬太尼。

美 沙 酮

美沙酮(methadone)又名美散痛,是 μ 型阿片受体强效激动药。药理作用与吗啡相似,服用后 30min 起效,但作用持续时间明显长于吗啡。镇静、呼吸抑制、缩瞳、引起便秘等作用较吗啡弱。优点是口服与注射效果相似,耐受性和依赖性发生较慢,停药后的戒断症状轻。适用于创伤、癌症、手术后所致的剧痛;还用于吗啡、海洛因等成瘾的脱毒治疗。常见不良反应包括乏力、眩晕、恶心、呕吐、出汗、嗜睡、便秘、直立性低血压等。因呼吸抑制时间较长,禁用于分娩镇痛。肾衰竭患者或长期使用者均应注意其组织蓄积中毒。

布 桂 嗪

布桂嗪(bucinnazine)又名强痛定,为人工合成的哌嗪类镇痛药,镇痛强度约为吗啡的 1/3。属于速效镇痛药,一般皮下注射 10min 后起效,作用持续 3~6h。具有一定的镇咳、呼吸抑制、降血压及胃肠抑制等作用,但对平滑肌痉挛的镇痛效果差。临床用于偏头痛、三叉神经痛、牙痛、炎症性及外伤性疼痛、神经痛、月经痛、关节痛等,也用于手术后疼痛以及癌性疼痛(属二阶梯镇痛药)。少数患者可见恶心、眩晕、困倦等,停药后可恢复。有一定的药物依赖性。

第二节 阿片受体拮抗药

纳 洛 酮

纳洛酮(naloxone)为阿片受体竞争性拮抗药,对各型阿片受体亚型均有竞争性阻断作用。口服生物利用度低,须注射或鼻腔喷雾给药,作用维持 1~2h。对正常机体无明显药理作用,几乎无不良反应。小剂量(0.4~0.8mg)注射能迅速翻转吗啡的效应,可快速解除吗啡中毒所致的呼吸抑制、颅内压升高、血压下降,使昏迷患者迅速复苏。对吗啡产生依赖性者,本药可迅速诱发戒断症状。临床主要用于:阿片类药物急性中毒、急性酒精中毒等的治疗;阿片类药物成瘾者的鉴别诊断;急性呼吸衰竭、老年性痴呆、慢性阻塞性肺疾病、阿片类药物引起的瘙痒等的治疗;感染性休克的辅助治疗。

纳曲酮(naltrexone)结构和作用与纳洛酮相似,但生物利用度较高,作用持续时间长达 24h。临床用于治疗阿片类药物中毒、酒精依赖,可防止阿片类药物戒断后复吸。

第三节　阿片受体部分激动药

本类药物单独或小剂量使用时可激动某型阿片受体,当与阿片受体激动药合用或增大剂量时又可阻断该受体;此外,一些本类药物对某一亚型阿片受体起激动作用而对另一亚型阿片受体起拮抗作用,故又称阿片受体混合型激动-拮抗药。

喷他佐辛

喷他佐辛(pentazocine)又名镇痛新,主要激动 κ 型阿片受体,对 μ 型阿片受体表现为部分激动作用(轻度拮抗作用),是第一个临床应用的阿片受体部分激动药。

【体内过程】

喷他佐辛口服、注射均易吸收,口服后 1h 发挥起效,作用持续 5h 以上。肌内注射 15min 后血药浓度达峰值,主要在肝代谢,经肾排泄。

【药理作用和临床应用】

喷他佐辛镇痛和呼吸抑制作用均比吗啡弱,分别为吗啡的 1/3 和 1/2。呼吸抑制程度不随剂量增加而加重,故相对安全。镇静、兴奋胃肠平滑肌作用较吗啡弱。对心血管系统的作用不同于吗啡,可兴奋心血管系统,可提高血中儿茶酚胺浓度,大剂量可致心率加快、血压升高。由于本药尚有一定的拮抗 μ 型阿片受体作用,成瘾性小,与吗啡同用时可部分对抗吗啡的药理作用,但不能拮抗吗啡的呼吸抑制作用,能减轻成瘾者的戒断症状,主要用于各种慢性剧痛及术后疼痛。

【不良反应】

喷他佐辛的不良反应有恶心、呕吐、出汗、眩晕等,大剂量可引起呼吸抑制、血压升高及心动过速等。

丁丙诺啡

丁丙诺啡(buprenorphine)又名布诺啡,以激动 μ 型阿片受体为主,对 κ 型阿片受体有拮抗作用,大剂量时也有 δ 型阿片受体拮抗作用。镇痛作用是吗啡的 25 倍。起效慢,作用维持时间长,为 6~8h。药物依赖性近似吗啡,对呼吸有抑制作用。主要用于各种术后痛、癌性疼痛及心肌梗死等镇痛,亦可作为成瘾的脱毒治疗。常见不良反应有头晕、嗜睡、恶心、呕吐等。

第四节　其他镇痛药

其他镇痛药的作用机制与阿片受体无关,镇痛作用较弱,不抑制呼吸,无药物依赖性,故又称非依赖性镇痛药,属非麻醉药品管理范畴。

四氢帕马丁

四氢帕马丁(tetrahydropalmatine)又名延胡索乙素,是从罂粟科植物延胡索中提取的一种生物碱,具有镇痛、镇静、催眠及安定作用。镇痛作用比哌替啶弱,但强于解热镇痛药,口服 10~30min 后出现镇痛作用,持续 2~5h。镇痛机制未明,但已知与阿片受体及减少前列腺素合成、释放无关。临床用于胃肠、肝胆系统疾病所致的钝痛,对外伤等剧痛效果差。亦用于头痛、分娩止痛及痛经。因有镇静、催眠作用,临床可用于治疗失眠症,尤其适用于因疼痛所致失眠的患者。久用无耐受性和依赖性。常见不良反应有眩晕、恶心、呕吐。大剂量可抑制呼吸中枢,少数人可见锥体外系症状。

罗 通 定

罗通定(rotundine)又名颅通定,为从防己科植物华千金藤中提取的主要生物碱左旋四氢帕马丁,现已人工合成。镇痛、镇静、催眠作用均强于四氢帕马丁,临床应用及不良反应同四氢帕马丁。

知识拓展

对中药延胡索的研究

延胡索收载于《本草纲目》,"味苦微辛,专治一身上下诸痛,妙不可言"。它具有良好的镇痛、镇静效果,并有催眠作用。赵承嘏院士系统地分离纯化了延胡索的 10 多种生物碱,为后续研究奠定了基础。金国章院士带领团队经过不断探索,从延胡索和华千金藤中成功分离出四氢原小檗碱类似物 17 种,其中左旋四氢帕马丁即为罗通定。

(冯翠娟)

思考题

1. 试论述吗啡治疗心源性哮喘的机制。为什么吗啡又禁用于支气管哮喘?
2. 简述治疗胆绞痛和肾绞痛时镇痛药与解痉药合用的原因。
3. 试比较吗啡、哌替啶及罗通定的镇痛作用特点及应用。

任务 10 | 解热镇痛抗炎药

学习目标

1. 掌握解热镇痛抗炎药共有作用,阿司匹林的药理作用、临床应用、不良反应和注意事项。
2. 熟悉解热镇痛抗炎药的作用特点。
3. 了解解热镇痛抗炎药复方制剂。
4. 能根据临床表现等合理选择解热镇痛抗炎药,正确用药,及时处置不良反应。
5. 具备与患者及其家属进行有效沟通、开展用药咨询服务、指导患者合理用药的职业素养,关心、爱护患者。

解热镇痛抗炎药(antipyretic-analgesic and anti-inflammatory drugs)是一类具有解热、镇痛作用,大多数还兼有抗炎、抗风湿作用的药物。由于化学结构及抗炎机制与甾体抗炎药糖皮质激素不同,故又称非甾体抗炎药(nonsteroidal anti-inflammatory drugs,NSAIDs)。

临床情景

患者,女性,39 岁。3 日前自觉鼻咽部干痛不适,次日出现鼻塞、流涕,轻微咳嗽,自服"感冒清片",效果不佳。近 1 日出现畏寒、发热、咽痒咳嗽,体温 38.4℃,肌肉酸痛,食欲不振。查体:意识清晰,咽喉部红肿,扁桃体肿大。血常规:白细胞 $4.4×10^9$/L,淋巴细胞 $0.9×10^9$/L。患者无妊娠,无肝、肾功能不全,无精神病史。

诊断:普通感冒。

处方:复方氨酚烷胺胶囊,口服,一次 1 粒,一日 2 次。

学习任务

课前:该患者有哪些既往史? 现在的主要症状是什么? 对该患者使用了哪些药物? 还需要联合应用哪些药物?

课中:复方氨酚烷胺胶囊属于复方制剂,主要包含哪些成分? 该药物各成分的药理作用、临床应用分别是什么? 对该患者是否可以选用布洛芬联合应用?

课后:对感冒患者主要选用哪些药物? 对该患者选用哪种药物更合适?

第一节　概　述

环氧合酶(cyclooxygenase,COX)是花生四烯酸代谢过程中的限速酶,催化花生四烯酸转化为前列腺素(prostaglandin,PG)。解热镇痛抗炎药在化学结构上虽然属于不同类别,但抑制 COX 活性、使 PG 合成减少是其解热、镇痛、抗炎的共同作用机制(图 3-10-1)。

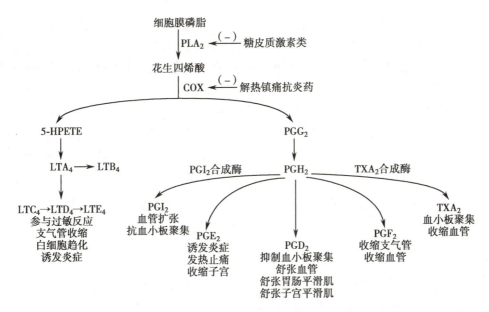

图 3-10-1　花生四烯酸代谢途径、主要代谢物的生物活性及解热镇痛抗炎药作用环节

PLA$_2$ 为磷脂酶 A$_2$;5-HPETE 为 5-羟过氧化二十碳四烯酸;PG 为前列腺素;LT 为白三烯;TXA$_2$ 为血栓素 A$_2$。

COX 包括固有型 COX(COX-1)和诱生型 COX(COX-2)。COX-1 表达于血管、胃、肾和血小板等绝大多数组织,在整个细胞周期中维持稳定的表达水平,参与血小板聚集、血管舒缩、胃黏膜血流以及肾血流的调节,以维持细胞、组织和器官生理功能的稳定,具有重要的生理意义。COX-2 在大多数哺乳动物组织中无法检测到,但在炎症损伤刺激的单核细胞、巨噬细胞、成纤维细胞、血管平滑肌细胞或内皮细胞等中,COX-2 可被快速诱导生成,是触发后续炎症反应的关键环节。目前认为,COX-1 和 COX-2 在功能上有重叠和互补性,共同发挥对机体的保护作用。近年来发现还存在其他 COX 亚型,如 COX-3(一种 COX-1 的变异体)。

【药理作用】

1.解热作用　人体体温调节中枢位于下丘脑,调控产热和散热过程,使体温维持在 37℃左右。在病理条件下,病原微生物、非微生物抗原、炎症灶渗出物、致热性类固醇等刺激血液单核细胞和组织巨噬细胞产生并释放内生性致热原(白介素-1β、白介素-6、干扰素、肿瘤坏死因子等)。内生性致热原作用于下丘脑体温调节中枢,引起前列腺素 E$_2$(PGE$_2$)合成和释放增加,使体温调定点升高,增加产热,引起体温升高。解热镇痛抗炎药抑制下丘脑 COX,阻断 PGE$_2$ 合成,使体温调节中枢的体温调定点恢复正常。解热镇痛抗炎药仅对内源性致热原所致发热有效,通过增加散热使发热患者的体温降至正常,对正常人的体温无影响,这与氯丙嗪对体温的影响有所不同。

发热是机体的一种防御反应,不同热型是诊断疾病的重要依据。因此,应先明确诊断后降温。但高热或持续低热待查可引起中枢神经系统功能紊乱,出现头痛、失眠、谵妄,甚至引起惊厥和昏迷,严重者可危及生命,此时适当应用本类药物可缓解症状。对幼儿和年老体弱患者,应严格掌握剂量,以免用量过大、出汗过多、体温骤降而引起虚脱。另外,解热镇痛抗炎药只是对症治疗,必须同时注意对因治疗。

2.镇痛作用　组织损伤或炎症时,局部能产生和释放某些致痛、致炎的活性物质(如缓激肽、组胺、5-HT、PG 等)。缓激肽等刺激末梢痛觉感受器,引起疼痛;PG 除了本身具有致痛作用,还可使痛觉感受器对缓激肽等致痛作用的敏感性提高。解热镇痛抗炎药通过抑制病变部位的 COX,使 PG 的合成和释放减少而减轻疼痛。目前认为镇痛作用部位主要在外周。

解热镇痛抗炎药的镇痛强度弱于镇痛药,主要用于组织损伤或炎症引起的疼痛,如关节痛、肌肉痛、头痛、痛经和癌性疼痛等,具有中等程度的镇痛作用,对慢痛有效,对快痛、严重创伤的剧痛、平滑肌绞痛无效。因对轻度癌性疼痛有较好的镇痛作用,解热镇痛抗炎药是世界卫生组织(WHO)推荐的"癌症三阶梯止痛法"治疗轻度疼痛的主要药物。解热镇痛抗炎药不抑制呼吸,长期应用不产生成瘾性,临床应用较广。

3. 抗炎抗风湿作用 炎症是机体对外界伤害性刺激产生保护性病理反应的一种复杂过程。目前认为,PG 是参与炎症反应的主要活性物质,能使血管扩张、通透性增加,引起局部组织充血、水肿和疼痛,同时还能增强其他致痛、致炎物质(如缓激肽、5-HT、白三烯等)的作用。解热镇痛抗炎药能抑制炎症反应时局部 PG 的合成和释放,发挥抗炎抗风湿作用。

本类药物除苯胺类外,大多数都具有抗炎抗风湿作用,能有效缓解风湿、类风湿性炎症的渗出,减轻炎症引起的红、肿、热、痛等症状,但无病因治疗作用,也不能完全阻止炎症的发展及并发症的发生。

【不良反应】

1. 胃肠道反应 胃肠道反应是解热镇痛抗炎药最常见的不良反应,常见上腹部疼痛、恶心、呕吐、腹胀及腹部疼挛等,严重者可出现出血或穿孔。

2. 过敏反应 过敏反应包括皮疹、荨麻疹、瘙痒、光敏性皮炎、剥脱性皮炎等皮肤损害,有时可发生一些罕见的严重甚至致命的不良反应。

3. 心血管系统 选择性 COX-2 抑制药可使心肌梗死、脑卒中、血栓形成等心血管事件的风险增高。

4. 血液系统 偶见血小板减少性紫癜、中性粒细胞减少症、再生障碍性贫血。

5. 肾损伤 解热镇痛抗炎药抑制了对维持肾脏血流有重要作用的 PGE_2 和前列环素(PGI_2)的生成,长期使用可增加肾脏疾病发生的风险。

6. 肝损伤 肝损伤表现为血清转氨酶升高。

第二节 常用解热镇痛抗炎药

根据对 COX 选择性的不同,解热镇痛抗炎药分为非选择性环氧合酶抑制药和选择性环氧合酶-2 抑制药。临床常用解热镇痛抗炎药复方制剂。

一、非选择性环氧合酶抑制药

非选择性环氧合酶抑制药既能抑制 COX-2,产生解热、镇痛、抗炎作用,又能抑制 COX-1,引起胃肠道等不良反应。按化学结构的不同,非选择性环氧合酶抑制药又分为水杨酸类(如阿司匹林)、苯胺类(如对乙酰氨基酚)、吡唑酮类(如保泰松、非普拉宗)、吲哚类(如吲哚美辛)和芳基烷酸类(如双氯芬酸、布洛芬)等。

阿司匹林

阿司匹林(aspirin)又名乙酰水杨酸(acetylsalicylic acid),是水杨酸的衍生物。

【体内过程】

阿司匹林口服后在胃和小肠上部吸收,1~2h 血药浓度达峰值,在吸收过程中与吸收后能被胃肠黏膜、肝脏和红细胞中的酯酶迅速水解成水杨酸,并以水杨酸盐的形式分布到全身组织,并可进入关节腔、脑脊液及乳汁中,亦可通过胎盘屏障进入胎儿体内。体内水杨酸盐约 25% 被氧化代谢,约 25% 以原形由肾脏排泄,其余与甘氨酸和葡萄糖醛酸结合后随尿液排出。碱化尿液可用于阿司匹林中毒时的解救。

【药理作用和临床应用】

1. 解热、镇痛、抗炎、抗风湿 阿司匹林常规剂量用于感冒发热及头痛、牙痛、神经痛、痛经、肌肉痛等慢性钝痛,以及癌症患者的轻、中度疼痛。较大剂量可使急性风湿热患者于 24~48h 内关节肿胀缓解,发热减轻,心率减慢,血沉降低,全身症状好转。因疗效快而确实,可作为急性风湿热的鉴别诊断。对类风湿关节炎也能迅速控制症状,为治疗类风湿关节炎的常用药。

2. 影响血小板的功能 血栓素 A_2(thromboxane,TXA_2)是诱发血小板聚集和血栓形成的重要内源性物质,而 PGI_2 抑制血小板聚集,是 TXA_2 的生理拮抗剂。小剂量阿司匹林选择性抑制血小板膜上的 COX-1,减少 TXA_2 生成,抑制血小板聚集和对抗血栓形成;较大剂量可抑制血管内膜 COX-1,使 PGI_2 合成减少,促进凝血及血栓形成,但作用短暂。临床常用小剂量阿司匹林防治血栓形成(详见模块5 任务2 抗血小板药)。

3. 其他 阿司匹林用于儿童黏膜皮肤淋巴结综合征(川崎病)的治疗。

知识拓展

百年药物阿司匹林

阿司匹林是历史悠久的解热镇痛抗炎药。中医药学著作《神农本草经》和《本草纲目》对柳树的功效已有记载。《神农本草经》说,柳之根、皮、枝、叶均可入药,有祛痰明目、清热解毒、利尿防风之效,外敷可治牙痛;《本草纲目》指出,柳叶煎之可疗心腹内血、止痛、治疥疮;柳枝和根皮煮酒可漱齿痛,煎服制黄疸白浊;柳絮止血,治湿痹、四肢挛急。后来柳树皮中的有效成分水杨酸被科学家发现。1899 年乙酰水杨酸进入临床,并取名为"aspirin"。直到今天,阿司匹林仍是世界上应用最广泛的解热镇痛抗炎药,已成为比较和评价其他解热镇痛抗炎药的标准制剂。

【不良反应和注意事项】

1. 胃肠道反应 阿司匹林的胃肠道反应最为常见。口服易引起上腹部不适、恶心、呕吐等,较大剂量可诱发胃溃疡及不易察觉的无症状胃出血,或使原有溃疡加重等。其原因可能是:阿司匹林直接刺激胃黏膜及延髓催吐化学感受区,抑制胃黏膜 PGI_2 和 PGE_2 合成,破坏其胃黏膜的保护作用。餐后服药或同服抗酸药,可减轻胃肠反应。饮酒前后不可服本药,因可损伤胃黏膜屏障而导致出血。消化性溃疡患者禁用。

2. 凝血障碍 小剂量阿司匹林可抑制血小板聚集,延长出血时间。大剂量或长期服用,还可抑制凝血酶原生成,导致出血时间和凝血时间延长,加重出血倾向。可使用维生素 K 防治。肝功能不全、凝血酶原合成功能低下者、孕产妇禁用。手术前 1 周应停用阿司匹林,以防出血。

3. 过敏反应 少数患者可出现荨麻疹、皮疹、血管神经性水肿和过敏性休克。某些哮喘患者服用阿司匹林后可诱发支气管哮喘,称为阿司匹林哮喘,使用肾上腺素治疗效果不佳,用糖皮质激素雾化吸入有效。支气管哮喘患者禁用。

4. 水杨酸反应 阿司匹林大剂量服用时可出现头晕、头痛、恶心、呕吐、耳鸣及视力、听力减退等中毒反应,称为水杨酸反应,严重者可出现谵妄、过度呼吸、酸碱平衡失调、精神错乱、昏迷,甚至危及生命。应立即停药,静脉滴注碳酸氢钠溶液碱化尿液,促进水杨酸盐从尿中排出。

5. 瑞氏综合征 瑞氏综合征(Reye syndome)是以脑病合并内脏脂肪病为特点的临床综合征,在儿童病毒感染(如流感、水痘、麻疹等)伴急性发热,服用阿司匹林退热时出现,偶可引起严重肝功能损害、急性脑水肿的危险,表现为短暂发热、惊厥、频繁呕吐、颅内压增高、昏迷及严重肝功能异常等。虽少见,但预后恶劣,严重者可致死。因此,病毒感染患儿不宜用阿司匹林治疗,可用对乙酰氨基酚代替。

对乙酰氨基酚

对乙酰氨基酚（paracetamol）又名扑热息痛，是非那西丁（phenacetin）的活性代谢产物，化学结构为苯胺类。

【体内过程】

对乙酰氨基酚口服吸收快而完全，30~60min 血药浓度达峰值，$t_{1/2}$ 为 2~4h，大部分（95%）药物在肝脏中与葡萄糖醛酸或硫酸结合为无活性代谢产物，5% 经羟化转化为对肝脏有毒性的代谢物，均从尿中排出。

【药理作用】

对乙酰氨基酚抑制中枢 PG 合成的作用与阿司匹林相似，但抑制外周 PG 合成的作用弱，解热作用强而持久，镇痛作用弱，几乎无抗炎、抗风湿作用，对血小板功能、凝血时间和尿酸水平无明显影响。

【临床应用】

对乙酰氨基酚临床用于治疗感冒发热、关节痛、头痛、神经痛和肌肉痛等。阿司匹林过敏、消化性溃疡、阿司匹林哮喘患者可选用对乙酰氨基酚代替。因不诱发溃疡和瑞氏综合征，儿童病毒感染引起发热、头痛需使用解热镇痛抗炎药时，首选对乙酰氨基酚。

【不良反应】

对乙酰氨基酚为非处方药，常用剂量安全可靠，偶见药物热、皮疹等过敏反应；大剂量或长期使用可致肾功能损害。过量可致急性中毒性肝坏死。

吲哚美辛

吲哚美辛（indometacin）又名消炎痛，为人工合成的吲哚类药物。口服吸收迅速完全，是最强的 COX 抑制药之一，具有强大的抗炎、镇痛和解热作用，抗炎作用比阿司匹林强 40 倍，缓解炎性疼痛作用明显。不良反应多，仅用于治疗对其他药物不能耐受或疗效差的急性风湿病、类风湿关节炎、强直性脊柱炎，癌性发热及其他不易控制的发热，术后疼痛等。现多为外用，必要时选用肠溶片。不良反应发生率高且严重，多见恶心、呕吐、腹痛、腹泻，可诱发或加重消化性溃疡、出血，偶见胃肠穿孔，还可引起急性胰腺炎；头痛、眩晕，偶见精神失常等中枢神经系统反应；可引起粒细胞减少、血小板减少和再生障碍性贫血；过敏反应常见皮疹，严重者可诱发哮喘甚至休克等。

双氯芬酸

双氯芬酸（diclofenac）为邻氨基苯甲酸类衍生物，具有显著的解热、镇痛、抗炎、抗风湿作用，抑制 COX 的作用比吲哚美辛强 2~2.5 倍，比阿司匹林强 26~50 倍。口服起效快，不到 1h 血药浓度达峰值，血浆蛋白结合率高。临床用于治疗风湿性关节炎、类风湿关节炎、强直性脊柱炎、骨关节病以及各种炎症所致的发热等。适用于各种急性疼痛的短期治疗。外用药用于缓解肌肉、软组织和关节损伤引起的轻、中度疼痛。不良反应轻微，偶见肝功能异常及白细胞减少。

布 洛 芬

布洛芬（ibuprofen）又名异丁苯丙酸，是第一个用于临床的丙酸类解热镇痛抗炎药。口服易吸收，血浆蛋白结合率大于 99%，可缓慢进入滑膜腔，$t_{1/2}$ 为 2h，并保持较高浓度。主要经肝代谢，代谢物自肾排泄。具有较强的抗炎、解热及镇痛作用，效力与阿司匹林相似，但不良反应较少。临床主要用于风湿病及类风湿关节炎、骨关节炎、强直性脊柱炎、急性肌腱炎等的治疗，也可用于发热及痛经的治疗。临床常用其缓释剂型。

同类药物还有萘普生（naproxen）和酮洛芬（ketoprofen）等。

吡罗昔康

吡罗昔康（piroxicam）为烯醇酸类衍生物，口服吸收完全，2~4h 血药浓度达峰值，起效慢，但作用维持时间长久，$t_{1/2}$ 为 36~45h，血浆蛋白结合率高，大部分药物在肝脏代谢，代谢产物及少量原形自肾和粪便排泄。本药除了抑制 PG 合成,还能抑制白细胞以及软骨中的黏多糖酶和胶原酶活性,可减轻炎症反应及软骨损伤。临床用于治疗风湿性关节炎、类风湿关节炎,对腰肌劳损、肩周炎、原发性痛经和急性痛风也有一定疗效,其疗效与阿司匹林、吲哚美辛及萘普生相似。不良反应有头晕、胃部不适、耳鸣、头痛、皮疹等。

非普拉宗

非普拉宗(feprazone)为吡唑酮类药物,抗炎、镇痛作用强。临床用于治疗风湿性关节炎、类风湿关节炎,疗效优于阿司匹林、保泰松、布洛芬等,对坐骨神经痛、肩周炎等有较好疗效。不良反应较保泰松少,主要表现为食欲减退、恶心、呕吐、头痛、面部水肿等。

二、选择性环氧合酶-2 抑制药

塞来昔布

塞来昔布(celecoxib)具有三环结构,是第一个选择性环氧合酶-2 抑制药,对 COX-2 的选择性高于 COX-1 约 20 倍,在治疗剂量下对 COX-1 无明显影响,解决了传统解热镇痛抗炎药存在的胃肠道不良反应。口服吸收快而完全,具有解热、镇痛和抗炎作用,但不抑制血小板聚集。临床用于治疗骨关节炎、风湿性关节炎、类风湿关节炎、强直性脊柱炎、急性疼痛和原发性痛经。其主要特点是消化性溃疡发生率显著低于传统的解热镇痛抗炎药。常见不良反应有上腹疼痛、腹泻与消化不良。有心血管或脑血管疾病倾向的患者慎用。对阿司匹林和磺胺类过敏者禁用。

尼美舒利

尼美舒利(nimesulide)又名美舒宁,口服吸收迅速、完全,生物利用度达 90% 以上,且不受食物影响,$t_{1/2}$ 为 2~3h。具有抗炎、解热、镇痛作用,能选择性抑制 COX-2,相比于布洛芬、对乙酰氨基酚,其抗炎作用更强、不良反应更小。临床用于类风湿关节炎、骨关节炎、手术和急性创伤后的疼痛、痛经的治疗。耐受性良好,胃肠道不良反应发生率低。不良反应偶见胃灼热、恶心、胃痛、出汗、脸部潮红、兴奋过度、皮疹、红斑、失眠,罕见头痛、眩晕。曾有肝损伤的报道。儿童发热慎用尼美舒利,12 岁以下儿童禁用其口服制剂。

三、解热镇痛抗炎药复方制剂

为了增强解热镇痛效果,减少不良反应,常将解热镇痛抗炎药配伍制成复方制剂,如以巴比妥类、咖啡因、对乙酰氨基酚、伪麻黄碱、右美沙芬、咖啡因、抗组胺药、金刚烷胺等组成复方制剂。其中,对乙酰氨基酚具有解热镇痛作用;伪麻黄碱可使上呼吸道血管收缩,减轻充血、水肿,缓解感冒症状;右美沙芬为中枢镇咳药,可缓解干咳症状;咖啡因能收缩脑血管,有助于缓解头痛;氯苯那敏、苯海拉明有抗过敏、镇静作用;金刚烷胺具有抗病毒作用。由于不同复方制剂所含成分不同,应根据临床症状选用。

复方制剂中所含的阿司匹林、布洛芬、氯苯那敏、苯海拉明、右美沙芬、金刚烷胺等对胎儿可能产生不良影响,所以妊娠期及哺乳期妇女用药时应注意。根据临床观察,某些复方制剂效果并不优于单方,而且本类药物大多具有胃肠道不良反应,配伍用药后可使胃肠道反应增加。因此,解热镇痛抗炎药复方制剂须慎用。

> **知识拓展**
>
> ### 类风湿关节炎
>
> 类风湿关节炎(rheumatoid arthritis,RA)是一种以关节滑膜炎为特征的慢性全身性自身免

疫性疾病。其主要特征为对称性、周围性、多关节慢性炎症，临床表现为受累关节疼痛、肿胀、功能下降，病变呈持续性、反复发作。病理变化为关节滑膜的慢性炎症、血管翳形成，侵及下层的软骨和骨，造成关节畸形和功能障碍或丧失，是造成人群丧失劳动力和致残的主要原因之一。类风湿关节炎的病因不明，至今尚无根治方案及预防措施。治疗目标是达到疾病缓解或降低疾病活动度，最终目的是控制病情，减少致残率，改善患者生活质量。治疗药物包括解热镇痛抗炎药、改善病情抗风湿药、糖皮质激素等。治疗原则是早期治疗、联合用药、规范治疗、定期监测与随访，辅以患者健康教育，调整生活方式，包括戒烟、控制体重、合理饮食、适当运动，每周坚持 1~2 次有氧运动（非高强度的体育运动）。

（冯翠娟）

思考题

1. 简述阿司匹林、对乙酰氨基酚、吲哚美辛的药理作用、临床应用及不良反应。
2. 试比较阿司匹林与吗啡镇痛作用的异同点。

药物作用机制

案例分析

模块 3
练习题

心血管系统药物

ER 4-1

ER 4-2

教学课件　　　　思维导图

　　心血管系统是一个完全密闭的循环管道,心肌节律性收缩和舒张推动血液在血管中循环流动。动脉是运送血液离开心脏的血管,静脉是运送血液回到心脏的血管,毛细血管是连接于动脉和静脉之间的微细血管,也是物质交换的场所。长期高血压、高脂血症等势必引起心肌和血管结构上的改变,导致心脏肥大和血管壁肥厚,心室容积下降,血管管腔狭窄,从而引起一系列心血管疾病。当前我国心血管疾病发病率和死亡率仍处于持续上升阶段,心血管疾病的防治工作仍然是重中之重。本模块主要介绍抗高血压药、治疗心力衰竭的药物、抗心律失常药、抗心绞痛药、抗动脉粥样硬化药。

任务 1 | 抗高血压药

学习目标

1. 掌握常用抗高血压药的分类、代表药物、作用机制、降压特点、不良反应和注意事项。
2. 熟悉其他抗高血压药的代表药物、作用机制、降压特点。
3. 了解抗高血压药的合理应用。
4. 能依据高血压临床表现等合理选择药物,正确用药,及时处置不良反应。
5. 具备与患者及其家属进行有效沟通、开展用药咨询服务、指导患者合理用药的职业素养,关心、爱护患者。

高血压(hypertension)是以动脉血压持续增高为主的临床综合征,是最常见的心血管疾病,可引起脑卒中、心肌梗死、心力衰竭等并发症,是脑卒中、冠心病的主要危险因素。凡是能降低血压、可用于高血压治疗的药物统称为抗高血压药。

临床情景

患者,男性,65 岁。因多饮多食、反复下肢水肿 1 年而入院。有 2 型糖尿病病史 9 年,后来发展至糖尿病肾病尿毒症,近年来间歇有双下肢水肿,1 年前开始血液透析,透析后有好转,现在用胰岛素控制血糖。有高血压病史 7 年,血压控制不稳定。实验室检查:尿蛋白(++),血清白蛋白 31g/L,血浆尿素氮 27mmol/L,电解质正常。

诊断:高血压 3 级;2 型糖尿病。

处方:

1. 盐酸贝那普利片,每次 10mg,每日 1 次,口服。
2. 氢氯噻嗪片,每次 25mg,每日 2 次,口服。
3. 螺内酯片,每次 20mg,每日 2 次,口服。
4. 胰岛素控制血糖,同时服用他汀类及抗血小板药物。

学习任务

课前:该患者有哪些既往史? 现在的病情如何? 对该患者使用了哪几类药物?

课中:降压药的种类、代表药物、降压机制是怎样的? 对该患者的用药是否合理?

课后:对该患者联合用药要注意哪些问题? 有哪些建议?

第一节 概 述

高血压是指在未使用降压药物的情况下,非同日 3 次测量血压,收缩压/舒张压≥140/90mmHg。根据血压升高的水平,可进一步将高血压分为 1 级、2 级、3 级高血压(表 4-1-1)。如果患者既往有高血压史,目前正在使用降压药物,血压虽低于 140/90mmHg,仍应诊断为高血压。

表 4-1-1　高血压分级

高血压分类	收缩压/mmHg		舒张压/mmHg
正常血压	<120	和	<80
正常高值	120~139	和(或)	80~89
高血压	≥140	和(或)	≥90
1 级(轻度)	140~159	和(或)	90~99
2 级(中度)	160~179	和(或)	100~109
3 级(重度)	≥180	和(或)	≥110
单纯收缩期高血压	≥140	和	<90

注:当患者的收缩压和舒张压分属于不同级别时,以较高的级别为准。

　　高血压分为原发性高血压(占 90%~95%)和继发性高血压。原发性高血压除了与遗传、生活、饮食等因素有关,还与中枢神经系统、交感神经系统、肾素-血管紧张素-醛固酮系统、血管收缩因子、缓激肽、前列腺素等调节功能失调有关。表 4-1-2 为根据抗高血压药作用部位和作用机制不同进行的分类。

表 4-1-2　抗高血压药的分类及代表药物

分类		代表药物
利尿药		氢氯噻嗪等
钙通道阻滞药		硝苯地平等
肾上腺素受体阻断药	β 受体阻断药	普萘洛尔等
	α_1 受体阻断药	哌唑嗪等
	α、β 受体阻断药	拉贝洛尔等
肾素-血管紧张素-醛固酮系统抑制药	血管紧张素转换酶抑制药(ACEI)	卡托普利等
	血管紧张素受体阻断药(ARB)	氯沙坦等
	肾素抑制药	阿利吉仑
交感神经抑制药	中枢性降压药	可乐定等
	神经节阻断药	美加明等
	去甲肾上腺素能神经末梢阻断药	利血平等
血管扩张药	血管平滑肌舒张药	硝普钠等
	钾通道开放药	尼可地尔等

第二节　常用抗高血压药

　　目前一线抗高血压药共有五类,分别是利尿药、钙通道阻滞药、β 受体阻断药、血管紧张素转化酶抑制药、血管紧张素受体阻断药。

一、利尿药

氢氯噻嗪

氢氯噻嗪（hydrochlorothiazide）为中效能利尿药。降压作用缓慢、温和而持久，多数患者在用药后 2~4 周显效。用药初期因排钠利尿、减少有效血容量而致血压降低。长期用药因持续排钠，使血管平滑肌细胞内 Na^+ 减少，Na^+-Ca^{2+} 交换减少，细胞内 Ca^{2+} 含量降低，导致血管平滑肌舒张而降压。用于治疗 1 级高血压，与其他抗高血压药合用治疗 2、3 级高血压。尤其适用于有水钠潴留、血容量相对增多或合并心功能不全者。不良反应和注意事项详见模块 7　任务 5　利尿药及脱水药。

吲达帕胺

吲达帕胺（indapamide）具有利尿作用和钙通道阻滞作用。利尿作用强于氢氯噻嗪，主要通过阻滞钙通道，减少 Ca^{2+} 内流，促进内皮细胞源性血管舒张因子（EDRF）的产生而致血压明显下降，还能抗心肌肥厚。作用强而持久，肾功能受损时大部分从胆汁排泄，无蓄积作用。用于治疗原发性高血压。不良反应少，不引起血脂改变，对伴有高脂血症的高血压患者可用吲达帕胺替代噻嗪类利尿药。

二、钙通道阻滞药

钙通道阻滞药（calcium channel blockers，CCB）又称钙拮抗药，选择性阻滞钙通道，抑制细胞外 Ca^{2+} 内流，降低细胞内 Ca^{2+} 浓度，具有心脏抑制（负性肌力、负性频率、负性传导作用）、松弛血管平滑肌（主要扩张动脉尤其是冠状动脉，对静脉影响小）、松弛其他平滑肌（如支气管平滑肌）及抗动脉粥样硬化等作用。钙通道阻滞药能有效降低收缩压和舒张压，降压作用温和，还可逆转高血压所致心室重构，长期服用较少产生耐受性，对脂质、糖、尿酸及电解质代谢无明显影响。根据化学结构，钙通道阻滞药可分为二氢吡啶类（如硝苯地平、尼群地平、氨氯地平等）和非二氢吡啶类（如维拉帕米等）。二氢吡啶类扩血管作用较强，是常用降压药。

硝苯地平

硝苯地平（nifedipine）为第一代二氢吡啶类钙通道阻滞药。

【体内过程】

硝苯地平口服吸收迅速、完全，10min 可测出血药浓度，30min 起效，作用持续 4~8h。经肝脏代谢，代谢产物约 80% 经肾排泄，20% 经粪便排泄。缓释制剂和控释制剂一次用药能维持有效血药浓度达 12~24h。

【药理作用】

硝苯地平有明显降压作用，降压时可反射性加快心率，增高血浆肾素活性，合用 β 受体阻断药可对抗。缓释制剂既可以减轻因迅速降压造成的反射性交感神经张力增加，又可以通过缓慢释药，减少血压波动性。

【临床应用】

硝苯地平可用于各级高血压。与利尿药、β 受体阻断药、ACEI 等合用可增强疗效。特别适用于老年人收缩期高血压，尤其伴心动过缓、心绞痛、糖尿病的高血压患者。

【不良反应和注意事项】

硝苯地平不良反应有头痛、头晕、心悸、便秘、踝部水肿等，偶可致低血压。停药时要逐渐减量。低血压患者慎用。缓释片和控释片勿嚼碎或掰碎服用；控释片药物成分被吸收后，空药片可完整地经肠道排出。

尼群地平

尼群地平（nitrendipine）为第二代二氢吡啶类钙通道阻滞药。口服后 30min 收缩压开始下降，

60min 后舒张压开始下降,降压作用持续 6~8h,药物经肝脏代谢,代谢产物约 70% 经肾排泄,8% 经胆道排泄。对冠状动脉有较强的选择作用,能降低心肌耗氧量,对缺血性心肌细胞具有保护作用。主要用于治疗高血压。

尼群地平与阿替洛尔组成的复方制剂尼群洛尔(nitrendipine and atenolol)为长效类药物,每日口服 1 次,广泛用于治疗各型高血压,可在减少两药用量的同时协同发挥降压、器官保护作用。

氨氯地平

氨氯地平(amlodipine)属第三代二氢吡啶类钙通道阻滞药,为长效类药物。口服吸收良好,不受食物影响,给药后 6~12h 血药浓度达峰值,生物利用度为 64%~80%,血浆蛋白结合率约 97.5%,一次用药降压作用可维持 24h。主要经肝脏代谢,肾脏排泄。用于高血压、心绞痛的治疗。可逐渐扩张血管,很少引起低血压反应。

含有氨氯地平的复方制剂有氨氯地平贝那普利、缬沙坦氨氯地平、替米沙坦氨氯地平等。

同类药物还有非洛地平(felodipine)、拉西地平(lacidipine)。

三、β 受体阻断药

普萘洛尔

普萘洛尔为非选择性 β 受体阻断药。

【体内过程】

普萘洛尔口服后生物利用度约 30%,$t_{1/2}$ 为 3~4h,但降压作用可持续 1~2 天。

【药理作用】

普萘洛尔阻断 β_1、β_2 受体,产生缓慢、温和、持久的降压作用。作用机制如下。①减少心输出量:阻断心肌 β_1 受体,抑制心肌收缩力并减慢心率,使心输出量减少而降压。②减少肾素分泌:阻断肾脏 β_1 受体,抑制球旁细胞分泌及释放肾素。③降低外周交感神经活性:阻断去甲肾上腺素能神经突触前膜的 β_2 受体,抑制其正反馈作用,减少去甲肾上腺素的释放。④中枢降压作用:阻断下丘脑、延髓等部位的 β 受体,抑制兴奋性神经元,使外周交感神经张力降低而降压。

【临床应用】

普萘洛尔可单独使用或与其他药物联合用于治疗高血压。适用于交感神经张力较高、心输出量及肾素活性偏高的高血压患者,对高血压合并心绞痛、甲状腺功能亢进、偏头痛、焦虑症及某些心律失常的患者更为适用。

【不良反应】

详见模块 2 任务 5 抗肾上腺素药。

美托洛尔

美托洛尔为选择性 β_1 受体阻断药,对 β_2 受体影响小。

【体内过程】

美托洛尔口服吸收完全,但生物利用度仅为 30%~40%,临床上多用其缓释片。美托洛尔缓释片由微囊化的颗粒组成,每个颗粒用聚合物薄膜包裹,以控制药物的释放速度;药片接触液体后快速崩解,颗粒分散于胃肠道黏膜表面,药物的释放不受周围液体 pH 影响,以几乎恒定的速度释放约 20h;血药浓度平稳,作用超过 24h。

【药理作用】

美托洛尔阻断 β_1 受体的作用与普萘洛尔相似,对 β_1 受体的选择性稍弱于阿替洛尔。无内在拟交感活性,无膜稳定作用。对心脏减慢心率、抑制心肌收缩力、降低自律性、延缓房室传导等作用与普萘洛尔、阿替洛尔相似。对血管平滑肌和支气管平滑肌收缩作用较普萘洛尔弱,对呼吸道的影响较小,但强于阿替洛尔。能降低血浆肾素活性。

【临床应用】

美托洛尔用于治疗高血压,尤其适用于伴有快速型心律失常、心绞痛、心肌梗死、肥厚型心肌病、主动脉夹层、交感神经活性增高的高血压患者。对伴有慢性阻塞性肺疾病的高血压患者较安全。

【不良反应和注意事项】

美托洛尔不良反应可见恶心、腹泻、胃部不适、皮肤瘙痒、头晕、头痛、多梦、失眠、气短、哮喘、心率减慢、血压降低、心力衰竭加重等。禁用于低血压、显著心动过缓(心率 <45 次/min)、心源性休克、不稳定的心力衰竭、二度或三度房室传导阻滞、严重的周围血管疾病。

同类药物有阿替洛尔(atenolol)、比索洛尔(bisoprolol)。

四、血管紧张素转化酶抑制药

肾素-血管紧张素-醛固酮系统(renin-angiotensin-aldosterone system,RAAS)是人体重要的体液调节系统,既存在于循环系统中,也存在于心血管组织中,在生理状态下对维持电解质和体液平衡、调节血压等方面起着重要作用。血管紧张素原在肾素的作用下转化为血管紧张素Ⅰ(angiotensin Ⅰ,AngⅠ),后者在血管紧张素转化酶的作用下转变为血管紧张素Ⅱ(angiotensin Ⅱ,AngⅡ)。AngⅡ具有广泛的心血管作用。组织中的AngⅡ是一种细胞生长因子,可引起心室重构和血管重构,参与高血压、缺血性心脏病及慢性心功能不全等心血管疾病的病理生理过程,加重病情发展。

血管紧张素转化酶抑制药(angiotensin converting enzyme inhibitor,ACEI)能抑制血管紧张素转化酶的活性,减少 AngⅡ 的生成,使血管扩张、缓解或逆转心血管重构,发挥降压作用(图 4-1-1),尤其是防止和逆转心室重构和血管壁增厚,对保护靶器官具有重要意义。

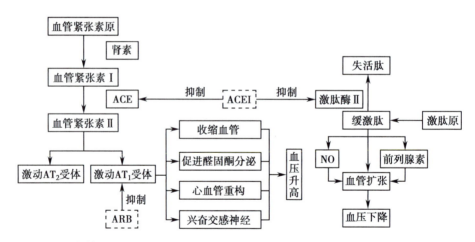

图 4-1-1 血管紧张素转化酶抑制药(ACEI)和血管紧张素Ⅱ受体阻断药(ARB)的作用机制示意图

卡托普利

卡托普利(captopril)是第一个血管紧张素转化酶抑制药,结构中含巯基(—SH)。

【体内过程】

卡托普利口服给药易吸收,生物利用度约为 75%,口服后 15min 起效,血药浓度 1h 达峰值,作用持续 6~12h。血浆蛋白结合率约为 30%,$t_{1/2}$ 约为 2h,在肝脏代谢,可通过胎盘屏障。随尿液排出,40%~50% 为原形。宜在餐前 1h 服用,以免食物影响其吸收。

【药理作用】

卡托普利有轻至中等强度的降压作用,降压时不伴有反射性心率加快。其降压机制为:抑制血管紧张素转化酶,减少 Ang I 转化为 Ang II,使血管舒张;抑制缓激肽降解,发挥其扩张血管作用;减少醛固酮分泌,以利于排钠;可使肾血管阻力降低,肾血流增加。

【临床应用】

卡托普利对各型高血压均有效,目前为抗高血压治疗的一线药物之一,可单用或与其他降压药联合用药。尤其适用于合并心肌梗死、心绞痛、糖尿病、慢性肾病的高血压患者。还可防止和逆转心室重构和血管壁增厚,是安全、有效的治疗心力衰竭的药物。

【不良反应】

1. **低血压** 与卡托普利开始用药剂量过大有关,应从小剂量开始用药。

2. **高钾血症** 与醛固酮分泌减少有关,不同的 ACEI 对血钾的影响大同小异。

3. **咳嗽** 无痰干咳是血管紧张素转化酶抑制药较常见的不良反应,也是患者不能耐受而停药的主要原因。

4. **皮疹、皮肤瘙痒、味觉障碍** 与卡托普利中的巯基(—SH)有关。

妊娠中晚期禁止使用卡托普利,一旦发现妊娠,应立即停用本药。双侧肾动脉狭窄者禁用。禁止与阿利吉仑合用。

依那普利

依那普利(enalapril)为不含巯基的强效血管紧张素转化酶抑制药,在肝内迅速水解成活性产物依那普利拉。$t_{1/2}$ 约为 11h,服药 6~8h 后出现最大降压作用,每日给药 1 次,主要经肾脏排泄。作用机制与卡托普利相似,但抑制血管紧张素转化酶的作用比卡托普利强而持久。用于治疗各型高血压。不良反应为干咳、低血压、血管神经性水肿、高钾血症及急性肾衰竭等,一般均是轻度及短暂的,不影响继续治疗。禁忌证同卡托普利。

知识拓展

H 型高血压与马来酸依那普利叶酸片

从 20 世纪 90 年代开始,我国科学家就"欧美国家高血压患病率高于我国,但高血压脑卒中发病率却远低于我国"的现象进行了长期的探索。研究发现,我国人群整体叶酸水平偏低,血同型半胱氨酸水平偏高,两者的代谢通路中亚甲基四氢叶酸还原酶基因突变率高,三者与高血压联合作用是我国脑卒中高发的重要原因之一。因此,我国科学家提出"H 型高血压"的概念,即伴有血同型半胱氨酸升高的高血压,并启动了针对 H 型高血压高发特点设计的中国脑卒中一级预防研究。研究证明,复方制剂马来酸依那普利叶酸片(由依那普利和叶酸组成)较单纯依那普利在血压控制水平相同的情况下可降低首发脑卒中风险 21%。

同类药物还有赖诺普利(lisinopril)、贝那普利(benazepril)、培哚普利(perindopril)、雷米普利(ramipril)、西拉普利(cilazapril)。

ACEI 可与利尿药组成复方制剂,如依那普利氢氯噻嗪、贝那普利氢氯噻嗪、培哚普利氢氯噻嗪。

五、血管紧张素受体阻断药

血管紧张素受体阻断药(angiotensin receptor blockers,ARB)可阻断 Ang II 受体,使得 Ang II 收缩血管作用和醛固酮分泌受到抑制,继而引起血压下降。Ang II 受体有两种亚型,即 AT_1 受体和 AT_2

受体。AT$_1$受体主要位于血管平滑肌、心肌、肾、肝、肺、脑及肾上腺等；AT$_2$受体广泛分布于胎儿组织，出生后其表达迅速衰减，其功能尚未完全阐明。目前应用于临床的血管紧张素受体阻断药为AT$_1$受体阻断药，具有良好的降压作用和器官保护作用。

氯沙坦

氯沙坦（losartan）又名洛沙坦。

【体内过程】

氯沙坦口服给药易吸收，生物利用度约为33%，血浆蛋白结合率为99%，$t_{1/2}$约为2.5h，可随胆汁和尿液排出。

【药理作用】

氯沙坦可竞争性阻断AngⅡ与AT$_1$受体结合，使血管扩张，血压下降。抑制醛固酮分泌，并可阻止或逆转心血管重构，改善心功能。还可增加肾血流量和肾小球滤过率，增加水、钠及尿酸排泄，具有肾脏保护作用。

【临床应用】

氯沙坦用于治疗各型高血压，尤其适用于不能耐受ACEI的高血压患者。

【不良反应】

氯沙坦不良反应较少，不易引起咳嗽和血管神经性水肿，这与本药不影响缓激肽降解有关。妊娠期、哺乳期妇女及肾动脉狭窄者禁用。避免与补钾药或留钾利尿药合用。

缬沙坦

缬沙坦（valsartan）作用与氯沙坦相似，对AT$_1$受体的亲和力比对AT$_2$受体强24 000倍。可以进餐时服用或空腹服用，口服2~4h血浆浓度达峰值，降压作用可维持24h以上，生物利用度为23%，多数不发生生物转化，主要以原形经胆道排泄，少数经肾排泄。不影响心率，突然停药不出现血压反跳。长期使用可逆转心室重构和血管壁增厚。不能促进缓激肽生成，故不易引起咳嗽。临床应用、不良反应和禁忌证同氯沙坦。

同类药物还有坎地沙坦（candesartan）、厄贝沙坦（irbesartan）、替米沙坦（telmisartan）。

ARB可与利尿药组成复方制剂，如缬沙坦氢氯噻嗪、替米沙坦氢氯噻嗪等。

第三节　其他抗高血压药

一、中枢性降压药

可乐定

可乐定（clonidine）为中枢性降压药。

【体内过程】

可乐定口服给药70%~80%被吸收，血浆蛋白结合率为20%，1.5~3h血药浓度达峰值，作用持续6~8h。主要在肝脏代谢，经肾脏排泄。

【药理作用】

可乐定直接激动下丘脑及延髓的中枢神经突触后膜的α$_2$受体，使抑制性神经元激动，减少中枢交感神经冲动传出，从而抑制外周交感神经活动，使外周血管扩张，血压下降。此外，也作用于延髓头端腹外侧区的咪唑啉I$_1$受体，使交感神经张力下降，外周血管阻力降低，从而产生降压作用。

【临床应用】

可乐定可用于治疗高血压（不作为常用药，用于其他抗高血压药无效时）、高血压急症，以及偏头痛、绝经期潮热、痛经等。

【不良反应和注意事项】

可乐定不良反应有口干、嗜睡、眩晕、便秘等,久用有水钠潴留,还可出现抑郁、血管神经性水肿等。高空作业或驾驶机动车的人员慎用。同时应用可乐定及 β 受体阻断药者,如停药,应先停用 β 受体阻断药。

甲基多巴

甲基多巴(methyldopa)口服吸收不一,血浆蛋白结合率不到 20%。单次口服后 4~6h 降压作用达高峰,作用持续 12~24h。一旦达到有效降压剂量,大多数人可产生 12~24h 平稳降压效应。$t_{1/2}$ 约为 1.7h,主要在肝脏代谢,产生甲基去甲肾上腺素等多种代谢产物,主要随尿排泄。药理作用与可乐定相似,不影响肾血流量及肾小球滤过率。用于 2 级高血压,特别是伴有肾功能不全的患者。不良反应有嗜睡、口干、便秘,有时可出现肝损害和黄疸,肝功能不全者禁用。

莫索尼定

莫索尼定(moxonidine)为第二代中枢性降压药,作用与可乐定相似,对咪唑啉 I_1 受体的选择性较可乐定高,对 α_2 受体作用较弱。降压作用弱于可乐定,能逆转心室重构。主要用于治疗 1、2 级高血压。不良反应少。

二、血管扩张药

(一)血管平滑肌舒张药

本类药物能直接松弛血管平滑肌,降低外周阻力而产生降压作用;但可通过压力感受器反射性地加快心率,增加心输出量,促进肾素分泌,引起水钠潴留,从而部分对抗其降压作用,合用利尿药和 β 受体阻断药可予以抵消。

硝 普 钠

硝普钠(sodium nitroprusside)为快速、强效、短效血管扩张药。静脉给药 1~2min 起效,降压作用可维持 1~10min。在体内可产生氰化物,并在肝脏转化为硫氰酸盐,经肾排泄。

【药理作用】

硝普钠能直接松弛小动脉和小静脉,降低心脏前、后负荷,迅速降低血压。作用机制为:在血管平滑肌内释放出一氧化氮(NO),激活血管平滑肌细胞内的鸟苷酸环化酶,使 cGMP 升高,松弛血管平滑肌,产生降压作用。

【临床应用】

硝普钠适用于治疗高血压急症,如高血压危象、恶性高血压、高血压脑病、嗜铬细胞瘤引起的血压升高。还可用于外科手术的控制性降压。用于治疗急性心力衰竭。

【不良反应】

用药过程中血压降低过快可出现头痛、恶心、出汗、心悸,严重时冠状动脉或脑血管灌注量减少。

【注意事项】

硝普钠溶液性质不稳定,要现用现配;稀释溶液应使用遮光袋、铝箔或其他不透明材料遮盖,以避光,但不需要覆盖输液滴管或输液软管。降压作用强且快,要监测血压并控制给药速度;不可突然停药,以免产生反跳现象。如果溶液变色或有可见异物,应该弃用。溶液内不宜加入其他药品。用药时须监测血浆氰化物浓度。

肼屈嗪和双肼屈嗪

肼屈嗪(hydralazine)和双肼屈嗪(dihydralazine)很少单独应用,可与氢氯噻嗪组成复方制剂。口服易吸收,给药后 1~2h 作用达高峰,可维持 24h,主要经肝脏代谢,经肾排泄。降压作用快且强,能直接松弛小动脉、降低外周阻力而降压。适用于治疗 2 级高血压。不良反应有头痛、心悸、胃肠功能紊乱等,长期用药可引起系统性红斑狼疮样反应,与药物剂量及药物在体内乙酰化代谢的速度有关。反射性兴奋交感神经,引起心率加快、肾素分泌增多及水钠潴留,有可能诱发心绞痛或使心力衰竭病情加重。冠心病、心绞痛患者禁用。

(二) 钾通道开放药

钾通道开放药又称钾外流促进药,有尼可地尔(nicorandil)、吡那地尔(pinacidil)、米诺地尔(minoxidil)等。这类药物可促进血管平滑肌细胞 K^+ 通道开放,K^+ 外流增加,导致细胞膜超极化,使细胞膜上电压依赖性钙通道难以激活,Ca^{2+} 内流减少,同时又因 Na^+-Ca^{2+} 交换增加,使 Ca^{2+} 外流增多,导致细胞内 Ca^{2+} 量减少,血管平滑肌松弛,血管扩张,血压下降。

三、α₁ 受体阻断药

哌 唑 嗪

哌唑嗪(prazosin)为选择性 α₁ 受体阻断药。

【体内过程】

哌唑嗪口服吸收完全,生物利用度 50%~70%,血浆蛋白结合率高达 97%。口服后 2h 发挥降压作用,血药浓度达峰时间为 1~3h,$t_{1/2}$ 约为 3h,作用持续 10h。主要在肝脏代谢,随胆汁与粪便排出。

【药理作用】

哌唑嗪可选择性阻断血管平滑肌上的 α₁ 受体,舒张血管平滑肌,降低外周阻力而产生降压作用。降压时不加快心率,不影响肾血流量。可松弛尿道括约肌,改善前列腺增生患者的排尿困难。还可降低血浆甘油三酯、总胆固醇、低密度脂蛋白和极低密度脂蛋白,增加高密度脂蛋白,对缓解冠状动脉病变有利。

【临床应用】

哌唑嗪适用于 1、2 级高血压的治疗,尤其适用于高血压合并高血脂或前列腺增生的患者。还可用于治疗充血性心力衰竭。

【不良反应】

哌唑嗪不良反应有晕厥、眩晕、嗜睡等。晕厥多由首次服药后出现直立性低血压导致,故应睡前给药、缓慢起床,以避免眩晕现象。

乌拉地尔

乌拉地尔(urapidil)具有外周和中枢双重降压作用。外周主要通过阻断突触后膜 α₁ 受体而扩张血管,使外周血管阻力显著下降。中枢作用则通过激活 5-HT₁ₐ 受体,降低延髓心血管调节中枢的交感反馈作用而起降压作用。用于治疗原发性高血压、肾性高血压、嗜铬细胞瘤引起的高血压。驾车或操纵机器者慎用,避免与酒精类饮料合用。

同类药物还有多沙唑嗪(doxazosin)、特拉唑嗪(terazosin)。

四、α、β 受体阻断药

拉贝洛尔

拉贝洛尔(labetalol)兼有 β 受体及 α₁ 受体阻断作用,对 β 受体作用强于 α₁ 受体。口服给药后 60%~90% 可迅速被胃肠道吸收,$t_{1/2}$ 为 4~6h,作用维持时间 8~12h。口服给药用于治疗各级高血压。静脉给药用于高血压危象、外科手术前控制性降压、妊娠高血压以及嗜铬细胞瘤的降压治疗。不良反应有乏力、眩晕、上腹部不适等,大剂量可致直立性低血压。

同类药物有卡维地洛(carvedilol)、阿罗洛尔(arotinolol)。

五、去甲肾上腺素能神经末梢阻断药

本类药物主要通过影响儿茶酚胺的摄取、贮存及释放产生降压作用,如利血平(reserpine)、胍乙啶（guanethidine）。利血平因作用较弱、不良反应较多，目前很少单独应用，常与利尿药等制成复方制剂用于 1、2 级高血压的治疗。胍乙啶降压作用强而持久，但可引起直立性低血压，减少心、脑、肾血流量，仅用于舒张压较高的重度高血压。

六、肾素抑制药

血浆肾素活性升高被认为是一个危险因素，与心血管事件发生和死亡率升高有关，尤其是在收缩压高于 140mmHg 时。ACEI 和 ARB 阻断了 Ang I 对肾素释放的负反馈调节，使肾素释放增加，血浆肾素活性升高。肾素抑制药通过抑制肾素活性，使血管紧张素原生成 Ang I 减少，进而 Ang II 降低，血压下降。

阿利吉仑

阿利吉仑（aliskiren）是目前唯一用于临床的肾素抑制药。口服吸收快，但生物利用度低，仅为 2.5%，$t_{1/2}$ 长，约 40h，90% 通过胆汁进入肠道，以原形随粪便排出。用于治疗各型高血压，可与氢氯噻嗪或氨氯地平合用。常见不良反应为皮疹、腹泻。不可与 ACEI 和 ARB 合用。妊娠中晚期禁止使用本药，一旦发现妊娠，应尽快停药。

第四节　抗高血压药合理应用

高血压患者要长期稳定控制血压在目标水平，减轻靶器官损害，降低高血压并发症的发生率和病死率，提高生活质量。应根据血压水平和心血管风险选择初始单药或联合治疗。高血压患者在戒烟限酒、低盐低脂饮食、体育运动、控制体重、心态平和等行为生活方式干预的基础上，坚持以下药物治疗原则。

1. **早期干预**　高血压前期（130~139/85~89mmHg）合并 3 个以上危险因素、存在代谢综合征、1 个亚临床病变、糖尿病或相关临床疾病，应考虑启动抗高血压药治疗。

2. **血压达标**　血压达标是改善高血压患者预后的有效途径。合并糖尿病、慢性肾病、冠心病、心肌梗死和脑卒中的患者应将血压降至 <130/80mmHg；如果能够耐受，合并心力衰竭的患者可降至 <120/80mmHg。

3. **长期治疗**　中、重度高血压患者应长期坚持乃至终身服药，不要随意停药。

4. **平稳降压**　宜平稳降血压，控制短期内降压速度和幅度不宜过快、过大。对合并冠心病或老年患者，舒张压 <60mmHg 可能会增加心血管疾病危险。

5. **个体化用药**　根据患者病情及禁忌证选择药物，需要考虑：①患者的年龄、饮食情况；②与其他治疗药物之间有无相互作用；③所在地区抗高血压药品种供应情况；④患者以往的用药经验和意愿；⑤药物不良反应。患者在确定所服药物后，宜从小剂量开始并逐渐增量，达到治疗目的后改为维持量巩固疗效。老年患者用药剂量宜偏小。

6. **联合用药**　对收缩压≥160mmHg 和（或）舒张压≥100mmHg，收缩压高于目标血压值 20mmHg 和（或）舒张压高于目标血压值 10mmHg 或高危及以上患者，或单药治疗未达标的高血压患者，应联合用药。根据患者合并症和风险因素，ACEI、ARB、CCB、β 受体阻断药和噻嗪类利尿药可以两药或三药联合用药，或使用复方制剂。

7. **简化治疗**　优先使用长效降压药，有效控制 24h 血压，预防心脑血管并发症。

8. **综合干预**　仅控制好血压对降低患者的心血管危险是不够的，必须进行心血管危险因素的综合干预，如调脂、降血糖、抗血小板等。

9. **随访和监测**　高危患者在维持治疗过程中每 3 个月随访一次，低危、中危患者至少每 6 个月随访一次，并做好日常血压监测。

10. 特殊人群用药　儿童高血压患者首选 ACEI 或 ARB。妊娠高血压患者推荐甲基多巴和拉贝洛尔,禁用 ACEI、ARB 及肾素抑制剂。老年高血压患者首选二氢吡啶类钙拮抗药和利尿药,单纯收缩期高血压患者应慎用易发生直立性低血压的药物,同时注意控制老年人血压晨峰现象,忌用影响认知能力的药物(如可乐定等)。

(秦志华)

思考题

1. 简述一线抗高血压药的种类及代表药物。
2. 抗高血压药如何联合用药?

任务 2 ｜ 治疗心力衰竭的药物

学习目标

1. 掌握强心苷类的代表药物、药理作用、临床应用、不良反应和防治措施。
2. 熟悉非强心苷类治疗心力衰竭的药物的作用特点。
3. 了解强心苷类的相互作用及给药方法。
4. 能依据心力衰竭临床表现等合理选择药物，正确用药，及时处置不良反应。
5. 具备与患者及其家属进行有效沟通、开展用药咨询服务、指导患者合理用药的职业素养，关心、爱护患者。

心力衰竭是各种心脏疾病的终末阶段，治疗心力衰竭的药物是一类减轻心脏前、后负荷，或者增强心肌收缩力、增加心输出量的药物。

临床情景

患者，男性，68岁。有高血压病史15年，4年前开始出现劳累后胸闷、气促、心悸，体力较平常明显下降，近1个月头晕、头痛、胸闷、乏力加重，近3天气促明显，夜间有时憋醒。查体：体温36.2℃，脉搏98次/min，血压185/110mmHg，呼吸22次/min；双肺闻及湿啰音，叩诊心界于第5肋间锁骨中线外1cm，心率98次/min，心律规整，肺动脉瓣第二音亢进；腹部平软，肝脾均未触及，双下肢无水肿。心电图示左心室肥大，超声心动图示左心室扩大，左心室射血分数为0.40。

诊断：高血压心脏病；慢性心力衰竭；心脏功能Ⅳ级。

处方：

1. 去乙酰毛花苷注射液，0.4mg用5%葡萄糖注射液10ml稀释，缓慢静脉注射。
2. 氨力农注射液，0.75mg/kg缓慢静脉注射，然后以每分钟5~10μg/kg静脉滴注。
3. 地高辛片，每次0.25mg，每日3次，口服；2~3日后改为0.25mg，每日1次，口服。
4. 氢氯噻嗪片，每次25mg，每日1次，口服。
5. 螺内酯片，每次40mg，每日1次，口服。
6. 硝苯地平片，每次10mg，每日3次，口服。

学习任务

课前：该患者有哪些既往史？现在病情如何？对该患者使用了哪几类药物？

课中：治疗心力衰竭的药物的种类、代表药物、特点是什么？该患者心力衰竭的主要原因是什么？治疗重点是什么？

课后：对该患者使用的药物是否合理？有何建议？

第一节 概 述

心力衰竭（heart failure，HF）简称心衰，是由于多种原因导致心脏结构和功能的异常改变，使心室收缩或舒张功能发生障碍，从而引起的一组复杂临床综合征。主要表现为呼吸困难、疲乏和液体潴留（肺循环淤血、体循环淤血及外周水肿）。常见病因为冠心病、高血压、心脏瓣膜病、心肌病、心脏毒性药物、放射性心肌损伤、免疫及炎症介导的心肌损伤等。

绝大多数心力衰竭是由于心肌收缩力下降，心输出量不能满足机体代谢需要，导致器官、组织血液灌流不足，同时出现肺循环淤血、体循环淤血的表现，称为收缩性心力衰竭。在少数情况下心肌收缩力尚可维持正常心输出量，但由于异常增高的左心室充盈压，导致肺静脉回流受阻，肺循环淤血，称为舒张性心力衰竭。心力衰竭时通常伴有体循环或肺循环的被动性充血，故又称充血性心力衰竭（congestive heart failure，CHF）。

心力衰竭时全身性、局部性神经-体液调节发生一系列变化（图 4-2-1）：交感神经系统激活，增加心脏后负荷和耗氧量，导致心肌细胞坏死，加重病情；肾素-血管紧张素-醛固酮系统激活，导致血管强烈收缩、水钠潴留、低钾血症、增加心脏前后负荷而加重心力衰竭；血液中精氨酸加压素增多，使血管平滑肌细胞内 Ca^{2+} 增加，收缩血管，增加心脏负荷；血液和心肌组织中内皮素增多，产生强烈收缩血管、正性肌力及促生长作用，引起心室重塑，等等。治疗心力衰竭的药物作用于心力衰竭的不同环节。

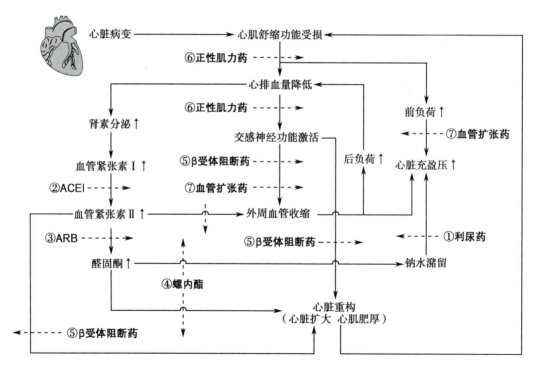

图 4-2-1　心功能障碍的病理生理学变化及药物作用环节示意图

治疗心力衰竭的药物根据作用机制不同的分类见表 4-2-1。

表 4-2-1　治疗心力衰竭的药物分类

药物种类		常用药物
利尿药		呋塞米、氢氯噻嗪等
肾素-血管紧张素-醛固酮系统抑制药	血管紧张素转化酶抑制药（ACEI）	卡托普利等
	血管紧张素受体阻断药（ARB）	氯沙坦等
	醛固酮受体阻断药	螺内酯等
β 受体阻断药		美托洛尔、卡维地洛等
正性肌力药	强心苷类	地高辛、去乙酰毛花苷等
	非苷类正性肌力药	多巴酚丁胺、氨力农等
血管扩张药		硝酸酯类、硝普钠、氨氯地平等
其他药物		沙库巴曲缬沙坦、伊伐布雷定等

第二节　常用治疗心力衰竭的药物

一、利尿药

对有液体潴留的心衰患者,利尿药是唯一能充分控制和有效消除液体潴留的药物,是心衰标准治疗中必不可少的组成部分。但单用利尿药治疗并不能维持长期的临床稳定。利尿药治疗心力衰竭的机制如下:

1.通过排钠利尿、减少血容量和回心血量,减轻心脏前负荷,改善心脏功能,增加心输出量。

2.通过排钠作用,降低血管壁中的 Na^+,减少 Na^+-Ca^{2+} 交换,使细胞内 Ca^{2+} 浓度降低,对缩血管物质的敏感性下降,使血管平滑肌舒张,心脏后负荷降低,有利于改善心脏泵血功能,减轻 CHF 的症状。

本类药物有呋塞米、氢氯噻嗪、氨苯蝶啶等(详见模块 7　任务 5　利尿药及脱水药)。

二、肾素-血管紧张素-醛固酮系统抑制药

(一)血管紧张素转化酶抑制药

血管紧张素转化酶抑制药(ACEI)是被证实的能降低心衰患者病死率的一线药物,也是循证医学证据积累最多的药物,是公认的治疗心衰的基石和首选药物。其治疗心力衰竭的机制如下:

1.**改善血流动力学**　通过抑制血管紧张素转化酶的活性,减少血液及组织中的 AngⅡ,使全身阻力血管和容量血管舒张,心脏前、后负荷降低,增加心输出量,从而缓解或消除 CHF 症状;也可以增加肾血流量,改善肾功能。

2.**抑制心肌及血管重构**　AngⅡ及醛固酮促进心肌细胞增生,增加心输出量,增加胶原含量使心肌间质纤维化,是导致心肌及血管重构的主要因素。心肌重构表现为心肌细胞肥大、心肌纤维化、心脏泵血功能减退。小剂量 ACEI 就能有效阻止或逆转 CHF 心室肥大的发生,抑制纤维组织和肌层内冠状动脉壁的增厚,提高心肌和血管的顺应性,改善左心室功能,降低 CHF 病死率。

3.**降低外周血管阻力,降低心脏后负荷**　本类药物可抑制血管紧张素转化酶,使血液中的 AngⅡ生成减少,抑制缓激肽的降解,舒张小动脉,降低外周阻力,减轻心脏后负荷。

4.**抑制醛固酮分泌**　减少水钠潴留,减少回心血量,从而减轻心脏前负荷。

临床常用的本类药物有卡托普利、依那普利、贝那普利、雷米普利等。

（二）血管紧张素受体阻断药

血管紧张素受体阻断药（ARB）治疗心力衰竭的机制为：直接阻断 AngⅡ 与其受体的结合，拮抗 AngⅡ 的缩血管作用和促进心血管生长作用，短期内表现为血管舒张、外周阻力下降，长期应用可预防和逆转心血管的重构。

本类药物用于对 ACEI 治疗不适用的成人慢性心力衰竭（尤其是有咳嗽或有禁忌证时），患者的左心室射血分数应≤40%，处于临床稳定状态，并且已接受了慢性心力衰竭的既定治疗方案。对于 ACEI 疗效稳定的患者，不建议换用 ARB。

本类药物有氯沙坦、缬沙坦、坎地沙坦等。

（三）醛固酮受体阻断药

CHF 时血中醛固酮的浓度可明显增高，大量醛固酮除了保钠排钾，还能促进成纤维细胞增殖，刺激蛋白质与胶原蛋白合成，引起心房、心室、大血管重构，加速心衰恶化；还可阻止心肌摄取去甲肾上腺素，使去甲肾上腺素浓度增加，诱发冠状动脉痉挛和心律失常，增加心力衰竭时室性心律失常和猝死的可能性。长期应用 ACEI 或 ARB 时，起初醛固酮降低，随后即出现"醛固酮逃逸"，体内醛固酮水平升高，导致血压升高和水电解质紊乱等。在常规治疗的基础上加用醛固酮受体阻断药，可抑制醛固酮的有害作用，防止左心室肥大时心肌间质纤维化，改善血流动力学和临床症状。

本类药物有螺内酯等。

三、β 受体阻断药

由于长期持续性交感神经系统的过度激活和刺激，慢性心衰患者的心肌 β_1 受体下调、功能受损，β 受体阻断药可恢复 β_1 受体功能。研究证明，射血分数降低的心衰患者长期应用 β 受体阻断药（如卡维地洛）能改善症状和生命质量，降低死亡、住院、猝死风险。

β 受体阻断药治疗心力衰竭的机制为：①阻断 β_1 受体，降低交感神经张力，拮抗儿茶酚胺对心脏的毒性作用，使心脏负荷减轻，心率减慢，心肌耗氧量降低。②抑制肾素-血管紧张素-醛固酮系统，逆转心室重构，降低心脏前、后负荷，心功能得到改善。③长期应用可以上调心脏的 β_1 受体，提高 β_1 受体对内源性儿茶酚胺的敏感性，改善心肌收缩功能。④防止心肌细胞内钙超负荷，减少氧自由基等对心肌细胞的损害。β 受体阻断药治疗心衰要达到目标剂量或最大可耐受剂量。

本类药物有美托洛尔、比索洛尔、卡维地洛。

四、正性肌力药

（一）强心苷类

强心苷类（cardiac glycosides）是一类选择性作用于心脏、具有正性肌力作用的苷类化合物，由苷元和糖结合而成，苷元是发挥正性肌力的基本结构，糖是辅助结构或增加强心苷的水溶性。强心苷类主要从植物如洋地黄、铃兰等中提取，迄今用于临床已有 200 多年的历史。常用药物有洋地黄毒苷（digitoxin）、地高辛（digoxin）、去乙酰毛花苷（deslanoside）、毒毛花苷 K（strophanthin K）等。

【体内过程】

不同的强心苷类体内过程不同，与其极性和脂溶性有关。洋地黄毒苷极性较低，脂溶性较大，因此采用口服给药方式。毒毛花苷 K 极性较高，脂溶性较低，故采用静脉给药方式。常用强心苷类的体内过程特点见表 4-2-2。

表 4-2-2　常用强心苷类的体内过程特点

分类	药物名称	给药途径	起效时间/min	半衰期/h	维持时间/d	浆蛋白结合率/%	消除途径
长效类	洋地黄毒苷	口服	15~30	120~168	14	97	大多经肾、少量经胆道排泄
中效类	地高辛	口服	30~120	36	6	25	2/3 以原形经肾排泄
		静注	5~30				
短效类	去乙酰毛花苷	静注	10~30	33~36	3~6	25	绝大部分以原形经肾排泄
	毒毛花苷 K		5~15	21	1~4	5	

【药理作用】

1. 加强心肌收缩力（正性肌力作用） 强心苷类能选择性地作用于心脏,显著加强衰竭心脏的心肌收缩力,增加心输出量,缓解心力衰竭症状。其作用特点有:①使心肌收缩敏捷而有力,收缩期缩短,舒张期相对延长,有利于衰竭心脏充分休息、增加静脉血回流及冠状动脉供血,从而改善心脏泵血功能。②增加衰竭心脏的心输出量(对正常人的心输出量并不增加),改善体循环和肺循环。③减少衰竭心脏的心肌耗氧量(对正常人无此作用),提高心脏工作效率。这是强心苷类治疗慢性心功能不全的重要依据,也是区别于儿茶酚胺类的重要特点。

强心苷类正性肌力作用机制为:治疗量强心苷能选择性地与心肌细胞膜钠钾 ATP 酶结合并抑制其活性,使 Na^+-K^+ 交换受阻,导致细胞内 Na^+ 增多、K^+ 减少。细胞内 Na^+ 增多后通过 Na^+-Ca^{2+} 交换,使 Ca^{2+} 内流增多、外流减少,心肌细胞兴奋-收缩耦联过程中可利用的 Ca^{2+} 增加,心肌收缩力增强。中毒量的强心苷类能重度抑制钠钾 ATP 酶(活性降低 60%~80%),使细胞内严重缺 K^+,导致异位起搏细胞自律性增高,引起快速型心律失常。同时,由于细胞内 Ca^{2+} 含量增加,导致钙超负荷,易诱发强心苷中毒。

2. 减慢窦性频率（负性频率作用） 治疗量强心苷类对正常心率影响较小,但对心功能不全伴心率加快者可明显减慢其心率。应用强心苷类后,心肌收缩力加强,心输出量增多,反射性兴奋迷走神经,降低交感神经张力,抑制窦房结,使心率减慢。

3. 对心肌电生理特性的影响

(1) 自律性:①治疗量强心苷类能兴奋迷走神经,降低窦房结自律性。通过增强迷走神经张力促进 K^+ 外流,使最大舒张电位下移,与阈电位距离加大,从而降低自律性。②提高浦肯野纤维自律性。中毒量直接抑制钠钾 ATP 酶,使细胞内失 K^+,最大舒张电位上移而提高自律性(发生快速型心律失常)。

(2) 传导性:治疗量强心苷类可增强迷走神经张力,阻滞房室结 0 期 Ca^{2+} 内流,使房室传导减慢。大剂量直接抑制房室传导,中毒量导致房室传导阻滞(发生缓慢型心律失常)。

(3) 有效不应期:①缩短心房、心室肌有效不应期。强心苷类通过增强迷走神经张力、促进 K^+ 外流,使复极加快,有效不应期缩短。②缩短浦肯野纤维有效不应期。强心苷类通过直接抑制钠钾 ATP 酶,使细胞内失 K^+,最大舒张电位上移,从而缩短浦肯野纤维有效不应期。

4. 其他作用

(1) 利尿作用:强心苷类通过改善心功能、增加肾血流量和肾小球滤过功能,可产生利尿作用;通过直接抑制肾小管钠钾 ATP 酶,减少肾小管对 Na^+ 的重吸收,也可以产生利尿作用。

(2) 对神经和内分泌功能的影响:强心苷类可增强迷走神经张力,抑制交感神经和肾素-血管紧张素-醛固酮系统的活性。但中毒量强心苷类可作用于延髓极后区,明显增高外周交感神经张力,可引起快速型心律失常。

(3) 对血管的作用:强心苷类能直接收缩外周血管,使外周阻力升高。心功能不全患者用药后因交感神经活性降低的作用超过了直接收缩血管的效应,血管阻力下降,心输出量增加,动脉压不变或略升。

【临床应用】

1. 心力衰竭　强心苷类主要用于以收缩功能障碍为主引起的低排血量性心力衰竭,对伴有心房颤动及心室率快的心力衰竭疗效最好。对心脏瓣膜病、冠心病、高血压心脏病、先天性心脏病等导致的心力衰竭疗效较好。对肺源性心脏病、活动性心肌炎、缩窄性心包炎、主动脉瓣狭窄、严重二尖瓣狭窄等导致的心力衰竭疗效不佳。对严重贫血、糖尿病、甲状腺功能亢进或低下、维生素 B_1 缺乏病导致的心力衰竭疗效最差,应积极治疗原发病,消除诱发因素。

2. 心律失常　强心苷类常用于治疗心房颤动、心房扑动及阵发性室上性心动过速。

【不良反应和防治措施】

强心苷类治疗安全范围小,一般治疗量已接近中毒量的 60%,而且患者对强心苷类的需要量和耐受量个体差异较大,易发生中毒反应,使用时应充分注意。

1. 不良反应的临床表现

(1) **胃肠道反应**:强心苷中毒早期常出现厌食、恶心、呕吐、腹泻等,应注意与药物用量不足、心力衰竭未得到有效控制所引起的胃肠道反应相鉴别。剧烈呕吐可导致失钾而加重强心苷中毒,应注意补钾并减量或停药。

(2) **神经系统症状**:有头痛、眩晕、失眠、疲倦、谵妄、惊厥、视觉障碍(黄视症、绿视症、视物模糊)等。

(3) **心脏毒性反应**:为强心苷类最严重的不良反应,可出现各种类型的心律失常。①最常见及最早出现的心律失常为室性期前收缩,约占心脏毒性发生率的 1/3,也可出现二联律、三联律等,严重时可致室性心动过速,应立即抢救,否则可发展为心室颤动。②可引起各种程度的房室传导阻滞。③强心苷类可因抑制窦房结、降低其自律性而发生窦性心动过缓,心率降至 60 次/min 以下应停药。

2. 强心苷中毒的防治

(1) **预防**:①注意诱发强心苷中毒的各种因素,如用药剂量较大、肝肾功能不全、低血钾、低血镁、高血钙、缺氧、酸中毒、联合用药不当等。②严格掌握适应证,了解心力衰竭的性质、起因和药物使用情况,掌握强心苷类的作用特点和给药方法,积极纠正易患因素。③及时发现强心苷中毒的先兆症状,如室性期前收缩、心动过缓、胃肠道反应、视觉障碍等,必要时减量或停药。

(2) **治疗**:首先停用强心苷类,然后根据中毒症状的类型和严重程度采取相应措施。对快速型心律失常可用氯化钾治疗,中毒轻者可口服,重者可静脉缓慢滴注;对重度快速型心律失常宜选用苯妥英钠治疗。此外,也可选用利多卡因治疗强心苷类引起的严重室性心动过速和心室颤动。对强心苷中毒引起的缓慢型心律失常如窦性心动过缓、房室传导阻滞,不宜补钾,可用 M 受体阻断药阿托品治疗。对危及生命的重度中毒,使用地高辛抗体 Fab 片段进行静脉注射有明显疗效。

【药物相互作用】

排钾利尿药可致低血钾,增加心脏对强心苷类的敏感性,易致中毒反应。奎尼丁能使地高辛血药浓度增加,胺碘酮、普罗帕酮、维拉帕米也可提高地高辛血药浓度,合用时应减少地高辛用量。苯妥英钠因能增加地高辛的代谢而降低地高辛的血药浓度。拟肾上腺素药可提高心肌自律性,使心肌对强心苷类的敏感性增高而导致中毒反应。

【给药方法】

强心苷类的给药方法主要有负荷量加维持量和无负荷量的维持量两种,现多采用后者,可明显减少毒性反应的发生率。因药物剂量的个体差异较大,用药不慎易发生毒性反应,所以应做到剂量个体化并适时调整剂量。

1. 负荷量加维持量　即先给予全效量,而后改用维持量维持疗效。全效量又称"洋地黄化"

量,是指短时间内给予足量强心苷类,以充分发挥疗效。该给药方法分为速给法和缓给法:速给法适用于病情较急且2周内未使用过强心苷类者,于24h内给足全效量;缓给法适用于慢性患者,于2~4日内给足全效量,继而每日给予一定剂量以维持疗效。

2. 无负荷量的维持量　即每天给予一定剂量,经4~5个半衰期使药物达到稳态浓度而发挥治疗作用。这种给药方法简便易行、安全有效,适用于病情不急且易发生中毒反应的患者。

(二)非苷类正性肌力药

非苷类正性肌力药包括β受体激动药和磷酸二酯酶抑制药。因该类药物可能增加心力衰竭患者的病死率,故不作为常规治疗用药。

多巴酚丁胺

多巴酚丁胺(dobutamine)能够选择性地激动心脏β_1受体,增强心肌收缩力,增加心输出量,对心率影响较小。对β_2和α受体只有微弱的激动作用,可轻度扩张血管,降低外周阻力,减轻心脏负荷,有助于纠正心力衰竭。静脉给药起效快,但作用短暂,适用于治疗顽固性心力衰竭、心肌梗死后心力衰竭及急性左侧心力衰竭。用药剂量过大可致心率加快并诱发室性心律失常,长期应用可致心肌坏死而加重心力衰竭。偶有恶心、呕吐、头痛、胸痛、气短等不良反应。梗阻性肥厚型心肌病患者禁用。

氨力农和米力农

氨力农(amrinone)和米力农(milrinone)能选择性抑制磷酸二酯酶Ⅲ,阻止环腺苷酸(cAMP)降解,使心肌细胞内cAMP含量增加。cAMP可促使Ca^{2+}从肌质网及钙池中游离出来,提高细胞内Ca^{2+}浓度,从而使心肌收缩力加强。临床短期用于其他药物治疗无效的难治性心力衰竭。可出现心律失常、低血压、过敏反应、胃肠道刺激症状、注射部位烧灼痛等不良反应。氨力农静脉注射剂需要完全稀释溶解后方可使用。用药期间监测心率、心律、血压。

五、血管扩张药

血管扩张药可舒张小静脉(容量血管),减少静脉回心血量,降低心脏前负荷,有利于缓解CHF时肺淤血、肺水肿等症状;扩张小动脉(阻力血管),降低外周阻力,减轻心脏后负荷,使心输出量增加,有利于缓解组织缺血、缺氧等症状。

硝酸酯类

硝酸甘油(nitroglycerin)及硝酸异山梨酯(isosorbide dinitrate)主要扩张小静脉,减少回心血量,降低心脏前负荷,可明显减轻肺淤血和呼吸困难等症状。还能选择性地扩张心外膜的冠状血管,增加冠状动脉流量,有利于改善心功能。适于伴有冠心病及肺淤血症状明显的患者。

肼屈嗪

肼屈嗪(hydralazine)主要扩张小动脉,降低外周血管阻力,减轻心脏后负荷,增加心输出量,同时可使肾血流量增加。因能反射性加快心率,使肾素-血管紧张素-醛固酮系统活性增高,长期单独应用疗效不佳且不良反应较多。主要用于肾功能不全或不能耐受ACEI的CHF患者。

硝普钠

硝普钠(sodium nitroprusside)对小动脉、小静脉均有明显的舒张作用,能降低心脏前、后负荷,静脉给药能迅速改善心功能,故可迅速控制危急的CHF。适用于需要迅速降低血压和肺动脉楔压的急性肺水肿、高血压急症等危重患者。

哌唑嗪

哌唑嗪(prazosin)为选择性的α_1受体阻断药,可扩张小动脉和小静脉,降低心脏前、后负荷,增加心输出量,但容易产生耐受性,治疗CHF长期疗效不佳。

奈西立肽

奈西立肽（nesiritide）可与利尿钠肽 A 型和 B 型受体结合，增加细胞内环鸟苷酸含量，从而促进血管平滑肌舒张，使静脉和动脉血管扩张，发挥其利尿、血管扩张作用。抑制肾素-血管紧张素-醛固酮系统，与心房利尿钠肽有类似的作用。主要用于治疗急性失代偿性充血性心力衰竭。

波 生 坦

波生坦（bosentan）为竞争性内皮素受体阻断药，可降低肺血管和全身血管阻力，在不增加心率的情况下增加心输出量，口服给药。临床用于肺动脉高压的治疗。

氨氯地平和非洛地平

氨氯地平（amlodipine）和非洛地平（felodipine）是二氢吡啶类钙通道阻滞药，作用出现较慢、维持时间较长，舒张血管作用强而负性肌力作用弱，且反射性激活神经内分泌系统作用较弱，降低左心室肥大的作用与 ACEI 相当。此外，氨氯地平尚有抗动脉粥样硬化、抗肿瘤坏死因子 α（TNF-α）及白介素（IL）等作用。长期应用可治疗左心室功能障碍伴有心绞痛、高血压的患者，也可降低非缺血者的病死率。

六、其他治疗心力衰竭的药物

（一）血管紧张素受体-脑啡肽酶抑制药

血管紧张素受体-脑啡肽酶抑制药（angiotensin receptor neprilysin inhibitor，ARNI）的代表药物有沙库巴曲缬沙坦（sacubitril valsartan）。该药为脑啡肽酶抑制药沙库巴曲和血管紧张素受体阻断药缬沙坦形成的化合物，能够协同产生扩张血管、排钠利尿和预防心肌重构的作用，可替代 ACEI 或 ARB 与其他治疗心力衰竭的药物（如 β 受体阻断药、醛固酮受体阻断药）合用。

（二）窦房结 I_f 通道阻滞药

代表药物为伊伐布雷定（ivabradine），可特异性阻滞窦房结 I_f 通道，抑制心脏窦房结起搏电流，降低窦房结自律性，从而减慢窦性心律。适用于窦性心律且射血分数≤35%、心率≥75 次/min 的稳定型心力衰竭患者。与 β 受体阻断药相比，在减慢心率的同时不影响心肌舒缩或心室复极。常见不良反应有心动过缓、心房颤动和光幻视。

第三节　治疗心力衰竭的药物合理应用

临床根据心力衰竭发生的时间、速度、严重程度分为慢性心力衰竭和急性心力衰竭。

对左心室射血分数降低的慢性心力衰竭，治疗目标是改善临床症状和生命质量，预防或逆转心脏重构，降低死亡率。治疗药物有利尿药、ACEI/ARB、ARNI、β 受体阻断药、窦房结 I_f 通道阻滞药、醛固酮受体阻断药、洋地黄类（表 4-2-3）。利尿药适用于有液体潴留的患者。所有患者均应使用 ACEI，除非有禁忌证或不能耐受；ARB 用于不能耐受 ACEI 的患者。推荐以 ARNI 替代 ACEI/ARB，以进一步减少发病率及死亡率。β 受体阻断药用于病情相对稳定的患者。醛固酮受体阻断药适用于左心室射血分数≤35%、使用 ACEI 或 ARB 和 β 受体阻断药治疗后仍有症状的患者，急性心肌梗死后且左心室射血分数≤40%、有心力衰竭症状或合并糖尿病者。窦房结 I_f 通道阻滞药适用于已使用 ACEI/ARB/ARNI、β 受体阻断药等其他药物，且 β 受体阻断药已达到目标剂量或最大耐受量，心率仍≥70 次/min，存在 β 受体阻断药禁忌或不耐受者。应用利尿药、ACEI 或 ARB、β 受体阻断药、醛固酮受体阻断药后仍然有症状的患者，可考虑使用洋地黄类。

表 4-2-3 慢性心力衰竭的治疗药物

药物种类	常用药物
利尿药	氢氯噻嗪、吲达帕胺等
ACEI/ARB	卡托普利、依那普利等或缬沙坦等
ARNI	沙库巴曲缬沙坦
β 受体阻断药	美托洛尔、比索洛尔
窦房结 I_f 通道阻滞药	伊伐布雷定
醛固酮受体阻断药	螺内酯
洋地黄类	地高辛等

急性心力衰竭的治疗目标是通过降低肺动脉楔压或增加心输出量,改善症状并稳定血流动力学状态。治疗药物有利尿药、血管扩张药、正性肌力药和血管收缩药(表 4-2-4)。利尿药适用于急性心力衰竭伴肺循环或体循环明显淤血以及容量负荷过重的患者。血管扩张药适用于急性冠脉综合征伴心力衰竭、严重心力衰竭、原有后负荷增加以及伴肺淤血或肺水肿的患者。正性肌力药适用于低血压(收缩压 <90mmHg)或组织器官低灌注的患者。血管收缩药适用于应用正性肌力药物后仍出现心源性休克或合并明显低血压状态的患者,升高血压以维持重要脏器的灌注。

表 4-2-4 急性心力衰竭的治疗药物

药物种类	常用药物
利尿药	呋塞米等
血管扩张药	硝酸甘油、硝普钠等
正性肌力药	多巴酚丁胺、氨力农、去乙酰毛花苷等
血管收缩药	去甲肾上腺素等

(秦志华)

思考题

1. 强心苷中毒的诱发因素有哪些?
2. 试论述强心苷类对不同病因所致的充血性心力衰竭的疗效和原因。

任务 3 | 抗心律失常药

学习目标

1. 掌握抗心律失常药的分类、代表药物、药理作用、临床应用、不良反应和注意事项。
2. 熟悉各类抗心律失常药的作用特点。
3. 了解抗心律失常药的合理应用。
4. 能依据心律失常的诊断合理选择药物，正确用药，及时处置不良反应。
5. 具备与患者及其家属进行有效沟通、开展用药咨询服务、指导患者合理用药的职业素养，关心、爱护患者。

心律失常（arrhythmia）是由于心脏冲动形成异常或冲动传导异常导致的心动节律和速率异常，进而引起心脏泵血功能障碍。心律失常根据心动节律变化可分为缓慢型心律失常和快速型心律失常。缓慢型心律失常包括窦性心动过缓和房室传导阻滞等，可用阿托品或异丙肾上腺素治疗；常见的快速型心律失常包括房性期前收缩、房性心动过速、阵发性室上性心动过速、心房扑动、心房颤动、室性期前收缩、室性心动过速以及心室颤动等。本章主要讨论治疗快速型心律失常的药物。

临床情景

患者，女性，72 岁。局限前间壁急性心肌梗死 2 天后出现心悸。无药物过敏史。查体：体温 36.8℃，脉搏 86 次/min，血压 130/80mmHg；除发现有脉搏不齐和心搏提前外，心肺未见其他异常。心电图示窦性心律，急性前间壁心肌梗死，室性期前收缩（每分钟 10 次），心率 88 次/min。X 线、超声心动图未见心肺异常。

诊断：①冠心病，前间壁急性心肌梗死；②心律失常，室性期前收缩。

处方：

1. 硝酸甘油注射液，10mg 加入 5% 葡萄糖注射液 48ml，10μg/min 静脉注射（静脉泵）。
2. 酒石酸美托洛尔片，每次 25mg，每日 2 次，口服。
3. 马来酸依那普利片，每次 10mg，每日 1 次，口服。
4. 盐酸胺碘酮注射液，150mg 加入 5% 葡萄糖注射液 100ml，缓慢静脉滴注。

学习任务

课前：该患者有哪些既往史？就诊后的诊断结果是什么？对该患者使用了哪些药物？

课中：胺碘酮属于哪类药物？其药理作用、临床应用、不良反应有哪些？对该患者除了胺碘酮还可以使用哪些药物？

课后：对心律失常患者的临床治疗原则是什么？快速型心律失常还有哪些类型？常用药物分别是什么？

第一节　概　述

心肌的生理特性包括兴奋性、自律性、传导性和收缩性。其中前三者以生物电活动为基础,又称心肌的电生理特性。心律失常可由冲动起源异常及冲动传导异常产生,两者可兼而有之。

一、冲动起源异常

1. 自律细胞自律性异常　自律性主要取决于自律细胞(如窦房结、房室结、浦肯野纤维)4期自动去极化速率、舒张期最大电位水平及阈电位水平。4期自动去极化加快、最大舒张电位上移或阈电位水平下移,均会导致自律性增高;反之,则自律性降低(图4-3-1)。

交感神经兴奋,抑制自律细胞舒张期 K^+ 外流,促进 Ca^{2+} 内流,提高其自律性;低血钾时细胞膜对 K^+ 通透性降低,自律细胞舒张期 K^+ 外流减少,自律性升高;高血钙时自律细胞 Ca^{2+} 内流增加,4期自动去极化速率加快,自律性升高。

2. 非自律细胞产生异常自律性　在某些病理情况下,如心肌梗死、心肌缺血、缺氧等,非自律细胞膜电位减小,可产生异常自律性。

3. 后去极化与触发活动　后去极化是指动作电位中0期去极化后发生的去极化。后去极化频率较快,振幅较小,膜电位不稳定,可产生异常冲动发放,即所谓触发活动。发生在2期或3期中的后去极化称为早后去极化,为 Ca^{2+} 内流增多所致。发生在4期中的后去极化称为迟后去极化,为细胞内 Ca^{2+} 诱发 Na^+ 短暂内流所致(图4-3-2)。

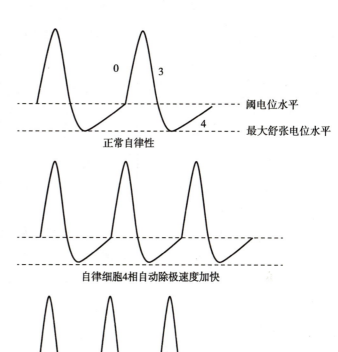

正常自律性

自律细胞4相自动除极速度加快

最大舒张电位水平上移

阈电位水平下移　　最大舒张电位水平

图 4-3-1　影响自律细胞的因素

非自律细胞在心肌缺氧、低血钾、强心苷中毒等情况下使静息电位变小,达到阈电位的时间缩短,自律性增高。

二、冲动传导异常

1. 单纯性传导异常　单纯性传导异常包括传导减慢、传导阻滞、传导速度不一致等。

2. 折返激动　折返激动是指一个冲动沿环形通路折返至原位置并反复运行。在正常情况下,冲动可沿浦肯野纤维的B支和C支传导,并同时到达心室肌,激发去极化产生一次心跳,冲动各自消失在对方不应期中。在病理情况下,若B支发生单向传导阻滞,冲动只能沿C支传导,激动心室肌后可通过阻滞区逆B支传导,折返至原心室肌。若冲动落在原心室肌有效不应期之外,则形成折返激动。单次折返引起期前收缩,连续多次折返可引起阵发性心动过速、扑动和颤动(图4-3-3)。

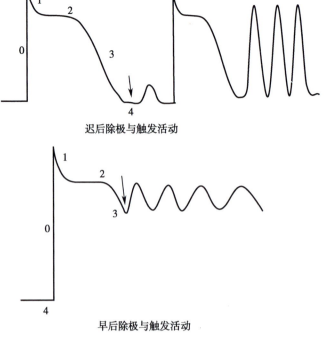

迟后除极与触发活动

早后除极与触发活动

图 4-3-2　后去极化与触发活动

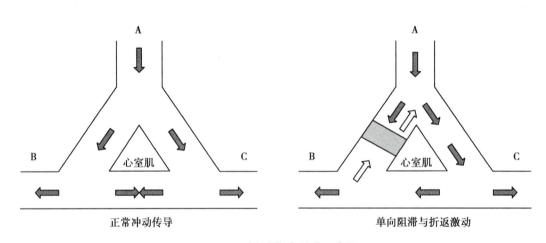

正常冲动传导　　　　　　　　　单向阻滞与折返激动

图 4-3-3　折返激动形成示意图

第二节　抗心律失常药的基本电生理作用及分类

一、抗心律失常药的基本电生理作用

（一）降低自律性

抗心律失常药通过抑制非自律细胞 4 期 Na^+ 内流或抑制自律细胞 4 期 Ca^{2+} 内流,降低动作电位 4 期自动去极化速率,从而降低自律性。也可通过阻滞 Na^+ 通道或者 Ca^{2+} 通道,提高动作电位发生阈值,或促进 K^+ 外流增大最大舒张电位,降低自律性。

（二）减少后去极化与触发活动

抗心律失常药通过抑制 Ca^{2+} 内流,减少早后去极化发生。迟后去极化与细胞内 Ca^{2+} 超负荷引发的 Na^+ 内流相关,因此阻滞 Na^+ 通道或阻滞 Ca^{2+} 通道可抑制迟后去极化。

（三）消除折返激动

1. 改变膜反应性以改善传导 抗心律失常药通过增强膜反应性加快传导,取消单向传导阻滞,终止折返激动;或通过降低膜反应性,减慢传导,变单向传导阻滞为双向传导阻滞,终止折返激动。

2. 改变有效不应期（effective refractory period,ERP）**及动作电位时程**（action potential duration,APD） 抗心律失常药通过阻滞 Na^+ 通道和阻滞 K^+ 通道,延长非自律细胞 ERP;阻滞 K^+ 通道和阻滞 Ca^{2+} 通道,延长自律细胞的 ERP;通过绝对或相对延长 ERP,消除折返激动。

二、抗心律失常药的分类

根据药物作用的电生理学特点,常用抗心律失常药可分为五大类（表 4-3-1 ）。

表 4-3-1 常用抗心律失常药的分类

分类		药物作用	代表药物
I类 钠通道阻滞药			
	I_A	适度阻滞钠通道,减慢传导,延长 APD 和 ERP	奎尼丁、普鲁卡因胺
	I_B	轻度阻滞钠通道,减慢传导,促进 K^+ 外流,缩短复极时间	利多卡因、苯妥英钠
	I_C	重度阻滞钠通道,明显减慢传导	普罗帕酮
II类 β 受体阻断药		阻断心肌细胞 β 受体,抑制交感神经兴奋,降低自律性,减慢传导	普萘洛尔
III类 延长动作电位时程药		阻滞钾通道,延长 APD 与 ERP,延缓复极化	胺碘酮
IV类 钙通道阻滞药		阻滞钙通道,降低窦房结自律性,减慢传导	维拉帕米
其他药物		激动 A_1 受体,减慢房室传导	腺苷

第三节 常用抗心律失常药

一、I类 钠通道阻滞药

（一）I_A 类药

奎 尼 丁

奎尼丁（quinidine）来源于茜草科植物金鸡纳树,是从其树皮中提取的一种生物碱,为奎宁的右旋异构体。

【体内过程】

奎尼丁口服吸收迅速而完全,约 30min 起效。生物利用度个体差异大,为 70%~80%。血浆蛋白结合率约为 80%,广泛分布于全身。给药后 1~2h 血药浓度达峰值,$t_{1/2}$ 为 5~7h。主要经肝脏代谢,部分代谢产物具有药理活性。20% 以原形经肾排泄,约 5% 经粪便排泄。

【药理作用】

低浓度奎尼丁适度抑制 Na^+ 内流,高浓度可抑制 K^+ 外流和 Ca^{2+} 内流。还具有抗胆碱作用和阻断外周 α 受体作用。

1. 降低自律性 治疗量奎尼丁可降低浦肯野纤维、心房肌、心室肌的自律性,对正常窦房结影响小,对病态窦房结综合征可呈现明显抑制作用。

2. 减慢传导 奎尼丁通过抑制 Na^+ 内流,降低动作电位 0 期上升速率,减慢传导,变单向传导阻滞为双向传导阻滞。

3. 延长 ERP 奎尼丁通过抑制 Na^+ 内流和 K^+ 外流,延长心室肌细胞和浦肯野纤维的 APD 和 ERP,尤其对 ERP 延长更为显著,可消除折返激动引发的心律失常。

4. 其他作用 奎尼丁减少 Ca^{2+} 内流,具有负性肌力作用;抗胆碱作用可增加窦性心律,加快房室结传导;阻断外周 α 受体可引起血管扩张。

【临床应用】

奎尼丁为广谱抗心律失常药,可用于治疗多种类型的快速型心律失常。主要适用于心房颤动或心房扑动的复律以及复律后窦性心律的维持。也可用于转复室性心动过速及室上性心动过速为窦性节律。

【不良反应和注意事项】

奎尼丁治疗指数较低,有效血药浓度为 3~6mg/L,超过 8mg/L 可发生严重不良反应。常见不良反应包括如下:

1. 胃肠道反应 常见恶心、呕吐、腹痛、腹泻等,多见于用药早期。

2. 金鸡纳反应 表现为胃肠不适、头昏、头痛、耳鸣、眩晕、视觉障碍、惊厥、昏迷、忧虑、呼吸抑制等症状,甚至导致死亡。

3. 心血管系统反应 奎尼丁的心血管系统反应较严重,可表现为血管扩张、血压降低,故用药前应检查心率、血压等。还可引发房室及室内传导阻滞、心衰、心动过速、心室颤动,严重者可出现心脏停搏,多见于原有心脏病的患者。

患者每日口服奎尼丁超过 1.5g,应住院检测心电图,监测血药浓度;每日口服 2g,应特别注意心脏毒性。可能发生房室传导阻滞的患者慎用。没有起搏器保护的二度或三度房室传导阻滞、病态窦房结综合征、曾因用药引起血小板减少性紫癜的患者以及奎尼丁过敏者禁用。

普鲁卡因胺

普鲁卡因胺(procainamide)是局麻药物普鲁卡因的酰胺型衍生物。可口服,也可静脉给药。

【药理作用】

普鲁卡因胺对心脏电生理的作用与奎尼丁类似,但无 α 受体阻断作用,也不具有抗胆碱作用。高浓度时可阻断神经节,导致血压降低。

【临床应用】

普鲁卡因胺是广谱抗心律失常药,适应证与奎尼丁相似。主要用于室性心律失常如室性心动过速的治疗,可静脉注射给药抢救危重病例。但对室上性心律失常如心房颤动、心房扑动疗效不及奎尼丁。

【不良反应和注意事项】

普鲁卡因胺口服给药的不良反应常见胃肠道反应,静脉注射可引起低血压、心室颤动、传导阻滞、心脏停搏等。也常见过敏反应,表现为药物热、皮疹和白细胞减少等。长期应用时少数患者出现红斑狼疮综合征。用药期间应监测心电图和血压。肝肾功能不全及患有房室传导阻滞者,病态窦房结综合征、红斑狼疮及地高辛中毒者禁用。

> **知识拓展**
>
> ### 红斑狼疮
>
> 红斑狼疮是一个累及身体多系统多器官,临床表现复杂,病程反复、迁延的自身免疫性疾病。红斑狼疮可分为系统性红斑狼疮和盘状红斑狼疮两大类。常见的临床表现包括:发热、红斑皮疹、黏膜溃疡、脱发、关节疼痛,还可导致红细胞、白细胞、血小板减少;约 25% 患者可出现心包积液等心脏损害;狼疮性肾病,严重者可发展为尿毒症;亦可见胸膜炎、血管炎、雷诺现象、神经损害、淋巴结肿大、消化系统损害及眼部病变等。

（二）I$_B$类药

利多卡因

利多卡因（lidocaine）是局部麻醉药，也是常用的抗心律失常药。

【体内过程】

利多卡因口服首过消除明显。静脉注射 1~2min 起效，血浆蛋白结合率约 70%，在体内分布广泛，作用维持时间 10~20min，通常采用静脉滴注给药以维持作用，$t_{1/2}$ 约 2h，主要在肝脏代谢，经肾脏排泄。肝功能不全及充血性心功能不全者应减量应用。

【药理作用】

利多卡因可轻度阻滞 Na$^+$ 通道，促进 K$^+$ 外流。

1. 降低自律性 通过抑制浦肯野纤维 Na$^+$ 内流，减小 4 期舒张期去极化速率，从而降低浦肯野纤维自律性。

2. 改善传导 治疗量利多卡因对传导速度无明显影响，但可通过对心肌缺血和梗死区域 0 期 Na$^+$ 内流的抑制，加重传导阻滞，使单向传导阻滞转为双向传导阻滞，从而消除折返激动。可促进低钾区域心肌细胞 3 期 K$^+$ 外流，使细胞膜电位增大，加速传导或恢复正常传导。

3. 相对延长 ERP 利多卡因通过促进 3 期 K$^+$ 外流，缩短浦肯野纤维及心室肌的 APD 和 ERP，但对 APD 的缩短更为明显，故相对延长 ERP，有利于消除折返激动。

【临床应用】

利多卡因为窄谱抗心律失常药，主要用于治疗急性心肌梗死后的室性心动过速，可作为首选药物。也可用于洋地黄类中毒、全身麻醉等引起的各种类型的室性心律失常。

【不良反应和注意事项】

利多卡因静脉给药时可出现头晕、兴奋、嗜睡及吞咽障碍、抽搐和呼吸抑制等中枢神经系统反应。剂量过大时可引起心率减慢、房室传导阻滞和血压下降等。眼球震颤为利多卡因中毒的早期信号之一。严重房室传导阻滞患者禁用。

苯妥英钠

苯妥英钠（phenytoin sodium）是抗癫痫药，也可用于治疗心律失常。

【药理作用】

苯妥英钠作用类似于利多卡因，可降低浦肯野纤维自律性，相对延长 ERP，有利于消除折返激动。但可增加房室结 0 期去极化速率，加快传导，改善强心苷中毒所致房室传导阻滞。也可与强心苷竞争钠钾 ATP 酶，从而抑制强心苷中毒所致的迟后去极化和触发活动。

【临床应用】

苯妥英钠临床主要用于治疗强心苷中毒引起的室性心律失常，也可用于其他原因所致的室性心律失常。

【不良反应】

苯妥英钠主要不良反应为静脉注射过快引起的低血压、呼吸抑制和心律失常。窦性心动过缓、二度及三度房室传导阻滞患者禁用。

（三）I$_C$类药

普罗帕酮

普罗帕酮（propafenone）又名心律平。

【体内过程】

普罗帕酮血浆蛋白结合率约 93%，$t_{1/2}$ 为 3.5~4h。肝脏代谢产物具有药理活性，可阻滞钠通道。主要经肾排泄，不能通过透析排出。

【药理作用】

普罗帕酮可重度阻滞 Na^+ 通道,降低动作电位 0 期上升速率,显著减慢传导。降低浦肯野纤维自律性,延长 APD 和 ERP。此外还具有局部麻醉作用、β 受体阻断作用和钙通道阻滞作用,可抑制心肌收缩力。

【临床应用】

普罗帕酮适用于治疗室上性或室性期前收缩及心动过速,对冠心病、高血压引起的心律失常效果较好。

【不良反应和注意事项】

胃肠道反应为普罗帕酮常见不良反应,也可见房室传导阻滞、直立性低血压等心血管系统反应,可加重心力衰竭。不宜与奎尼丁、普萘洛尔、胺碘酮、维拉帕米合用,以免加重心脏抑制。心力衰竭、休克、窦房结功能障碍、二度或三度房室传导阻滞患者禁用。

氟 卡 尼

氟卡尼(flecainide)又名氟卡胺。口服吸收迅速,$t_{1/2}$ 为 13~16h,主要经肝脏代谢,肾脏排泄。可明显阻滞 Na^+ 通道,抑制传导、降低心房肌和心室肌的自律性,并延长心房肌和心室肌的 APD。还具有一定的负性肌力作用,但对心率影响不明显。具有高效、强效、广谱的作用特点,主要用于无器质性心脏病的室上性和室性心律失常的治疗。不良反应有头痛、头晕、恶心、乏力等,最严重的不良反应是引起致死性心律失常,增加心肌梗死后患者的病死率。

二、Ⅱ类 β 受体阻断药

用于抗心律失常的 β 受体阻断药有普萘洛尔、美托洛尔、比索洛尔、艾司洛尔(esmolol)等,通过阻断 $β_1$ 受体而抑制心脏、减慢心率,抑制细胞内钙超载,减少后去极化,同时具有抗心肌缺血的作用。常用于抗心律失常的 β 受体阻断药体内过程比较见表 4-3-2。

表 4-3-2 常用于抗心律失常的 β 受体阻断药体内过程比较

分类	常用制剂	$t_{1/2}$	每日起始剂量(足量)	每日服药次数
非选择性 $β_1$ 受体阻断药	普萘洛尔片	3~6h	10mg	3
选择性 $β_1$ 受体阻断药	美托洛尔片	12~18h	25mg(100mg)	2
	比索洛尔片	9~12h	2.5mg(10mg)	1
	艾司洛尔注射液	9min	0.5mg/kg	—

普萘洛尔适用于儿茶酚胺敏感型室性心动过速。美托洛尔可用于治疗窦性心动过速、心房扑动及心房颤动并控制心室率。

本类药物可诱发支气管哮喘,支气管哮喘患者慎用。

三、Ⅲ类 延长动作电位时程药

本类药物又称钾通道阻滞药,能阻断电压依赖性钾通道,延长 APD 和 ERP,有利于消除折返激动,具有抗心律失常作用。

胺 碘 酮

胺碘酮(amiodarone)又名乙胺碘呋酮,为常用的广谱抗心律失常药。

【体内过程】

胺碘酮口服吸收缓慢且不完全,用药 4~5 天起效,约 7 天呈现作用,停药后作用持续 8~10 天。静脉注射 10min 起效,约 15min 达最大作用,作用持续约 4h。经肝脏代谢,原形药物及代谢产物脂溶性高,可分布至脂肪组织及含脂肪丰富的组织器官,并在其中蓄积。肝脏代谢产物仍有生物活性,经胆汁排泄。

【药理作用】

胺碘酮可阻滞 K^+、Na^+ 和 Ca^{2+} 通道,降低浦肯野纤维的自律性,减慢房室结和浦肯野纤维的传导,并显著延长心房肌和心室肌的 APD 和 ERP,有利于消除折返激动。还具有 α 受体、β 受体阻断作用,可扩张血管,减少心肌耗氧量。

【临床应用】

胺碘酮适用于治疗多种室上性和室性心律失常,对房性期前收缩、室性期前收缩、阵发室上性心动过速、心房颤动、心房扑动、室性心动过速、心室颤动疗效较好。也可用于治疗反复发作的、常规药物治疗无效的顽固性室性心动过速。

【不良反应和注意事项】

胺碘酮可引起窦性心动过缓、房室传导阻滞、低血压及 Q-T 间期延长伴尖端扭转型室性心动过速,甚至心功能不全等心血管系统反应。还可引起胃肠道反应、光敏反应等。角膜褐色微粒沉着与疗程及剂量有关,不影响视力,停药后可逐渐消失。因药物中含碘,可引起甲状腺功能亢进或减退,长期用药应监测血清三碘甲状腺原氨酸(T_3)、甲状腺素(T_4)。长期大剂量用药后,少数患者出现间质性肺炎或肺纤维化,故长期用药应监测肺功能,一旦发现应立即停药。房室传导阻滞、窦性心动过缓、碘过敏、甲状腺功能异常及病态窦房结综合征患者禁用。

索他洛尔

索他洛尔(sotalol)口服吸收快而完全,无首过消除。除了 β 受体阻断作用,还具有 K^+ 通道阻滞作用。可降低自律性,减慢房室结传导,延长 ERP 和 APD。临床用于治疗各种严重室性心律失常,也可用于阵发性室上性心动过速及心房颤动的治疗。不良反应较少,少数 Q-T 间期延长者可见尖端扭转型室性心动过速。

四、IV类 钙通道阻滞药

本类药物通过阻滞 Ca^{2+} 通道,防止细胞质 Ca^{2+} 超负荷而发挥作用。本章主要讨论本类药物的抗心律失常作用。

维拉帕米

维拉帕米(verapamil)为非二氢吡啶类钙通道阻滞药。

【药理作用】

维拉帕米通过阻滞心肌细胞膜 Ca^{2+} 通道,抑制 Ca^{2+} 内流,降低窦房结和房室结的自律性,减慢传导,延长 ERP,消除折返激动。

【临床应用】

维拉帕米为治疗阵发性室上性心动过速的首选药,也可用于减慢心房颤动和心房扑动的心室率,尤其适用于伴高血压及冠心病的心律失常患者,对室性心律失常疗效较差。

【不良反应和注意事项】

维拉帕米口服可引起头晕、头痛、面部潮红、踝部水肿等,静脉给药可引起低血压、心动过缓、房室传导阻滞甚至心功能不全。二度或三度房室传导阻滞、低血压、心功能不全及心源性休克患者禁用。

地尔硫䓬

地尔硫䓬(diltiazem)又名恬尔心,属于非二氢吡啶类钙通道阻滞药。电生理特性、药理作用及临床应用与维拉帕米相似,但扩张血管作用较强,减慢心率作用较弱。临床主要用于治疗室上性心律失常,如阵发性室上性心动过速及频发性房性期前收缩,也可用于治疗阵发性心房颤动。口服时不良反应小,偶见过敏,也可见头晕、乏力及胃肠道反应。

五、其他抗心律失常药

腺 苷

腺苷(adenosine)是机体细胞中的一种嘌呤核苷。静脉注射后主要被组织细胞摄取,并被腺苷脱氨酶灭活。血浆 $t_{1/2}$ 约 10s,其代谢排泄不受肝肾功能影响。可缩短窦房结以及房室结的动作电位时程,导致细胞膜超极化,抑制窦房结自律性,减慢房室传导;也可减弱儿茶酚胺的心脏效应,扩张冠状动脉血管,抑制血小板聚集。临床主要用于治疗阵发性室上性心动过速。不能转复心房扑动、心房颤动或室性心动过速为窦性心律,但房室传导的减慢有助于诊断心房活动。不良反应可见面部潮红、呼吸困难、支气管痉挛、胸部压紧感、恶心和头晕等。二度或三度房室传导阻滞、病态窦房结综合征、支气管狭窄或支气管痉挛的肺部疾病患者以及对腺苷过敏者禁用。

第四节 抗心律失常药合理应用

抗心律失常药的治疗目标是缓解症状,减少心律失常对心功能和心肌缺血的影响,从而提高生存质量,降低病死率。心律失常的治疗原则和方法如下。

1. 明确心律失常的诱发因素和发生机制 首先评估药物治疗的必要性。无器质性心脏病或无明显症状、不影响预后者多不需要药物治疗。对严重心律失常,应尽快明确其性质、发生机制,选择有效治疗措施终止发作,并寻找病因和诱发因素,及时治疗和纠正心律失常,避免复发。

2. 合理应用抗心律失常药 需要使用药物治疗的患者应根据自身和药物的特点,合理选择抗心律失常药。室上性心动过速合理用药见表4-3-3。

表 4-3-3　室上性心动过速合理用药

分类	合理用药
窦性心动过速	纠正诱因及病因后仍有症状者宜选用 β 受体阻断药;禁用或不能耐受 β 受体阻断药的患者可选用伊伐布雷定。如单药效果不佳,可联合用药
房性期前收缩、非持续性房性心动过速	无器质性心脏病的患者宜选用 β 受体阻断药、普罗帕酮或索他洛尔;合并器质性心脏病的患者可用胺碘酮
房性心动过速	局灶性房性心动过速患者可静脉推注腺苷,长期治疗可使用 β 受体阻断药、维拉帕米或地尔硫䓬控制心室率;多源性房性心动过速患者可用 β 受体阻断药、维拉帕米或地尔硫䓬
心房扑动	可用 β 受体阻断药、维拉帕米或地尔硫䓬控制心室率,如无效可静脉滴注胺碘酮
阵发性室上性心动过速	静脉推注腺苷,如无效可静脉滴注普罗帕酮、维拉帕米、地尔硫䓬、艾司洛尔或美托洛尔
心房颤动	血流动力学稳定者可静脉滴注 β 受体阻断药、维拉帕米或地尔硫䓬;左心室射血分数≥4.0 者口服 β 受体阻断药、维拉帕米、地尔硫䓬或洋地黄类;左心室射血分数 <4.0 者口服 β 受体阻断药或洋地黄类

室性心律失常应分析其诱因,并进行分类和评估。严重室性心动过速可引起猝死,首选胺碘酮,可合并使用 β 受体阻断药或利多卡因。室性心动过速急性发作期合并器质性心脏病的患者宜选用胺碘酮,无器质性心脏病的患者宜选用维拉帕米或普罗帕酮。

3. 实施个体化治疗 根据患者的身体状况,如年龄、心功能、肝功能、肾功能、体内电解质情况及对药物的敏感性,制订个体化治疗方案。一般原则是:先单独用药,后联合用药;以最小剂量取得满意疗效;先考虑降低危险,再考虑缓解症状;注意药物不良反应和禁忌证,避免药物诱发的心律失常和其他严重不良反应,适时进行血药浓度和心电监测。

(张旻璐)

思考题

1. 简述奎尼丁的不良反应。
2. 简述胺碘酮的不良反应。
3. 如何合理应用抗心律失常药?

任务 4 | 抗心绞痛药

学习目标

1. 掌握抗心绞痛药的分类、代表药物、临床应用、不良反应和注意事项。
2. 熟悉抗心绞痛药的作用机制、作用特点、联合用药。
3. 了解抗心绞痛药的合理应用。
4. 能根据心绞痛临床表现等合理选择抗心绞痛药,正确用药,及时处置不良反应。
5. 具备与患者及其家属进行有效沟通、开展用药咨询服务、指导合理用药的职业素养,关心、爱护患者。

临床情景

患者,男性,58 岁。有阵发性胸痛史半年,胸痛多发生于劳累、上楼梯、快步走及情绪变化时,每次胸痛发作持续 4~5min,停止活动后 2~3min 可自行缓解;胸痛发作时伴左颈部隐痛,随胸痛缓解而消失。既往无高血压、糖尿病病史,有烟酒嗜好。查体:体温 36.5℃,脉搏 82 次/min,呼吸 12 次/min,血压 120/80mmHg;双肺(-),心界不大,心率 82 次/min,心律齐,无病理性杂音;腹软,未见异常。肝颈静脉回流征(-),双下肢无水肿。血常规、尿常规、粪便常规、电解质、血脂、心肌酶谱均正常。心电图示:窦性心律,胸导联 ST 段下移,T 波倒置。

诊断:冠心病;稳定型心绞痛。

处方:

1. 美托洛尔缓释片,每次 47.5mg,每日 1 次,口服。
2. 阿托伐他汀钙片,每次 20mg,每晚 1 次,口服。
3. 阿司匹林片,每次 100mg,每日 1 次,口服。
4. 硝酸甘油片,每次 0.5mg,心绞痛发作时舌下含化。

学习任务

课前:该患者有哪些既往史? 现在病情如何? 在该患者的处方中使用了哪几类药物?

课中:抗心绞痛药的种类、代表药物及其抗心绞痛作用机制是怎样的? 美托洛尔与硝酸甘油联合应用治疗心绞痛的临床意义及注意事项是什么?

课后:请对冠心病心绞痛的临床表现和治疗药物进行总结。对不同类型心绞痛用药时要注意哪些问题?

第一节　概　述

心绞痛(angina pectoris)是因冠状动脉供血不足引起的心肌急剧的、暂时的缺血缺氧综合征,典型临床表现为阵发性胸骨后压榨性疼痛并向左上肢放射。心绞痛持续发作得不到及时缓解,则可能发展为急性心肌梗死。

　　临床上将心绞痛分为以下 3 种类型。①劳力性心绞痛:诱发因素多为劳累、情绪波动或其他增加心肌耗氧量的因素,根据病理、发作频率及转归,又分为稳定型心绞痛、初发型心绞痛及恶化型心绞痛。②自发性心绞痛:心绞痛发作与心肌耗氧量无明显关系,多发生于安静状态。发作时症状重,疼痛持续时间长且不易被硝酸甘油缓解。包括卧位型心绞痛、变异型心绞痛、中间综合征以及梗死后心绞痛。③混合型心绞痛:特点是在心肌耗氧量增加或无明显增加时都可能发生。稳定型心绞痛是指劳力性心绞痛性质在 1~3 个月内并无改变,病程稳定在 1 个月以上。不稳定型心绞痛是指介于稳定型心绞痛与急性心肌梗死和猝死之间的临床状态,具有除稳定型心绞痛外的缺血性胸痛,包括初发型心绞痛、恶化型心绞痛及自发性心绞痛。不稳定型心绞痛的病理基础是在原有病变基础上发生冠状动脉内膜下出血、粥样硬化斑块破裂、血小板或纤维蛋白凝集、冠状动脉痉挛等,有进展至心肌梗死的高度风险。

　　心绞痛的主要病理生理机制是心肌耗氧与供氧的平衡失调,致心肌暂时缺血缺氧,代谢产物(乳酸、丙酮酸、组胺、K^+ 等)在心肌组织聚积,刺激心肌自主神经传入末梢引起疼痛(图 4-4-1)。

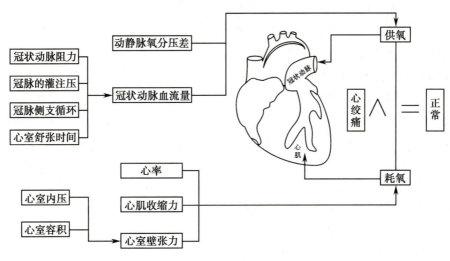

图 4-4-1　心绞痛的主要病理生理机制

　　目前对心绞痛仍以药物治疗为主要手段,主要通过调节心肌氧的供需平衡,从而发挥治疗作用。增加心肌供氧量的措施包括:①舒张冠状动脉,解除冠状动脉痉挛;②促进侧支循环开放。降低心肌耗氧量的主要措施包括:①舒张静脉,减少回心血量,降低心脏前负荷;②舒张外周小动脉,减小心脏射血阻力,降低心脏后负荷;③降低心室壁张力;④减慢心率;⑤降低心肌收缩力。根据药物作用机制的不同,常用抗心绞痛药分为 3 类:硝酸酯类、β 受体阻断药和钙通道阻滞药。

第二节　常用抗心绞痛药

一、硝酸酯类

硝酸甘油

　　硝酸甘油(nitroglycerin)是硝酸酯类的代表药,临床用于心绞痛的治疗已有百余年的历史,临床常用剂型有舌下含片、气雾剂、贴剂、注射液等。由于硝酸甘油具有起效快、疗效肯定、使用方便、患者易于接受等优点,至今仍是防治心绞痛的首选药物。

【体内过程】
　　硝酸甘油脂溶性高,易通过皮肤、黏膜吸收。口服因首过消除明显,生物利用度只有 8%,舌下含服生物利用度可高达 80%。含服后 1~2min 起效,5min 作用达高峰,作用持续 20~30min,2% 的硝酸甘油软膏或贴膜剂睡前涂抹在前臂或胸部皮肤可持续较长时间的有效浓度。主要在肝脏代谢,迅速而完全,中间代谢产物仍有弱的舒张血管作用。

【药理作用】

硝酸甘油的基本作用是松弛平滑肌,以对血管平滑肌的松弛作用最为明显。

1. 降低心肌耗氧量 小剂量硝酸甘油即可明显扩张较大的静脉血管,从而减少回心血量,降低心脏前负荷,缩小心室容积,室壁张力下降,心肌耗氧量降低。稍大剂量硝酸甘油也可扩张较大的动脉血管,降低心脏射血阻力,降低心脏后负荷,左心室内压和心室壁张力降低,从而降低心肌耗氧量。但血管扩张的同时,血压下降,进而反射性兴奋心脏,导致心率加快和收缩力加强,反而致使心绞痛加重。因此,硝酸甘油在使用时须合理控制药物剂量。

2. 增加缺血区血流量,改善左心室的顺应性 硝酸甘油选择性扩张较大的心外膜血管、输送血管及侧支血管,尤其在冠状动脉痉挛时更为明显,而对阻力血管的舒张作用较弱。当冠状动脉因粥样硬化或痉挛而发生狭窄时,缺血区的阻力血管因缺氧和代谢产物的堆积而处于舒张状态,使得非缺血区阻力比缺血区大。硝酸甘油可使输送血管和侧支血管舒张,迫使血液从非缺血区流向缺血区,从而改善缺血区的血液供应。另外,用药后心室舒张末期容积缩小、压力降低,血液容易从心外膜流向发生缺血的心内膜区域,从而进一步增加缺血区的血流量。此外,硝酸甘油还可改善左心室的顺应性(图 4-4-2)。

3. 保护缺血的心肌细胞 硝酸甘油通过释放一氧化氮(NO),促进内源性前列环素(PGI_2)和降钙素基因相关肽(calcitonin-generelated peptide,CGRP)等物质生成与释放,这些物质对心肌细胞均具有直接保护作用。

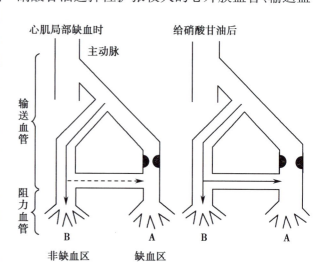

图 4-4-2 硝酸甘油对冠状动脉的作用部位示意图

【作用机制】

硝酸甘油在平滑肌细胞内经谷胱甘肽转移酶的催化,释放出 NO,NO 可激活鸟苷酸环化酶(guanylate cyclase,GC),使细胞内 cGMP 含量增加,进一步激活 cGMP 依赖性蛋白激酶,减少细胞内 Ca^{2+} 释放和细胞外 Ca^{2+} 内流,降低细胞内 Ca^{2+} 浓度,使肌球蛋白轻链发生去磷酸化,从而舒张血管。

【临床应用】

1. 心绞痛 舌下含服硝酸甘油能迅速缓解各种类型的心绞痛,常作为各型急性心绞痛患者的必备药和首选药。

2. 急性心肌梗死 常采用静脉给药,及早应用可通过抑制血小板聚集和黏附,缩小梗死范围,减轻心肌缺血损伤。反复连续使用要限制用量,以免因血压过低而导致灌注压不足,反而加重心肌缺血。

3. 心功能不全 应用硝酸甘油后可降低心脏前、后负荷,辅助治疗心功能不全。

【不良反应和注意事项】

1. 副作用 多由硝酸甘油的血管扩张作用引起,如头、面、颈、皮肤血管扩张引起暂时性面颊部皮肤潮红,脑膜血管扩张引起搏动性头痛,眼内血管扩张可致眼压升高。故颅脑损伤、颅内出血、严重低血压、青光眼患者慎用。大剂量可反射性加快心率,严重者可出现直立性低血压、晕厥等。因此,患者宜坐位舌下含服本药,切忌超剂量使用,心肌梗死伴心动过速者慎用。

2. 耐受性 硝酸甘油连续用药 2~3 周后可出现耐受性,停药或换用其他药物 1~2 周后耐受性消失。产生耐受性的原因可能与 NO 生成过程中还原性巯基（—SH）耗竭有关。现多主张采用小剂量、间歇给药，以减少耐受性发生。

3. 高铁血红蛋白血症 剂量过大或持续用药时可发生，表现为呕吐、发绀等。

另外应注意，硝酸甘油为急救药品，舌下含服或颊部给药时不可以咀嚼、压碎或吞服；舌下含服时有烧灼或刺痛感，这是正常现象；药品应保存于原包装瓶中，避光保存，以免药品失效。

硝酸异山梨酯和单硝酸异山梨酯

硝酸异山梨酯（isosorbide dinitrate）和单硝酸异山梨酯（isosorbide mononitrate）与硝酸甘油的作用和作用机制相似，特点是作用较弱、显效较慢而维持时间较长。舌下含服的生物利用度较硝酸甘油低（缓释片略高），一次给药，硝酸异山梨酯 2~5min 起效，15min 达最大效应，维持 30~60min；单硝酸异山梨酯口服 $t_{1/2}$ 约为 5h，作用持续 8h。两药口服主要用于心绞痛的预防和心肌梗死后心力衰竭的长期治疗。不良反应同硝酸甘油，但较轻。

二、β 受体阻断药

β 受体阻断药于 20 世纪 60 年代开始用于心绞痛治疗，可使患者心绞痛发作次数减少，降低心肌耗氧量，改善缺血区供血，增加患者运动耐量，缩小心肌梗死范围，是继硝酸酯类之后又一类治疗缺血性心脏病的药物。其中普萘洛尔、美托洛尔和阿替洛尔在临床最为常用。β 受体阻断药的抗心绞痛作用如下：

1. 降低心肌耗氧量 心绞痛发作时交感神经兴奋，心肌局部和血中儿茶酚胺含量均显著增加，激动 β 受体，使心肌耗氧量增加。β 受体阻断药通过阻断心脏的 β_1 受体，使心肌收缩力减弱、心率减慢及血压降低，因而明显减少心肌耗氧量。虽然 β 受体阻断药抑制心肌收缩力而使心室容积扩大、室壁张力增加、心室射血时间延长，导致心肌耗氧量增加，但总体效应仍是心肌耗氧量降低。

2. 增加缺血区供血 β 受体阻断药阻断冠状动脉血管的 β_2 受体后，由于缺血区与非缺血区血管之间存在张力差，血液从非缺血区流向缺血区；加之用药后心率减慢，心室舒张期相对延长，垂直于心室壁内外的血管受压减轻，有利于血液流向相对容易缺血的心室壁内侧，从而改善缺血区的血液供应。

3. 其他作用 β 受体阻断药可改善心肌缺血区对葡萄糖的摄取与利用，进而改善糖代谢，减少心肌耗氧量；还可抑制脂肪分解酶活性，减少游离脂肪酸的生成；并能促进氧从血红蛋白解离，增加包括心肌在内的全身组织的供氧。

【临床应用】

β 受体阻断药适用于对硝酸酯类不敏感或疗效差的稳定型心绞痛患者，用药后可明显减少发作次数，对伴有高血压及快速型心律失常患者尤为适用；对心肌梗死患者，可减轻缺血损伤，缩小梗死范围。心肌梗死后长期应用 β 受体阻断药可明显降低复发率和病死率。对冠状动脉痉挛诱发的变异型心绞痛，因 β 受体阻断药阻断冠状血管 β 受体，使 α 受体相对占优势，易致冠状动脉痉挛，加重心肌缺血，故不宜应用。

β 受体阻断药与硝酸酯类常联合使用治疗心绞痛，既可增强疗效，又能减轻各自单用时的不良反应。因为两类药都能降低心肌耗氧量，合用后能取得协同作用；β 受体阻断药能对抗硝酸酯类引起的反射性心率加快、心肌收缩力增强；硝酸酯类则可对抗 β 受体阻断药所致的心室容积增大，射血时间延长。

临床上常选用作用时间相近的药物，如普萘洛尔与硝酸异山梨酯合用。应注意的是，两类药物都可降低血压，合用时应适当减少剂量，以免因血压过低导致冠状动脉灌注压降低，不利于缓解心绞痛。

三、钙通道阻滞药

钙通道阻滞药是临床用于预防和治疗心绞痛的常用药，特别是对变异型心绞痛疗效较好。常用药物有硝苯地平、维拉帕米、地尔硫䓬、哌克昔林（perhexiline）和普尼拉明（prenylamine）等。钙通道阻滞药的抗心绞痛作用如下：

1. 降低心肌耗氧量 钙通道阻滞药阻断心肌细胞膜上 Ca^{2+} 通道，抑制 Ca^{2+} 内流，从而使心肌收缩力减弱，心率减慢，血管平滑肌松弛，血压下降，外周阻力减小，心脏前、后负荷降低，心肌耗氧量降低。

2. 扩张冠状动脉 钙通道阻滞药扩张冠状动脉中的输送血管和小阻力血管，增加侧支循环，改善缺血区的血液供应，有利于缓解心绞痛。

3. 保护缺血心肌细胞 心肌缺血时，心肌细胞外大量的 Ca^{2+} 内流，线粒体内 Ca^{2+} 超负荷，使线粒体结构破坏，失去氧化磷酸化能力，导致细胞坏死。钙通道阻滞药通过抑制 Ca^{2+} 内流，保护缺血的心肌细胞。

4. 抑制血小板聚集 钙通道阻滞药可降低血小板内的 Ca^{2+} 浓度，抑制血小板聚集，从而防止血栓形成，以缓解心绞痛症状。

【临床应用】

钙通道阻滞药可显著松弛痉挛的冠状血管，又有降低心脏前、后负荷的作用，对各种心绞痛均有较好疗效：①对变异型心绞痛疗效较好。②对伴有支气管哮喘及外周血管痉挛性疾病者效果好。③抑制心肌作用较弱，较少诱发心力衰竭。

硝苯地平对血管尤其是冠状动脉和外周小动脉的扩张作用明显，故对变异型心绞痛疗效好，伴高血压者尤佳，与 β 受体阻断药合用可增强疗效。维拉帕米常用于稳定型心绞痛，因扩张冠状动脉的作用较弱，故不宜单独用于变异型心绞痛；与 β 受体阻断药合用虽可取得协同作用，但因两者均可抑制心肌收缩力和传导系统，故应慎用于伴有心力衰竭及传导阻滞的患者。地尔硫䓬对各型心绞痛均可用，疗效介于硝酸甘油和维拉帕米之间，也有抑制心肌收缩力和传导的作用，所以应慎用于心绞痛伴心力衰竭及传导阻滞的患者。常用抗心绞痛药的作用比较见表 4-4-1。

表 4-4-1　常用抗心绞痛药的作用比较

药物	外周阻力	心室容量	室壁张力	心率	收缩性	侧支循环	血压	心内膜下血供
硝酸甘油	↓	↓	↓	↑	↑	↑	↓	↑
普萘洛尔	↑	↑	↑	↓	↓	↑	↓	↑
硝苯地平	↓	+/-	↓	+/-	+/-	↑	↓	↑

四、其他抗心绞痛药

曲美他嗪

曲美他嗪（trimetazidine）用于治疗对其他抗心绞痛药无效的慢性心绞痛。通过保护细胞在缺氧或缺血情况下的能量代谢，阻止细胞内 ATP 水平的下降，从而保证离子泵的正常功能，维持细胞内环境的稳定；在缺血细胞中，可将心肌代谢从游离脂肪酸氧化转变为葡萄糖氧化，从而降低心肌耗氧量。在进餐时服用，给药后 2h 内达到血药浓度峰值，24~36h 达到稳态浓度，血浆蛋白结合率约 16%，大部分以原形随尿液排泄。$t_{1/2}$ 为 6h。对缺血性心脏病患者，曲美他嗪作为一种代谢药，在常规用药的基础上加用本药，用于稳定型心绞痛的对症治疗。不良反应为眩晕、头痛等神经系统反应，腹痛、腹泻等消化道反应以及皮疹、瘙痒等皮肤皮下组织反应。

尼可地尔

尼可地尔（nicorandil）为 K^+ 通道激活药，既可促进 K^+ 外流，使细胞膜超极化，抑制 Ca^{2+} 内流，还可促进 NO 释放。口服吸收快而完全，生物利用度为 75%。服药后 0.5~1.0h 血药浓度达峰值，$t_{1/2}$ 约为 1h。主要分布在肝、心、肾、肾上腺及血液中。在体内经水解脱去硝基，其代谢产物药理活性很小，主要从尿中排出。主要用于治疗变异型心绞痛和慢性稳定型心绞痛，且不易产生耐受性。

冠心病介入治疗——药物涂层球囊

经皮冠状动脉介入治疗（percutaneous coronary intervention，PCI）是指经心导管技术疏通狭窄甚至闭塞的冠状动脉管腔，从而改善心肌血流灌注的治疗方法。80%以上的PCI是通过冠状动脉支架植入的方式完成的。金属裸支架由于破坏了冠状动脉原有的解剖结构及长期异物刺激内皮增生等，导致支架内增生。药物涂层球囊在普通球囊基础上，将抗增生药物（如紫杉醇等）涂布于球囊表面，达到抑制内皮增生的效果，可有效降低血管内狭窄。

第三节　抗心绞痛药合理应用

药物治疗心绞痛的主要目的是预防心肌梗死和猝死，减轻症状和缺血发作，改善生活质量。

1. 硝酸酯类　硝酸酯类为内皮依赖性血管扩张药，能减少心肌耗氧和改善心肌灌注，从而改善心绞痛症状。硝酸酯类可经舌下含服、经皮肤或静脉给药，分为短效剂型和长效剂型。舌下含服硝酸甘油片或使用硝酸甘油喷雾剂可即刻缓解心绞痛。长效剂型用于心绞痛的长期治疗，不适用于心绞痛急性发作的治疗。硝酸酯类会反射性增加交感神经张力，使心率加快，故常联合负性心率药物如β受体阻断药或钙通道阻滞药治疗慢性稳定型心绞痛。联合用药的抗心绞痛作用优于单独用药。应注意的是，第一次含服硝酸甘油时可能发生直立性低血压。

2. β受体阻断药　β受体阻断药能抑制心脏β受体，可降低心肌耗氧量，减少心绞痛发作和增加运动耐量。当给予足够剂量时，均能有效预防心绞痛发作。β受体阻断药的使用剂量应个体化，从较小剂量开始。对伴有严重心动过缓和三度房室传导阻滞、窦房结功能紊乱、明显的支气管痉挛或支气管哮喘的患者，禁用β受体阻断药。对冠状动脉痉挛造成的缺血如变异型心绞痛，也不宜使用β受体阻断药。

3. 钙通道阻滞药　钙通道阻滞药通过改善冠状动脉血流和减少心肌耗氧起到缓解心绞痛的作用，是治疗变异型心绞痛或以冠状动脉痉挛为主的心绞痛的一线药物。地尔硫䓬和维拉帕米能减慢房室传导，常用于伴有心房颤动或心房扑动的心绞痛患者，但不应用于已有严重心动过缓、三度房室传导阻滞和病态窦房结综合征的患者。长效钙通道阻滞药能减少心绞痛的发作。当稳定型心绞痛合并心力衰竭必须应用长效钙通道阻滞药时，可选择氨氯地平或非洛地平。β受体阻断药和长效钙通道阻滞药联合用药比单用一种药物更有效。两药联用时，β受体阻断药还可减轻钙通道阻滞药引起的反射性心动过速。老年人、已有心动过缓或左心室功能不良的患者应避免合用。

抗心绞痛药联合应用时要考虑心绞痛的分型及具体病情，分析各类药物的作用特点，并考虑患者的其他伴随疾病情况，如伴有心力衰竭、高血压、心律失常、肺动脉高压、支气管哮喘、外周血管疾病等，合理选择药物。

（于　森）

思考题

1. 常用抗心绞痛药有哪几类？举例说明其药理作用和临床应用。
2. 简述硝酸酯类抗心绞痛药的药动学特点。
3. 试论述硝酸酯类与普萘洛尔联合应用治疗心绞痛的临床意义及注意事项。

任务 5 │ 抗动脉粥样硬化药

学习目标

1. 掌握抗动脉粥样硬化药的分类、代表药物、药理作用、临床应用、不良反应和注意事项。
2. 熟悉各类抗动脉粥样硬化药的作用特点。
3. 了解抗动脉粥样硬化药的合理应用。
4. 能依据临床表现等合理选择抗动脉粥样硬化药,正确用药,及时处置不良反应。
5. 具备与患者及其家属进行有效沟通、开展用药咨询服务、指导患者合理用药的职业素养,关心、爱护患者。

动脉粥样硬化(atherosclerosis,AS)是一种慢性炎症过程,是心脑血管疾病的主要病理学基础。根据作用机制不同,抗动脉粥样硬化药分为调血脂药、抗氧化药、多烯脂肪酸类和多糖及黏多糖类。

临床情景

患者,男性,45 岁。2 年前诊断为冠心病,1 个月前突发剧烈心前区疼痛,医院诊断为急性心肌梗死。30 天后冠状动脉造影检查示:前降支、回旋支、右冠状动脉弥漫性病变,远端血管狭小。医生建议行冠状动脉搭桥术治疗,患者拒绝。既往高血压病史 7 年。实验室检查:TC 10.4mmol/L,TG 5.3mmol/L,LDL-C 7.6mmol/L,HDL-C 0.7mmol/L;ALT 48U/L,CK 180U/L。

诊断:冠心病、急性心肌梗死;高血压;高脂血症。

处方:

1. 氯沙坦钾片,每次 50mg,每日 1 次,口服。
2. 酒石酸美托洛尔片,每次 12.5mg,每日 3 次,口服。
3. 单硝酸异山梨酯缓释片,每次 40mg,每日 1 次,口服。
4. 阿托伐他汀钙片,每次 20mg,每晚一次,口服。

学习任务

课前:该患者有哪些既往史? 对该患者使用了哪些药物?

课中:阿托伐他汀属于哪类药物? 该类药物的药理作用、临床应用、不良反应有哪些? 对该患者选用阿托伐他汀是否合理? 理由是什么?

课后:常用调血脂药还包括哪些药物?

第一节　调血脂药

血脂是指血浆中所含的脂肪和类脂等脂质的总称,包括胆固醇(cholesterol,CH)、甘油三酯(triglyceride,TG)、磷脂(phospholipid)和游离脂肪酸(free fatty acid,FFA)等。胆固醇又分为胆固醇酯（cholesterol ester，CE）和游离胆固醇（free cholesterol，FC），两者合称为总胆固醇（total cholesterol，TC）。

血浆中胆固醇和甘油三酯均不溶于水，必须在血浆中与载脂蛋白（apolipoprotein，Apo）结合形成脂蛋白（lipoprotein，LP）进行转运和代谢。血浆脂蛋白可分为乳糜微粒（chylomicron，CM）、极低密度脂蛋白（very low density lipoprotein，VLDL）、中密度脂蛋白（intermediate density lipoprotein，IDL）、低密度脂蛋白（low density lipoprotein，LDL）和高密度脂蛋白（high density lipoprotein，HDL）。各种脂蛋白在血浆中有基本恒定的浓度，以维持相互间的平衡，若比例失衡，则为脂代谢失常。某些血脂或脂蛋白高出正常范围称为高脂血症（hyperlipidemia）或高脂蛋白血症（hyperlipoproteinemia）。一般将高脂蛋白血症分为 6 型（表 4-5-1）。

表 4-5-1　高脂蛋白血症分型

类型	脂蛋白变化	血脂变化	
		CH	TG
I	CM↑	↑	↑↑↑
IIa	LDL↑	↑↑	–
IIb	LDL，VLDL↑	↑↑	↑↑
III	IDL↑	↑↑	↑↑
IV	VLDL↑	↑	↑↑
V	CM，VLDL↑	↑	↑↑

注：↑，升高；–，无改变。

血浆脂蛋白水平与动脉粥样硬化的形成关系密切。血浆总胆固醇（TC）、极低密度脂蛋白胆固醇（VLDL-C）、低密度脂蛋白胆固醇（LCL-C）、脂蛋白（a）[Lp（a）]的升高均可导致 AS 的发生。临床常用调血脂药包括他汀类、胆汁酸结合树脂、胆固醇吸收抑制药、贝特类、烟酸类和降低 Lp（a）的药物。部分调血脂药的作用机制见图 4-5-1。

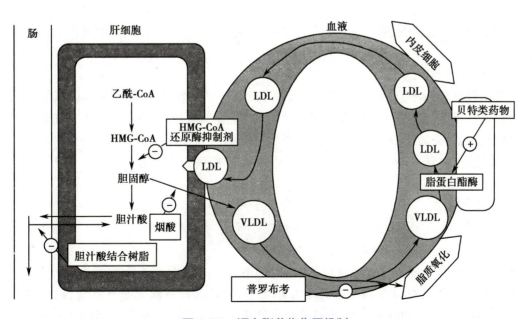

图 4-5-1　调血脂药物作用机制

一、主要降低 TC 和 LDL 的药物

(一) 他汀类

他汀类是羟甲基戊二酸单酰辅酶 A(hydroxylmethylglutaryl coenzyme A,HMG-CoA)还原酶抑制药,常用药物有洛伐他汀(lovastatin)、普伐他汀(pravastatin)、辛伐他汀(simvastatin)、阿托伐他汀(atorvastatin)、氟伐他汀(fluvastatin)等。本类药物为一线调血脂药。

【体内过程】

他汀类口服吸收好,生物利用度较高。本类药物均具有二羟基庚酸结构,为内酯环或开环羟基酸,其中内酯环须经肝脏转化为有活性的开环羟基酸发挥作用。药物多在肝脏代谢,经胆汁排出,少部分由肾脏排泄。

【药理作用】

1. 调血脂作用 他汀类通过抑制肝细胞合成胆固醇限速酶即 HMG-CoA 还原酶活性,使胆固醇合成受阻,从而降低血中胆固醇浓度。通过负反馈调节,使肝细胞表面 LDL 受体上调,血浆中大量的 LDL 经 LDL 受体途径代谢为胆汁酸排出体外,从而降低血浆 LDL 水平。胆固醇合成减少促使肝合成载脂蛋白 B 减少,降低 VLDL,升高 HDL。由于他汀类各种药物与 HMG-CoA 还原酶亲和力不同,故作用有所差异。

2. 非调血脂作用 他汀类可抑制血管平滑肌细胞增殖,延缓内膜增厚,保护血管内皮;抑制血小板黏附、聚集和血栓形成,提高纤溶酶活性;延缓巨噬细胞泡沫化;还具有抗炎和稳定动脉粥样硬化斑块等作用。以上作用均有益于防治动脉粥样硬化。

3. 肾保护作用 他汀类可降低胆固醇,发挥保护肾脏作用,还通过抗炎、免疫调节作用减轻肾脏损伤。

【临床应用】

1. 原发性高胆固醇血症 他汀类用于治疗以高胆固醇为主的高脂蛋白血症,用药后可降低 TC、TG 及 LDL,升高 HDL,适用于Ⅱ型、Ⅲ型高脂蛋白血症。病情较严重者与烟酸类合用,可降低心血管疾病死亡率。

2. 继发性高胆固醇血症 他汀类用于治疗继发肾病综合征及 2 型糖尿病的高脂蛋白血症,可降低血浆中 LDL、VLDL 水平。

3. 预防心脑血管急性事件 他汀类可减少心肌梗死和脑卒中的发生,也可预防血管成形术后狭窄的发生。

【不良反应和注意事项】

他汀类不良反应较少且轻,常见胃肠道反应、失眠、头痛、肌痛、视物模糊、味觉障碍、皮肤潮红或皮疹等暂时性反应。部分患者出现无症状转氨酶、肌酸激酶升高,停药后可恢复正常。严重不良反应为横纹肌溶解,患者出现全身肌肉疼痛、乏力、发热,可导致肾功能损害甚至急性肾衰竭。妊娠期妇女、活动性肝病(转氨酶持续升高)患者禁用,原有肝病病史者慎用。

> ### 知识拓展
>
> #### 横纹肌溶解
>
> 他汀类最严重的不良反应是横纹肌溶解(rhabdomyolysis),可致肾衰竭甚至死亡。横纹肌溶解是指因遗传或获得性疾病导致的横纹肌损伤,横纹肌细胞膜完整性改变,细胞内容物漏出,引发局部或全身肌肉疼痛。临床表现为急性肌肉疼痛、肿胀、痉挛、水肿、乏力、跛行、急性

肾衰竭等。多系统疾病、糖尿病、慢性肾功能不全患者，长期吸烟、酗酒者，体质虚弱者及老年人，均为横纹肌溶解易发人群，使用他汀类前应监测血清肌酸激酶水平，如超过正常范围，可改用其他类型的调血脂药。

（二）胆汁酸结合树脂

胆汁酸结合树脂又称胆酸螯合剂，为强碱性阴离子交换树脂。常用药物包括考来烯胺（cholestyramine）和考来替泊（colestipol）。

【药理作用】

胆固醇体内转化的主要途径是在肝内转化为胆汁酸，经胆总管排入肠道，在空肠和回肠被重吸收。胆汁酸结合树脂进入肠道后不易被消化酶分解，也不易吸收，通过与胆汁酸结合阻止胆汁酸的肝肠循环，大量胆汁酸排出体外，加速肝脏内 TC 的下降，由此代偿性增加肝细胞膜上 LDL 受体，促使含胆固醇的 LDL 经受体进入肝细胞后被转化，降低血浆 TC 和 LDL 水平。

因胆汁酸是外源性胆固醇吸收所依赖的必需物质，本类药物与胆汁酸结合后使其失活，从而减少了包括外源性胆固醇的脂质吸收。

本类药物反馈性增强 HMG-CoA 还原酶活性，使胆固醇合成增加。

【临床应用】

胆汁酸结合树脂适用于Ⅱa 及Ⅱb 型高脂蛋白血症，对后者应合用降低 TG 和 VLDL 的药物。与他汀类合用可延缓动脉粥样硬化发生和发展进程，降低冠心病发病率。还可用于胆汁酸过多沉积于皮肤引起的瘙痒。

【不良反应】

胆汁酸结合树脂常见胃肠道反应，一般 2 周后可消失。可影响脂肪、脂溶性维生素、叶酸、铁、锌的吸收，长期应用本类药物应补充脂溶性维生素、叶酸及钙剂。

（三）胆固醇吸收抑制药

依折麦布

依折麦布（ezetimibe）又名依泽替米贝，是第一个胆固醇吸收抑制药。口服吸收迅速，经 4~12h 血药浓度达峰值，$t_{1/2}$ 约 22h。主要吸收部位为小肠，经肝代谢，代谢产物经胆汁和肾脏排泄。口服后形成具有药理活性的酚化葡萄糖苷酸附着于小肠绒毛的刷状缘，选择性抑制肠道内的胆固醇经肠道壁转运至肝脏，抑制胆固醇吸收，肝脏胆固醇储存减少，导致肝脏 LDL 受体合成增加，LDL 代谢加快，从而降低血浆中的 LDL-C 水平。适用于治疗原发性高胆固醇血症。不良反应较少，可见腹泻、胃胀等胃肠道反应，少数患者谷丙转氨酶、谷草转氨酶、肌酸激酶升高。妊娠期及哺乳期妇女、10 岁以下儿童、活动性肝病患者或对本品过敏者禁用。

同类药物还有海博麦布（hybutimibe），是我国自主研发的药物，为患者提供了新的治疗选择。

（四）前蛋白转化酶枯草溶菌素 9（PCSK9）抑制药

依洛尤单抗

依洛尤单抗（evolocumab）是新型长效调血脂药，为前蛋白转化酶枯草溶菌素 9（proprotein convertase subtilisin/kexin type 9，PCSK9）抑制剂。通过选择性地与PCSK9结合，抑制 LDL 受体降解，增加肝细胞表面 LDL 受体的数量，降低 LDL 水平。还可将 Lp（a）水平降低 20%~30%。可用于治疗成人纯合子型家族性高胆固醇血症、原发性高胆固醇血症和混合型血脂异常。不良反应可见过敏反应、血糖升高、鼻咽炎和上呼吸道感染。

目前，除了依洛尤单抗，阿利西尤单抗（alirocumab）和我国自主研发的托莱西单抗（tafolecimab）也在临床应用。

二、主要降低 TG 及 VLDL 的药物

（一）贝特类

贝特类又称苯氧酸类。20 世纪 60 年代第一个贝特类药物氯贝丁酯（clofibrate）上市，但因不良反应较多，现已少用。新型贝特类药物有吉非贝齐（gemfibrozil）、苯扎贝特（benzafibrate）、非诺贝特（fenofibrate）等。

【体内过程】

贝特类口服吸收快且完全，在血中与血浆蛋白结合，不易分布至外周组织。主要在肝内代谢，部分药物有肝肠循环，主要与葡萄糖醛酸结合后经肾排泄。不同贝特类 $t_{1/2}$ 不同，苯扎贝特为活性形式，$t_{1/2}$ 为 1~2h。非诺贝特吸收后在体内水解为有活性的酸性形式发挥药理作用，$t_{1/2}$ 约为 22h。

【药理作用】

1.调血脂作用 贝特类能明显降低血浆 VLDL-C，也可降低 TG、TC 和 LDL，升高 HDL。其作用机制为抑制乙酰辅酶 A 羧化酶，减少游离脂肪酸进入肝脏，减少 TG 及 VLDL 的合成；增加脂蛋白脂肪酶的活性，加速 CM 及 VLDL 分解；还可增加 HDL 合成，延缓其清除，加速 CH 的逆向运转。

2.其他作用 贝特类还可抗炎、抑制血小板聚集、抗凝血、增加纤溶酶活性，由此发挥抗凝血、降低血浆黏度、抗动脉粥样硬化、预防部分心血管疾病作用。

【临床应用】

贝特类适用于治疗原发性高 TG 血症，对 VLDL 升高为主的高脂蛋白血症也有较好的作用，如 IIb、III、IV、V 型高脂蛋白血症，还可用于治疗伴 2 型糖尿病的高脂蛋白血症。

【不良反应和注意事项】

贝特类一般耐受性良好。常见胃肠道反应，与剂量相关，减少用量可减轻症状或使症状消失。还可见失眠、头痛、乏力、皮疹等。偶见肌痛、尿素氮及转氨酶升高。与他汀类联用可增加肌毒性的发生。用药早期应监测肝功能，肝胆疾病患者、肾功能不全者、妊娠期和哺乳期妇女及儿童禁用。

（二）烟酸类

烟　酸

烟酸（nicotinic acid）与烟酰胺统称维生素 PP，属于水溶性维生素。

【体内过程】

烟酸口服吸收迅速而完全，血浆蛋白结合率低，广泛分布于各组织器官，$t_{1/2}$ 为 30~60min。小剂量时多在肝脏代谢，大剂量时可以原形经肾排泄。

【药理作用】

1.调血脂作用 大剂量烟酸通过降低环腺苷酸（cAMP）含量，降低脂肪酶活性，脂肪组织中 TG 不易分解产生游离脂肪酸，使肝脏合成 TG 及 VLDL 原料不足，降低 TG 和 VLDL 水平，间接降低了 VLDL 的降解产物 LDL 水平。由于 TG 降低，HDL 分解代谢减少，故提高了 HDL 水平，有利于胆固醇的逆向转运。烟酸也可降低 Lp（a）。

2.其他作用 烟酸可抑制 PGI_2 合成，还具有抑制 TXA_2 生成、抗血小板聚集和扩张血管作用。

【临床应用】

烟酸用于防治糙皮病等烟酸缺乏症，也是广谱调血脂药，对 II、III、IV、V 型高脂蛋白血症均有疗效，尤其适用于 IIb 与 IV 型。与胆汁酸结合树脂或贝特类合用可提高疗效，治疗动脉粥样硬化和心肌梗死，降低心血管疾病的发生率。

【不良反应和注意事项】

烟酸口服易出现胃肠道反应，如恶心、呕吐、腹泻等，餐时或餐后服药可减轻。用药初期常见皮肤潮红及瘙痒，可能与前列腺素引起的皮肤血管扩张有关，可给予阿司匹林减轻症状。大剂量偶见

血糖升高、尿酸升高,长期应用可导致肝功能异常。消化性溃疡、糖尿病、痛风患者禁用。

三、降低 Lp(a)的药物

Lp(a)可促进血小板的活化和聚集,血浆 Lp(a)升高是动脉粥样硬化的独立危险因素。他汀类及烟酸均具有一定的降低 Lp(a)作用。

第二节　抗氧化药

过度氧化和氧自由基(oxygen free radical)可损伤血管内皮,诱导单核细胞黏附并向内皮下趋化以促使巨噬细胞泡沫化,促进动脉粥样硬化的发生和发展。抗氧化药具有抗动脉粥样硬化的作用。

普罗布考

普罗布考(probucol)又名丙丁酚,是疏水性抗氧化剂。

【体内过程】

普罗布考口服吸收不完全,餐后服药可增加吸收。吸收后主要分布于脂肪组织并可蓄积。单次服用临床剂量后 $t_{1/2}$ 为 6~10h,长期服药后 $t_{1/2}$ 为 47 天。主要经肠道排出。

【药理作用】

普罗布考通过影响脂蛋白代谢,降低血浆中 TC、LDL 水平,对 TG 和 VLDL 无影响,此外也可降低 HDL。还具有强效抗氧化作用,对 LDL 氧化有抑制作用,防止氧化型 LDL 形成及其所致动脉粥样硬化作用。

【临床应用】

普罗布考主要与其他药物合用治疗高胆固醇血症,预防动脉粥样硬化、冠心病及心绞痛,防治经皮冠状动脉腔内成形术(percutaneous transluminal coronary angioplasty,PTCA)后再狭窄。

【不良反应】

普罗布考不良反应少而轻,偶见胃肠道反应、头痛、头晕、肝功能异常、血管神经性水肿、高血糖、血小板减少等。还可导致少数患者 Q-T 间期延长,用药期间应监测心电图。近期有心肌损伤者、室性心律失常患者、妊娠期妇女及小儿禁用。

第三节　多烯脂肪酸

多烯脂肪酸又称多不饱和脂肪酸(polyunsaturated fatty acid,PUFAs),根据不饱和键在脂肪酸链中开始出现的位置分为 ω-3(n-3)脂肪酸和 ω-6(n-6)脂肪酸。

一、ω-3 脂肪酸

ω-3 脂肪酸包括二十碳五烯酸(eicosapentaenoic acid,EPA)和二十二碳六烯酸(docosahexaenoic acid,DHA),主要存在于藻、鱼及贝壳类海洋生物中。EPA 和 DHA 可明显降低 TG 和 VLDL,升高 HDL,但对 TC 和 LDL 作用较弱;可抑制血小板聚集,扩张血管,防治动脉粥样硬化。主要用于治疗 TG 升高的高脂蛋白血症,也可用于治疗糖尿病并发高脂血症。不良反应较少见,长期大剂量应用可能增加出血风险。

二、ω-6 脂肪酸

ω-6 脂肪酸主要来源于植物油,包括亚油酸(linoleic acid)、γ-亚麻酸(γ-linolenic acid)及月见草油(evening primrose oil)等。具有较弱的降低 TG 作用,以及抗血小板聚集、抗动脉粥样硬化作用。

临床可用于预防冠心病及心肌梗死。

第四节 黏多糖及多糖类

硫酸乙酰肝素（heparan sulfate）、硫酸皮肤素（dermatan sulfate）、硫酸软骨素（chondroitin sulfate）及硫酸葡聚糖（dextran sulfate）等均属于多糖类药物。本类药物带有大量负电荷,可结合在血管内皮表面,防止白细胞、血小板及有害因子黏附血管内皮,具有血管内皮保护作用;也可抑制血管平滑肌细胞增生,防止血管再狭窄;并且具有调血脂及抗凝作用。临床主要用于防治动脉粥样硬化、冠心病、缺血性脑病及血管成形术后再狭窄的防治。

第五节 抗动脉粥样硬化药合理应用

动脉粥样硬化斑块负荷与不良心血管事件的发生风险密切相关。选择合理的药物可将血脂调整至合理范围,并降低动脉粥样硬化带来的心血管疾病风险。

1. 抗动脉粥样硬化药合理应用

（1）**主要降低胆固醇的药物**:包括他汀类、胆固醇吸收抑制药、前蛋白转化酶枯草溶菌素 9 抑制药、普罗布考、胆汁酸结合树脂。

（2）**主要降低甘油三酯的药物**:包括贝特类、ω-3 脂肪酸、烟酸类。

2. 抗动脉粥样硬化药联合用药 为提高血脂达标率,降低动脉硬化性心血管疾病风险,目前多采用联合用药方案。

除了药物治疗,患者还应注意血压管理、血糖管理,注意抗炎及抗血栓治疗,并定期随访,根据检查结果调整治疗方案。

（张旻璐）

思考题

1. 简述调血脂药的分类及其代表药物。
2. 他汀类的作用机制是什么？其不良反应有哪些？
3. 简述贝特类的不良反应。

强心苷类正性
肌力作用机制

抗高血压药
作用部位

案例分析

模块 4
练习题

血液系统药物

ER 5-1
教学课件

ER 5-2
思维导图

　　血液是机体赖以生存的重要物质。血液系统除了具有运输功能,还在维持机体内环境稳态中起着非常重要的作用。血液的正常流动、血细胞数量和功能的稳定以及血容量的维持是发挥血液正常生理功能的重要条件。铁及某些维生素、造血因子等缺乏,可导致造血功能障碍而出现贫血;凝血功能低下或纤溶亢进可引起出血性疾病;凝血亢进或纤溶功能不足可引发血管内凝血,造成血栓栓塞;各种原因引起的大量失血造成血容量降低,可导致休克甚至死亡。临床上针对不同情况,可选用抗凝血药、抗血小板药、纤维蛋白溶解药、促凝血药、抗贫血药及血容量扩充药等进行治疗。

任务 1 | 抗凝血药

血液凝固是由多种凝血因子参与的一系列蛋白质水解活化过程。抗凝血药（anticoagulants）是通过影响凝血因子，阻止血液凝固过程的药物，临床主要用于血栓栓塞性疾病的预防与治疗。

临床情景

患者，女性，51岁。因心肌梗死行冠状动脉支架植入术后6个月。有高血压病史3年，最高血压为160/100mmHg。查体：心率60次/min，血压130/80mmHg。心电图示：心肌梗死（陈旧期）。血糖、血脂、肝肾功能、电解质等正常。

诊断：冠状动脉粥样硬化性心脏病；心肌梗死（陈旧期）；冠状动脉支架植入术后；高血压3级。

处方：

1. 阿司匹林肠溶片，每次100mg，每日1次，口服。
2. 硫酸氢氯吡格雷片，每次75mg，每日1次，口服。
3. 瑞舒伐他汀钙片，每次10mg，每日1次，口服。

学习任务

课前：该患者有哪些既往史？现在的主要症状是什么？对该患者使用了哪些药物？

课中：氯吡格雷属于哪类药物？其药理作用、临床应用、不良反应有哪些？对该患者选用氯吡格雷治疗是否合理？

课后：对支架植入术后的患者抗凝治疗除了使用氯吡格雷，还可以选用哪几类药物？该患者用药过程中有哪些注意事项？

第一节　凝血酶间接抑制药

肝　素

肝素（heparin）因首先从动物肝脏中被发现而得名，之后发现肝素存在于哺乳动物的许多脏器中，以肺脏含量最高。药用肝素多是从猪肠黏膜或牛肺脏中提取。

【体内过程】

肝素是一种黏多糖硫酸酯,为大分子化合物,因含有大量硫酸根和羧基而带有大量负电荷和具强酸性,口服和直肠给药不吸收,肌内注射易引起局部出血和刺激症状,一般采用静脉给药或深部皮下注射。肝素的抗凝活性 $t_{1/2}$ 因给药剂量而异,静脉注射 100U/kg、400U/kg、800U/kg,抗凝活性 $t_{1/2}$ 分别为 1h、2.5h 和 5h。主要经肝代谢,少量以原形及代谢物经肾排泄。

【药理作用】

1. **抗凝作用**　肝素在体内外均有迅速而强大的抗凝作用,静脉注射后 10min 内血液凝固时间、活化部分凝血活酶时间(activated partial thromboplastin,APTT)均明显延长。其抗凝作用主要是通过增强抗凝血酶Ⅲ(antithrombin Ⅲ,AT-Ⅲ)活性完成的。AT-Ⅲ是一种生理性抗凝物质,能与血浆凝血酶(凝血因子Ⅱa)及凝血因子Ⅸa、Ⅹa、Ⅺa、Ⅻa 等含丝氨酸残基蛋白酶结合形成复合物,使上述凝血因子失活(图 5-1-1)。肝素与 AT-Ⅲ 结合后使其构型改变,加强其抗凝作用。

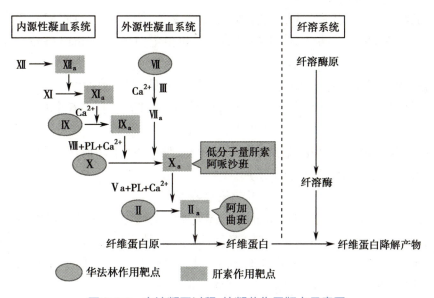

图 5-1-1　血液凝固过程、抗凝药作用靶点示意图

2. **其他作用**　除了抗凝作用,肝素还具有以下作用:①通过促进血管内皮细胞释放脂蛋白脂肪酶,水解血中 CM 和 VLDL 而发挥调血脂作用。②抑制炎症介质活性和炎症细胞活动,呈现抗炎作用。③抑制血管平滑肌细胞增殖,抗血管内膜增生。④抑制血小板聚集(可能通过抑制凝血酶产生的间接作用)等。

【临床应用】

1. **血栓栓塞性疾病**　肝素主要用于预防和治疗血栓栓塞性疾病,如深静脉血栓、肺栓塞、脑梗死及急性心肌梗死等,防止血栓形成和扩大。但对已经形成的血栓无效。

2. **弥散性血管内凝血**(disseminated intravascular coagulation,DIC)　肝素用于治疗各种原因如脓毒血症、胎盘早剥、恶性肿瘤溶解等所致的 DIC 早期(高凝期),防止因纤维蛋白和凝血因子消耗而引起的继发性出血。

> **知识拓展**
>
> ## 弥散性血管内凝血
>
> 弥散性血管内凝血是在多种疾病的基础上发生的一种微血管体系受损,导致全身微血管

血栓形成、凝血因子大量消耗并继发纤溶亢进，从而出现以严重出血、血栓栓塞、低血压休克以及微血管病性溶血性贫血为主要表现的临床综合征。在DIC的发生、发展过程中，其始动环节是由于某些促凝物质大量入血，使机体凝血系统被激活，进而引起机体凝血-抗凝血功能平衡紊乱，在微血管内广泛形成的主要由纤维蛋白和血小板聚集构成的微血栓过程中消耗了大量凝血因子和血小板，加上继发性纤维蛋白溶解功能增强，导致患者出现明显的出血、休克、器官功能障碍及贫血。DIC主要与感染和恶性肿瘤有关，妊娠及分娩并发症、手术及创伤、中毒或免疫反应以及某些疾病也可导致DIC的发生。急性DIC患者发病急、预后差，死亡率高达50%~60%。

3. 体外抗凝　肝素可用于体外抗凝，如体外循环、心导管检查和血液透析等。

【不良反应和注意事项】

1. 自发性出血　自发性出血系肝素过量所致，表现为黏膜出血、关节腔积血和伤口出血等。对轻度出血，停药即可；对出血严重者，应缓慢静脉注射鱼精蛋白（protamine）解救。1mg鱼精蛋白可中和100U肝素，每次剂量不宜超过50mg。

2. 血小板减少症　多数发生在用药后的7~10天，虽少见，但可致死。

3. 其他　偶见皮疹、哮喘、结膜炎和发热等过敏反应。长期应用（3~6个月）可引起骨质疏松和自发性骨折。妊娠期妇女应用可导致早产及死胎。

对肝素过敏、有出血倾向、血友病、血小板功能不全、紫癜、严重高血压、肝肾功能不全、溃疡病、颅内出血、先兆流产、产后、外伤及术后等禁用。

低分子量肝素

低分子量肝素（low molecular weight heparin，LMWH）分子量比肝素小，生物利用度高，作用时间长，皮下注射每日只需1~2次。可选择性拮抗凝血因子Xa的活性，而对凝血酶和其他凝血因子影响小，引起出血的危险性小，不易引起血小板减少。已逐渐取代肝素，用于深静脉血栓形成和肺栓塞、急性心肌梗死、不稳定型心绞痛、血液透析及体外循环等。

由于来源和制作方法不同，LMWH有许多种类。常用制剂有依诺肝素（enoxaparin）、那屈肝素（nadroparin）和达肝素（dalteparin）等。

第二节　凝血酶直接抑制药

阿加曲班

阿加曲班（argatroban）与凝血酶的催化部位结合，抑制凝血酶所催化和诱导的反应，阻碍纤维蛋白凝块的形成，并抑制凝血酶诱导的血小板聚集及分泌作用，最终抑制纤维蛋白的交联并促使纤维蛋白溶解。静脉滴注给药，$t_{1/2}$短，治疗安全范围窄且过量无对抗药，须监测APTT，使之保持在55~85s。还可局部用于移植物上，以防血栓形成。

同类药物还有利伐沙班（rivaroxaban）和阿哌沙班（apixaban），通过抑制凝血因子Xa发挥作用，具有强效、直接、高选择性。口服给药，用于接受髋关节或膝关节置换术的成年患者，预防静脉血栓形成。

第三节　维生素K拮抗药

维生素K是凝血因子Ⅱ、Ⅶ、Ⅸ、Ⅹ活化必需的辅助因子。香豆素类具有拮抗维生素K的作用，能够发挥抗凝作用,包括华法林、双香豆素、醋硝香豆素等,口服有效,又称口服抗凝血药。

华 法 林

华法林(warfarin)又名苄丙酮香豆素,为人工合成的体内抗凝血药。

【体内过程】

华法林口服吸收快而完全,生物利用度接近100%,吸收后99%以上与血浆蛋白结合,$t_{1/2}$约为40h。主要在肝代谢,经肾排泄。

【药理作用】

华法林竞争性拮抗维生素K,使依赖于维生素K的凝血因子Ⅱ、Ⅶ、Ⅸ、Ⅹ活化受阻,对于已活化的凝血因子无影响,须待其耗竭后才能发挥作用,故香豆素类口服至少需要12~24h方可出现作用,1~3天作用达高峰,停药后作用可维持3~4天。体外无抗凝作用。

【临床应用】

华法林用于防治血栓栓塞性疾病,如心房颤动、心脏瓣膜病所致的血栓栓塞。还可用于预防关节固定术、心瓣膜置换术等手术后静脉血栓形成。但作用缓慢,剂量不易控制,故防治静脉血栓或肺栓塞一般先与肝素合用,经1~3天香豆素类发挥作用后再停用肝素。

【不良反应和注意事项】

华法林过量易导致自发性出血,常见鼻出血、牙龈出血、皮肤瘀斑、内脏出血甚至颅内出血。用药期间必须监测凝血酶原时间,应控制在25~30s,并据此调整剂量。用量过大引起出血时应立即停药,并缓慢静脉注射维生素K或输注新鲜血浆。禁忌证同肝素。

【药物相互作用】

与香豆素类联合用药,能使抗凝作用增强并增加自发性出血发生率的其他药物有:①广谱抗生素,可引起体内维生素K缺乏;②水合氯醛、甲苯磺丁脲、奎尼丁等血浆蛋白结合率高的药物;③阿司匹林等抗血小板药;④丙米嗪、甲硝唑、西咪替丁等肝药酶抑制药。使香豆素类抗凝作用减弱的有肝药酶诱导药,如苯巴比妥、苯妥英钠、利福平等。

(彭海平)

思考题

1. 肝素与华法林的作用特点及临床应用有哪些区别?
2. 低分子量肝素与肝素比较有哪些优点?

任务 2 | 抗血小板药

学习目标

1. 掌握抗血小板药的分类、代表药物、药理作用、临床应用、不良反应和注意事项。
2. 熟悉抗血小板药的作用机制。
3. 了解抗血小板药的作用特点。
4. 能依据血栓栓塞性疾病临床表现等合理选择药物，正确用药，及时处置不良反应。
5. 具备与患者及其家属进行有效沟通、开展用药咨询服务、指导患者合理用药的职业素养，关心、爱护患者。

抗血小板药（antiplatelet drugs）是指能抑制血小板黏附、聚集和释放等功能，阻止血栓形成的药物，用于防治心、脑血管或外周血管血栓栓塞性疾病。抗血小板药根据作用部位可分为抑制血小板花生四烯酸代谢的药物、增加血小板内 cAMP 的药物、抑制 ADP 活化血小板的药物、血小板膜糖蛋白Ⅱb/Ⅲa 受体阻断药。血小板的代谢过程及不同药物作用位点见（图 5-2-1）。

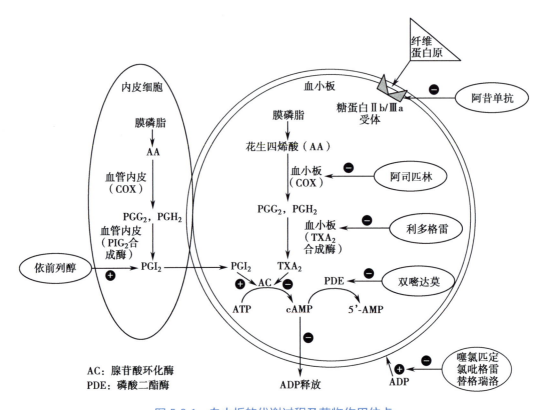

图 5-2-1　血小板的代谢过程及药物作用位点

患者,男性,65 岁。左侧肢体活动不利 7.5h。查体:血压 138/85mmHg,神志清楚,左侧肢体肌力Ⅳ级,四肢肌张力正常,双侧肢体痛觉对称,巴宾斯基征 L(+)、R(-)。颈动脉超声示:左侧颈动脉硬化样改变伴斑块形成,右侧颈内动脉闭塞。患者有高血压病史 30 年。

诊断:急性前循环脑梗死;脑供血动脉狭窄;高血压。

处方:

1. 硫酸氢氯吡格雷片,300mg 口服,立即执行。

2. 阿司匹林肠溶片,每次 100mg,每日一次,口服。

学习任务

课前:该患者现在的主要症状是什么? 该症状的诱因可能是什么? 对该患者使用了哪些药物?

课中:氯吡格雷属于哪类药物? 其药理作用、临床应用、不良反应有哪些? 氯吡格雷与阿司匹林的主要区别是什么? 对该患者选用氯吡格雷是否合理?

课后:发生急性脑梗死后长期治疗主要选用哪些药物? 对该患者选用哪种药物更合适?

第一节　抑制血小板花生四烯酸代谢的药物

血小板内花生四烯酸可通过环氧合酶(COX)途径被催化为前列腺素(prostaglandin,PG)和血栓素(thromboxane,TX)。花生四烯酸先在 COX 作用下转变生成 PGG_2,再进一步生成 PGH_2,随后生成 TXA_2、PGI_2。TXA_2 可导致血小板聚集,而 PGI_2 具有抗血小板聚集作用。因此,影响血小板花生四烯酸代谢可发挥抗血小板作用。

一、环氧合酶抑制药

阿司匹林为花生四烯酸代谢过程中的环氧合酶抑制药,小剂量可抑制血小板中环氧合酶活性中心丝氨酸残基乙酰化,使 TXA_2 合成减少,从而抑制血小板的聚集,防止血栓形成。

阿司匹林是目前临床应用最广泛的抗血小板药。小剂量用于治疗冠状动脉硬化性疾病、心肌梗死、脑梗死、深静脉血栓形成和肺梗死等;作为溶栓疗法的辅助抗栓治疗,能减少缺血性心脏病发作和复发的危险,也可使一过性脑缺血发作患者脑卒中的发生率和病死率降低。阿司匹林可与 P2Y12 受体阻断药组成双联抗血小板疗法,预防支架内血栓形成。

二、TXA_2 合酶抑制药和 TXA_2 受体阻断药

利多格雷

利多格雷(ridogrel)属于 TXA_2 合酶抑制药,可以显著抑制 TXA_2 的合成,导致体内 PGG_2、PGH_2 蓄积,促进 PGI_2 生成,达到抗血小板聚集的作用。还具有中度 TXA_2 受体阻断作用。

同类药物还有奥扎格雷(ozagrel)等。

第二节　增加血小板内 cAMP 的药物

双嘧达莫

双嘧达莫(dipyridamole)为磷酸二酯酶抑制药,可抑制血小板聚集,使 cAMP 降解减少;激活血小板腺苷酸环化酶,使 cAMP 生成增多;增加血管内皮细胞 PGI_2 的生成及活性;轻度抑制血小板 COX,使 TXA_2 生成减少。用于治疗血栓栓塞性疾病和缺血性疾病,但单独应用作用较弱,与阿司匹林合用疗效较好,与华法林合用预防心脏瓣膜置换术后血栓形成。不良反应有腹部不适、恶心等胃肠道反应,以及由于血管扩张引起的血压下降、头痛、眩晕、潮红、晕厥等。

依前列醇

依前列醇(epoprostenol,PGI_2)为人工合成的前列环素,可激活血小板腺苷酸环化酶,使 cAMP 浓度升高,并抑制多种诱导剂诱导的血小板聚集与释放,具有扩张血管、抗血栓形成作用。在生理内环境中不稳定,$t_{1/2}$ 仅 3~5min,且抑制血小板聚集的剂量能引起明显的低血压,故临床应用受到限制。主要用于体外循环以防止血小板减少、血栓性血小板减少性紫癜、微血栓形成导致的出血倾向。

同类药物依洛前列素(iloprost)在生理内环境中稳定,作用比依前列醇强,临床用于防治急性心肌梗死和外周血管闭塞性疾病等。

第三节　抑制 ADP 活化血小板的药物

临床上使用的抑制 ADP 活化血小板的药物主要是 P2Y12 受体阻断药。P2Y12 受体是人类血小板 ADP 受体之一,属于 G 蛋白偶联受体。

噻氯匹定

噻氯匹定(ticlopidine)为第一代 P2Y12 受体阻断药,其作用机制是:①抑制 ADP 诱导的血小板 α 颗粒分泌,抑制血管壁损伤的黏附反应。②抑制 ADP 诱导的血小板膜糖蛋白Ⅱb/Ⅲa 受体复合物的活化。③拮抗 ATP 对腺苷酸环化酶的抑制作用。因此,该药具有抑制血小板活化、黏附和 α 颗粒分泌的作用。用于预防脑卒中、心肌梗死及外周动脉硬化伴发的血栓栓塞性疾病。不良反应较大,已被氯吡格雷等新型 P2Y12 受体阻断药所替代。

氯吡格雷

氯吡格雷(clopidogrel)为第二代 P2Y12 受体阻断药,为前体药,须在肝脏内通过氧化形成 2-氧基氯吡格雷,再经过水解后形成活性代谢物发挥药理作用。能选择性及特异性干扰 ADP 介导的血小板活化,抑制血小板聚集和黏附,机制与噻氯匹定相似。用于预防脑卒中、心肌梗死及外周血栓性疾病。不良反应为消化道出血、中性粒细胞减少、腹痛、食欲减退、胃炎、便秘、皮疹等,偶见血小板减少性紫癜。

替格瑞洛

替格瑞洛(ticagrelor)是新型 P2Y12 受体阻断药,为活性药,不需肝脏活化就可发挥药理作用,起效较快,$t_{1/2}$ 短,不受肝药酶的个体表达差异影响。

第四节　血小板膜糖蛋白Ⅱb/Ⅲa 受体阻断药

血小板膜糖蛋白(GP)Ⅱb/Ⅲa 受体是引起血小板聚集的黏附蛋白的特异性识别、结合位点,阻断 GPⅡb/Ⅲa 受体即可有效抑制各种诱导剂激发的血小板聚集。阿昔单抗(abciximab)是较早的 GPⅡb/Ⅲa 受体单克隆抗体,抑制血小板聚集作用明显,对血栓形成、血管再闭塞有明显的治疗作用。

该类药物还有拉米非班（lamifiban）、替罗非班（tirofiban）等，用于治疗急性心肌梗死、不稳定型心绞痛及溶栓治疗的效果良好。

（罗　乐）

思考题

1. 阿司匹林在心血管方面有哪些临床应用？
2. 试论述噻氯匹定、氯吡格雷和替格瑞洛的区别。

任务 3 | 纤维蛋白溶解药

学习目标

1. 掌握常用纤维蛋白溶解药的药理作用、临床应用、不良反应和注意事项。
2. 熟悉纤维蛋白溶解药的作用机制。
3. 了解纤维蛋白溶解药的作用特点。
4. 能依据血栓栓塞性疾病临床表现等合理选择药物,正确用药,及时处置不良反应。
5. 具备与患者及其家属进行有效沟通、开展用药咨询服务、指导患者合理用药的职业素养,关心、爱护患者。

纤维蛋白溶解药又称溶栓药,是一类使纤维蛋白溶解酶原(纤溶酶原)转变为纤维蛋白溶解酶(纤溶酶),降解纤维蛋白,使血栓溶解的药物。纤维蛋白溶解系统激活示意图见图 5-3-1。

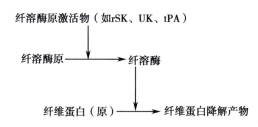

图 5-3-1　纤维蛋白溶解系统激活示意图

临床情景

患者,男性,75 岁。早晨起床后突发言语不清伴右侧肢体麻木、活动不利,走路不稳,右手持物不稳,右上肢抬举费力,同时伴头晕,无头痛、恶心、呕吐,自测血压 140/90mmHg。查体:血压 138/85mmHg,神志清楚,言语含糊不清、欠流利,双侧眼球各方向运动充分,无自发水平眼震颤,双侧瞳孔等大正圆,对光反射灵敏,双侧额纹及鼻唇沟对称,伸舌居中,颈软,右侧肢体肌力IV级,左侧肢体肌力II级,四肢肌张力正常,双侧肢体痛觉对称,巴宾斯基征 R(+)、L(-)。CT 示多发腔隙性脑梗死、缺血灶。血常规、凝血均正常。

诊断:缺血性脑卒中。

处方:

1. 尿激酶注射剂,150 万 U 加入生理盐水 100ml,静脉滴注 30min,立即执行。

2. 右旋糖酐 40 氯化钠注射液,50g 静脉滴注。

学习任务

课前:该患者现在的主要症状是什么? 该症状的诱因可能是什么? 对该患者使用了哪些药物?

课中:注射用尿激酶属于哪类药物? 其药理作用、临床应用、不良反应有哪些? 对该患者选用尿激酶是否合理?

课后:对脑卒中患者主要选用哪些药物? 对该患者后续还需要使用哪些药物?

链 激 酶

链激酶（streptokinase，SK）是从乙型溶血性链球菌培养液中提取的一种蛋白质。现已可用基因工程技术制备重组链激酶（recombinant streptokinase，rSK）。

【药理作用和临床应用】

链激酶可与内源性纤溶酶原结合形成复合物，促进纤溶酶原转变为纤溶酶，迅速水解血栓中的纤维蛋白，使血栓溶解。冠状动脉注射可使阻塞的冠状动脉再通，恢复血流灌注，用于急性心肌梗死早期治疗；静脉注射可治疗动静脉内新鲜血栓和栓塞，如深静脉栓塞、肺栓塞、眼底血管栓塞等。须早期用药，在血栓形成 6h 内疗效较好。但对形成时间较久并已机化的血栓难以发挥作用。

【不良反应和注意事项】

链激酶可引起自发性出血，表现为一处或多处的皮肤、黏膜出血，偶发颅内出血，可静脉注射纤维蛋白溶解抑制药氨甲苯酸等解救；还可引起皮疹、畏寒、发热等过敏反应。

对出血性疾病或有出血倾向者、新近创伤、消化性溃疡、伤口愈合中、严重高血压、产妇分娩前后禁用。

尿 激 酶

尿激酶（urokinase，UK）是从人尿中分离得到的一种蛋白水解酶，无抗原性，能直接激活纤溶酶原成为纤溶酶而溶解纤维蛋白，对新鲜血栓效果好。临床应用、不良反应及禁忌证与链激酶相似，主要用于对链激酶无效或过敏的患者。

知识拓展

尿激酶的开发

中医早已认识到人尿的治疗作用，宋代沈括记载了秋石及制炼方法。1951 年科学家在人尿中发现了尿激酶，用于治疗各种血栓栓塞性疾病。20 世纪 70 年代我国开始有关尿激酶的研究。因尿激酶价格相对低廉，目前仍然是临床常用药物。

组织型纤溶酶原激活物

组织型纤溶酶原激活物（tissue-type plasminogen activator，t-PA）通过激活血栓中已与纤维蛋白结合的纤溶酶原，使其转变为纤溶酶而溶解血栓。对循环血液中的纤溶系统几无影响，较少产生应用链激酶时常见的出血并发症，且对人无抗原性。临床用于治疗急性心肌梗死、脑栓塞和肺栓塞。常用药物有阿替普酶（alteplase）、瑞替普酶（reteplase）等。

使用纤维蛋白溶解药时需要注意预防严重出血。禁用于活动性内脏出血、既往有出血性脑卒中、1 年内有缺血性脑卒中、严重肝肾功能不全等患者。

（罗 乐）

思考题

1. 简述链激酶的临床应用。

2. 简述组织型纤溶酶原激活物的临床应用。

任务 4 | 促凝血药

学习目标

1. 掌握促凝血药的分类、代表药物、药理作用、临床应用、不良反应和注意事项。
2. 熟悉促凝血药的作用特点。
3. 了解促凝血药的合理用药。
4. 能依据出血性疾病的临床表现等合理选用促凝血药,正确用药,及时处置不良反应。
5. 具备与患者及其家属进行有效沟通、开展用药咨询服务、指导患者合理用药的职业素养,关心、爱护患者。

促凝血药又称止血药,是指能加速血液凝固或降低毛细血管通透性,促使出血停止的药物。促凝血药用于治疗出血性疾病。

临床情景

患者,男性,62 岁。有心房颤动病史 1 年,应用华法林治疗,未按要求常规复查。自述近 1 周小便带血。实验室检查:PT-INR 4.0。尿常规:红细胞(+++)。医生考虑是长期应用华法林所致,嘱患者暂时停用华法林。

诊断:凝血功能障碍;房颤。

处方:维生素 K_1 注射液,10mg 肌内注射。

学习任务

课前:该患者有哪些既往史?现在的主要症状是什么?对该患者使用了哪些药物?

课中:维生素 K_1 属于哪类药物?其药理作用、临床应用、不良反应有哪些?对该患者使用维生素 K_1 治疗是否合理?

课后:引起出血的药物还有哪些?对该患者能否继续应用华法林治疗?

第一节　促凝血因子生成药

维生素 K

维生素 K(vitamin K)为甲萘醌类物质。维生素 K_1 来自绿叶植物或谷物,维生素 K_2 来自肠道细菌合成,两者均为脂溶性,需要胆汁协助吸收。维生素 K_3 和维生素 K_4 为人工合成,两者为水溶性,不需要胆汁协助吸收。

【体内过程】

维生素 K 肌内注射 1~2h 起效,3~6h 止血效果明显,12~14h 凝血酶原时间恢复正常。主要由肝脏代谢,经肾脏和胆汁排泄。

【药理作用】

维生素 K 为肝脏合成凝血酶原(凝血因子Ⅱ)的必需物质,参与凝血因子Ⅶ、Ⅸ、Ⅹ的活化过程,使这些凝血因子氨基末端谷氨酸羧基化,羧化的凝血因子可与 Ca^{2+} 结合,再与带有大量负电荷的血小板磷脂结合,使血液凝固正常进行。当维生素 K 缺乏时,上述凝血因子功能降低,凝血酶原时间延长,易发生出血。

【临床应用】

1. 维生素 K 缺乏引起的出血　包括:①维生素 K 吸收障碍,如梗阻性黄疸、胆瘘及慢性腹泻等。②维生素 K 合成障碍,如早产儿、新生儿及长期应用广谱抗生素等。

2. 凝血酶原过低导致的出血　如长期应用香豆素类、水杨酸类等药物所致的出血。

【不良反应和注意事项】

维生素 K_3、维生素 K_4 刺激性强,口服易引起恶心、呕吐等胃肠道反应。较大剂量可致新生儿和早产儿溶血性贫血、高胆红素血症及黄疸。葡萄糖-6-磷酸脱氢酶缺乏者可诱发急性溶血性贫血。静脉注射维生素 K_1 速度过快可引起面部潮红、呼吸困难、胸痛、虚脱等,一般以肌内注射为宜。

第二节　凝血因子制剂

凝血因子制剂是从健康人或动物血液中提取,经分离提纯、冻干后制备的制剂,主要用于凝血因子缺乏时的补充治疗。

凝 血 酶

凝血酶(thrombin)是从牛、猪等动物血液中提取的凝血酶原,经激活得到凝血酶的无菌冻干品。可直接作用于血液中纤维蛋白原,使其转变成为纤维蛋白,从而发挥止血作用。此外,还有促进上皮细胞有丝分裂、加速创伤愈合的作用。通常用于手术中止血困难的小血管、毛细血管以及实质性脏器出血的止血,也用于创面、口腔、泌尿道以及消化道等部位的止血。局部止血时,用灭菌生理盐水溶解成 50~100U/ml 溶液喷雾或敷于创面。

其他凝血因子制剂还有凝血酶原复合物(prothrombin complex concentrate)、人凝血因子Ⅷ(human coagulation factor Ⅷ)、人凝血因子Ⅸ(human coagulaton factor Ⅸ)、重组人凝血因子Ⅸ(recombinant coagulaton factor Ⅸ)等,用于不同凝血因子缺乏引起的出血性症状。

第三节　纤维蛋白溶解抑制药

氨甲苯酸

氨甲苯酸(aminomethylbenzoic acid)又称止血芳酸,能竞争性抑制纤溶酶原激活因子,使纤溶酶原不能转变为纤溶酶,从而抑制纤维蛋白的溶解,产生止血作用(图5-4-1)。临床用于纤维蛋白溶解过度所致的出血,如肺、肝、胰、前列腺、甲状腺及肾上腺等手术所致的出血及产后出血、前列腺增生出血、上消化道出血等。对癌症出血、创伤出血及非纤维蛋白溶解引起的出血无效。不良反应少,过量可致血栓形成并可能诱发心肌梗死。对有血栓形成

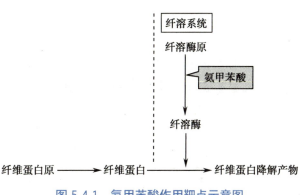

图 5-4-1　氨甲苯酸作用靶点示意图

倾向或有血栓栓塞性疾病史者禁用。

同类药物还有氨甲环酸（tranexamic acid），作用和用途与氨甲苯酸相同，抗纤维蛋白溶解作用是氨甲苯酸的3倍。

第四节　作用于血管的促凝血药

作用于血管的促凝血药通过收缩小动脉、小静脉和毛细血管，增加血管阻力而达到止血作用。

垂体后叶素

垂体后叶素（pituitrin）是由动物垂体中提取所得，由血管升压素和缩宫素组成。血管升压素直接作用于血管平滑肌，使小动脉、小静脉及毛细血管收缩，血流速度减慢，在血管破损处形成血凝块，从而起到止血作用。用于治疗肺出血及门静脉高压引起的上消化道出血。静脉注射过快可出现面色苍白、血压升高、胸闷、心悸等。禁用于高血压、冠心病、心力衰竭及肺源性心脏病患者。

第五节　增强血小板功能药

增强血小板功能药是通过促进血小板生成、增加血小板数量及功能而达到止血作用的药物。

酚磺乙胺

酚磺乙胺（etamsylate）能降低毛细血管通透性，减少血浆渗出；增强血小板黏附和聚集；促进血小板释放凝血活性物质，缩短凝血时间。作用迅速，维持时间长，毒性低。适用于防治各种手术前后出血过多、各种内脏出血、皮肤出血以及血小板减少性紫癜和过敏性紫癜。可有恶心、头痛、皮疹、暂时性低血压等，偶见静脉注射后过敏反应。

知识拓展

易栓症

易栓症（thrombophilia）是一类由于止血机制异常、容易发生血栓的临床疾病状态，即"血栓形成倾向"。易栓症的诊断和治疗涉及临床多学科，发病机制复杂。高龄、大手术后、严重创伤、静脉炎后综合征、高血压、糖尿病、高脂血症、真性红细胞增多症、血小板增多症、高热、脱水等易形成血栓，有时血栓形成导致的不良后果明显大于局部出血的风险。对易栓症患者，在外伤及术后应慎用止血药物，以免诱发血栓形成。

（彭海平）

思考题

1. 维生素K的药理作用和临床应用有哪些？
2. 氨甲苯酸的作用机制和临床应用有哪些？

任务5 | 抗贫血药

贫血(anemia)是指人体外周血中红细胞容量减少,不能运输足够的氧至组织而产生的综合征。红细胞生成不足是常见的贫血原因,造血细胞、骨髓造血微环境和造血原料的异常均可影响红细胞生成,造成贫血。当机体内铁缺乏时引起缺铁性贫血,叶酸、维生素 B_{12} 缺乏时引起巨幼细胞贫血。针对这类贫血的治疗原则包括补充造血原料和促进红细胞生成。

临床情景

某 25 岁孕妇,面色苍白、头晕、乏力 2 周余,加重伴心慌 1 周。自进入妊娠 30 周后出现无明显诱因的头昏、乏力,家人发现她面色不如从前红润,但能照常活动,近 1 周来出现活动后心慌。患者不挑食,二便正常,睡眠好,体重无明显变化。既往体健,无药物过敏史。查体:红细胞 $2.9×10^{12}$/L,Hb(血红蛋白)89g/L,白细胞及血小板正常;血清铁蛋白 10μg/L。

诊断:缺铁性贫血。

处方:多糖铁复合物胶囊,每次 0.3g,每日 1 次,口服。

学习任务

课前:该患者现在的主要症状是什么?该症状的诱因可能是什么?对该患者使用了哪些药物?

课中:多糖铁复合物属于哪类药物?其药理作用、临床应用、不良反应有哪些?铁剂与叶酸治疗贫血的主要区别是什么?

课后:对缺铁性贫血患者主要选用哪些药物?对该患者选用哪种药物更合适?

铁 剂

常用的口服铁剂包括硫酸亚铁(ferrous sulfate)、富马酸亚铁(ferrous fumarate)、枸橼酸铁铵(ferric ammonium citrate)、多糖铁复合物(polysaccharide iron complex)等。对不能口服药物的患者,可注射右旋糖酐铁(iron dextran)、蔗糖铁(iron sucrese)、山梨醇铁(iron sorbitex)等,但不良反应较口服铁剂多。

【体内过程】

铁的吸收部位主要是在十二指肠和空肠上段，无机铁以 Fe^{2+} 形式吸收，Fe^{3+} 很难吸收。能将 Fe^{3+} 还原变成 Fe^{2+} 的物质，如胃酸、维生素 C、食物中的果糖等，可促进铁的吸收。胃酸缺乏、抗酸药、高磷、高钙、鞣酸等可使铁沉淀或抑制 Fe^{2+} 的形成，影响铁吸收；四环素类可与铁络合，也不利于铁的吸收。

吸收进入肠黏膜的铁根据机体需要，或进入骨髓组织供造血使用，或以铁蛋白的形式储存起来。铁通过肠黏膜细胞脱落及胆汁、尿液、汗液等排出体外。正常人每日失铁量约 1mg，可从食物中补充。

【药理作用和临床应用】

铁是红细胞发育过程中合成血红素必不可少的物质。铁剂用于各种原因引起的缺铁性贫血的治疗。

1. 慢性失血 如月经过多、钩虫病、消化性溃疡、痔疮、子宫肌瘤等引起的慢性失血。

2. 铁的需求增加或供给不足 如妊娠期和哺乳期妇女、儿童等对铁的需求增加，营养不良、偏食等可造成铁的供给不足。

3. 铁的吸收障碍 萎缩性胃炎、慢性腹泻患者，有特殊饮食习惯或服用影响铁吸收的药物者，可能出现铁吸收障碍。

【不良反应和注意事项】

口服铁剂可出现胃肠道刺激症状，引起恶心、呕吐、腹泻、上腹部不适等，宜餐后服用。原因可能是 Fe^{2+} 与肠腔中的硫化氢结合生成硫化亚铁，减弱了硫化氢对肠蠕动的刺激，可引起黑便、便秘等现象。小儿误服 1g 以上铁剂可致急性中毒，急救通常采用磷酸盐溶液或碳酸盐溶液洗胃，并用特殊解毒药去铁胺（desferrioxamine B）注入胃内以结合残存的铁。

叶　酸

叶酸（folic acid）广泛存在于动、植物性食物中，绿色蔬菜中含量最多。动物细胞自身不能合成叶酸，人体所需叶酸只能从食物中摄取。叶酸不耐热，食物烹调后可损失 50% 以上。

【药理作用】

叶酸是一种水溶性维生素，为人体细胞生长和繁殖所必需物质。叶酸进入体内后经二氢叶酸还原酶及维生素 B_{12} 的作用形成四氢叶酸，后者与多种一碳单位结合形成四氢叶酸类辅酶，传递一碳单位，参与体内很多重要反应及核酸和氨基酸的合成。

【临床应用】

对营养不良、婴儿期、妊娠期对叶酸需要量增加所致的营养性巨幼细胞贫血，治疗时以叶酸为主，与维生素 B_{12} 合用效果更好。但是对甲氨蝶呤、乙胺嘧啶、甲氧苄啶等所致的巨幼细胞贫血，由于此类药物为二氢叶酸还原酶抑制药，抑制叶酸转变为四氢叶酸，故应用叶酸无效，需用四氢叶酸制剂亚叶酸钙（calcium folinate）治疗。此外，叶酸用于恶性贫血的辅助治疗；妊娠期每日补充 400mg 叶酸可预防神经管缺陷。

【不良反应】

不良反应偶见过敏反应、胃肠道症状。服用大剂量叶酸时可引起黄色尿。

【药物相互作用】

大剂量叶酸可影响微量元素锌的吸收，降低苯妥英钠的抗癫痫作用。甲氨蝶呤治疗肿瘤、白血病时，使用大剂量叶酸会影响甲氨蝶呤的疗效。

维生素 B_{12}

维生素 B_{12}（vitamin B_{12}）又名钴胺素，广泛存在于动物内脏、牛奶、蛋黄等食物中。食物中的维生素 B_{12} 必须与胃黏膜壁细胞分泌的糖蛋白（即内因子）结合成复合物，才能免受胃液的消化而进入肠道吸收。胃黏膜萎缩所致内因子缺乏可影响维生素 B_{12} 吸收,引起恶性贫血,用维生素 B_{12} 治疗此类贫血时必须采用注射给药。

【药理作用和临床应用】

维生素 B_{12} 参与体内核酸的合成,促进四氢叶酸类辅酶的循环利用,缺乏时导致 DNA 合成障碍,影响红细胞成熟;同时参与三羧酸循环,保持有鞘神经纤维功能的完整性。维生素 B_{12} 用于治疗恶性贫血和巨幼细胞贫血。治疗恶性贫血时必须与叶酸合用,因为叶酸不能改善神经系统症状。还可用于神经系统疾病(如神经炎、神经萎缩等)、肝脏疾病、再生障碍性贫血的辅助治疗。

【不良反应】

维生素 B_{12} 一般无毒性,但少数患者可出现过敏反应,甚至引起过敏性休克。

【药物相互作用】

氯霉素可抵消维生素 B_{12} 的造血反应。氨基糖苷类、抗惊厥药、秋水仙碱等能减少肠道对维生素 B_{12} 的吸收;考来烯胺、活性炭可吸附维生素 B_{12},也会减少其吸收。氯丙嗪、维生素 C、维生素 K、葡萄糖注射液与维生素 B_{12} 联用时会发生配伍变化,不能混合给药。

红细胞生成素

红细胞生成素(erythropoietin,EPO)是人体的一种糖蛋白,由肾皮质近曲小管管周细胞分泌。药用品是 DNA 重组技术合成的重组人促红素(recombinant human erythropoietin,rHuEPO),皮下注射或静脉注射给药。EPO 可与红系干细胞表面的受体结合,促使红系干细胞增殖、分化和成熟,使红细胞数增多,血红蛋白含量增加,并能增强红细胞膜抗氧化功能。用于治疗慢性肾衰竭所致的贫血、再生障碍性贫血,以及肿瘤化疗、艾滋病所致的贫血。可引起血压升高、血凝增强等不良反应,偶可诱发脑血管意外或癫痫发作。

(罗 乐)

思考题

1. 铁剂在临床应用时有哪些注意事项?

2. 叶酸在治疗巨幼细胞贫血时有哪些注意事项?

任务 6 | 促白细胞生成药和血容量扩充药

学习目标

1. 掌握促白细胞生成药和血容量扩充药的代表药物、药理作用、临床应用、不良反应。
2. 熟悉促白细胞生成药和血容量扩充药的作用特点。
3. 了解促白细胞生成药和血容量扩充药的作用机制。
4. 能根据临床表现等合理选用促白细胞生成药和血容量扩充药,正确用药,及时处置不良反应。
5. 具备与患者及其家属进行有效沟通、开展用药咨询服务、指导患者合理用药的职业素养,关心、爱护患者。

细菌和病毒感染、免疫系统疾病或使用化疗药都可能造成白细胞减少。当外周血液中白细胞计数持续 $<4.0×10^9/L$ 时可认为患者出现白细胞减少症,需要根据病情选用促白细胞生成药。当大量失血时需要扩充血容量抗休克,可采用全血、血浆或人工合成的血容量扩充药。理想的血容量扩充药能有效维持血浆胶体渗透压、作用持久、不良反应少。

临床情景

患者,女性,75 岁。近 10 天来无明显原因出现心悸气短,以晨起和活动后为著,持续约10min,今日头晕伴短暂右侧肢体麻木 3h。有高血压 15 年、冠心病 8 年、脑梗死 3 年,不规律服药。查体:体温 36.6℃,脉搏 72 次/min,呼吸 18 次/min,血压 170/100mmHg。

诊断:冠状动脉粥样硬化性心脏病;脑梗死;高血压。

处方:

1. 右旋糖酐 40 氯化钠注射液,50g 静脉滴注。
2. 阿托伐他汀钙片,每次 20mg,每日 1 次,口服。
3. 琥珀酸美托洛尔缓释片,每次 47.5mg,每日 1 次,口服。
4. 马来酸依那普利片,每次 10mg,每日 1 次,口服。

学习任务

课前:该患者现在的主要症状是什么? 该症状的诱因可能是什么? 对该患者使用了哪些药物?

课中:右旋糖酐 40 氯化钠注射液属于哪类药物? 其药理作用、临床应用、不良反应有哪些? 不同分子量的右旋糖酐主要区别是什么?

课后:对脑梗死患者主要选用哪些药物? 对该患者选用哪种药物更合适?

第一节　促白细胞生成药

重组人粒细胞集落刺激因子

重组人粒细胞集落刺激因子（recombinant human granulocyte colony-stimulating factor，rhG-CSF）又名非格司亭，是粒细胞集落刺激因子（granulocyte colony-stimulating factor，G-CSF）由 DNA 重组技术制备的产品。G-CSF 是由血管内皮细胞、单核细胞和成纤维细胞合成的糖蛋白，可刺激粒细胞系造血，促进中性粒细胞成熟，并促进成熟的粒细胞从骨髓释放入血，增强中性粒细胞的趋化及吞噬功能。用于治疗各种原因，如肿瘤化疗、再生障碍性贫血、造血干细胞动员与移植、骨髓增生异常综合征等，引起的白细胞或粒细胞减少症。大剂量长期应用可出现骨痛、肌痛、血清转氨酶升高等。

重组人粒细胞-巨噬细胞集落刺激因子

重组人粒细胞-巨噬细胞集落刺激因子（recombinant human granulocyte-macrophage colony-stimulating factor，rhGM-CSF）又名沙格司亭。体内的粒细胞-巨噬细胞集落刺激因子（granulocyte-macrophage colony-stimulating factor，GM-CSF）由 T 细胞、单核细胞、内皮细胞、成纤维细胞合成，主要作用是刺激粒细胞、巨噬细胞等增殖、分化，还能增强中性粒细胞、单核细胞、巨噬细胞和巨核细胞的集落形成，增强成熟中性粒细胞的吞噬功能和细胞毒性作用。主要用于治疗骨髓移植、肿瘤化疗、再生障碍性贫血及艾滋病等引起的白细胞或粒细胞减少症。不良反应较少，偶可引起皮疹、发热、腹泻、呼吸困难及皮下注射部位红斑等，一般停药后消失。首次静脉滴注可出现面部潮红、低血压、呼吸急促、呕吐等。

第二节　血容量扩充药

大量失血或失血浆（如烧伤）可使血容量降低，严重者可导致低血容量性休克。迅速有效的扩充血容量是治疗低血容量性休克的基本疗法。血容量扩充药是能使血容量增加、维持血液胶体渗透压的药物。目前最常用的是右旋糖酐。

右旋糖酐

右旋糖酐（dextran）为高分子葡萄糖聚合物，依据聚合的葡萄糖分子数目的不同分为不同分子量产品。临床常用的有右旋糖酐 70（中分子右旋糖酐，平均分子量约为 70kDa）、右旋糖酐 40（低分子右旋糖酐，平均分子量约为 40kDa）和右旋糖酐 10（小分子右旋糖酐，平均分子量约为 10kDa）。

【体内过程】

右旋糖酐静脉滴注给药，分子量越大代谢越慢，右旋糖酐 70 可维持 12h，右旋糖酐 40 和右旋糖酐 10 仅维持 3h，主要经肾脏排泄。

【药理作用】

右旋糖酐进入血液后能提高血浆胶体渗透压，使血管外水分进入血管内，增加血容量，升高和维持血压。右旋糖酐 70 扩充血容量明显；右旋糖酐 40 和右旋糖酐 10 可抑制凝血因子 II，防止血栓的形成，使红细胞和血小板解聚，降低血黏度，改善微循环，同时有渗透性利尿作用。

【临床应用】

1.**防治低血容量性休克**　通常使用右旋糖酐 40，滴速宜快，一般每分钟注入 20~40ml，用于急性失血、创伤、烧伤等低血容量性休克的扩容。

2.**防止休克后期 DIC**　通常使用右旋糖酐 40、右旋糖酐 10 改善微循环。

3.**防治血栓栓塞性疾病**　常用右旋糖酐 40、右旋糖酐 10，应缓慢静脉滴注。

【不良反应和注意事项】

右旋糖酐偶见过敏反应,表现为发热、寒战、呼吸困难,严重者可致过敏性休克。剂量过大或连续应用时少数患者可出现凝血障碍。血小板减少症、出血性疾病患者禁用。心功能不全、肺水肿、肾功能不全患者慎用。

【药物相互作用】

卡那霉素、庆大霉素和巴龙霉素可增加右旋糖酐肾毒性。与肝素合用有协同作用,增加出血可能。

(罗 乐)

思考题

1. 重组人粒细胞集落刺激因子在临床应用时有哪些注意事项?
2. 右旋糖酐在临床应用时有哪些注意事项?

案例分析

模块 5
练习题

内分泌生殖系统及代谢调节药物

ER 6-1　　　　ER 6-2

教学课件　　思维导图

本模块包括内分泌药物、生殖药物和代谢调节药物三大类。内分泌药物主要围绕肾上腺、胰腺和甲状腺介绍肾上腺皮质激素类药物、治疗糖尿病的药物和甲状腺激素及抗甲状腺药。生殖药物主要阐述与男性、女性生殖相关的激素类药物。代谢调节药物主要介绍抗骨质疏松药和抗痛风药。

任务 1 | 肾上腺皮质激素类药物

第一节　概　述

肾上腺皮质激素(adrenocortical hormones)是肾上腺皮质所分泌激素的总称,属甾体类化合物。肾上腺皮质由外向内依次为球状带、束状带及网状带 3 层。球状带主要合成盐皮质激素,包括醛固酮、去氧皮质酮等,主要影响水、电解质代谢;束状带主要合成糖皮质激素,包括氢化可的松、可的松等,主要影响糖、蛋白质和脂质代谢;网状带主要合成性激素,包括低活性雄激素及少量雌激素,分泌量较少。肾上腺皮质激素的合成和分泌受腺垂体分泌的促肾上腺皮质激素(adrenocorticotropic hormone, ACTH)调节,表现出昼夜节律性(图 6-1-1)。肾上腺皮质激素类药物按作用可分为糖皮质激素类药物、盐皮质激素类药物,临床上常用的是糖皮质激素类药物。因糖皮质激素类药物的基本结构为甾核,故该类药物又称甾体激素或类固醇激素。

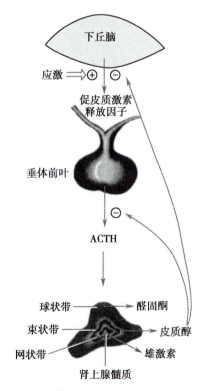

图 6-1-1　肾上腺皮质激素分泌的调节
"+"表示促进;"−"表示反馈性抑制。

医院检查发现类风湿因子（RF）阳性，诊断为类风湿关节炎，给予泼尼松和萘普生治疗。因经济原因一直未规律用药，病情控制不理想。现因关节疼痛致工作、生活受到严重影响。既往无胃病、肝病和结核病病史。查体：双侧掌指关节、指间关节有压痛，关节肿胀。实验室检查：RF 124U/ml，C反应蛋白（CRP）15.2mg/L，抗溶血性链球菌素O（抗O）155U/ml，血沉（ESR）42mm/h。双手X线检查未见典型骨损害。

　　诊断：类风湿关节炎（活动期）。

　　处方：

　　1. 泼尼松片，每次10mg，每日1次，口服。

　　2. 双氯芬酸，每次50mg，每日3次，口服。

　　3. 甲氨蝶呤，每次10mg，每周1次，口服，服用2周。

学习任务

　　课前：萘普生、双氯芬酸属于哪类药物？对类风湿关节炎患者具有什么作用？该类药物的不良反应有哪些？

　　课中：泼尼松属于哪类药物？其药理作用、临床应用和不良反应有哪些？泼尼松和萘普生的主要区别是什么？

　　课后：对类风湿关节炎患者可以选用哪些药物？如果长期使用糖皮质激素类药物，推荐哪种用药方法？

第二节　糖皮质激素类药物

　　糖皮质激素（glucocorticoid，GC）作用广泛而复杂，且随剂量不同而变化。在生理状态下，肾上腺分泌的糖皮质激素主要影响物质代谢过程；缺乏时引起代谢失调甚至死亡；应激状态时，机体分泌大量糖皮质激素，通过允许作用等使机体能适应内、外环境变化产生的强烈刺激。超生理剂量（药理剂量）时，糖皮质激素除了影响物质代谢，还有抗炎、免疫抑制和抗休克等多种药理作用。

　　糖皮质激素类药物是在内源性可的松（cortisone）和氢化可的松（hydrocortisone）的基础上人工合成的一系列甾体化合物，因具有强大的抗炎作用，又称甾体抗炎药（steroidal anti-inflammatory drugs，SAIDs）。

　　按照药物作用时间长短，糖皮质激素类药物分为：①短效制剂，如可的松和氢化可的松等；②中效制剂，如泼尼松（prednisone）、泼尼松龙（prednisolone）、甲泼尼龙（methylprednisolone）和曲安西龙（triamcinolone）等；③长效制剂，如地塞米松（dexamethasone）和倍他米松（betamethasone）等。长效制剂作用持续时间长、抗炎效率高，但是对下丘脑-垂体-肾上腺轴的抑制作用比较严重。

【体内过程】

　　糖皮质激素类药物脂溶性高，口服、注射给药均吸收迅速、完全。可的松或氢化可的松口服后1~2h血药浓度达峰值，作用持续8~12h，主要经肝脏代谢，代谢产物和少量原形由尿排出。可的松和泼尼松必须在肝内分别转化为氢化可的松和泼尼松龙才有效，严重肝功能不全者应使用氢化可的松、泼尼松龙。肝、肾功能不全时，糖皮质激素类药物的$t_{1/2}$延长；甲状腺功能亢进、妊娠或口服避孕药时，肝代谢加速，使其$t_{1/2}$缩短。与肝药酶诱导药如苯巴比妥、苯妥英钠合用时，须增加糖皮质激素的用量。常用糖皮质激素类药物的特点见表6-1-1。

表 6-1-1　糖皮质激素类药物的特点

药物	水盐代谢（比值）	糖代谢（比值）	抗炎作用（比值）	等效剂量/mg	血浆 $t_{1/2}$/min	作用持续时间/h
短效						
氢化可的松	1.0	1.0	1.0	20.00	90	8~12
可的松	0.8	0.8	0.8	25.00	30	8~12
中效						
泼尼松	0.8	4.0	3.5	5.00	60	12~36
泼尼松龙	0.8	4.0	4.0	5.00	200	12~36
甲泼尼龙	0.5	5.0	5.0	4.00	180	12~36
曲安西龙	0	5.0	5.0	4.00	>200	12~36
长效						
地塞米松	0	20~30	30	0.75	100~300	36~54
倍他米松	0	20~30	25~35	0.60	100~300	36~54

注：表中水盐代谢、糖代谢、抗炎作用比值均以氢化可的松为 1 计；等效剂量以氢化可的松为标准计。

【 药理作用 】

1. 对物质代谢的影响

（1）**糖代谢**：糖皮质激素是机体调节糖代谢的重要激素之一，能促进糖原合成，升高血糖。这与其促进糖异生、抑制糖分解、减少组织对葡萄糖的摄取和利用等作用有关。

（2）**蛋白质代谢**：糖皮质激素能促进肌肉、骨等组织蛋白质分解，大剂量还能抑制蛋白质合成，造成负氮平衡。长期应用糖皮质激素类药物可引起皮肤菲薄、肌肉消瘦、伤口愈合延迟、骨质疏松等。

（3）**脂质代谢**：长期应用糖皮质激素可促进皮下脂肪分解，升高胆固醇含量，促使体内脂肪重新分布，出现四肢消瘦，面部和胸、背、臀部脂肪积聚，呈现"满月脸""水牛背"等向心性肥胖体型。

（4）**水、电解质代谢**：糖皮质激素有较弱的保钠排钾作用。还能减少钙在体内的吸收，促进钙排泄，长期应用可导致血钙降低、骨质疏松。

2. 抗炎作用　糖皮质激素具有强大的非特异性抗炎作用。在炎症早期，能降低毛细血管通透性，减轻渗出和水肿；抑制白细胞浸润及吞噬反应，减少各种炎症因子的释放，改善红、肿、热、痛等症状。在炎症后期，通过抑制毛细血管和成纤维细胞的增生，延缓胶原蛋白、黏多糖的合成及肉芽组织增生，防止粘连及瘢痕形成，减轻后遗症。但必须注意，炎症反应是机体的一种防御性反应，炎症后期的反应更是组织修复的重要过程。因此，糖皮质激素使用不当可致感染扩散，阻碍创面愈合。

糖皮质激素的抗炎作用主要是通过基因效应，改变炎症介质相关蛋白的水平，影响炎症细胞和炎症分子的产生而发挥抗炎作用。

（1）**对炎症抑制蛋白及某些靶酶的影响**：①抑制磷脂酶 A_2，影响花生四烯酸代谢，减少前列腺素（如 PGE_2、PGI_2 等）和白三烯类等炎症介质生成。②抑制一氧化氮合酶和 COX_2 的表达，阻断 NO、PGE_2 等相关介质的产生。③降解缓激肽，产生抗炎作用。

（2）**对细胞因子及黏附分子的影响**：糖皮质激素不仅能抑制炎症细胞因子如 TNF-α、IL-1、IL-2、IL-6、IL-8 的产生，而且可抑制黏附分子如 E 选择素及细胞间黏附分子-1（ICAM-1）的表达。增加多种抗炎介质如核因子-κB（NF-κB）抑制蛋白-1、IL-10、IL-12 的表达。

（3）**对炎症细胞凋亡的影响**：糖皮质激素通过由糖皮质激素受体（glucocorticoid receptor, GR）介导基因转录变化,最终激活天冬氨酸特异性半胱氨酸蛋白酶(caspase)和特异性核酸内切酶,诱导参与炎症反应的细胞凋亡,从而产生抗炎作用。

3. 抗免疫作用和抗过敏作用

(1)**对免疫系统的抑制作用**:小剂量糖皮质激素主要抑制细胞免疫;大剂量则能抑制由 B 细胞转化成浆细胞的过程,使抗体生成减少,干扰体液免疫。

糖皮质激素对免疫过程的许多环节均有抑制作用:①抑制巨噬细胞对抗原的吞噬和处理。②使敏感动物的淋巴细胞破坏和解体,导致血中淋巴细胞迅速减少。③干扰淋巴组织在抗原作用下的分裂和增殖,阻断致敏 T 细胞所诱发的单核细胞和巨噬细胞的聚集等。

(2)**抗过敏作用**:抗原-抗体反应可引起肥大细胞脱颗粒而释放组胺、5-羟色胺、缓激肽、过敏性慢反应物质等,引起一系列过敏反应症状。糖皮质激素能减少上述过敏介质的产生,抑制过敏反应,缓解过敏症状。

4. 抗休克作用

超大剂量糖皮质激素类药物已广泛用于各种严重休克,尤其是感染中毒性休克。作用机制较复杂,与糖皮质激素稳定溶酶体膜,减少心肌抑制因子(MDF)的形成和释放,增加心输出量,扩张小血管,改善微循环有关。糖皮质激素类药物还可提高机体对细菌内毒素的耐受力,但不能破坏和中和内毒素,对外毒素无作用。其抗休克作用也与前述的抗炎、抗免疫等综合作用有关。

5. 其他作用

(1)**允许作用**(permissive action):糖皮质激素对某些组织细胞无直接活性,但可以通过给其他激素发挥作用创造条件,称为允许作用。例如,糖皮质激素可增加儿茶酚胺的血管收缩作用,增加胰高糖素的血糖升高作用等。

(2)**中枢神经系统**:糖皮质激素可提高中枢神经系统的兴奋性,长期大量应用可引起欣快、激动、失眠等,偶可诱发精神失常或癫痫;大剂量可致小儿惊厥。

(3)**血液与造血系统**:糖皮质激素能刺激骨髓造血功能,使红细胞和血红蛋白含量增加,大剂量可使血小板和纤维蛋白原增加,缩短凝血酶原时间;刺激骨髓中的中性粒细胞释放入血而使中性粒细胞计数增多,但降低其游走、吞噬、消化及糖酵解等功能,因而减弱对炎症区的浸润与吞噬活动;抑制淋巴细胞增生,使淋巴细胞、嗜酸性粒细胞减少。

(4)**骨骼**:长期大剂量应用糖皮质激素可抑制成骨细胞活力、骨胶原合成,促进骨基质分解,使骨质形成发生障碍,导致骨质疏松,引起腰背痛、压缩性骨折等。

(5)**退热作用**:糖皮质激素对严重感染引起的发热具有高效退热作用,可能与其抑制体温调节中枢对致热原的反应、稳定溶酶体膜、减少内源性致热原释放有关。需要注意的是,发热患者诊断未明前不可滥用糖皮质激素,以免掩盖症状而影响诊断。

【临床应用】

1. 严重感染或预防炎症后遗症

(1)**严重急性感染**:对中毒性感染或同时伴有休克者,如中毒性菌痢、暴发型流行性脑脊髓膜炎、中毒性肺炎、败血症等,在应用有效抗感染药物控制感染的同时,可用糖皮质激素辅助治疗,可迅速缓解症状,帮助机体度过危险期,为病因治疗争取时间。感染症状一旦得到控制,应立即停用糖皮质激素。先停糖皮质激素,再停抗菌药物。对抗菌药不能有效控制的感染,如病毒、结核、真菌感染等,一般不用糖皮质激素。但对危及生命的严重感染,如严重急性呼吸综合征(SARS)、重症肝炎、急性粟粒性结核、结核性脑膜炎和乙型脑炎等,为缓解症状、减轻并发症,可短期应用。

(2)**预防某些炎症的后遗症**:糖皮质激素可减少炎性渗出,防止组织过度破坏,抑制粘连及瘢痕的形成。对某些炎症如结核性脑膜炎、脑炎、心包炎、损伤性关节炎、风湿性心瓣膜炎、睾丸炎以及烧伤后瘢痕挛缩等,早期应用糖皮质激素可防止粘连和瘢痕等发生。对眼科疾病如角膜炎、虹膜炎、视网膜炎和视神经炎等非特异性眼炎,应用糖皮质激素也可迅速消炎止痛,防止角膜混浊和瘢痕粘连的发生。有角膜溃疡者禁用。

2. 自身免疫性疾病、器官移植排斥反应和过敏性疾病

(1)**自身免疫性疾病**:对于多发性肌炎、系统性红斑狼疮,糖皮质激素为首选药。对严重风湿热、风湿性心肌炎、结节性动脉周围炎、风湿性及类风湿关节炎、免疫性溶血性贫血和肾病综合征等,应用糖皮质激素后可缓解症状。一般采用综合疗法,不宜单用,以减少不良反应。

(2)**器官移植排斥反应**:对异体器官移植手术后所产生的免疫排斥反应,可使用糖皮质激素发挥预防作用。若与环孢素等免疫抑制药合用,则疗效更好,并可减少两药的剂量。

(3)**过敏性疾病**:荨麻疹、血管神经性水肿、过敏性鼻炎、风疹、支气管哮喘和过敏性休克等疾病一般发作快,消退也快,主要应用抗组胺药和肾上腺素受体激动药治疗,可应用糖皮质激素辅助治疗,抑制抗原-抗体反应引起的组织损害和炎症过程。对需长期使用糖皮质激素的过敏性鼻炎和支气管哮喘患者,首选鼻腔喷雾和吸入给药方式。对严重病例或其他药物无效者,可改为糖皮质激素口服或静脉给药。

3. 抗休克治疗 大剂量糖皮质激素适用于各型休克的抢救,尤其是感染性休克。在足量、有效的抗菌药物治疗的前提下,对感染性休克早期短时间突击使用大剂量糖皮质激素能迅速缓解休克症状,提高救治成功率。对过敏性休克,糖皮质激素为次选药,可与首选药肾上腺素合用。对低血容量性休克,在补液及补电解质或输血后效果不佳时,可合用超大剂量糖皮质激素。对心源性休克病因治疗效果不明显者,可合用糖皮质激素。

4. 血液系统疾病 糖皮质激素主要用于治疗来源于淋巴系统的恶性肿瘤及多发性骨髓瘤,是上述肿瘤联合化疗中的主要药物。对儿童急性淋巴细胞白血病效果较好,但对急性非淋巴细胞白血病的疗效较差。也可用于再生障碍性贫血、粒细胞减少症、血液系统免疫性疾病如血小板减少症和过敏性紫癜等治疗。但停药后易复发。

5. 局部应用 对于一般性皮肤病,如湿疹、接触性皮炎、肛门瘙痒、银屑病等,宜用氢化可的松、泼尼松龙或氟轻松等软膏、霜剂或洗剂局部用药。对肌肉韧带和关节损伤,可用1%普鲁卡因注射液与糖皮质激素合用,注入韧带压痛点或关节腔内,发挥消炎止痛作用。

6. 替代疗法 用于肾上腺皮质功能减退症(包括肾上腺危象)、垂体功能减退症及肾上腺次全切除术后。

【**不良反应和注意事项**】

1. 长期大剂量应用引起的不良反应

(1)**医源性皮质醇增多症**:又称类肾上腺皮质功能亢进综合征,表现为满月脸、水牛背、向心性肥胖、皮肤变薄、肌肉萎缩、低血钾、水肿、骨质疏松、多毛、痤疮、高血压、高血脂、血糖及尿糖升高等,停药后症状可自行消退。可采用低糖、低盐、高蛋白饮食及加用氯化钾等措施进行缓解,必要时加用抗糖尿病药物和抗高血压药物治疗。

> **知识拓展**
>
> ### 皮质醇增多症
>
> 皮质醇增多症又称库欣综合征,是由于多种病因引起肾上腺皮质长期分泌过量皮质醇所产生的一组症候群,主要表现为满月脸、向心性肥胖、痤疮、紫纹、继发性糖尿病和骨质疏松等。长期应用外源性糖皮质激素可引起类似皮质醇增多症的临床表现,称为医源性皮质醇增多症。

（2）**诱发或加重感染**：长期应用糖皮质激素可诱发感染，或使体内潜在病灶扩散，特别是当原有疾病已使机体抵抗力降低时，如白血病、再生障碍性贫血、肾病综合征等患者更易发生。还可使原来静止的结核病灶扩散、恶化。对无有效药物控制的感染，应禁用或慎用糖皮质激素。

（3）**心血管系统并发症**：长期应用糖皮质激素，由于水钠潴留和血脂升高，可引起高血压和动脉粥样硬化，还可引起脑卒中、血管脆性增加等。

（4）**消化系统并发症**：糖皮质激素可刺激胃酸、胃蛋白酶的分泌并抑制胃黏液分泌，降低胃肠黏膜的抵抗力，阻碍组织修复，减弱 PG 保护胃壁的作用，增强迷走神经兴奋性，故可诱发或加剧消化性溃疡，甚至造成出血或穿孔。对少数患者可诱发脂肪肝或胰腺炎。

（5）**肌肉萎缩、骨质疏松、伤口愈合迟缓等**：与糖皮质激素促进蛋白质分解，抑制蛋白质合成及成骨细胞活性，增加钙、磷排泄等有关。骨质疏松多见于儿童、绝经期妇女和老年人，严重者可发生无菌性股骨头缺血性坏死或自发性骨折。由于抑制生长激素的分泌和负氮平衡，还可致生长发育迟缓。偶可致胎儿畸形，妊娠期妇女禁用。

（6）**其他**：诱发或加重癫痫、精神失常及青光眼，有癫痫、精神病病史及青光眼患者慎用。

2. 停药反应

（1）**医源性肾上腺皮质功能不全**：长期用药患者减量过快或突然停药时，可引起肾上腺皮质功能不全。这是长期大剂量使用糖皮质激素反馈性抑制下丘脑-脑垂体-肾上腺皮质轴所致。多数患者平时可无表现，当感染、创伤、手术等严重应激情况时可发生肾上腺危象，表现为恶心、呕吐、乏力、低血压和休克等，应及时抢救。

（2）**反跳现象**：突然停药或减量过快可导致原有疾病复发或恶化。

为减轻停药反应，长期使用糖皮质激素的患者停药时：①不可骤然停药，应逐渐减量。②建议采用隔日疗法给药。③必要时停用激素后连续应用 ACTH 7 天左右。④在停药 1 年内如遇应激情况，应及时给予足量糖皮质激素。

糖皮质激素类药物禁用于肾上腺皮质功能亢进、严重精神失常和癫痫、活动性消化性溃疡、骨折、新近胃肠吻合术后、创伤修复期、角膜溃疡、严重高血压、糖尿病、妊娠期妇女、抗菌药物不能控制的感染（如结核、病毒、真菌感染）等。

第三节　糖皮质激素类药物合理应用

糖皮质激素类药物在给予生理剂量时，主要发挥调节物质代谢的作用，维持机体内环境的稳定，临床用于肾上腺皮质功能减退症的替代疗法；使用药理剂量时，则发挥抗炎、抗免疫、抗休克、降温、影响造血功能、提高中枢神经系统的兴奋性、影响消化及物质代谢等作用。临床应用广泛，可用于严重感染和炎症、免疫性疾病、器官移植排斥反应、休克、血液病等治疗。长期大量应用时不良反应较多。临床应用时要根据患者的病情选择适当的治疗疗程、给药剂量和给药途径。

1. 用法与疗程

（1）**替代疗法**：小剂量长程给药方案用于治疗肾上腺皮质功能减退症、垂体功能减退症及肾上腺次全切除术后；也可应急替代用于治疗急性肾上腺皮质功能不全症和肾上腺危象；抑制替代用于治疗先天性肾上腺皮质增生症。

（2）**冲击疗法**：大剂量短程给药方案用于急性、重度、危及生命的疾病（如中毒性休克、过敏性休克、哮喘持续状态等）抢救，疗程 3~5 天。因疗程短、可迅速停药，若无效可在短时间内重复应用。激素试用期间必须配合其他有效治疗措施。

（3）**短程疗法**：适用于机体严重器质性损伤或应激状态时，如结核性脑膜炎、器官移植急性排斥反应等，疗程一般<1 个月，须逐渐减量至停药。

（4）**中程疗法**：适用于病程较长且有多器官受累性的疾病，如风湿热、甲状腺功能障碍性眼病等。治疗剂量起效后逐渐减量至维持量，直至停药。疗程一般<3个月。

（5）**长程疗法**：适用于病程长、易反复发作的自身免疫性疾病或器官移植排斥反应，如系统性红斑狼疮、类风湿关节炎、肾病综合征等。可采用每日或隔日给药，逐渐减量至维持量，再过渡到隔日给药，直至停药。疗程一般>3个月。

2.给药剂量 糖皮质激素生理剂量和药理剂量具有不同的作用，临床应根据治疗目的选择给药剂量。

3.给药途径 糖皮质激素有多种给药途径，包括口服、肌内注射、静脉注射或静脉滴注等全身给药，以及呼吸道吸入、鼻腔喷雾、口腔贴片、局部注射或点滴、局部涂抹等局部给药。不同制剂的糖皮质激素大多具有相同的生物等效性，但不同给药途径药物作用强弱、起效快慢等有所不同，临床应根据患者病情缓急、轻重等情况选择合适的给药途径。口服给药简便安全，多用于自身免疫性疾病等长期治疗。静脉给药起效快、作用强，多用于急危重症的抢救。吸入给药起效仅次于静脉给药，且给药剂量小，全身性不良反应较少，多用于过敏性疾病治疗，如倍氯米松、氟替卡松、布地奈德、莫米松等气雾剂、粉雾剂等剂型用于支气管哮喘（详见模块7 任务1 平喘药），鼻腔喷雾剂型用于过敏性鼻炎；氟米龙、氯替泼诺滴眼液等用于治疗变应性结膜炎等。口腔贴片、口腔软膏制剂如地塞米松口腔贴片、曲安奈德口腔软膏可用于治疗非感染性口腔黏膜溃疡等口腔疾病。局部涂抹氟轻松、莫米松等制剂用于治疗湿疹、神经性皮炎等皮肤疾病。

4.给药时间 体内糖皮质激素的分泌具有昼夜节律性，每日8~10时为分泌高峰（约450nmol/L），随后逐渐下降，24时为低谷，这是由ACTH昼夜分泌节律所决定的。目前长程疗法常用的给药方式有两种。①晨起给药法：即每日清晨7~8时给药1次，用短效的可的松、氢化可的松等。②隔晨给药法：即将2日的总量于隔日清晨7~8时1次给药，此法宜选用中效的泼尼松、泼尼松龙。上述两种给药方法使血浆药物浓度与内源性糖皮质激素分泌节律重合，可减轻长期用药对下丘脑-脑垂体-肾上腺皮质轴的抑制作用，减少肾上腺皮质功能抑制引起的不良反应。

临床应用时还需注意以下问题：①在确保达到治疗目标的情况下使用最小剂量和最短持续时间。②治疗已有的合并症，以避免合并症增加激素相关不良反应。③使用期间严密监测相关不良反应，及时发现并积极处理。④评估和治疗并发症，包括糖尿病、高血压、心力衰竭、青光眼、消化性溃疡、骨质疏松等。

第四节 盐皮质激素类药物

盐皮质激素类药物主要有醛固酮（aldosterone）和去氧皮质酮（deoxycorticosterone）两种，对维持机体正常的水、电解质代谢起着重要作用。

【**药理作用**】

醛固酮是天然皮质激素中作用最强的一种盐皮质激素，主要作用于肾远曲小管，促进Na^+、Cl^-的重吸收和K^+、H^+的排出。由于H^+排出增多，氨的排出也增加。去氧皮质酮在机体内的分泌量很小，作用只有醛固酮的1%~3%。

【**临床应用**】

盐皮质激素常与糖皮质激素合用，作为替代疗法治疗慢性肾上腺皮质功能减退症，纠正患者失钠、失水和钾潴留等，恢复水和电解质平衡。对轻症患者，可不必用药，只要适量补充食盐就可恢复钠、钾的平衡。

第五节　促肾上腺皮质激素与皮质激素抑制药

一、促肾上腺皮质激素

天然的促肾上腺皮质激素（ACTH）由腺垂体嗜碱性细胞合成、分泌，其合成和分泌受到下丘脑促肾上腺皮质激素释放激素（corticotropin releasing hormone，CRH）的调节，对维持机体肾上腺正常形态和功能具有重要作用。临床可用于诊断脑垂体前叶-肾上腺皮质功能状态及长期使用糖皮质激素停药前后的肾上腺皮质功能，以防止因停药而发生肾上腺皮质功能不全。

二、皮质激素抑制药

米托坦

米托坦（mitotane）能选择性地作用于肾上腺皮质细胞，对肾上腺皮质的正常细胞或肿瘤细胞都有损伤作用；尤其是选择性地作用于肾上腺皮质束状带及网状带细胞，使其萎缩、坏死，但不影响球状带，故醛固酮分泌不受影响。用药后，血、尿中氢化可的松及其代谢物迅速减少。主要用于不可切除的肾上腺皮质癌、切除复发癌以及肾上腺皮质癌术后辅助治疗。可有厌食、恶心、腹泻、皮疹、嗜睡、头痛、眩晕、乏力、中枢抑制及运动失调等不良反应，减小剂量后这些症状可消失。严重肾上腺功能不全导致休克或严重创伤时，可给予肾上腺皮质激素类药物。

氨鲁米特

氨鲁米特（aminoglutethimide）对氢化可的松和醛固酮的合成有抑制作用，能有效减少肾上腺肿瘤和 ACTH 过度分泌时氢化可的松的增多。与美替拉酮合用可治疗皮质醇增多症。不良反应主要有嗜睡、乏力、头晕等中枢神经抑制症状，一般 4 周左右逐渐消失。皮疹常发生在用药后 10~15 天，多数可自行消退。偶可出现血小板或白细胞减少及甲状腺功能减退。妊娠期、哺乳期妇女及小儿禁用。

美替拉酮

美替拉酮（metyrapone）能干扰 11-脱氧皮质酮转化为皮质酮，抑制 11-脱氧氢化可的松转化为氢化可的松。临床用于治疗肾上腺皮质肿瘤和产生 ACTH 的肿瘤所引起的氢化可的松增多症和肾上腺皮质癌。

（梁　枫）

思考题

1. 简述糖皮质激素类药物的药理作用。
2. 试论述糖皮质激素类药物的临床应用。
3. 糖皮质激素类药物临床给药方法有哪几种？

任务 2 ｜ 治疗糖尿病的药物

学习目标

1. 掌握胰岛素和非胰岛素类降血糖药的分类、代表药物、作用机制、临床应用和不良反应。
2. 熟悉胰岛素和非胰岛素类降血糖药的作用特点和给药方法。
3. 了解治疗糖尿病的药物合理应用。
4. 能依据糖尿病临床表现等合理选择药物，正确用药，及时处置不良反应。
5. 具备与患者及其家属进行有效沟通、开展用药咨询服务、指导患者合理用药的职业素养，关心、爱护患者。

糖尿病是严重威胁人类生命健康的慢性病。血糖控制不好会导致眼、心脏、肾脏、血管及神经系统等慢性进行性病变，急性应激时可出现急性并发症，如酮症酸中毒、高渗性昏迷等。

临床情景

患者，男性，63 岁。有 2 型糖尿病和高血压史 6 年，平日自测空腹血糖 9.6mmol/L，血压 162/106mmHg，口服二甲双胍片降血糖，口服硝苯地平控释片和依那普利片降血压。近 1 个月因体力劳动过度出现口渴，自测空腹血糖 10.8mmol/L，餐后血糖 16.3mmol/L，血压 138/86mmHg。随即调整治疗方案，由单药二甲双胍片（每次 500mg，每日 3 次）改为二甲双胍片与格列美脲片联用，空腹血糖降至 7~8mmol/L，但多次在下午空腹时出现心慌和饥饿感，自测血糖 3.0~4.1mmol/L。查体：空腹血糖 7.8mmol/L，早餐后血糖 10.5mmol/L，午餐前血糖 3.5mmol/L，午餐后血糖 9.7mmol/L，晚餐后血糖 7.8mmol/L；TG 3.5mmol/L，TC 5.2mmol/L，LDL-C 2.4mmol/L，HDL-C 1.26mmol/L。尿常规：尿蛋白（－），尿糖（－），尿酮体（－）。肝、肾功能正常。

诊断：2 型糖尿病；高血压 2 级；高甘油三酯血症。

处方：

1. 二甲双胍缓释片，每次 500mg，每日 1 次，餐前口服。
2. 甘精胰岛素注射液，每次 10U，每日 1 次，每晚睡前皮下注射。
3. 依那普利片，每次 5mg，每日 1 次，早餐前口服。
4. 硝苯地平控释片，每次 30mg，每日 1 次，早餐前口服。
5. 停用格列美脲片。
6. 采用低糖、低脂、低盐饮食。

学习任务

课前：该患者有哪些既往史？现在病情如何？处方中使用了哪几类药物？

课中：二甲双胍的药理作用、临床应用、不良反应有哪些？以上用药是否合理？

课后：处方中选用哪些药物联合应用？对该患者如何选药更合适？

第一节　概　述

糖尿病（diabetes mellitus，DM）是由遗传和环境因素等引起的胰岛素分泌绝对或相对不足，导致以血糖升高为主要特征的一种慢性代谢性疾病。常见症状有"三多一少"（多饮、多食、多尿、体重减轻）。按照 WHO 的分类标准，糖尿病分为 1 型糖尿病、2 型糖尿病、其他特殊类型糖尿病和妊娠糖尿病。1 型糖尿病和 2 型糖尿病比较见表 6-2-1。

表 6-2-1　1 型糖尿病和 2 型糖尿病比较

	1 型糖尿病	2 型糖尿病
分型	胰岛素依赖型（IDDM）	非胰岛素依赖型（NIDDM）
年龄	幼年型（<30 岁）	成年型（>40 岁）
病因	胰岛素绝对缺乏	胰岛素相对缺乏或过量
典型症状	"三多一少"症状明显	"三多一少"症状不明显
急性并发症	通常有酮症酸中毒	酮症酸中毒不常见
药物治疗	胰岛素	口服降血糖药及胰岛素

糖尿病目前尚无根治办法，为提高糖尿病患者的生活质量，除了药物治疗，还要采用饮食控制、运动疗法、健康教育和血糖监测等综合治疗，即糖尿病治疗的"五驾马车"。

临床糖尿病分型不同，治疗药物也不同。1 型糖尿病需用胰岛素治疗，2 型糖尿病主要通过促进胰岛素分泌、促进周围组织对葡萄糖的利用、延缓葡萄糖的吸收、加快葡萄糖从尿中排出、发挥肠促胰素的作用、抑制肠促胰素水解等多个环节发挥降血糖作用，从而保护靶器官，延缓并发症发生，提高生活质量。

第二节　胰　岛　素

胰岛素（insulin）由胰岛 β 细胞合成和分泌。1921 年班廷（F. Banting）和贝斯特（C. Best）发现胰岛素后，临床开始普遍应用胰岛素治疗糖尿病，挽救了无数糖尿病患者的生命。药用胰岛素多从猪、牛的胰腺中提取，现已人工合成。药用胰岛素根据来源分为三类：动物胰岛素、半合成人胰岛素、重组人胰岛素。人胰岛素原的氨基酸排列见图 6-2-1。

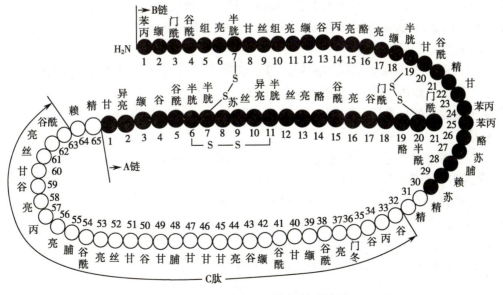

图 6-2-1　人胰岛素原的氨基酸排列

根据起效快慢和作用持续时间,胰岛素常用制剂分为速效、短效、中效、长效、超长效和预混制剂(表6-2-2)。

表 6-2-2 胰岛素常用制剂

类别	胰岛素制剂	起效时间	达峰时间	作用持续时间	备注
速效胰岛素	门冬胰岛素(insulin aspart)、赖脯胰岛素(insulin lispro)、谷赖胰岛素(insulin glulisine)	10~20min	1~3h	3~5h	餐前 15min 至进餐时皮下注射
短效胰岛素	普通胰岛素(regular insulin,RI)	30~60min	1~3h	6~8h	餐前 30min 皮下注射;急症时静脉注射
中效胰岛素	低精蛋白锌胰岛素(neutral protamine hagedorn,NPH)	1.5h	4~12h	18~24h	睡前或早餐前每日 1 次或早晚每日 2 次皮下注射
长效胰岛素	精蛋白锌胰岛素(protamine zinc insulin,PZI)、甘精胰岛素(insulin glargine)、地特胰岛素(insulin detemir)、德谷胰岛素(insulin degludec)	1.5~4h	12~20h	24~36h	早餐前 30min 或睡前皮下注射
预混胰岛素	预混胰岛素 30R、50R 等	30min	2~8h	16~24h	短效胰岛素和中效胰岛素按比例混合
	预混胰岛素类似物门冬胰岛素 30、50 等	10~20min	1~4h	14~24h	速效胰岛素和中效胰岛素按比例混合

【体内过程】

胰岛素普通制剂因易被消化酶破坏,口服无效,必须注射给药。皮下注射吸收快,可选择的部位有腹壁、上臂外侧、大腿外侧,尤以腹壁脐周最为常用。$t_{1/2}$ 约为 10min,但作用可持续数小时。主要在肝、肾灭活,10% 以原形随尿液排出,严重肝、肾功能不良者影响其灭活。

【药理作用】

胰岛素对糖、脂质、蛋白质和水电解质代谢有广泛的作用。

1. **糖代谢** 胰岛素降低血糖。胰岛素通过促进糖原的合成和贮存、加速葡萄糖的氧化和酵解、加速葡萄糖的转运、抑制糖原分解和糖异生等途径,从而降低血糖。

2. **脂质代谢** 胰岛素促进脂肪合成,抑制脂肪分解,减少游离脂肪酸和酮体的生成,增加脂肪酸和葡萄糖的转运,使其利用增加。

3. **蛋白质代谢** 胰岛素增加氨基酸转运进入细胞内,促进蛋白质合成,抑制蛋白质的分解,对人体生长过程有促进作用,与生长激素有协同作用。

4. **钾离子转运** 胰岛素激活钠钾 ATP 酶,促进 K^+ 内流,增加细胞内 K^+ 浓度。

【作用机制】

胰岛素属于多肽类激素,分子较大,不易进入靶细胞,通过第二信使产生生物学效应。研究认为,胰岛素是通过胰岛素受体(insulin recepter,IR)发挥作用的。

胰岛素受体是存在于细胞膜上的一种糖蛋白,是由 2 个 α 亚单位和 2 个 β 亚单位组成的大分子蛋白复合物。α 亚单位含有胰岛素结合部位,β 亚单位含有酪氨酸激酶。胰岛素与 α 亚单位结合后引起 β 亚单位的磷酸化,激活 β 亚单位的酪氨酸激酶,引起其他细胞内活性蛋白的连续磷酸化反应,加速葡萄糖转运,从而产生降血糖效应(图6-2-2)。

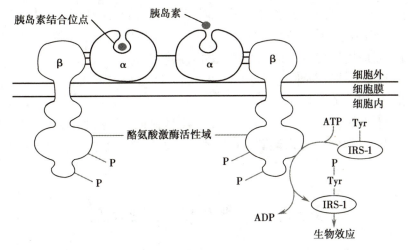

图 6-2-2　胰岛素受体结构及信号转导示意图
α、β 为亚单位;IRS-1 为胰岛素受体底物-1;P 为磷酸残基。

【临床应用】

1. 糖尿病　胰岛素对各型糖尿病均有效。主要用于:①1 型糖尿病,胰岛素是治疗的最重要药物,而且需终身用药。②2 型糖尿病,饮食控制或口服降血糖药未使血糖降至理想水平者。③糖尿病发生各种急性或严重并发症者,如酮症酸中毒、高渗性昏迷。④糖尿病有合并症者,如合并重度感染、消耗性疾病、视网膜病、急性心肌梗死、脑血管意外、高热、妊娠、创伤以及手术等。⑤继发性糖尿病。

2. 纠正细胞内缺钾　临床上将葡萄糖、氯化钾、胰岛素配成极化液,可促进 K^+ 内流,改善心肌细胞代谢,纠正细胞内缺钾,预防心律失常的发生,同时给心肌细胞提供能量。用于心肌梗死早期,可降低死亡率。

3. 能量合剂　胰岛素与三磷酸腺苷、辅酶 A 组成能量合剂,为机体提供能量,用于某些危重病的抢救,如严重感染、高热惊厥、严重创伤、手术、妊娠等。

知识拓展

世界上首次体外人工合成结晶牛胰岛素

　　1965 年 9 月 17 日,中国科学院上海生物化学研究所、中国科学院上海有机化学研究所、北京大学化学系三家单位的科研人员,经过 7 年无数次探索和实践,终于成功合成结晶牛胰岛素。这是世界上第一次人工全合成的与天然牛胰岛素分子化学结构相同并具有完整生物活性的蛋白质,开辟了人工合成蛋白质的时代,在生命科学发展史上产生了重大影响,从此人类开启了合成胰岛素治疗糖尿病及代谢性疾病的新纪元。

【不良反应和注意事项】

1. 低血糖　低血糖是胰岛素过量时最严重也是最常见的不良反应。短效胰岛素降血糖作用迅速,可出现饥饿感、出汗、心悸、焦虑、震颤等,严重者出现昏迷、惊厥、休克甚至死亡。长效胰岛素降血糖作用较慢,常以头痛和精神情绪、运动障碍为主要表现。症状轻者可饮糖水,严重者应立即静脉注射 50% 葡萄糖 20~40ml。

2. 过敏反应　胰岛素过敏反应轻微而短暂,如皮疹、血管神经性水肿。可用 H_1 受体阻断药治疗,危重者可用糖皮质激素防止过敏性休克的发生。可用高纯度制剂或人胰岛素。

3. 胰岛素抵抗 急性胰岛素抵抗常因感染、创伤、手术、情绪激动等应激状态引起,此时需短时间增加胰岛素用量,诱因消除后可恢复常规治疗量。慢性胰岛素抵抗常因体内产生胰岛素抗体或胰岛素受体数目减少,应用糖皮质激素或换用人胰岛素制剂。

4. 脂肪萎缩 胰岛素皮下注射的局部可出现红肿、硬结和皮下脂肪萎缩。女性多于男性。应经常更换注射部位,应用高纯度制剂。

5. 反应性高血糖 胰岛素用量不当时可发生轻度低血糖,虽然没有明显的症状,但可引起代偿反应,使生长激素、肾上腺素、糖皮质激素、胰高血糖素等分泌增加,从而导致血糖水平升高以及微血管损伤。

第三节 非胰岛素类降血糖药

非胰岛素类降血糖药可降低空腹和餐后血糖,减少糖尿病患者并发症的发生率,提高生活质量,主要包括双胍类、促胰岛素分泌药、α-葡萄糖苷酶抑制药、胰岛素增敏药、钠-葡萄糖共转运体-2抑制药、二肽基肽酶-4抑制药、胰高血糖素样肽-1受体激动药等。

一、双胍类

双胍类是最基础的口服降血糖药,除了降低血糖,还可抑制胆固醇合成,减轻体重。通常饭后30min给药。

二甲双胍

二甲双胍(metformin)为口服降血糖药的一线药物。

【体内过程】

二甲双胍口服易吸收,生物利用度50%~60%,2h血药浓度达峰,在体内不与血浆蛋白结合,作用持续时间短,$t_{1/2}$约1.5h,12h内大部分以原形随尿排出。

【药理作用】

二甲双胍能明显降低糖尿病患者血糖,对正常人血糖几无影响,不会引起低血糖。作用机制为:①促进组织细胞对葡萄糖的摄取和利用。②减少肝内糖原异生。③抑制肠道对葡萄糖的吸收。④抑制胰高血糖素释放。

【临床应用】

二甲双胍主要用于治疗2型糖尿病,尤其是肥胖及单用饮食控制血糖无效者。

【不良反应和注意事项】

1. 胃肠反应 包括食欲减退、恶心、呕吐、腹泻、口苦、口中金属味等,饭后服用可减轻,减量或停药后即可消失。

2. 高乳酸血症 二甲双胍促进糖酵解,产生乳酸,尤其是在肝肾功能不全、心力衰竭等缺氧情况下更易诱发乳酸性酸中毒,可危及生命。肝肾功能不全、慢性心力衰竭者禁用。

同类药物还有苯乙双胍(phenformin),$t_{1/2}$为3~5h,约1/3以羟基苯乙双胍的代谢产物形式随尿排出,作用维持6~8h。高乳酸血症的发生率比二甲双胍高10倍,故临床少用。

二、促胰岛素分泌药

促胰岛素分泌药可促进胰岛β细胞释放胰岛素,主要包括磺酰脲类和格列奈类。

(一)磺酰脲类

磺酰脲类是最早应用于临床促胰岛素分泌的口服降血糖药,餐前30min给药。第一代磺酰脲类有甲苯磺丁脲(tolbutamide)、氯磺丙脲(chlorpropamide);第二代磺酰脲类有格列本脲

（glibenclamide，优降糖）、格列吡嗪（glipizide）、格列美脲（glimepiride）、格列齐特（gliclazide，达美康），降血糖作用强大而持久，还能抑制血小板聚集与黏附，阻止糖尿病微血管病变的发生，且低血糖、粒细胞减少及心血管不良反应发生率较低，症状较轻。

【体内过程】

磺酰脲类口服吸收迅速而完全，与血浆蛋白结合率高，多数药物在肝代谢后随尿排出。常用磺酰脲类体内过程比较见表 6-2-3。

表 6-2-3　常用磺酰脲类体内过程比较

药物	$t_{1/2}$/h	血浆蛋白结合率/%	血药浓度达峰时间/h	维持时间/h	给药次数及时间
甲苯磺丁脲	4~7	96	3~5	10	每日 2~3 次
氯磺丙脲	33~36	90	10	30~60	每日 1 次
格列本脲	10	95	1~4	16~24	每日 2~3 次
格列吡嗪	2~4	95	1~2	24	每日 1~2 次
格列美脲	5~8	99	2~3	24	每日 1 次
格列齐特	10~12	92	2~6	24	每日 1 次

【药理应用】

1. 降血糖作用　磺酰脲类可降低正常人血糖，对胰岛功能尚存（30% 以上）的患者有效，对 1 型糖尿病、糖尿病重症及切除胰腺的动物无作用。作用机制是：①刺激胰岛 β 细胞释放胰岛素。②增加胰岛素与靶组织及受体的结合能力。③促进葡萄糖的利用以及糖原和脂肪的合成。

2. 抗利尿作用　氯磺丙脲具有抗利尿作用，但不降低肾小球滤过率，主要通过促进抗利尿激素分泌并增强其作用而减少尿量。

3. 影响凝血功能　格列齐特能使血小板黏附力减弱，减少血小板数目，促进纤溶酶原的合成。

【临床应用】

1. **糖尿病**　磺酰脲类用于胰岛功能尚存的 2 型糖尿病且单用饮食控制无效者。

2. **尿崩症**　氯磺丙脲可减少尿崩症患者的尿量，与氢氯噻嗪合用可提高疗效。

【不良反应】

磺酰脲类不良反应主要是低血糖，其次是胃肠道反应、皮肤过敏、骨髓抑制、粒细胞减少、血小板减少，也可导致黄疸和肝损害。较严重的不良反应是持久性低血糖，多见于老年人及肝肾功能不全者。新型磺酰脲类较少引起低血糖。

【药物相互作用】

磺酰脲类血浆蛋白结合率高，双香豆素、吲哚美辛等可与其竞争血浆蛋白，使游离型药物浓度上升，引起低血糖反应。肝药酶抑制剂如氯霉素、西咪替丁等可增强磺酰脲类的降血糖作用。氯丙嗪、糖皮质激素、噻嗪类、口服避孕药可降低磺酰脲类的降血糖作用。

（二）格列奈类

格列奈类可模仿胰岛素的生理性分泌，有效控制餐后血糖，通常进餐时服用，又称餐时血糖调节药。

瑞格列奈

瑞格列奈（repaglinide）为第一个餐时血糖调节药，属短效促胰岛素分泌药。通常餐前 15min 口服给药。口服吸收迅速，生物利用度 63%，15min 起效，1h 血药浓度达峰值，血药浓度个体差异大，$t_{1/2}$ 约 1h，92% 主要经胆道排泄，8% 经肾脏排泄，4~6h 体内药物基本消除。通过与胰岛 β 细胞膜上的特异性受体结合，促进内源性胰岛素分泌。主要适用于 2 型糖尿病患者，也可用于糖尿病老年患者及糖尿病肾病患者。常见不良反应有低血糖(但较磺酰脲类少见)、头痛和腹泻等,大多轻微而短暂。

同类药物还有那格列奈(nateglinide)、米格列奈(mitiglinide)等,对胰岛 β 细胞的作用更迅速、持续时间更短,对葡萄糖浓度更为敏感而易于见效。由于减少了总胰岛素释放,减弱餐后的血糖波动,故诱发低血糖的危险更小。

三、α-葡萄糖苷酶抑制药

本类药物是临床常用的延缓葡萄糖吸收的口服降血糖药,通常进餐即服或与第一口食物一起嚼服。

阿卡波糖

阿卡波糖(acarbose)为临床最常用的 α-葡萄糖苷酶抑制药。口服后很少被吸收,生物利用度 1%~2%,分布在胃肠道黏膜、膀胱、肝脏、肾脏等,主要在肠道降解或以原形随粪便排泄。通过竞争性抑制小肠 α-葡萄糖苷酶的活性,使淀粉和蔗糖转化为单糖的过程减慢,从而延缓葡萄糖的吸收,降低餐后血糖,也可降低糖化血红蛋白及空腹血糖。主要用于 2 型糖尿病餐后高血糖,也适用于糖耐量异常者。可与其他降血糖药如胰岛素和磺酰脲类合用。不引起低血糖反应。但因延缓糖类的吸收,腹胀、排气多、腹泻等反应较常见。消化性溃疡患者慎用,妊娠期、哺乳期妇女及有消化吸收障碍的患者禁用。

同类药物还有伏格列波糖(voglibose)、米格列醇(miglitol)等。

四、胰岛素增敏药

胰岛素增敏药主要为噻唑烷二酮类化合物,能改善糖尿病患者的胰岛素抵抗,对血糖控制具有重要意义。

罗格列酮

罗格列酮(rosiglitazone)为临床常用的胰岛素增敏药,通常空腹给药,每日早餐前 1~2h 口服。口服给药,生物利用度 99%,1h 血药浓度达峰值,血浆蛋白结合率 90% 以上,$t_{1/2}$ 为 3~4h。主要经肝脏代谢,大部分随尿排出,小部分随粪便排出。能增强机体(肝、骨骼肌和脂肪组织)对胰岛素的敏感性,减轻胰岛素抵抗,从而降低血糖;改善脂质代谢紊乱;抑制血小板聚集和抑制内皮细胞增生,发挥抗动脉粥样硬化作用。与胰岛素联合应用,用于其他口服降血糖药疗效不佳的 2 型糖尿病患者,尤其是伴有胰岛素抵抗的糖尿病患者。用于伴有心血管并发症的糖尿病患者有明显疗效。低血糖反应发生率低,可见嗜睡、头痛、胃肠道反应、水肿、体重增加等。

同类药物还有吡格列酮(pioglitazone)等。

五、钠-葡萄糖共转运体-2 抑制药

钠-葡萄糖共转运体(sodium-glucose cotransporter,SGLT)是一类在小肠黏膜和肾近曲小管中发现的转运蛋白家族,其中 SGLT-1、SGLT-2 最为重要,约 90% 的葡萄糖通过 SGLT-2 的作用在肾近曲小管被重吸收。钠-葡萄糖共转运体-2(SGLT-2)抑制药通过抑制肾脏的 SGLT-2,抑制肾近曲小管对葡萄糖的重吸收,增加葡萄糖从尿液排出,从而降低空腹血糖和餐后血糖,此作用与胰岛功能无关。除了降血糖,还能降低体重,降低血压,保护心脏和肾脏。餐前和餐后服药均可。

达格列净

达格列净(dapagliflozin)口服给药,不受进餐影响,生物利用度 78%,2h 血药浓度达峰值,血浆蛋白结合率 90% 以上,$t_{1/2}$ 约 12h。主要经肝脏代谢,随尿排出,少量经粪便排出。用于饮食和运动血糖控制不佳的 2 型糖尿病患者,尤其适用于合并肥胖、心血管疾病、慢性肾病者。对 1 型糖尿病

和酮症酸中毒无效。低血糖少见。可引起泌尿系统感染,用药期间应多饮水,及时排尿,保持尿道清洁。可见酮症酸中毒、低血压、肾功能损害等。用药期间应监测血压和肾功能。肾功能损害严重者禁用。妊娠中期和晚期禁用,哺乳期慎用。

同类药物还有卡格列净(canagliflozin)、恩格列净(empagliflozin)等。

六、二肽基肽酶-4抑制药

肠促胰岛素包括胰高血糖素样肽-1(glucagon-like peptide-1,GLP-1)和葡萄糖依赖性促胰岛素释放多肽(glucose-dependent insulinotropic polypeptide,GIP)。二肽基肽酶-4(dipeptidyl peptidase-4,DPP-4)抑制药通过选择性抑制DPP-4,使GLP-1和GIP降解减少,刺激胰岛β细胞释放胰岛素,有效降低空腹血糖和餐后血糖。

西格列汀

西格列汀(sitagliptin)为口服降血糖药,任何时间给药均可。口服吸收迅速,1~5h血药浓度达峰值,生物利用度为87%,$t_{1/2}$约12h,79%以原形经肾脏排泄。主要用于饮食和运动无效的2型糖尿病患者。胃肠道反应轻微,可有腹痛、恶心、便秘。与胰岛素或促胰岛素分泌药合用有增加低血糖的风险。用药期间应定期检测肾功能。胰腺炎、心力衰竭患者禁用。可与胰岛素、二甲双胍、格列美脲、吡格列酮等合用,可协同增效,增加胰岛β细胞再分化,促进胰岛功能向正常转化,对体重没有明显影响。西格列汀二甲双胍片为西格列汀和二甲双胍制成的复方制剂。

同类药物还有维格列汀(vildagliptin)、沙格列汀(saxagliptin)、阿格列汀(alogliptin)。维格列汀二甲双胍片为维格列汀与二甲双胍组成的复方制剂。

七、胰高血糖素样肽-1受体激动药

胰高血糖素样肽-1(GLP-1)是一种由肠道细胞分泌的肠促胰岛素。胰高血糖素样肽-1受体激动药激动GLP-1受体,促进胰岛β细胞合成和分泌胰岛素,抑制胰岛α细胞分泌胰高血糖素,从而降低血糖。此外,还可调节血脂和血压,对心血管和肾脏具有保护作用,具有显著的降低体重的作用。

利拉鲁肽

利拉鲁肽(liraglutide)为短效GLP-1受体激动药,是注射给药的降血糖药。每日1次,任何时间均可注射,但应维持每日同一时间给药。皮下注射,吸收缓慢,8~12h达峰,吸收不受进餐的影响,$t_{1/2}$约13h,对肝肾功能无影响。用于治疗2型糖尿病,可单用或与其他口服降血糖药联用,尤其适用于肥胖的2型糖尿病患者。无低血糖风险,初始治疗时常见恶心、呕吐等胃肠道反应,随治疗时间延长而逐渐减轻。妊娠期和哺乳期妇女禁用。

同类药物还有艾塞那肽(exenatide)等。

第四节　治疗糖尿病的药物合理应用

糖尿病的治疗应在控制饮食、加强运动的前提下采用药物治疗,应结合患者的特点,综合考虑药物的作用、安全性、治疗费用等因素,制定个体化用药方案。

1.胰岛素的合理应用

(1)**严格掌握适应证**:避免滥用胰岛素和无用的"惰性"治疗。对患者进行正确的健康教育,强调行为生活方式干预的重要性。鼓励患者进行血糖监测,加强自我管理。口服2种以上降血糖药血糖控制仍不达标者应注射胰岛素。老年患者或合并心脑血管疾病的2型糖尿病患者因低血糖耐受性差,应减少胰岛素用量。

（2）**注意低血糖反应**：磺酰脲类有导致低血糖的风险，除基础胰岛素可与其联用外，其他种类胰岛素避免与其联用。

　　2.非胰岛素类降血糖药的合理应用

　　（1）**超重或肥胖的 2 型糖尿病**：以二甲双胍为基础的联合治疗方案中应尽量选择减轻体重或不增加体重的降血糖药，如钠-葡萄糖共转运体-2 抑制药、α-葡萄糖苷酶抑制药或二肽基肽酶-4 抑制药。

　　（2）**合并冠心病的 2 型糖尿病**：应首选二甲双胍与钠-葡萄糖共转运体-2 抑制药联合应用。

　　（3）**合并肝功能不全的 2 型糖尿病**：因患者易出现低血糖，应避免使用磺酰脲类。

　　（4）**合并慢性肾病的 2 型糖尿病**：可选格列美脲、瑞格列奈、阿卡波糖、罗格列酮等。禁用二甲双胍和钠-葡萄糖共转运体-2 抑制药。

　　（5）**老年 2 型糖尿病**：可选二甲双胍、α-葡萄糖苷酶抑制药或二肽基肽酶-4 抑制药作为一线治疗药物，同时兼顾控制血糖之外的多重危险因素。

（李春英）

思考题

　　1.简述胰岛素的临床应用和主要不良反应。

　　2.简述二甲双胍、达格列净、西格列汀、利拉鲁肽的作用机制及临床应用。

任务 3 ┃ 甲状腺激素及抗甲状腺药

学习目标

1. 掌握抗甲状腺药的分类、代表药物、作用机制、临床应用、不良反应和注意事项。
2. 熟悉甲状腺激素的药理作用、临床应用、不良反应;抗甲状腺药的作用特点。
3. 了解甲状腺激素和抗甲状腺药合理应用。
4. 能依据临床表现等合理选择药物,正确用药,及时处置不良反应。
5. 具备与患者及其家属进行有效沟通、开展用药咨询服务、指导患者合理用药的职业素养,关心、爱护患者。

甲状腺是人体重要的内分泌腺之一,主要功能是合成、储存和分泌甲状腺激素,调节机体代谢。甲状腺激素是维持机体正常代谢和生长发育所必需的激素。

临床情景

患者,男性,52 岁。颈部肿大、心悸、消瘦、胫前黏液性水肿 6 个月。既往无高血压、冠心病、糖尿病病史。查体:体温 36.2℃,脉搏 106 次/min,血压 130/85mmHg;甲状腺肿大、质软、无肿块,可触及震颤,闻及血管性杂音;双肺正常,心率 112 次/min,心律齐,心界不大,心尖区收缩期杂音;腹部平软,肝脾均未触及,双下肢胫前黏液性水肿;T_3、T_4 明显升高,TSH 降低;双手轻微颤动。心电图示窦性心动过速。超声心动图和彩色多普勒超声未见心脏异常。

诊断:弥漫性甲状腺肿;甲状腺功能亢进症;窦性心动过速。

处方:

1. 丙硫氧嘧啶片,每次 150mg,每日 3 次,口服。
2. 盐酸普萘洛尔片,每次 10mg,每日 3 次,口服。

学习任务

课前:该患者有哪些既往史? 现在病情如何? 处方中使用了哪几类药物?

课中:抗甲状腺药的种类、代表药物、抗甲状腺的机制是什么? 以上用药是否合理?

课后:处方中联合用药要注意哪些问题? 有何建议?

第一节 甲状腺激素

甲状腺激素包括甲状腺素(四碘甲状腺原氨酸,T_4)和三碘甲状腺原氨酸(T_3)。甲状腺激素合成、分泌减少,可引起甲状腺功能减退症(简称甲减),需用甲状腺激素类药物治疗,常用药物有左甲状腺素(levothyroxine,T_4)、碘塞罗宁(liothyronine,T_3)等;甲状腺激素合成、分泌增多,可引起甲状腺功能亢进症(简称甲亢),需用抗甲状腺药治疗。

甲状腺激素的合成、储存、分泌的过程如下。①碘的摄取:甲状腺滤泡细胞通过碘泵主动摄取血浆中的碘化物。其摄碘能力受食物中碘含量的影响,缺碘时摄碘能力增强;反之,摄碘能力减弱。②碘的活化和酪氨酸碘化:碘化物在过氧化物酶的作用下被氧化生成活性碘,然后迅速与甲状腺球蛋白(thyroglobulin,TG)中的酪氨酸残基结合,生成一碘酪氨酸(monoiodotyrosine,MIT)和二碘酪氨酸(diiodotyrosine,DIT)。③偶联:在过氧化物酶的作用下,1 分子 MIT 和 1 分子 DIT 偶联生成 T_3,2 分子 DIT 偶联生成 T_4。④储存:生成的 T_3、T_4 仍然结合在 TG 分子上,储存在滤泡腔的胶质中。⑤释放:在蛋白水解酶的作用下,T_3、T_4 从 TG 上分离出来,进入血液循环。

甲状腺激素受下丘脑-垂体-甲状腺轴调节。下丘脑分泌的促甲状腺激素释放激素(thyrotropin-releasing hormone,TRH)促进垂体前叶分泌促甲状腺激素(thyroid-stimulating hormone,TSH),促进甲状腺激素合成和释放。血液中游离的 T_3、T_4 浓度对 TRH 和 TSH 的释放均有负反馈调节作用(图 6-3-1)。

过氧化物酶参与了碘的活化和偶联,在甲状腺激素的合成中发挥关键作用。蛋白水解酶参与了甲状腺激素的释放,影响甲状腺激素在血液中的含量。

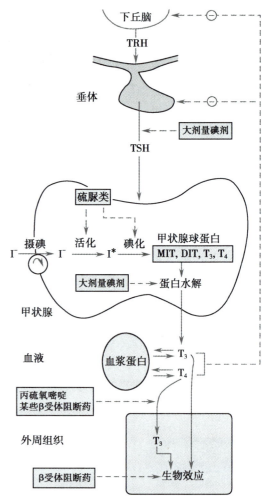

图 6-3-1　甲状腺激素的合成、储存、分泌与调节

【体内过程】

T_4 口服吸收率为 50%~80%,T_3 达 90%~95%。两者的血浆蛋白结合率均在 99% 以上。但 T_3 与蛋白质的亲和力低于 T_4,故 T_3 的游离量可为 T_4 的 10 倍。T_3 作用快而强,持续时间短,$t_{1/2}$ 为 2 天。T_4 作用慢而弱,持续时间较长,$t_{1/2}$ 为 5 天。甲状腺激素主要在肝、肾组织细胞的线粒体内脱碘,并与葡萄糖醛酸或硫酸结合,经肾排泄。可通过胎盘屏障,少量经乳汁排泄,故妊娠期、哺乳期妇女慎用。

【药理作用】

1. 促进代谢　甲状腺激素能促进糖、蛋白质和脂质代谢,促进物质氧化,增加耗氧量,提高基础代谢率,使机体产热增多。

2. 维持正常的生长发育　甲状腺激素可促进蛋白质的合成和骨骼的生长发育,对神经系统的发育尤为重要。

3. 对神经系统及心血管系统的影响　甲状腺激素能提高机体对儿茶酚胺的敏感性,使中枢神经系统兴奋性提高,心率加快,心肌收缩力增强。

【临床应用】

甲状腺激素主要用于甲状腺功能减退症的替代治疗。

1. 甲减　①呆小病(克汀病):左甲状腺素起效慢,作用弱,但维持时间长,$t_{1/2}$ 为 6~7 天。主要用于克汀病的替代治疗,需要终身用药。②黏液性水肿:成人甲减时甲状腺激素分泌减少,基础代谢率降低,产热减少,表现为乏力、畏寒、情绪低落、行动迟缓等,出现黏液性水肿。治疗宜从小剂量开始,逐渐增至足量。

2. 单纯性甲状腺肿　由缺碘导致者应补碘。对无明显原因者,可给予适量甲状腺激素,以补充内源性激素的不足,并可抑制 TSH 过多分泌,缓解甲状腺组织代偿性增生肥大。

【不良反应】

甲状腺激素过量时可出现类似甲亢的症状,如心悸、手震颤、多汗、神经过敏、失眠等。严重者可有腹泻、呕吐、体重减轻、发热,甚至出现心绞痛、心力衰竭等,一旦出现应立即停药,必要时用 β 受体阻断药对抗。

知识拓展

甲状腺功能减退症与甲状腺功能亢进症

甲状腺功能减退症是由于甲状腺激素合成和分泌减少,导致基础代谢降低和交感神经系统兴奋性减弱的一组疾病。甲状腺功能不足时,儿童可导致身体和智能发育均低下(即呆小病),成人可出现黏液性水肿。

甲状腺功能亢进症属于自身免疫性疾病,是由甲状腺分泌过多的甲状腺激素或各种原因导致机体内甲状腺激素含量增高所引起的一系列临床综合征。其中弥漫性甲状腺肿最常见,临床表现为多食易饥、怕热多汗、乏力消瘦、情绪激动、焦躁易怒、失眠、心率加快和体重明显下降等,严重时可发生心律失常、手震颤甚至心绞痛、心力衰竭等。

第二节　抗甲状腺药

抗甲状腺药(antithyroid drug)是能干扰甲状腺激素的合成与释放,缓解甲状腺功能亢进症状的药物,包括硫脲类、碘及碘化物、放射性碘、β 受体阻断药四大类。

一、硫脲类

硫脲类是临床最常用的抗甲状腺药,可分为两大类:①硫氧嘧啶类,包括甲硫氧嘧啶(methylthiouracil,MTU)和丙硫氧嘧啶(propylthiouracil,PTU);②咪唑类,包括甲巯咪唑(thiamazole)和卡比马唑(carbimazole)。

【体内过程】

硫脲类口服易吸收,生物利用度为 50%~80%,血浆蛋白结合率约为 75%,分布于全身各组织,但甲状腺药物浓度高,主要在肝代谢,部分以结合型随尿排出。易透过胎盘,也能进入乳汁。丙硫氧嘧啶的 $t_{1/2}$ 为 2h。甲巯咪唑的 $t_{1/2}$ 为 6h,活性为丙硫氧嘧啶的 10 倍。

【药理作用】

硫脲类通过与过氧化物酶结合而使之失活,进而抑制了碘的活化以及 MIT 和 DIT 的偶联过程,抑制甲状腺激素的生物合成。但对已合成的甲状腺激素无效,须待已合成的甲状腺激素被消耗后才能完全生效,一般在用药 2~3 周后甲亢症状开始减轻,1~2 个月基础代谢率才可恢复正常。此外,还具有抑制甲状腺球蛋白生成的作用,对甲亢的病因有一定的治疗作用。丙硫氧嘧啶可抑制外周组织 T_4 转化为 T_3,能较快控制血 T_3 水平。

【临床应用】

1. 甲亢的内科治疗　适用于轻症和不宜手术或不宜用放射线碘治疗的患者。开始治疗时给予大剂量,最大限度地抑制甲状腺激素的合成。经 1~3 个月治疗后症状明显减轻、基础代谢率接近正常时,药量可渐减至维持量,继续用药1~2年。

2. 甲状腺手术前准备 需做甲状腺次全切除术的患者术前宜先服用硫脲类,使甲状腺功能恢复或接近正常,以减少麻醉和手术后并发症,防止术后发生甲状腺危象。但用硫脲类后会使腺体增生、组织充血,故应在术前2周左右同时合用大剂量碘剂,使腺体缩小变硬,以便于手术。

3. 甲状腺危象的辅助治疗 感染、手术、外伤等诱因可使大量甲状腺激素突然释放入血,导致甲状腺危象,患者可因高热、虚脱、心力衰竭、肺水肿、电解质紊乱而死亡。此时主要应用大剂量碘剂抑制甲状腺激素的释放,同时合用大剂量(为治疗量的2倍)硫脲类阻断甲状腺激素的合成,作为辅助治疗,常选用丙硫氧嘧啶。

【不良反应和注意事项】

1. 过敏反应 最常见,多为瘙痒、药疹等,少数伴有发热,停药后可自行消退。

2. 胃肠反应 可有厌食、恶心、呕吐、腹痛、腹泻等,可自行消失。

3. 粒细胞缺乏症 为硫脲类严重的不良反应,常在用药几周后发生。因此,应定期检查血象,若出现白细胞总数明显降低或患者有咽痛、发热等症状,必须立即停药。

4. 肝毒性 使用丙硫氧嘧啶可引起肝细胞损伤;使用甲巯咪唑可引起阻塞性黄疸等。

5. 甲状腺肿 长期应用硫脲类后因血清甲状腺激素水平下降,可反馈性引起TSH分泌增多,以致腺体代偿性增生,腺体增大、组织充血。

6. 甲减 硫脲类长期过量用药时可发生,故应定期复查,及时调整用药量。

妊娠期妇女应慎用,哺乳期妇女用药期间应停止哺乳。

二、碘及碘化物

常用的药物有碘化钾、碘化钠、复方碘溶液(compound iodine solution)等。

【药理作用】

不同剂量的碘化物对甲状腺功能可产生不同的作用。

1. 小剂量碘参与甲状腺激素的合成 碘是甲状腺激素合成的必需原料,碘不足可导致甲状腺激素合成减少。

2. 大剂量碘产生抗甲状腺作用 主要是通过抑制蛋白水解酶,使T_3、T_4不能和甲状腺球蛋白解离而释放减少;其次是通过抑制过氧化物酶影响甲状腺激素的合成;此外,还能拮抗TSH的作用。

【临床应用】

1. 防治单纯性甲状腺肿 补充小剂量碘可获得满意的疗效。

2. 甲亢术前准备 用硫脲类控制病情后,术前2周加用大剂量复方碘溶液,以使甲状腺腺体缩小变韧、充血减少,有利于手术进行及减少出血。

3. 甲状腺危象的治疗 应用大剂量碘剂可迅速抑制甲状腺激素释放,使甲状腺危象缓解。须同时使用硫脲类。

【不良反应和注意事项】

碘的不良反应主要有急性过敏反应,在用药后立即或几小时后发生,表现为发热、皮疹、皮炎,也可出现血管神经性水肿、上呼吸道充血,严重者可出现喉头水肿引起窒息。长期用药有诱发甲减的危险及加重甲亢症状。

三、放射性碘

用于甲亢治疗的放射性碘(radioactive iodine)是^{131}I,其$t_{1/2}$为8天,用药1个月后其放射性可消除90%,56天消除99%以上。

【药理作用】

甲状腺有高度的摄碘能力。^{131}I 被甲状腺摄取后可产生 β 射线和 γ 射线,其中 β 射线占 99%,在组织内的射程为 0.5~2mm,其辐射作用仅限于甲状腺实质内,使滤泡上皮破坏、萎缩、减少分泌,很少损伤周围组织,可起到类似手术切除部分甲状腺的作用。γ 射线占 1%,在体外可测得,可用于测定甲状腺摄碘功能。

【临床应用】

1. 甲亢 ^{131}I 仅用于不宜手术或手术后复发和硫脲类无效或过敏者。

2. 甲状腺功能测定 空腹口服小量 ^{131}I,分别于用药后 1 小时、3 小时、24 小时各测一次甲状腺的放射性,计算摄碘的百分率并画出摄碘曲线。与正常曲线相比,甲亢患者摄碘率高,摄碘高峰时间前移;甲减患者摄碘率低,摄碘高峰时间后延。

【不良反应和注意事项】

放射性碘剂量过大时易导致甲状腺功能减退。由于个体差异大,剂量较难准确掌握,因而在使用中应严格计算剂量并密切观察。一旦发生甲状腺功能减退应即停药,并适当补充甲状腺激素。

四、β 受体阻断药

常用的药物有美托洛尔、阿替洛尔等。

甲亢患者交感神经活动增强,β 受体阻断药通过阻断肾上腺素能神经突触前膜 $β_2$ 受体,抑制正反馈调节作用,使去甲肾上腺素释放减少,拮抗儿茶酚胺,从而控制甲亢患者心动过速、多汗、手震颤、焦虑等症状。临床主要用于甲亢辅助治疗和甲状腺危象。由于不干扰硫脲类对甲状腺的作用且作用迅速,可与硫脲类合用。适用于不宜用其他抗甲状腺药、不宜手术及放射性碘治疗的甲亢患者。

第三节　甲状腺激素和抗甲状腺药合理应用

1. 甲状腺激素合理应用

(1)治疗甲减应从小剂量开始,症状好转后改用维持量,并根据症状随时调整剂量。用于黏液性水肿应从小剂量开始,逐渐增至足量,2~3 周后如基础代谢率恢复正常,可逐渐减为维持量。老年及心血管疾病患者增量宜缓慢,以防过量诱发或加重心脏病变。

(2)甲亢患者服用抗甲状腺药期间,为减轻突眼、甲状腺肿以及防止甲减,应加服 T_4。

(3)甲状腺癌术后应用 T_4,可抑制残余甲状腺癌变组织,减少复发,剂量应较大。

2. 丙硫氧嘧啶合理应用

(1)在治疗初期几周,如血常规提示粒细胞缺乏,出现发热、手震颤、疲倦、扁桃体痛、口腔黏膜炎症等,应立即停药。

(2)治疗数周或数月后出现的不良反应症状一般可自行减退。对有甲状腺肿和支气管收缩的患者,应短期用药,因长期应用可导致甲状腺增生。

(3)妊娠早期甲亢者可用丙硫氧嘧啶治疗,哺乳期用药则须在服药后 4~6h 再哺乳。

3. 甲巯咪唑合理应用

(1)在治疗初期 3 个月,每周做一次血常规检查。维持治疗期间,每个月做一次血常规检查。提醒患者如出现口腔炎、咽炎、发热等症状时立即就诊。粒细胞减少者应慎用。

(2)在治疗初期 3 个月,每个月做一次肝功能检查。提醒患者如出现厌食、恶心、上腹部疼痛、尿黄、皮肤或巩膜黄染等症状时立即就诊。肝功能受损者的甲巯咪唑血浆清除率下降,给药剂量应减少并严密监测肝功能。

（3）在一些特殊适应证中,如严重的疾病、甲状腺危象,需要使用大剂量甲巯咪唑。如发生骨髓抑制,应立即停药。如果有必要,可改用其他类型的抗甲状腺药。

（4）对肾功能受损的患者,应小心地对剂量进行个体化调整。

（5）甲巯咪唑可通过胎盘屏障,胎儿血液中的药物浓度与母亲相同,可导致胎儿出现甲状腺肿和甲状腺功能减退,降低胎儿出生体重。因此,妊娠早期慎用,妊娠中晚期可用。

（李春英）

思考题

1. 抗甲状腺药分哪几类? 各自的代表药物是什么?
2. 简述硫脲类的作用机制及临床应用。

任务 4 ｜ 性激素类药物及避孕药

学习目标

1. 掌握性激素类药物及避孕药的分类、代表药物、药理作用、临床应用、不良反应和注意事项。
2. 熟悉性激素类药物及避孕药的作用特点。
3. 了解性激素类药物及避孕药的作用机制。
4. 能根据患者特点合理选用性激素类药物及避孕药，正确使用药物，及时处置不良反应。
5. 具备与患者及其家属进行有效沟通、开展用药咨询服务、指导患者合理用药的职业素养，关心、爱护患者。

性激素（sex hormones）是性腺分泌的类固醇激素，包括雌激素、孕激素和雄激素三类。临床应用的性激素类药物主要是人工合成品及其衍生物。常用的避孕药大多数为雌激素和孕激素的复合制剂。

性激素的产生和分泌受下丘脑-腺垂体的调节。下丘脑分泌促性腺激素释放激素（gonadotropin-releasing hormone，GnRH），促进腺垂体分泌促卵泡激素（follicle stimulating hormone，FSH）和黄体生成素（luteinizing hormone，LH）。对于女性，FSH 促进卵泡的发育和成熟，在 FSH 和 LH 共同作用下，成熟的卵泡分泌雌激素和孕激素。对于男性，FSH 可促进睾丸中精子的生成，LH 可促进睾丸间质细胞分泌雄激素。

性激素对腺垂体的分泌具有正反馈和负反馈两方面的调节作用，这取决于药物剂量和机体性周期。在排卵前，雌激素水平较高，可直接或通过下丘脑促进腺垂体分泌 LH，引起排卵（正反馈）。在月经周期的黄体期，由于血中雌激素、孕激素水平都较高，从而减少 GnRH 的分泌，抑制排卵（负反馈）。常用的甾体避孕药就是根据负反馈机制设计的。雄激素也可通过负反馈抑制促性腺激素释放。

临床情景

患者，女性，23 岁。因月经周期紊乱、出血 10 天就诊。自述 12 岁初潮后月经一直不规律，周期 1~2 个月不等，持续 4~6 天，经量正常，上次月经结束后仅半个月又出现月经来潮，连续出血 10 天结束。查体：血压 115/80mmHg，阴道见少量血性分泌物。血常规大致正常。

诊断：功能失调性子宫出血。

处方：炔雌醇环丙孕酮片，每次 1 片，每日 1 次，口服。月经第 1 天开始，连服 21 天，然后停药 7 天，从停药第 8 天开始服用下一盒药。

学习任务

课前：炔雌醇环丙孕酮片属于哪类药物？其成分有哪些？

课中：炔雌醇环丙孕酮片的药理作用、临床应用和不良反应是什么？如何对该患者进行用药指导？

课后：何为人工周期？对该患者还可应用哪些药物？

第一节　雌激素类药物及抗雌激素类药

一、雌激素类药物

天然雌激素（estrogen）主要是雌二醇（estradiol，E$_2$）、雌酮（estrone）、雌三醇（estriol）。临床上常用的雌激素类药物多是以雌二醇为母体人工合成的高效衍生物，主要有炔雌醇（ethinylestradiol）、炔雌醚（quinestrol）、戊酸雌二醇（estradiol valerate）、结合雌激素（conjugated estrogens）等，以及具有雌激素样作用的非甾体类药物，如己烯雌酚（diethylstilbestrol）等。

【药理作用】

1. 促进女性性成熟　雌激素可促进女性第二性征、性器官发育和成熟，维持女性第二性征。

2. 促进子宫内膜增殖　雌激素可促使子宫肌层和子宫内膜增殖变厚，其引起的子宫内膜异常增殖可导致子宫出血；雌激素和孕激素共同调节月经周期的形成；增加子宫平滑肌对缩宫素的敏感性；刺激阴道上皮增生，促使浅表层细胞发生角化。

3. 影响排卵　小剂量雌激素可促进促性腺激素分泌，促进排卵；较大剂量雌激素可通过负反馈调节机制减少 GnRH 的分泌而抑制排卵。

4. 影响乳腺发育和分泌　小剂量雌激素能刺激乳腺导管及腺泡的生长发育，促进泌乳；较大剂量则抑制催乳素的作用，减少乳汁分泌。

5. 影响代谢　雌激素可导致水钠潴留，使血压升高；增加骨骼钙盐沉积，加速骨骺闭合；大剂量可促进胆固醇的降解与排泄，降低血清胆固醇，升高甘油三酯和磷脂，降低糖耐量。

6. 其他作用　雌激素还可促进凝血，有抗雄激素作用。

【临床应用】

1. 围绝经期综合征　女性围绝经期由于卵巢功能降低，雌激素分泌减少，而促性腺激素分泌增多，出现内分泌失调所致的一系列症状称为围绝经期综合征。雌激素可抑制垂体促性腺激素分泌而减轻围绝经期综合征症状。对绝经期和老年性骨质疏松症，适量补充雌激素可减少骨质丢失，预防骨折发生。局部用药可缓解雌激素缺乏引起的老年性阴道炎及女阴干枯症等。

2. 卵巢功能不全和闭经　雌激素用于原发性或继发性卵巢功能不全的替代治疗，可促进外生殖器、子宫及第二性征的发育。与孕激素类合用，可产生人工月经周期。

3. 功能失调性子宫出血　雌激素能促进子宫内膜增生，修复出血创面而止血。

4. 乳房胀痛及回乳　部分妇女停止授乳后由于乳汁继续分泌而引起乳房胀痛，大剂量雌激素可干扰催乳素的作用，抑制乳汁分泌。

5. 绝经后晚期乳腺癌　雌激素可缓解绝经后晚期乳腺癌不宜手术患者的症状。但因雌激素可能促进肿瘤的生长，故绝经前的乳腺癌患者禁用。

6. 前列腺癌　大剂量雌激素可明显抑制垂体促性腺激素分泌，使睾丸萎缩，雄激素分泌减少，也有抗雄激素的作用，可用于治疗前列腺癌。

7. 痤疮　青春期痤疮是由于雄激素分泌过多所致，可用雌激素治疗。

8. 避孕　雌激素与孕激素合用可避孕。

【不良反应】

雌激素常见的不良反应有厌食、恶心、呕吐及头晕等。减少剂量或从小剂量开始逐渐增加剂量可减轻症状。长期大量应用可使子宫内膜过度增生,引起子宫出血,增加子宫内膜癌的发病风险;大剂量可引起水、钠潴留而导致水肿、高血压。

二、抗雌激素类药

抗雌激素类药能与雌激素受体结合,竞争性拮抗雌激素的作用。常用药物有氯米芬、他莫昔芬和雷洛昔芬等。

氯米芬(clomifene)是雌激素受体拮抗药,有较弱的雌激素活性和中等程度的抗雌激素作用,能促进促性腺激素释放,诱发排卵,这与其竞争雌激素受体、阻断雌激素的负反馈作用有关。用于治疗不孕、功能失调性子宫出血、月经不调、乳腺癌晚期及长期应用避孕药后发生的闭经等。大剂量长期应用可引起卵巢增大,一般停药后能自行恢复。卵巢囊肿患者禁用。

他莫昔芬(tamoxifen)是雌激素受体部分激动药,能与乳腺癌细胞的雌激素受体结合,抑制依赖雌激素才能持续生长的肿瘤细胞,用于治疗绝经后晚期乳腺癌。

雷洛昔芬(raloxifene)是选择性雌激素受体调节药,对乳腺和子宫内膜上的雌激素受体没有作用,但能特异性作用于骨组织的雌激素受体,用于治疗骨质疏松症。

第二节　孕激素类药物及抗孕激素类药

一、孕激素类药物

天然孕激素(progestogen)主要是指由卵巢黄体分泌的黄体酮(progesterone),药用多为人工合成品或其衍生物。由黄体酮衍生而来的药物有甲羟孕酮(medroxyprogesterone)、甲地孕酮(megestrol)、氯地孕酮(chlormadinone)等;由睾酮衍生而来的药物有炔诺酮(norethisterone)、炔诺孕酮(norgestrel)等。

【药理作用】

1. 对生殖系统的作用　月经后期在雌激素作用的基础上,黄体酮可促进子宫内膜由增殖期转为分泌期,有利于受精卵着床和胚胎发育。妊娠期能降低子宫对缩宫素的敏感性,抑制子宫收缩,使胎儿安全发育而起到保胎作用。大剂量能抑制腺垂体 LH 的分泌,抑制排卵而起到避孕作用。促使乳腺腺泡发育,为哺乳做准备。

2. 对代谢的影响　黄体酮竞争性对抗醛固酮的作用,促进 Na^+、Cl^- 排出而利尿。促进蛋白质分解,增加尿素氮的排泄。增加血中低密度脂蛋白,对高密度脂蛋白无或仅有轻微影响。此外,黄体酮是肝药酶诱导剂,可促进药物代谢。

3. 对体温的影响　黄体酮可轻度升高体温。月经周期中期排卵时体温较平时高约 0.5℃。

【临床应用】

1. 功能失调性子宫出血　黄体功能不足可引起子宫内膜不规则的成熟与脱落,导致子宫持续性的出血,应用孕激素类药物可使子宫内膜同步转为分泌期,停药后 3~5 日发生撤退性出血。

2. 痛经和子宫内膜异位症　孕激素类药物通过抑制排卵和抑制子宫痉挛性收缩,可治疗痛经,常用雌激素、孕激素复合避孕药。长周期大剂量可使异位的子宫内膜萎缩退化,治疗子宫内膜异位症。

3. 子宫内膜腺癌　大剂量孕激素类药物可使子宫内膜瘤体萎缩,部分患者病情缓解,症状改善。

4. 前列腺增生和前列腺癌　大剂量孕激素类药物可减少睾酮分泌,促使前列腺细胞萎缩退化。

5. 先兆流产和习惯性流产　对黄体功能不足所致的流产,可用大剂量孕激素类药物治疗,但疗效尚不确切。

6. 避孕　单独或与雌激素联合用于避孕。

【不良反应】

孕激素类药物常见不良反应为子宫出血、经量的改变甚至停经。偶见恶心、呕吐、头痛、乳房胀痛、腹胀等。还可出现性欲改变、多毛或脱发、痤疮。

二、抗孕激素类药

抗孕激素类药可干扰黄体酮的合成和代谢,主要有米非司酮(mifepristone)、曲洛司坦(trilostane)等。

米非司酮(mifepristone)是孕激素受体阻断药,同时具有抗皮质激素活性,还具有较弱的雄激素样活性。可对抗黄体酮对子宫内膜的作用,具有明显的抗着床作用,可单独用于房事后避孕。具有抗早孕作用,用于终止早期妊娠。可引起子宫出血延长,但一般无需特殊处理。

第三节　雄激素类药物及抗雄激素类药

一、雄激素类药物

天然雄激素(androgen)主要是睾酮(testosterone),临床多用人工合成的睾酮衍生物,如甲睾酮(methyltestosterone)、丙酸睾酮(testosterone propionate)等。睾酮不仅有雄激素活性,还有促进蛋白质合成作用,即同化作用。某些人工合成的睾酮衍生物雄激素活性明显减弱但同化作用保留或增强,称同化激素,如苯丙酸诺龙(nandrolone phenylpropionate)、司坦唑醇(stanozolol)等。

【药理作用】

1. 生殖系统作用　睾酮可促进男性生殖器官发育和成熟,促进男性第二性征形成,促进精子生成及成熟。大剂量反馈性抑制腺垂体分泌促性腺激素。对女性可减少雌激素分泌,有抗雌激素作用。

2. 同化作用　睾酮能明显促进蛋白质合成(同化作用),减少蛋白质分解(异化作用),形成正氮平衡,使肌肉增长、体重增加。减少尿氮排泄,同时有水、钠、钙、磷潴留。

3. 提高骨髓造血功能　骨髓造血功能低下时,大剂量睾酮能促进肾脏分泌红细胞生成素,也可直接刺激骨髓造血。

4. 免疫增强作用　睾酮可促进免疫球蛋白合成,增强机体免疫功能和巨噬细胞的吞噬功能,具有一定的抗感染能力,并且具有糖皮质激素样抗炎作用。

【临床应用】

1. 替代疗法　雄激素类药物用于无睾症(两侧睾丸先天或后天缺损)或类无睾症(睾丸功能不足)、男性性功能低下的替代治疗。

2. 围绝经期综合征和功能失调性子宫出血　雄激素类药物通过对抗雌激素作用,使子宫血管收缩,子宫内膜萎缩,对围绝经期综合征更为适用。

3. 乳腺癌和卵巢癌晚期　雄激素类药物对乳腺癌和卵巢癌晚期有缓解作用。丙酸睾酮可抑制子宫肌瘤的生长。

4. 纠正贫血　雄激素类药物可改善再生障碍性贫血患者的骨髓造血功能,丙酸睾酮也可用于其他贫血的治疗。

5. 增强体质　小剂量雄激素类药物可用于各种消耗性疾病、骨质疏松、肌肉萎缩、生长延缓、长期卧床、损伤、放疗等,使患者食欲增加,加快体质恢复。

【不良反应和注意事项】

女性患者长期应用雄激素类药物可出现多毛、痤疮、声音变粗、闭经等男性化改变,应停止用药。男性患者可发生性欲亢进,也可出现女性化改变。部分药物可干扰肝内毛细胆管的排泄功能,引起胆汁淤积性黄疸。妊娠期妇女及前列腺癌患者禁用。肾炎、肾病综合征、肝功能不全、高血压及心力衰竭患者慎用。

二、抗雄激素类药

抗雄激素药是指能对抗雄激素生理效应的药物。

环丙孕酮(cyproterone)具有较强的孕激素样作用,还可阻断雄激素受体。可用于抑制男性严重性功能亢进;治疗其他药物无效或无法耐受的前列腺癌;与雌激素合用治疗女性严重痤疮和特发性多毛症;与炔雌醇组成复方制剂用于避孕。由于本药抑制性功能和性发育,禁用于未成年人。

非那雄胺(finasteride)可抑制睾酮转化为二氢睾酮,从而抑制前列腺增生。

第四节　促性腺激素类药物

促性腺激素类药物多从妊娠期和绝经期妇女尿液中提取,具有促进卵泡生成、成熟和排卵作用,同时也能促进和维持黄体的功能。常用药物有绒促性素(chorionic gonadotropin)、尿促性素(menotropins)等。用于治疗不孕、功能失调性子宫出血、流产、隐睾症和男性性腺功能减退症等。

戈那瑞林(gonadorelin)是人工合成的促性腺激素释放激素,可促进女性的雌激素分泌,有助于卵泡发育和成熟;促进男性的雄激素分泌,有助于精子的生成。用于鉴别诊断男性或女性由于下丘脑或垂体功能低下所致不育,治疗性腺萎缩性的性腺功能不足、闭经、垂体肿瘤、垂体的器官损伤和事实上的下丘脑功能障碍等。

第五节　避 孕 药

避孕药是指阻碍受孕、防止妊娠或能终止妊娠的一类药物。现有的避孕药大多为女性避孕药,男性避孕药较少。

一、女性避孕药

常用的女性避孕药包括:①主要抑制排卵的药物,由孕激素和雌激素类药物配伍制成,按规定服药避孕效果可达99%以上,停药后生育能力很快恢复。②干扰孕卵着床的药物,又称探亲避孕药,如甲地孕酮、炔诺孕酮等,可作为避孕的应急措施临时服用。③外用避孕药,具有较强的杀精作用,如壬苯醇醚(nonoxinol)、孟苯醇醚(menfegol)等,可制成胶浆、栓剂等剂型,副作用轻,全身反应少。

【药理作用和临床应用】

1. **抑制排卵**　外源性雌激素和孕激素通过负反馈机制抑制下丘脑促性腺激素释放激素释放,减少促卵泡激素和黄体生成素分泌,两者协同作用可显著抑制排卵。

2. **抗着床**　大量孕激素可干扰子宫内膜正常发育,不利于受精卵着床。

3. **增加宫颈黏液的黏稠度**　不利于精子进入宫腔,影响卵子受精。

4. **其他作用**　避孕药还可影响子宫和输卵管平滑肌的正常活动,使受精卵不能及时被输送至子宫内着床。还可抑制黄体内激素的生物合成等。

【不良反应和注意事项】

避孕药可有头晕、恶心、挑食及乳房胀痛等类早孕反应,坚持用药 2~3 个月后症状减轻或消失;少数用药者发生子宫不规则出血时,可加服炔雌醇;如连续闭经 2 个月,应停药。可诱发血栓性静脉炎、肺栓塞或脑栓塞等疾病。个别用药者可有血压升高。哺乳期妇女用药可使乳汁减少。有乳房肿块及宫颈癌患者禁用。

二、男性避孕药

棉酚(gossypol)是从棉花的根、茎、种子中提取的一种黄色酚类物质,可破坏睾丸生精小管的生精上皮细胞,抑制生精过程,使精子数量逐渐减少,直至没有精子。停药后生精能力可逐渐恢复。不良反应有胃肠道刺激症状、心悸、肝功能改变等。少数服药者可出现低血钾。

(王 梅)

思考题

1. 简述雌激素和孕激素对月经周期的影响以及对促性腺激素分泌的影响。
2. 如何使用雌激素和孕激素治疗功能失调性子宫出血?

任务 5 | 抗骨质疏松药

学习目标

1.掌握抗骨质疏松药的分类、代表药物、作用机制、临床应用、不良反应和注意事项。
2.熟悉抗骨质疏松药的作用特点。
3.了解抗骨质疏松药的合理应用。
4.能根据骨质疏松临床表现等合理选择药物,正确用药,及时处置不良反应。
5.具备与患者及其家属进行有效沟通、开展用药咨询服务、指导合理用药的职业素养,关心、爱护患者。

骨质疏松症(osteoporosis)是一种以骨量降低、骨组织微结构破坏、骨的力学功能减弱、骨脆性增加为特征,易发生骨折的全身性代谢性疾病。骨质疏松症发病缓慢,病程较长,常见于绝经后的妇女、老年人。疼痛、脊柱变形和发生脆性骨折是骨质疏松症最典型的临床表现。但部分骨质疏松症患者早期常无明显的自觉症状。缓解疼痛、延缓骨量丢失、提高骨密度、预防骨折是治疗骨质疏松症的基本原则。药物治疗主要是对症治疗,需要长期用药。

临床情景

患者,女性,62 岁。间断腰背痛 5 年,无骨折史,无糖皮质激素用药史,55 岁绝经,骨密度测量示腰椎骨密度降低。

诊断:骨质疏松症。

处方:

1.阿仑膦酸钠片,每次 70mg,每周 1 次,口服。
2.骨化三醇胶囊,每次 0.25μg,每日 1 次,口服。
3.碳酸钙片,每次 0.5g,每日 1 次,口服。

学习任务

课前:该患者为什么会出现骨质疏松症? 对该患者使用了哪些药物?

课中:阿仑膦酸钠属于哪类药物? 其药理作用、临床应用、不良反应有哪些? 骨化三醇、碳酸钙属于哪类药物? 其药理作用、临床应用、不良反应有哪些?

课后:如何对该患者进行用药指导? 对该患者还可应用哪些药物?

第一节 骨吸收抑制药

双膦酸盐类

双膦酸盐类能特异性结合到骨重建活跃的骨表面,抑制破骨细胞功能,从而抑制骨吸收,减少骨质流失,具有预防和治疗骨质疏松的作用,用于原发性骨质疏松症、继发性骨质疏松症(如糖皮质激素引起的骨质疏松)以及骨质疏松性骨折的预防和治疗。第一代药物有依替膦酸二钠,药物活性和结合力相对较弱,用药后有抑制骨钙化、干扰骨形成、导致骨软化或诱发骨折的可能,且胃肠道不良反应大。第二代药物有帕米膦酸二钠、阿仑膦酸钠,药物活性和结合力比第一代增加10~100倍,对骨的钙化干扰小,选择性强。第三代药物有利塞膦酸钠(risedronate sodium)、唑来膦酸(zoledronic acid)、伊班膦酸钠(ibandronate sodium)等,作用强、用量小、使用方便,临床适应证更加广泛(表6-5-1)。

表 6-5-1   第三代双膦酸盐类药物

药物名称	临床应用	用法
利塞膦酸钠	用于不能耐受阿仑膦酸钠治疗的患者	口服
伊班膦酸钠	用于预防或治疗绝经后妇女骨质疏松症;也用于治疗恶性肿瘤溶骨性骨转移引起的骨痛和伴有或不伴有骨转移的恶性肿瘤引起的高钙血症	静脉滴注,2mg,每3个月一次
唑来膦酸	用于治疗绝经后妇女骨质疏松症或变形性骨炎(骨佩吉特病),可降低绝经后骨质疏松症的髋部、脊椎和非脊椎在内的关键部位骨折的风险	静脉滴注,5mg,每年一次

阿仑膦酸钠

阿仑膦酸钠(alendronate sodium)能抑制破骨细胞活性,并通过对成骨细胞的作用间接起抑制骨吸收作用。抗骨吸收活性强,无骨矿化抑制作用。能够增加骨质疏松症患者的腰椎和髋部骨密度,降低发生椎体及髋部等部位骨折的风险。适用于治疗绝经后妇女骨质疏松症,预防髋部和脊柱骨折(椎骨压缩性骨折)。也适用于治疗男性骨质疏松症。耐受性良好,少数患者可见胃肠道反应,如腹痛、腹泻、恶心、便秘、消化不良,可致食管溃疡,偶有头痛、骨骼肌疼痛、血钙降低、短暂白细胞计数升高、尿红细胞等,罕见皮疹或红斑。有颌骨坏死、股骨的非典型骨折、诱发食管癌和慢性肾功能不全的风险。

降 钙 素

降钙素(calcitonin)是甲状腺滤泡旁细胞分泌的一种多肽类激素,能迅速抑制破骨细胞,明显降低血钙浓度,适应骨骼发育的需要,对骨代谢疾病引起的骨痛效果显著。主要用于治疗老年性骨质疏松症、恶性肿瘤骨转移后的骨溶解、变形性骨炎等。主要不良反应有胃肠道反应,偶见过敏现象。有潜在的增加肿瘤风险的可能,疗程限制在3个月内。

雌激素类药物

雌激素缺乏是绝经后妇女骨质疏松症的首要病因,故补充雌激素的替代治疗长期被认为是预防女性骨质疏松症的有效措施之一。由于单用雌激素替代会引起不规律阴道出血,增加子宫内膜癌和乳腺癌的发病率,故目前倾向于雌激素、孕激素联合治疗。但长期应用存在增加肿瘤的发病风险,也能增加心脑血管病变和深静脉血栓的发病风险,不能作为一线治疗方案,必须根据获益与风险比来衡量是否采用。主要适用于骨折风险高的相对较年轻的绝经后妇女。常用的雌激素有天然雌激素雌二醇、戊酸雌二醇等以及我国人工合成的雌激素尼尔雌醇(nilestriol)。雌激素、孕激素联合制剂有替勃龙(tibolone)等。

雷洛昔芬

雷洛昔芬(raloxifene)是选择性雌激素受体调节药。与雌激素相比,可明显减少乳腺癌和子宫内膜癌的发病风险,且能降低血清胆固醇,对心血管也有保护作用。用于预防和治疗绝经后骨质疏松症。不良反应有消化道反应、头痛、静脉血栓形成。

依普黄酮

依普黄酮(ipriflavone)是异黄酮衍生物,能促进骨形成,同时抑制骨吸收。具有增敏雌激素抗骨质疏松作用的特点,无生殖系统影响。对卵巢切除和化疗患者,可以明显增加骨密度。主要用于绝经后妇女和老年性骨质疏松症,对骨质疏松引起的腰背痛有效。

第二节　骨形成促进药

氟 化 物

氟化物(fluoride)对骨有高度亲和性,可取代羟基磷灰石形成氟磷灰石,而氟磷灰石不易被破骨细胞溶解吸收,从而增加骨强度。氟制剂用于骨质疏松症的治疗,应注意同时补钙,必要时加服维生素 D_3。不良反应主要有胃肠道反应。肾功能不全者慎用。

甲状旁腺激素

甲状旁腺激素(parathyroid hormone,PTH)是由甲状旁腺合成和分泌的钙调节激素,可在 cAMP 介导下发挥升高血钙、降低血磷,促进骨转换的作用。特立帕肽(teriparatide)为重组人 PTH 1-34 片段,能显著增加腰椎骨密度,显著降低有脊椎骨折史的绝经后妇女再发生脊柱和非脊柱骨折的危险。持续应用促骨形成作用减弱,停药后必须加用抗骨吸收药物。治疗作用受其他抗骨质疏松药的影响,与双膦酸盐类合用的疗效较单独应用 PTH 疗效差。特立帕肽可增加骨肉瘤的发病风险。出于安全考虑,PTH 制剂的应用期限为 2 年,停药后应加用其他抗骨质疏松药。

第三节　骨矿化促进药

钙剂与维生素 D(vitamin D)是用于骨质疏松症的基本补充剂。Ca^{2+} 是维持骨代谢平衡和骨矿化过程的必需物质。对绝经后和老年性骨质疏松患者,适量的钙补充可有效减缓骨丢失,改善骨矿化。钙剂单独使用可以有效降低绝经期女性骨折的风险,与维生素 D 联合应用效果更佳。常用的钙剂有碳酸钙(calcium carbonate)、磷酸钙(calcium phosphate)、枸橼酸钙(calcium citrate)、乳酸钙(calcium lactate)、葡萄糖酸钙(calcium gluconate)等。主要不良反应是引起便秘、结石,影响铁的吸收,过量可引起高钙血症。

维生素 D 包括:①天然维生素 D,即维生素 D_2 和维生素 D_3;②活性维生素 D,常用骨化三醇(calcitriol)和阿法骨化醇(alfacalcidol)。天然维生素 D 无生理活性,须经肝 25-羟化酶催化转为 $25\text{-}(OH)D_3$,再经肾 1α-羟化酶催化生成具有活性的 $1,25\text{-}(OH)_2D_3$,即骨化三醇。维生素 D 可促进机体对钙的吸收,促进骨细胞分化而增加骨量,用于绝经后和老年性骨质疏松症。可单独服用,也可以与碳酸钙、枸橼酸钙、葡萄糖酸钙、乳酸钙等钙剂联合服用。也用于佝偻病、骨软化的治疗。天然维生素 D 的主要不良反应有食欲减退、恶心、呕吐、腹痛等消化道反应,活性维生素 D 过量或合用钙剂时易出现高钙血症、高钙尿症及肾结石,应定期检测血钙和尿钙。

第四节　其他抗骨质疏松药

雷奈酸锶

雷奈酸锶(strontium ranelate)是合成锶盐,可同时作用于成骨细胞和破骨细胞,具有抑制骨吸收和促进骨形成的双重作用。用于治疗骨折高危的绝经后女性的严重骨质疏松症以及骨折风险增高的男性严重骨质疏松症。常见的不良反应是胃肠道反应,一般发生在治疗开始时。有潜在致血栓风险,可能导致静脉血栓栓塞、心肌梗死。

维生素 K

维生素 K 是谷氨酸 γ-羧化酶的辅酶,参与骨钙素中谷氨酸的 γ-位羧基化,促进骨矿盐沉积。

维生素 K_1 与维生素 K_2 均能促进骨骼矿化,但维生素 K_2 的作用更强。维生素 K_2 亦能调节成骨细胞和细胞外基质相关基因的转录,从而促进胶原合成,而胶原纤维的数量和质量会影响骨强度。

第五节　抗骨质疏松药合理应用

抗骨质疏松药治疗成功的标志是骨密度保持稳定或增加,而且没有新发骨折或骨折进展。对于正在使用抑制骨吸收药物的患者,治疗的目标是骨转换指标值维持在或低于绝经前妇女水平。抗骨质疏松药应用时要注意以下原则:

1. 用药个体化和用药疗程　抗骨质疏松药用药应个体化、长期化,所有治疗应至少坚持 1 年,在治疗前和停药前均应全面评估患者发生骨质疏松性骨折的风险。除双膦酸盐类外,其他抗骨质疏松药一旦停止应用,疗效会快速下降;双膦酸盐类停用后,其抗骨质疏松性骨折的作用可能会保持数年。建议双膦酸盐类治疗 3~5 年后须考虑药物假期。特立帕肽疗程不应超过 2 年。

2. 骨折后抗骨质疏松药的应用　骨质疏松性骨折后应积极给予抗骨质疏松药治疗,包括骨吸收抑制药或骨形成促进药等。

3. 抗骨质疏松药联合用药和序贯治疗　联合用药以钙剂及维生素 D 作为基础治疗药物,可以与骨吸收抑制药或骨形成促进药联合使用。一般不建议联合应用相同作用机制的药物。某些骨吸收抑制药治疗失效、疗程过长或存在不良反应时应考虑抗骨质疏松药序贯治疗。骨形成促进药(甲状旁腺激素类似物)的推荐疗程仅为 18~24 个月,停药后应序贯使用骨吸收抑制药,以维持骨形成促进药所取得的疗效。

知识拓展

骨质疏松症的预防

强健骨骼应从健康生活开始,加强营养,均衡饮食,戒烟限酒,避免过量饮用咖啡和碳酸饮料。

1. 饮食调整　多吃富含钙和蛋白质的食物,补充骨骼所需的多种营养物质,预防骨质疏松症的发生。

2. 加强运动　适当增加运动锻炼,如跑步、爬山、爬楼梯等可以锻炼骨骼,增强关节和肌肉力量,增强体质,改善平衡能力。

3. 药物预防　骨质疏松症大多发生于中老年人,这类人群可以在平时遵医嘱服用补钙类药物如钙剂和维生素 D 等。补充钙等物质有助于骨骼生长,预防骨质疏松症。

(王　梅)

思考题

1. 简述抗骨质疏松药的分类及常用代表药物。
2. 抗骨质疏松药的应用原则有哪些?

任务 6 | 抗痛风药

学习目标

1. 掌握抗痛风药的分类、代表药、药理作用、临床应用、不良反应和注意事项。
2. 熟悉抗痛风药的作用特点。
3. 了解痛风病合理用药。
4. 能根据临床表现等合理选择抗痛风药，正确用药，及时处置不良反应的发生。
5. 具备与患者及其家属进行有效沟通、开展用药咨询服务、指导患者合理用药的职业素养，关心、爱护患者。

痛风（gout）是长期嘌呤代谢障碍、血尿酸增高引起组织损伤而导致的一组临床综合征。表现为高尿酸血症（hyperuricemia）、急性关节炎反复发作、痛风石形成、慢性关节炎、关节畸形、痛风性肾病及尿酸性尿路结石等。血尿酸升高是痛风发展的最重要危险因素。抗痛风药按药理作用分为：①抑制尿酸合成的药物，有别嘌醇等；②促进尿酸排泄的药物，有丙磺舒、苯溴马隆等；③抑制白细胞游走进入关节的药物，有秋水仙碱等；④一般的解热镇痛抗炎药，如布洛芬等。

临床情景

患者，男性，41 岁。5 年前感冒后出现肉眼血尿、双下肢水肿、尿中泡沫增多等，肾穿刺病理检查诊断为 IgA 肾病Ⅱ级。一直使用中成药治疗，病情较稳定。1 个月前患者发现双足第一跖趾关节红肿、疼痛，涂抹各种"软膏"效果不佳。查体：体温 37.5℃，血压 120/80mmHg；心肺听诊无异常，腹部无压痛及反跳痛，双下肢无水肿，双足第一跖趾关节红肿，有压痛，未见尿酸结节。血常规正常，尿 pH 6.8，尿蛋白（+），血肌酐 108μmol/L，血尿酸 525μmol/L，其他无异常。心电图正常，双肾超声检查未发现明显异常。

诊断：高尿酸血症，痛风；IgA 肾病。

处方：

1. 苯溴马隆片，每次 50mg，每日 1 次，口服。
2. 秋水仙碱片，每次 1mg，每日 2 次，口服。
3. 碳酸氢钠片，每次 1.0g，每日 3 次，口服。

学习任务

课前：该患者有哪些既往史？现在的主要症状是什么？对该患者使用了哪些药物？

课中：苯溴马隆属于哪类药物？其药理作用、临床应用、不良反应有哪些？秋水仙碱属于哪类药物？其药理作用、临床应用、不良反应有哪些？对该患者选用丙磺舒和别嘌醇是否合理？

课后：对痛风患者可以选用哪些药物？对该患者选用哪种药物更合适？

第一节　常用抗痛风药

别　嘌　醇

别嘌醇（allopurinol）又名别嘌呤醇，为次黄嘌呤的异构体。

【体内过程】

别嘌醇口服易吸收，0.5~1h 达血药浓度峰值，$t_{1/2}$ 为 2~3h，经肝代谢，约 70% 经肝脏代谢为有活性的别黄嘌呤氧嘌呤醇，$t_{1/2}$ 为 18~30h，口服 24h 后血尿酸浓度开始下降，2~4 周时下降最明显。主要以代谢物和少量原形经肾排泄。

【药理作用和临床应用】

别嘌醇可抑制黄嘌呤氧化酶，使次黄嘌呤及黄嘌呤不能转化为尿酸，使尿酸合成减少，进而降低血中尿酸浓度，并能使组织中的尿酸结晶重新溶解，缓解痛风症状。痛风急性期禁用，因其不仅无抗炎、镇痛作用，而且会使组织中的尿酸结晶减少和血尿酸下降过快，促使关节内痛风石表面溶解，形成不溶性结晶而加重炎症反应，引起痛风性关节炎急性发作。临床主要用于治疗高尿酸血症、慢性痛风、痛风性肾病。应用初期可发生尿酸转移性痛风发作，应在初始 4~8 周内与小剂量秋水仙碱联合服用。

【不良反应和注意事项】

个别患者可出现皮疹、腹痛、腹泻、低热、暂时性转氨酶升高，停药或者给予相应的治疗可恢复。可引起过敏性肝坏死、肝肉芽肿形成伴胆囊炎、胆管周围炎、剥脱性皮炎等，常见于用药 3~4 周后。也可致血液系统异常和骨髓抑制。用药期间要注意观察，以便及时处理。服药期间应多饮水，并使尿液呈中性或碱性，以利于尿酸排泄。肾功能不全者可致药物体内蓄积。肝功能不全者、老年人慎用。

【药物相互作用】

别嘌醇可致硫唑嘌呤、巯嘌呤代谢减慢，同用时应减少后两者的用量。与氯化钙、维生素 C、磷酸钾（钠）同用时可增加肾脏黄嘌呤结石形成风险。与环磷酰胺同用时可致骨髓抑制作用增强。与氨苄西林同用时可增加皮疹的发生率。

丙　磺　舒

丙磺舒（probenecid）最初因其能减缓青霉素在尿液中的流失而被合成并使用。

【体内过程】

丙磺舒口服吸收迅速而完全，2~4h 达血药浓度峰值，大部分药物经肾近曲小管中段分泌入原尿，少量游离型药物经肾小球滤过。因脂溶性大，易被重吸收。$t_{1/2}$ 随用药剂量不同而改变，口服 0.5g 为 3~8h，口服 2g 为 6~12h，部分在肝内代谢为羧基化代谢物及羟基化合物，两者也具有促进尿酸排泄的药理活性。

【药理作用】

丙磺舒通过竞争性抑制肾小管对尿酸的重吸收而增加尿酸的排泄，降低血中尿酸浓度，缓解和防止尿酸盐结晶的形成，减轻对关节的损伤；也可促进已形成的尿酸盐的溶解。

【临床应用】

丙磺舒主要用于慢性痛风的治疗。因无抗炎和镇痛作用，不适于急性痛风的治疗，急性痛风期禁用。

【不良反应和注意事项】

少数患者可见恶心、呕吐、皮疹、发热，偶见白细胞减少、肾病综合征、骨髓抑制及肝坏死等。用药初期，由于尿酸盐从关节移出，可使痛风发作加重。为防止尿酸盐在泌尿道沉积形成结石，用药期间应多饮水，每天不低于 2 500ml，并加服碳酸氢钠维持尿液呈微碱性，保证尿液 pH ≥ 6.5，以减少尿酸结晶和结石及肾内尿酸沉积的风险,促进尿酸排泄。对磺胺类药物过敏、肾功能不全、消化性溃疡、痛风发作急性期、2岁以下儿童等禁用。

【药物相互作用】

丙磺舒与别嘌醇、阿司匹林、吲哚美辛、萘普生、氢氯噻嗪、布美他尼、青霉素、头孢菌素类、甲氨蝶呤、口服降血糖药等同服,因丙磺舒可抑制肾小管排泄,可使以上药物的作用增强或毒性增加。

苯溴马隆

苯溴马隆(benzbromarone)口服易吸收,服药24h血中尿酸浓度为服药前的66.5%,在肝内去溴离子后随胆汁排出。为强力促尿酸排泄药,抑制肾小管对尿酸的重吸收,从而促进尿酸排泄,降低血中尿酸水平。临床用于治疗慢性痛风、高尿酸血症。因不干扰嘌呤核苷酸代谢,可长期治疗高尿酸血症及痛风病。痛风急性发作不宜服用,以防发生转移性痛风。不良反应较少,可见胃肠反应、肾绞痛及急性关节炎发作。偶见粒细胞减少,用药期间应定期检查血常规。服药期间宜多饮水(每日2 000ml以上)或碱化尿液。服药期间如有急性痛风性关节炎发作,可加服解热镇痛抗炎药。

秋水仙碱

秋水仙碱(colchicine)又名秋水仙素,最初从百合科植物秋水仙中提取而来。口服易吸收,0.5~2h血液浓度达峰值,在肝内代谢,经胆汁及肾排泄。与中性粒细胞微管蛋白的亚单位结合而改变细胞膜功能,抑制中性粒细胞的迁移、趋化和吞噬功能;抑制磷脂酶A_2,减少白细胞和中性粒细胞释放前列腺素和白三烯;抑制白细胞产生IL-6,从而控制关节局部的炎症反应。适用于急性痛风性关节炎发作的治疗,用药后可在12h内缓解关节的红、肿、热、痛,对一般性疼痛及其他类型关节炎无效。对血中尿酸浓度及尿酸排泄无影响,故对慢性痛风无效。急性痛风口服后12~24h起效,90%的患者用药后24~48h疼痛消失。秋水仙碱有细胞毒性,应避免过量使用。常见不良反应有胃肠道反应,发生率可达80%,表现为腹痛、腹泻、食欲不振、呕吐,严重者可致电解质紊乱及脱水等。神经系统反应表现为头痛、头晕等。其他不良反应可见血小板减少、中性粒细胞减少、血尿、少尿、皮疹、瘙痒等。骨髓增生低下、肾功能不全者、妊娠期和哺乳期妇女禁用。

第二节 抗痛风药合理应用

抗痛风药的治疗目标是:①尽快终止急性关节炎发作。②纠正高尿酸血症,防止关节炎发作或复发。

1. **个体化治疗** 对单药足量、足疗程治疗后血尿酸仍未达标者,可考虑联用2种不同作用机制的药物。有肾脏疾病史、严重动脉粥样硬化者有致急性肾功能衰竭的风险,慎用解热镇痛抗炎药。糖皮质激素可用于肾功能不全者。非布司他通过肾脏和肠道双通道排泄,其肾脏保护作用更佳,尤其适用于慢性肾功能不全者。充血性心力衰竭、有脑卒中或脑缺血发作史、水肿或高血压控制不佳者慎用解热镇痛抗炎药。个体化给药须严密监视患者的病情,并在用药方案不合适时进行调整。

2. **痛风急性期治疗** 痛风急性期要快速控制关节炎症和疼痛,患者应卧床休息,抬高患肢,在发作24h内开始应用控制急性炎症的药物,如秋水仙碱和解热镇痛抗炎药。当存在治疗禁忌或治疗效果不佳时,可考虑短期应用糖皮质激素。若单药治疗效果不佳,可选择上述药物联合应用。

3. **长期治疗** 将血液中的尿酸浓度控制在正常水平是痛风长期治疗的关键。

4. **保持健康的生活方式** 痛风的非药物治疗总体原则是生活方式的管理:控制饮食,减少饮酒,进行运动,肥胖者减轻体重等;控制痛风相关伴发病及危险因素,如高脂血症、高血压、高血糖、肥胖和吸烟。饮食方面应限制高嘌呤食物,如动物内脏、贝类和沙丁鱼等,减少中等嘌呤食物的摄入。除了酒类,含高果糖浆的饮料亦会导致血尿酸升高,应限制饮用。需要注意的是,饮食控制不能代替抗痛风药。

(冯翠娟)

思考题

1. 简述别嘌醇、丙磺舒、秋水仙碱临床应用的异同点。
2. 抗痛风药在临床使用中可能出现哪些药物的相互作用?
3. 简述抗痛风药合理应用。

ER 6-3
胰岛素的细胞
作用机制

ER 6-4
甲状腺激素的
合成与调节

ER 6-5
案例分析

ER 6-6
模块 6
练习题

其他系统药物

教学课件

思维导图

任务 1 ┃ 平 喘 药

学习目标

1. 掌握平喘药的分类、代表药物、药理作用、临床应用、不良反应和注意事项。
2. 熟悉各类平喘药的作用特点。
3. 了解平喘药的合理应用。
4. 能依据支气管哮喘临床表现等合理选择平喘药,正确用药,及时处置不良反应。
5. 具备与患者及其家属有效沟通、开展用药咨询服务、指导患者合理用药的职业素养,关心、爱护患者。

临床情景

患者,女性,27 岁。反复气喘 4 年。2h 前突发气喘、呼吸困难、烦躁、出汗。听诊:呼吸稍促,26 次/min,双肺弥漫哮鸣音。肺功能示:FEV_1(1 秒用力肺活量)为 72%,SaO_2 为 93%。动脉血气:pH 7.37,$PaCO_2$ 40mmHg,PaO_2 70mmHg。

诊断:支气管哮喘急性发作(中度)。

处方:

1. 注射用甲泼尼龙琥珀酸钠,40mg 加入 0.9% 氯化钠注射液 100ml,静脉滴注,每日 2 次。

2. 吸入用异丙托溴铵溶液 0.5mg+ 吸入用硫酸沙丁胺醇溶液 5mg,加入 0.9% 氯化钠注射液 2ml,雾化吸入,每日 4 次。

3. 二羟丙茶碱注射液,0.5g 加入 5% 葡萄糖溶液 250ml,静脉滴注,每日 2 次。

患者经 2 天治疗,哮喘得到控制,听诊双肺哮鸣音消失。肺功能:FEV_1 为 92%。住院 5 天后患者出院。

学习任务

课前:该患者现在的主要症状是什么? 使用了哪些药物?

课中:平喘药可分为哪些种类? 各类药物的代表药物及其平喘机制是什么? 对该患者选用沙丁胺醇的目的是什么? 是否合理?

课后:该患者出院后是否需要继续药物治疗? 如需要,请给出合理用药方案。

第一节　概　述

支气管哮喘(bronchial asthma)是由多种细胞(如嗜酸性粒细胞、T 细胞、中性粒细胞、肥大细胞、气道上皮细胞)和细胞组分参与的气道慢性炎症性疾病。这种慢性炎症导致气道反应性增高,通常出现广泛多变的可逆性气流受限,并引发反复发作的气急、喘息、胸闷、咳嗽等症状。主要病变为炎症引起的支气管痉挛,伴有腺体分泌亢进、呼吸道黏膜充血水肿。常在夜间或清晨发作,多数患者可自行缓解或经治疗缓解。能够缓解、消除或预防哮喘发作的药物称为平喘药(antiasthmatics)。

平喘药按结构和作用环节分为三大类:支气管扩张药、抗炎平喘药和抗过敏平喘药。支气管扩张药包括 β 受体激动药、茶碱类和 M 受体阻断药。抗炎平喘药主要为糖皮质激素。抗过敏平喘药包括炎症细胞膜稳定药、白三烯受体阻断药。支气管哮喘的发病机理与平喘药的作用位点见图 7-1-1。

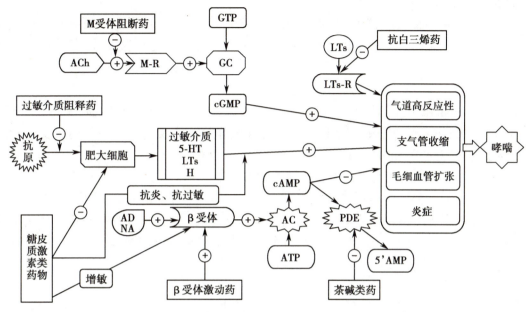

图 7-1-1　支气管哮喘的发病机理与平喘药的作用位点

ACh:乙酰胆碱;M-R:M 胆碱受体;GC:鸟苷酸环化酶;GTP:鸟苷三磷酸;LTs:白三烯;LTs-R:白三烯受体;5-HT:5-羟色胺;H:组胺;AD:肾上腺素;NA:去甲肾上腺素;AC:腺苷酸环化酶;PDE:磷酸二酯酶。

第二节　常用平喘药

一、支气管扩张药

支气管扩张药是临床常用的平喘药,包括 β 受体激动药、茶碱类和 M 受体阻断药。

(一) β 受体激动药

β 受体激动药包括非选择性 β 受体激动药和选择性 $β_2$ 受体激动药。本类药物激动支气管平滑肌 $β_2$ 受体,舒张支气管平滑肌,抑制炎症介质释放,从而缓解支气管痉挛和气道狭窄。非选择性 β 受体激动药包括麻黄碱、肾上腺素、异丙肾上腺素等,对 $β_2$ 受体选择性不高,心血管不良反应较多,目前已较少用于支气管哮喘的治疗。选择性 $β_2$ 受体激动药对 $β_1$ 受体作用弱,常用量少见心血管不良反应,在缓解哮喘症状、提高生活质量方面效果良好。

沙丁胺醇

沙丁胺醇(salbutamol)又名舒喘灵,是第一个用于治疗支气管哮喘的 $β_2$ 受体激动药。

【体内过程】

沙丁胺醇属于短效 $β_2$ 受体激动药,常用气雾剂,吸入 5~15min 起效,作用维持 3~6h。口服生物利用度约 30%,给药 30min 起效,作用维持 6h。

【药理作用】

沙丁胺醇选择性激动支气管平滑肌 $β_2$ 受体,可迅速松弛支气管平滑肌。平喘强度与异丙肾上腺素类似或略强。对 β_1 受体作用仅为异丙肾上腺素的 1/10,兴奋心脏作用较弱。

【临床应用】

沙丁胺醇临床适用于防治支气管哮喘、喘息型支气管炎、肺气肿等伴有支气管痉挛的疾病。预防支气管哮喘发作应口服给药,控制急性发作多气雾吸入或静脉注射给药。缓释剂型和控释剂型可延长作用时间,适用于预防哮喘夜间发作。

【不良反应和注意事项】

沙丁胺醇治疗量不良反应较少,可见手指震颤、恶心、头晕等。用量过大可导致心悸、恶心、头痛、头晕及肌肉震颤、血糖升高等症状。久用产生耐受性。高血压、心功能不全、糖尿病及甲亢患者慎用。

特布他林

特布他林(terbutaline)是选择性较高的 β_2 受体激动药。气雾吸入后 5min 起效,作用维持 4~6h;口服 60~120min 起效,药效维持 4~8h。注射液可静脉滴注及皮下注射给药。支气管扩张作用稍弱于沙丁胺醇,对心脏和肌肉的不良反应亦小于沙丁胺醇。

克仑特罗

克仑特罗(clenbuterol)是强效 β_2 受体激动药。气雾吸入 5min 起效,作用维持 4h。口服后 10~20min 起效,药效维持 6~8h。直肠给药维持时间可达 24h。松弛支气管平滑肌的作用为沙丁胺醇的 100 倍,且具有增强纤毛运动、溶解黏液的作用。较少引起心悸,少数患者可见口干、手颤等。

本类药物还有福莫特罗(formoterol)、沙美特罗(salmeterol)等。

知识拓展

"瘦 肉 精"

克仑特罗最早是作为平喘药使用的。20 世纪 80 年代初,美国一家公司意外发现治疗剂量 5~10 倍的克仑特罗可使肌肉合成增加,故将其添加在动物饲料中,因此被俗称为"瘦肉精"。人食用添加"瘦肉精"的肉后可出现中毒,表现为肌肉震颤、心慌、头痛、恶心、呕吐、乏力、心律失常等,严重时可导致死亡。

(二) 茶碱类

茶碱类属于甲基黄嘌呤类衍生物,主要通过抑制磷酸二酯酶减慢 cAMP 的水解速度,提高细胞内 cAMP 水平,从而松弛气道平滑肌;也可通过增加内源性儿茶酚胺的释放、降低平滑肌细胞内 Ca^{2+} 的浓度而舒张支气管平滑肌;此外还具有兴奋呼吸中枢、强心、利尿、扩血管作用等。

氨 茶 碱

氨茶碱(aminophylline)是茶碱和二乙胺形成的复盐。

【体内过程】

氨茶碱口服吸收好,生物利用度约为 96%,给药 1~3h 血药浓度达到峰值。主要经肝代谢,其 $t_{1/2}$ 个体差异较大,肝硬化及老年患者的 $t_{1/2}$ 明显延长。

【药理作用】

1. **平喘作用** 氨茶碱能松弛支气管平滑肌,尤其对痉挛状态的平滑肌作用明显,但作用弱于 β 受体激动药;抑制过敏介质释放,降低气道炎症反应;促进气道纤毛运动,有助于哮喘急性发作时的治疗。

2. **强心、利尿作用** 氨茶碱能直接作用于心肌,增强心肌收缩力,增加心输出量,进而增加肾血流量和肾小球滤过率;还可抑制肾小管对钠、水的重吸收,产生利尿作用。

3. 其他作用 氨茶碱能松弛胆道平滑肌,解除胆道痉挛。

【临床应用】

1. 支气管哮喘 氨茶碱起效较慢,临床主要用于防治慢性支气管哮喘。哮喘急性发作或持续状态可采用静脉滴注给药,常与 β 受体激动药及糖皮质激素类联用。还可治疗喘息型支气管炎、肺气肿及其他阻塞性肺部疾病引起的支气管炎。

2. 中枢性睡眠呼吸暂停综合征 氨茶碱可兴奋中枢,改善脑部疾病或原发性呼吸中枢病变引起的通气不足。

3. 其他 氨茶碱具有强心作用,可用于心源性哮喘和心源性水肿的辅助治疗。

【不良反应和注意事项】

1. 局部刺激 氨茶碱呈强碱性,故局部刺激性强,口服给药刺激胃黏膜,可引起恶心、呕吐、胃痛等胃肠道反应,宜餐后服用或选用肠溶片减轻症状。肌内注射可引起局部红肿、疼痛,现已少用。

2. 兴奋中枢 氨茶碱治疗剂量即可使少数人出现烦躁不安、失眠等,静脉注射过快或剂量过大可导致头晕、头痛、恶心、呕吐,甚至发生惊厥、谵妄等。小儿对本药敏感,应慎用。

3. 心血管反应 氨茶碱血药浓度超过 20μg/ml 时可见心动过速、心律失常;超过 40μg/ml 时,除了出现惊厥等中枢症状,还可见发热、休克,甚至呼吸、心跳停止而导致死亡。为用药安全须测定血药峰浓度,为明确疗效应测定血药谷浓度。

本类药物还有多索茶碱(doxofylline)、胆茶碱(choline theophyllinate)、二羟丙茶碱(diprophylline)(表 7-1-1)。

表 7-1-1 其他常用茶碱类药物特点

药物	作用及应用	不良反应
多索茶碱	作用强于氨茶碱,且具有镇咳作用。用于治疗支气管哮喘、喘息性慢性支气管炎及其他支气管痉挛引起的呼吸困难	可引起中枢、胃肠、心血管系统反应。急性心肌梗死患者禁用
胆茶碱	口服吸收快。对心脏和中枢神经系统作用不明显。临床应用同氨茶碱	对胃肠道刺激弱于氨茶碱,患者耐受性好
二羟丙茶碱	平喘作用弱于氨茶碱。可扩张支气管和冠状动脉,并有利尿作用。适用于伴心动过速或不能耐受氨茶碱的哮喘患者	胃肠刺激小,心脏作用弱。大剂量可兴奋中枢

(三) M 受体阻断药

呼吸道 M 胆碱受体有 3 种亚型,即 M_1 受体、M_2 受体、M_3 受体。阻断 M_1 受体、M_3 受体可产生扩张支气管效应。M 受体阻断药是一类选择性阻断支气管平滑肌 M 受体、舒张支气管平滑肌、产生平喘作用的药物。非选择性 M 受体阻断药有阿托品、东莨菪碱、山莨菪碱等,对支气管平滑肌选择性低,可导致广泛而严重的不良反应,临床不用于治疗支气管哮喘。常用于治疗支气管哮喘的 M 受体阻断药有异丙托溴铵、噻托溴铵等。

异丙托溴铵

异丙托溴铵(ipratropium bromide)又名异丙阿托品,为阿托品的季铵盐类衍生物,属于短效 M 受体阻断药。口服不易吸收,采用气雾剂或雾化溶液吸入给药,吸入后 5min 起效,药效维持 4~6h,少量经肾排泄,约 70%~90% 经胃肠道排泄。主要用于喘息型支气管炎、支气管哮喘的治疗。尤其适用于老年、迷走神经活性增高、糖皮质激素疗效差或禁用 β 受体激动药的患者。对 M 受体无特殊选择性,不适合长期用药,仅缓解临床症状。急性发作患者病情稳定前可重复给药。全身不良反应少,大剂量可见口干、干咳、喉部不适等。青光眼患者禁用。

噻托溴铵

噻托溴铵(tiotropium bromide)是一种长效季铵类 M 受体阻断药,对 M_1 受体、M_2 受体、M_3 受体具有相似的亲和性,但与 M_2 受体结合后可迅速解离,与 M_1 受体、M_3 受体结合后解离缓慢,作用持续时间长。粉雾剂单次吸入后 90~120min 达到最大效应,药效持续时间超过 24h,每天给药 1 次即可防治慢性阻塞性肺疾病及支气管哮喘。粉雾剂胶囊不得吞服。不良反应较少,与异丙托溴铵类似,可引起口干、黏膜干燥,偶见眼干。

二、抗炎平喘药

抗炎平喘药通过抑制气道炎症反应,可长期预防哮喘发作,并在发作时减轻哮喘症状,已成为平喘一线药物。糖皮质激素是目前最有效的哮喘治疗药物,可通过抑制哮喘时炎症反应的多个环节发挥平喘作用。

糖皮质激素全身应用时不良反应多,其吸入剂可使药物在气道内形成有效的高浓度,发挥局部抗炎作用,该方式避免了全身用药带来的不良反应,在临床广泛应用。常用于防治哮喘的糖皮质激素有布地奈德(budesonide)、氟替卡松(fluticasone)、倍氯米松(beclometasone)等。

吸入型糖皮质激素适用于慢性支气管哮喘、慢性支气管炎患者,长期使用可减少哮喘发作。但吸入剂型药物剂量较小,严重哮喘或哮喘持续状态者应口服或静脉注射糖皮质激素。

吸入型糖皮质激素不良反应较轻,全身不良反应少。药物在咽喉沉积可导致长期用药者声音嘶哑、口腔念珠菌感染等。因此,每次吸入药物后应使用清水漱口,以减少药物残留。长期大量吸入药物可抑制下丘脑-脑垂体-肾上腺皮质轴功能,但轻于全身给药。

吸入型糖皮质激素和长效 β 受体激动药具有协同的抗炎和平喘作用,可获得相当于或优于加倍剂量的糖皮质激素作用,减少不良反应,并增加患者依从性。临床上常用复方制剂,包括不同规格的倍氯米松福莫特罗、沙美特罗替卡松、布地奈德福莫特罗等。并在此基础上加入长效 M 受体阻断药组成三联复方制剂,如布地奈德+格隆溴铵+福莫特罗、氟替卡松+乌美溴铵+维兰特罗等,方便重度哮喘患者使用。

其他糖皮质激素详见模块 6 任务 1 肾上腺皮质激素类药物。

三、抗过敏平喘药

抗过敏平喘药主要作用为抗过敏,预防哮喘发作。

(一)炎症细胞膜稳定药

色甘酸钠

色甘酸钠(sodium cromoglicate)口服吸收仅 1%,采用气雾吸入方式给药。药物作用包括:①通过稳定肥大细胞膜,阻止肥大细胞脱颗粒,减少组胺、白三烯等过敏介质释放。②抑制气道感觉神经末梢功能及神经源性炎症,如抑制冷空气、运动、二氧化硫等引起的支气管痉挛。③抑制巨噬细胞、嗜酸性粒细胞等介导的炎症反应,长期应用可抑制气道高反应性。作用起效慢,适用于预防支气管哮喘的发作及接触抗原和刺激物前用药,对外源性哮喘疗效显著。不良反应较少,部分使用者吸入药物粉末时可见喉咙干痒、咽痛、呛咳、口干等症状,甚至诱发哮喘,可同时吸入少量 β 受体激动药预防。妊娠期妇女慎用。

色甘酸钠其他内容详见模块 8 任务 1 组胺和抗组胺药。

(二)白三烯受体阻断药

白三烯(leukotriene,LT)是哮喘发病过程中一种重要的炎性介质,通过收缩呼吸道平滑肌、促进炎症细胞在呼吸道聚集、促进呼吸道上皮细胞及成纤维细胞增殖而参与呼吸道炎症过程。

白三烯受体阻断药可抑制支气管收缩,降低过敏原引起的变态反应,抑制炎症细胞聚集和释放,降低气道高反应性,抑制气道痉挛和气道重塑,并改善肺功能。常用的白三烯受体阻断药包括孟鲁司特(montelukast)、扎鲁司特(zafirlukast)、普仑司特(pranlukast)等,适用于阿司匹林哮喘、运动性哮喘、伴有过敏性鼻炎的哮喘患者,可减轻哮喘症状,减少中、重度哮喘患者激素用量。本类药物较为安全,不良反应较少。

其他白三烯受体阻断药内容详见模块 8　任务 2　白三烯和抗白三烯药。

第三节　平喘药合理应用

治疗支气管哮喘的目的包括控制急性发作、减轻症状、降低死亡率以及减少或预防哮喘发作。哮喘诊断后应尽早开展规律治疗。治疗药物分为控制药物和缓解药物。糖皮质激素、白三烯受体阻断药、长效 β 受体激动药、茶碱类等均为控制药物,须每天使用并长期应用。缓解药物包括速效吸入和短效口服 β 受体激动药、吸入性 M 受体阻断药、短效茶碱类、糖皮质激素类,可迅速解除支气管痉挛,改善哮喘症状,故又称哮喘急救药物。

哮喘的治疗原则为阶梯治疗。急性治疗期根据哮喘发作的严重程度给药。缓解后出院时,应检查患者依从性及正确使用吸入药物的能力,找出急性发作的诱因,制订长期治疗计划,给予密切监护和长期随访。如治疗方案不能控制哮喘,应升级治疗至可控制哮喘为止。

(张旻璐)

> **思考题**

1. 简述糖皮质激素治疗哮喘的常用药物和给药方法。
2. 简述氨茶碱的不良反应。
3. 简述 β 受体激动药治疗哮喘的常用药物、主要不良反应。

任务 2 | 镇咳药和祛痰药

学习目标

1. 掌握镇咳药和祛痰药的分类、代表药物、临床应用、不良反应和注意事项。
2. 熟悉镇咳药和祛痰药的作用特点。
3. 了解镇咳药和祛痰药的合理用药。
4. 能依据临床表现等合理选择镇咳药与祛痰药，正确用药，及时处置不良反应。
5. 具备与患者及其家属进行有效沟通、开展用药咨询服务、指导合理用药的职业素养，关心、爱护患者。

咳嗽（cough）是呼吸系统疾病的主要症状，也是一种保护性反射，可以促进呼吸道痰液和异物的排出，保持呼吸道的清洁和通畅。一般轻度咳嗽不需要使用镇咳药。对严重而频繁的咳嗽，为减轻患者的痛苦，防止原发病的发展，避免剧烈咳嗽引发的并发症，在对因治疗的同时应采用镇咳药。

痰液是由呼吸道受刺激而分泌的，包含黏液、异物、病原微生物、各类炎症细胞、坏死脱落的黏膜上皮细胞等。痰液咳出可减少对呼吸道黏膜的刺激和对小气道的阻塞，有利于缓解咳嗽，减轻喘息症状。对痰多所致的咳嗽，宜用祛痰药，慎用镇咳药，否则痰液不能排出，导致呼吸道阻塞而继发感染，甚至引起窒息。

临床情景

患者，男性，70 岁。有长期吸烟史，咳嗽、咳痰 20 年，反复发作并逐渐加重，每年持续 3 个月以上，早晚严重，每日痰量 10~20ml，为白色泡沫样痰。咳嗽、咳痰加重时伴有心慌和活动劳累后气短，日常生活尚可自理。多次到医院就诊，诊断为慢性支气管炎、肺气肿。经常不规律服用止咳、祛痰、平喘药，效果尚可。从 2 年前开始咳嗽及咳白色泡沫样痰，终年不停，心慌、气急逐渐加重，且无明显季节性。血常规：白细胞 11×10^9/L，中性粒细胞 0.80。X 线示：两肺透亮度增加，肺纹理紊乱、增多；右下肺动脉干横径 18mm。

诊断：慢性阻塞性肺疾病。

处方：

1. 复方磷酸可待因糖浆，每次 10ml，每日 3 次，口服。
2. 盐酸氨溴索片，每次 30mg，每日 3 次，口服。
3. 氨茶碱缓释片，每次 0.2g，每日 2 次，口服。

学习任务

课前：该患者有哪些既往史？现在的主要症状是什么？对该患者使用了哪些药物？

课中：可待因属于哪类药物？其药理作用、临床应用、不良反应有哪些？可待因与右美沙

第一节　镇 咳 药

镇咳药（antitussives）是作用于咳嗽反射弧的不同环节、抑制咳嗽反射的药物，根据药物作用部位分为中枢性镇咳药和外周性镇咳药。有些镇咳药兼有中枢镇咳和外周镇咳的作用。

一、中枢性镇咳药

中枢性镇咳药直接抑制咳嗽中枢，分为成瘾性镇咳药、非成瘾性镇咳药。成瘾性镇咳药包括吗啡生物碱及其衍生物，镇咳作用强。非成瘾性镇咳药有喷托维林等。

可 待 因

可待因（codeine）又名甲基吗啡，为中枢性镇咳药，有成瘾性。

【体内过程】

可待因口服吸收快而完全，生物利用度为 40%~70%，0.75~1h 达血药浓度高峰，$t_{1/2}$ 为 3~4h。易透过血-脑屏障及胎盘屏障，主要在肝脏与葡萄糖醛酸结合，约 10% 经脱甲基变为吗啡。代谢产物主要经肾脏排泄。

【药理作用与临床应用】

可待因直接抑制延髓咳嗽中枢，镇咳作用快而强，作用强度约为吗啡的 1/10。主要用于各种原因引起的剧烈干咳，尤其适用于伴有胸痛的剧烈干咳患者。还可用于中等程度疼痛的镇痛。

【不良反应】

可待因不良反应比吗啡轻，偶有恶心、呕吐、便秘及眩晕等；过量可出现兴奋、烦躁不安、惊厥、呼吸抑制等。久用可产生耐受性及依赖性。支气管哮喘性咳嗽患者慎用。黏痰多者禁用。

右美沙芬

右美沙芬（dextromethorphan）为中枢性镇咳药，无成瘾性。口服给药后在胃肠道吸收完全，10~30min 起效。口服 10~20mg 有效作用时间为 5~6h，口服 30mg 有效作用时间可长达 8~12h。药物在肝脏代谢，肾脏排泄。镇咳作用与可待因相似或略强，起效快，无镇痛作用，大量服用有成瘾性，治疗量不抑制呼吸。主要用于治疗干咳。不良反应偶见头晕、嗜睡、口干、便秘、恶心和食欲缺乏等。痰多者慎用，妊娠 3 个月内妇女禁用。

喷托维林

喷托维林（pentoxyverine）兼有中枢性和外周性镇咳作用，无成瘾性。镇咳强度约为可待因的 1/3，有轻度阿托品样作用和局部麻醉作用，能松弛痉挛的支气管平滑肌和抑制呼吸道感受器。主要用于治疗各种原因引起的干咳。偶见轻度头痛、头晕、口干、恶心、便秘等。青光眼、前列腺增生和心功能不全者慎用。

二、外周性镇咳药

外周性镇咳药通过抑制咳嗽反射弧中的感受器、传入神经、传出神经或效应器发挥镇咳作用。

苯丙哌林

苯丙哌林（benproperine）镇咳作用比可待因强 2~4 倍，不抑制呼吸。用于治疗急性支气管炎和各种原因引起的干咳。偶有口干、头晕、乏力、食欲缺乏和皮疹等。妊娠期妇女慎用。

苯佐那酯

苯佐那酯（benzonatate）化学结构与丁卡因相似，故具有较强的局麻作用。用于治疗刺激性干咳、阵咳，也用于支气管镜、喉镜检查及支气管造影前预防咳嗽。偶有轻度嗜睡、恶心、眩晕、鼻塞、口干等。若服用时嚼碎会引起口腔麻木。

那 可 丁

那可丁（noscapine）抑制肺牵张反射，解除支气管平滑肌痉挛引起的咳嗽，兼有兴奋呼吸中枢作用。用于治疗阵发性咳嗽。偶有轻度嗜睡、头痛、恶心等。

二氧丙嗪

二氧丙嗪（dioxopromethazine）具有较强的镇咳作用，还具有抗组胺、解除平滑肌痉挛、抗炎和局麻作用，可增强免疫功能。用于治疗慢性支气管炎，镇咳疗效显著。常见困倦、乏力等。

常用镇咳药的体内过程、作用部位、作用特点、成瘾性见表 7-2-1。

表 7-2-1　常用镇咳药

名称	体内过程	作用部位	作用特点	成瘾性
可待因	口服，作用时间约 4h	中枢	镇咳作用强大而迅速，兼有镇痛和镇静作用	有
右美沙芬	口服，作用时间 3~6h	中枢	镇咳强度与可待因相似。可用于 2 岁以上儿童	有
喷托维林	口服，作用时间 4~6h	外周、中枢	镇咳强度约为可待因的 1/3。可用于 5 岁以上儿童。有阿托品样作用和局部麻醉作用	无
苯丙哌林	口服，作用时间 4~7h	外周、中枢	镇咳强度为可待因的 2~4 倍	无
苯佐那酯	口服，作用时间 2~8h	外周	镇咳作用弱于可待因。局部麻醉作用强。服用时勿嚼碎	无
那可丁	口服，作用时间约 4h	外周	镇咳强度与可待因相似	无

第二节　祛 痰 药

祛痰药（expectorants）是指能使痰液变稀或黏滞性降低、使痰易于排出的药物，包括痰液稀释药和黏痰溶解药。痰液稀释药服用后增加痰液中的水分，稀释痰液，包括恶心性祛痰药和刺激性祛痰药。黏痰溶解药使痰液黏稠度降低或调节黏液成分，使痰易于排出，包括黏痰溶解药和黏痰调节药。

一、痰液稀释药

（一）恶心性祛痰药

氯 化 铵

氯化铵（ammonium chloride）因轻度恶心作用可使呼吸道腺体分泌增加，从而稀释痰液。口服用于黏痰难咳出患者，也可用于纠正代谢性碱中毒及酸化尿液。主要不良反应有恶心、呕吐、胃痛，宜饭后服用。消化性溃疡患者慎用。严重肝、肾功能不全及酸血症患者禁用。

（二）刺激性祛痰药

愈创甘油醚

愈创甘油醚（guaifenesin）兼有轻度镇咳、防腐作用，用于黏痰难咳出患者。可见头晕、嗜睡、恶心、胃肠不适、过敏等不良反应。

二、黏痰溶解药

乙酰半胱氨酸

乙酰半胱氨酸（acetylcysteine）黏痰溶解作用较强，用于大量黏痰难以咳出患者。若直接滴入呼吸道可产生大量痰液，需用吸痰器排痰。本品有硫化氢的臭味，对呼吸道黏膜有刺激作用，易致支气管痉挛。避免与金属、橡皮、氧化剂、氧气接触。支气管哮喘患者禁用。

羧甲司坦

羧甲司坦（carbocysteine）又名羧甲基半胱氨酸，可促进支气管腺体分泌，使痰液黏度降低。用于治疗慢性支气管炎、支气管哮喘等疾病引起的痰液黏稠、咳痰困难和痰阻气管等，也可用于术后咳痰困难者。有轻度头晕、恶心、胃部不适、腹泻、胃肠出血及皮疹等不良反应。消化性溃疡患者慎用。

脱氧核糖核酸酶

脱氧核糖核酸酶（deoxyribonuclease）用于有大量脓痰的呼吸道感染患者。用药后有咽部疼痛感，须立即漱口。长期应用可见皮疹、发热等。急性化脓性蜂窝织炎及有支气管胸腔瘘的活动性结核病患者禁用。

桉柠蒎

桉柠蒎（eucalyptol）用于支气管炎、肺炎、支气管扩张和肺脓肿等呼吸道疾病患者的止咳化痰，亦适用于慢性阻塞性肺疾病、肺部真菌感染、肺结核等患者的痰液排出。偶有胃肠道不适和过敏反应。

三、黏痰调节药

溴己新

溴己新（bromhexine）是临床常用祛痰药，有助于浓痰排出。口服后约 1h 起效，3~5h 达到峰值，作用维持时间 6~8h。具有较强的黏痰溶解作用，能使气道黏膜减少分泌酸性黏多糖，增加分泌小分子黏蛋白，降低痰液黏度；还能促进支气管纤毛运动，促进排痰。用于急慢性支气管炎、支气管哮喘、支气管扩张等痰液黏稠不易咳出者。偶有恶心、胃部不适，减量或停药后可消失。严重不良反应有皮疹、遗尿。

氨溴索

氨溴索（ambroxol）为溴己新在体内的活性代谢物，祛痰作用显著超过溴己新，且毒性小，耐受性好，不良反应较少，仅少数患者出现轻微的胃肠道反应，偶见皮疹。

第三节　镇咳药和祛痰药合理应用

咳嗽是一种保护性生理反射，能帮助清除气管内的痰液与异物，一般不需服用镇咳药。若患者发生强烈而频繁的咳嗽，尤其是干咳，影响休息和睡眠甚至加重病情时，需要在针对病因治疗的同时加用镇咳药与祛痰药。祛痰与镇咳并不矛盾，重要的是合理用药，同时关注药物的不良反应。

对刺激性干咳为主的患者，宜选用苯丙哌林、喷托维林等。对剧烈咳嗽患者，应首选苯丙哌林，次选右美沙芬。白天咳嗽者宜选用苯丙哌林，夜间咳嗽者宜选用右美沙芬。痰液较多的咳嗽应以祛痰为主，不宜单纯使用镇咳药，应与祛痰药合用，以利于痰液的排出和镇咳效果。

老年患者咳嗽的原因较多，一般避免使用强效中枢性镇咳药。若患者正在服用降压药贝那普利、卡托普利等，则须排除药物所致的咳嗽。对其他原因引起的咳嗽，尤其是持续 8 周以上的慢性咳嗽，须进一步了解咳嗽的病因，进行针对性的病因治疗。

长期咳嗽的原因有支气管哮喘、慢性阻塞性肺疾病等。对支气管哮喘引发的咳嗽,平喘治疗有效。对有慢性阻塞性肺疾病等基础病的咳嗽患者,在进行平喘治疗的基础上,可以选用复方制剂,从而达到解除支气管痉挛、外周性镇咳、改善支气管黏膜肿胀、利于排痰等作用。

知识拓展

慢性阻塞性肺疾病

慢性阻塞性肺疾病(chronic obstructive pulmonary diseases,COPD)是一种常见的、可预防、可治疗的疾病,多发于中、老年人,常因大量接触有害颗粒或气体和空气污染,导致气道或肺泡异常,造成持续性呼吸道症状和气流受限。临床表现为连续 2 年以上、每年持续 3 个月以上的呼吸困难、咳嗽或咳痰。COPD 是影响公共健康的重大问题,是目前世界上疾病死亡的第四大病因。

(罗 乐)

思考题

1. 简述可待因用于镇咳的作用特点及注意事项。
2. 右美沙芬与苯丙哌林的药理作用和临床应用有什么区别?
3. 简述溴己新的作用机制和临床应用。

任务 3 | 治疗消化性溃疡的药物

学习目标

1. 掌握治疗消化性溃疡的药物的分类、代表药物、药理作用、临床应用、不良反应和注意事项。

2. 熟悉治疗消化性溃疡的药物的作用特点。

3. 了解常用治疗消化性溃疡的药物合理应用。

4. 能依据消化性溃疡临床表现等合理选择药物,正确用药,及时处置不良反应。

5. 具备与患者及其家属进行有效沟通、开展用药咨询服务、指导患者合理用药的职业素养,关心、爱护患者。

消化性溃疡(peptic ulcer)是消化系统的常见病,主要指发生在胃和十二指肠球部的慢性溃疡,即胃溃疡(gastric ulcer)和十二指肠溃疡(duodenal ulcer)。消化性溃疡是由于攻击因子(胃酸、胃蛋白酶、幽门螺杆菌感染、乙醇及某些药物等)增强或保护因子(胃黏液、碳酸氢盐、黏膜上皮屏障等)减弱所引起,精神紧张、焦虑、吸烟和饮食不当有促进溃疡发生的作用。治疗消化性溃疡的药物主要有 4 类:①抗酸药;②抑制胃酸分泌药,包括氢钾 ATP 酶抑制药(质子泵抑制药)、H_2 受体阻断药、M 受体阻断药、胃泌素受体阻断药;③胃黏膜保护药;④抗幽门螺杆菌药。

临床情景

患者,男性,42 岁。吸烟饮酒 10 余年,间断性上腹疼痛 2 年,近 2 周出现饭后上腹部节律性疼痛,伴食欲下降、反酸、腹胀。口服西咪替丁 1 周后疼痛减轻,但因呕吐、食欲减退而停药,停药后上腹部疼痛复发,出现黑便。查体:体温 36.2℃,脉搏 72 次/min,血压 135/80mmHg;上腹部压痛,腹平软,无肿块。^{14}C 尿素呼气试验(+),便潜血(+),腹部 CT 未显示异常。

诊断:胃溃疡。

处方:

1. 奥美拉唑胶囊,每次 20mg,每日 1 次,早餐前口服。

2. 枸橼酸铋钾胶囊,每次 0.6g,每日 2 次,早餐前和晚餐后 2h 口服。

3. 甲硝唑片,每次 0.4g,每日 4 次,餐后 0.5h 口服。

4. 克拉霉素片,每次 0.25g,每日 2 次,口服。

学习任务

课前:该患者有哪些既往史?现在病情如何?上述处方中使用了哪几类药物?

课中:治疗消化性溃疡的药物种类、代表药物、作用机制是什么?对该患者用药是否合理?

课后:上述处方联合用药应注意哪些问题?

第一节 常用治疗消化性溃疡的药物

一、抗酸药

抗酸药（antacids）是一类弱碱性药物，口服后在胃内直接中和过多的胃酸，降低胃液酸度，降低胃蛋白酶活性，从而减轻或解除胃酸和胃蛋白酶对胃、十二指肠黏膜的腐蚀和刺激作用，缓解疼痛，促进溃疡愈合。此外，某些抗酸药可在胃液中形成胶状保护膜，覆盖溃疡面和胃黏膜。抗酸药的作用与胃内的充盈度有关，当胃内容物接近排空或完全排空后，抗酸药才能充分发挥抗酸作用。

常用抗酸药有氢氧化铝（aluminum hydroxide）、氢氧化镁（magnesium hydroxide）、三硅酸镁（magnesium trisilicate）、碳酸氢钠（sodium bicarbonate）、铝碳酸镁（hydrotalcite）等（表 7-3-1）。

表 7-3-1　常用抗酸药的作用特点

作用特点	抗酸强度	显效时间	维持时间	溃疡面保护	碱血症	产生 CO_2	排便影响
氢氧化铝	中	慢	较长	有	无	无	便秘
氢氧化镁	强	快	长	无	无	无	轻泻
三硅酸镁	弱	慢	较长	有	无	无	轻泻
碳酸氢钠	强	快	短	无	有	有	无
铝碳酸镁	中	快	长	有	无	无	轻泻

抗酸药作用时间短，服药次数多，容易发生便秘或腹泻等不良反应。临床常用复方制剂如复方氢氧化铝片等，可增强治疗效果，减少不良反应。由于抗酸药仅是直接中和已经分泌的胃酸，不能调节胃酸的分泌，有些甚至可能造成反跳性的胃酸分泌增加，故不能作为治疗消化性溃疡的首选药物。

二、抑制胃酸分泌药

胃酸是由胃壁细胞分泌的。壁细胞膜上有组胺 H_2 受体、M_1 胆碱受体和胃泌素受体，分别被组胺、乙酰胆碱、胃泌素激动，通过第二信使的介导最终激活细胞膜上的氢钾 ATP 酶（H^+-K^+-ATP 酶）。氢钾 ATP 酶是一种质子泵，通过 H^+、K^+ 交换，将 H^+ 从壁细胞转运到胃腔内，形成胃酸。因此，抑制氢钾 ATP 酶或阻断壁细胞膜上的组胺 H_2 受体、M_1 胆碱受体、胃泌素受体，均可减少胃酸分泌。抑制胃酸分泌药主要有以下四类。

（一）氢钾 ATP 酶抑制药

氢钾 ATP 酶抑制药又称质子泵抑制药（proton pump inhibitor，PPI），为强效抑酸药，同时还有杀灭幽门螺杆菌的作用。

奥美拉唑

奥美拉唑（omeprazole）为第一代质子泵抑制药。

【体内过程】

奥美拉唑口服易吸收，1h 起效，0.5~3.5h 药物浓度达峰值，分布于肝、肾、胃、十二指肠、甲状腺等组织，$t_{1/2}$ 为 0.5~1h，有肝脏病变者 $t_{1/2}$ 为 3h。在肝脏内代谢，大部分随尿排出，少量随粪便排出。

【药理作用】

奥美拉唑为弱碱性化合物，口服易吸收，胃内食物可减少其吸收，宜空腹服用。易进入胃壁细胞，选择性与氢钾 ATP 酶形成复合物，抑制其向胃腔转运 H^+ 的功能，达到抑制胃酸分泌的作用。对正常人和溃疡病患者的胃酸分泌均有较强的抑制作用。作用强大、迅速且持久，一次给药可抑制胃酸分泌 24h 以上。还有增加胃黏膜血流量和抑制幽门螺杆菌的作用，有利于溃疡愈合。

【临床应用】

奥美拉唑主要用于治疗消化性溃疡、胃泌素瘤、反流性食管炎等。对胃烧灼和疼痛的缓解率及愈合率高于 H_2 受体阻断药,且复发率低。

【不良反应和注意事项】

奥美拉唑不良反应较轻,少数患者出现头痛、头晕、恶心、腹胀、腹痛、失眠、口干、皮疹等反应。长期应用可持续抑制胃酸分泌,用药期间要定期检查胃黏膜有无肿瘤样增生。肝功能减退者用量宜酌减。可抑制肝药酶活性,使苯妥英钠、地西泮等药物代谢减慢,合用时应注意调整这些药物的剂量。

第二代质子泵抑制药有兰索拉唑(lansoprazole),抑制胃酸分泌及抗幽门螺杆菌作用均优于奥美拉唑,起效更快,用途及不良反应与奥美拉唑相似。第三代质子泵抑制药有泮托拉唑(pantoprazole)、雷贝拉唑(rabeprazole)等,抑制胃酸分泌的能力和缓解症状、治愈胃黏膜损害的疗效均优于前两代药物,且不良反应较轻。

(二) H_2 受体阻断药

H_2 受体阻断药选择性阻断胃壁细胞膜上的 H_2 受体,减少胃酸分泌。

西咪替丁

西咪替丁(cimetidine)又名甲氰咪胍,为第一代 H_2 受体阻断药。

【体内过程】

西咪替丁口服吸收迅速,生物利用度为 80%,1h 达峰值,广泛分布于全身组织,$t_{1/2}$ 为 1.5~2.3h,作用持续 6h。在肝脏内代谢,主要经肾脏排泄,约 48% 以原形从肾脏排泄,10% 随粪便排出。

【药理作用】

西咪替丁高度选择性阻断 H_2 受体,显著抑制组胺引起的胃酸分泌,对胰岛素、胃泌素、M 受体激动药、咖啡因等引起的胃酸分泌也有抑制作用。能促进胃黏液分泌,促进溃疡愈合。具有收缩血管作用,对皮肤黏膜血管的收缩作用更强。还能阻断心血管系统的 H_2 受体,可以对抗组胺引起的心脏正性肌力和正性频率作用,部分对抗组胺引起的舒张血管和降血压作用。

【临床应用】

西咪替丁主要用于治疗消化性溃疡、反流性食管炎、上消化道出血等,对十二指肠溃疡疗效优于胃溃疡。较大剂量用于治疗胃泌素瘤。停药后易复发,延长用药时间可降低复发率。

【不良反应】

西咪替丁不良反应较多,但均较轻。主要有头痛、乏力、失眠、口干、便秘或腹泻、腹胀、皮疹等。长时间大量服用偶见转氨酶升高、严重肝损害。有抗雄激素作用,长时间大剂量服用可引起内分泌紊乱,表现为男性乳腺发育、阳痿,女性溢乳等,停药后消失。

【药物相互作用】

西咪替丁为肝药酶抑制剂,可减慢普萘洛尔、地西泮、苯巴比妥、苯妥英钠、吲哚美辛、华法林、氨茶碱等药物的代谢速度,使这些药物血药浓度升高,合用时应注意调整这些药物的剂量。

同类药物还有雷尼替丁(ranitidine)、法莫替丁(famotidine)和尼扎替丁(nizatidine)等。详见 H_2 受体阻断药的药动学比较(表 7-3-2)。

表 7-3-2　H_2 受体阻断药的药动学比较

药物特点	生物利用度/%	血浆半衰期/h	相对作用强度	作用持续时间
西咪替丁	80	1.5~2.3	1	6
雷尼替丁	50	2~2.7	5~10	12
法莫替丁	40	3	32	>12
尼扎替丁	>90	1~2	5~10	8

（三）M 受体阻断药

M 受体阻断药选择性阻断胃壁细胞 M 受体，抑制胃酸及胃蛋白酶分泌。

哌仑西平

哌仑西平（pirenzepine）口服吸收不完全，生物利用度约 25%，食物影响其吸收，宜餐前服用。对基础胃酸、胰岛素、胃泌素引起的胃酸分泌抑制作用较强，同时有解除胃肠平滑肌痉挛的作用。用于治疗消化性溃疡。症状缓解较慢，与西咪替丁合用可增强疗效。对心脏、平滑肌、唾液腺等部位的 M 受体亲和力低，故不良反应较轻，仅有轻微的口干、视力调节障碍、心动过速等。

（四）胃泌素受体阻断药

丙 谷 胺

丙谷胺（proglumide）又名二丙谷酰胺，化学结构与胃泌素相似，能竞争性阻断胃泌素受体，对抗胃泌素的作用，抑制胃酸和胃蛋白酶的分泌。同时可使胃黏膜中己糖胺合成增多，对胃黏膜有保护作用，可促进溃疡愈合。主要用于治疗消化性溃疡和胃炎。疗效不及 H$_2$ 受体阻断药，不宜单独使用。偶有口干、失眠和腹胀等不良反应。

三、胃黏膜保护药

胃黏膜屏障包括细胞屏障和黏液-碳酸氢盐屏障。细胞屏障由胃黏膜细胞顶部的细胞膜和细胞间的紧密连接组成，有抵抗胃酸和胃蛋白酶的作用。黏液-碳酸氢盐屏障是双层黏稠的胶胨状黏液，覆盖在黏膜细胞表面，对黏膜细胞起保护作用。当胃黏膜屏障功能受损时，可导致溃疡发生。胃黏膜保护药主要包括胶体铋剂、硫糖铝、前列腺素及其衍生物。

枸橼酸铋钾

枸橼酸铋钾（bismuth potassium citrate）又名胶体次枸橼酸铋，是临床常用的保护胃黏膜的药物。

【药理作用和临床应用】

1. 增强黏膜防御功能　枸橼酸铋钾口服后在酸性环境下形成氧化铋胶体，覆盖于溃疡表面和基底肉芽组织，形成一层坚固的不溶性保护薄膜，阻隔胃酸、胃蛋白酶等对溃疡面的刺激和腐蚀；还能抑制胃蛋白酶活性，促进胃黏液分泌，保护溃疡面，有利于溃疡修复和愈合。

2. 抑制幽门螺杆菌　枸橼酸铋钾与抗酸药合用可产生协同作用。临床用于治疗消化性溃疡及慢性胃炎，疗效与 H$_2$ 受体阻断药相当。因兼有胃黏膜保护作用和抗幽门螺杆菌作用，复发率较低。

【不良反应和注意事项】

枸橼酸铋钾不良反应较少，服药期间口中可能有氨味，可使口腔、舌及大便染成黑色，偶有恶心、呕吐，停药后可消失。抗酸药和牛奶可干扰其作用，降低疗效。影响四环素的吸收，故不宜同服。严重肾病患者及妊娠期妇女禁用。

同类药物还有胶体果胶铋（colloidal bismuth pectin），作用与枸橼酸铋钾相似，但具有较强的胶体特性，对消化道出血有止血作用。

硫 糖 铝

硫糖铝（sucralfate）为蔗糖硫酸酯的碱式铝盐，口服后在胃液酸性环境中能聚合成硫酸蔗糖和氢氧化铝，呈胶胨状，黏附于黏膜及溃疡基底部形成保护层，保护胃黏膜免受胃酸及胃蛋白酶的刺激和腐蚀；与胃蛋白酶结合，抑制其活性；促进胃黏膜及血管增生，促进胃黏液和碳酸氢盐分泌，有利于溃疡修复和愈合。用于治疗消化性溃疡、反流性食管炎、慢性糜烂性胃炎等。不宜与抗酸药及抑制胃酸分泌药合用，以免影响疗效。不良反应较轻，偶有恶心、胃部不适等胃肠道反应及皮疹、头晕，久用可引起便秘。

米索前列醇

米索前列醇（misoprostol）对胃黏膜具有保护作用，还有抑制胃酸分泌、减少胃蛋白酶分泌、增加胃黏膜血流量等作用。用于治疗消化性溃疡、应激性溃疡及急性胃黏膜损伤出血，对阿司匹林等解热镇痛抗炎药引起的消化性溃疡有特效。常见的不良反应有腹泻、腹痛、恶心、头痛、眩晕等。妊娠期妇女慎用。

四、抗幽门螺杆菌药

　　幽门螺杆菌（*H. pylori*，HP）是消化性溃疡的主要病因，也是复发的主要根源。因此，根除幽门螺杆菌是治疗消化性溃疡的重要环节，可促进溃疡愈合，明显降低溃疡复发率和并发症发生率。抗幽门螺杆菌药主要有三类：①抗菌药，包括阿莫西林、克拉霉素、甲硝唑、左氧氟沙星、呋喃唑酮等。②胶体铋剂，包括枸橼酸铋钾等。③质子泵抑制药，包括奥美拉唑等。根治幽门螺杆菌阳性的溃疡常采用联合用药，临床常用四联治疗方案，即质子泵抑制药+胶体铋剂+2 种抗菌药。

第二节　治疗消化性溃疡的药物合理应用

1. 一般药物治疗

（1）**氢钾 ATP 酶抑制药**：依据患者的基础疾病、溃疡的位置和相关并发症，确定疗程。大多数胃溃疡治疗 6~8 周后可痊愈，十二指肠溃疡建议治疗 4~6 周。

（2）**H_2 受体阻断药**：能促进十二指肠溃疡愈合，但对上消化道出血等并发症的疗效有限。

2. 抗幽门螺杆菌感染治疗　以质子泵抑制药+胶体铋剂为基础的四联疗法是根除幽门螺杆菌感染的有效方案。

3. 解热镇痛抗炎药所致消化性溃疡的治疗　患者停用解热镇痛抗炎药后，溃疡愈合率很高。

（李春英）

思考题

　　1. 治疗消化性溃疡的药物分哪几类及各类药的代表药物是什么？

　　2. 简述奥美拉唑的作用机制及临床应用。

任务 4 | 消化系统功能调节药

消化系统功能调节药包括助消化药、促胃肠动力药、止吐药、泻药与止泻药、利胆药。

临床情景

患者,女性,25 岁。近 2 个月来餐后饱胀、上腹部烧灼感、食欲减退、反酸、嗳气,口服乳酶生片有所缓解。近日因经常加班熬夜,出现上腹部隐痛加重。既往无消化系统疾病史,无心脑血管疾病史。查体:体温 36.1℃,脉搏 68 次/min,血压 128/78mmHg。B 超检查:肝、胆、脾、胰无异常。胃镜检查:胃底黏膜光滑柔软,未见充血、糜烂或溃疡;胃腔形态正常,黏液量增多、色白,局部蠕动欠佳;胃体及球部未见异常。

诊断:消化不良、慢性胃炎。

处方:

1. 多潘立酮片,每次 10mg,每日 3 次,餐前 0.5h 口服。
2. 硫糖铝片,每次 1g,每日 4 次,餐前 1h 及睡前嚼碎后口服。

学习任务

课前:患者有哪些既往史? 现在病情如何? 对该患者使用了哪几类药物?

课中:消化系统功能调节药种类、代表药物、作用机制是什么? 以上用药是否合理?

课后:该患者的处方中联合用药要注意哪些问题? 有何建议?

第一节 助消化药

助消化药多为消化液中的成分,能促进消化液分泌,促进食物消化或制止肠道内容物过度发酵。主要用于消化液分泌不足引起的消化不良。常用助消化药有胃蛋白酶(pepsin)、胰酶(pancreatin)、乳酶生(lactasin)等(表 7-4-1)。

表 7-4-1　常用助消化药比较

药物	药物作用特点	临床应用	注意事项
胃蛋白酶	在酸性环境下水解蛋白质和多肽	治疗胃酸及消化酶分泌不足所致的消化不良	不宜与碱性药物合用
胰酶	水解蛋白质、淀粉和脂肪	治疗胰腺疾病引起的消化不良	不宜与酸性药物合用
乳酶生	在肠道能分解糖类产生乳酸,从而抑制腐败菌繁殖,减少肠内发酵、产气	治疗消化不良、腹胀及小儿消化不良性腹泻	不宜与抗菌药或吸附药合用

第二节　促胃肠动力药

在神经、体液和胃肠神经丛的综合调节下,胃肠运动具有高度的节律性和协调性。一旦调节失常,则导致胃肠运动功能低下或亢进,引起多种消化道症状,临床常采用对症治疗。促胃肠动力药是增强并协调胃肠节律性运动的药物,一般在餐前 0.5h 口服,主要用于治疗胃肠运动功能低下引起的消化道症状。促胃肠动力药因促进胃肠运动,不宜与雷尼替丁、西咪替丁等合用。

多潘立酮

多潘立酮(domperidone)又名吗丁啉,属多巴胺受体阻断药,直接阻断胃肠道多巴胺 D_2 受体,具有促进胃肠运动和止吐作用。主要用于治疗胃排空延缓、反流性食管炎、慢性胃炎和胃轻瘫,也可用于治疗偏头痛、颅脑外伤、肿瘤放疗和化疗等引起的恶心、呕吐。偶有轻度头痛、眩晕、腹痛、腹泻、口干等,可有乳房胀痛、泌乳。婴幼儿及哺乳期妇女慎用,机械性肠梗阻、胃肠出血、妊娠期妇女禁用。

甲氧氯普胺

甲氧氯普胺(metoclopramide)又名胃复安,通过阻断突触前膜多巴胺受体发挥中枢性镇吐和促进胃肠运动作用。用于治疗呕吐、反流性食管炎、胆汁反流性胃炎、产后少乳和胃轻瘫。大剂量或长期应用可致锥体外系反应。

西沙必利

西沙必利(cisapride)为 5-HT$_4$ 受体激动药,通过激动胃肠道胆碱能神经元及肋间神经丛的 5-HT$_4$ 受体,促进食管、胃肠道平滑肌的协调运动。但无阻断多巴胺受体的作用。对胃肠作用强于甲氧氯普胺 10~100 倍,且有增进食欲的作用。临床用于治疗胃轻瘫、反流性食管炎、慢性功能性便秘。可有腹痛、腹泻、头痛、头晕、嗜睡等不良反应。剂量过大可引起心电图 Q-T 间期延长、昏厥和严重的心律失常。

莫沙必利

莫沙必利(mosapride)为强效选择性 5-HT$_4$ 受体激动药,作用与西沙比利相当。用于治疗慢性胃炎或功能性消化不良引起的消化道症状,胃食管反流病和糖尿病性胃轻瘫,胃大部切除术患者的胃功能障碍。不良反应与西沙比利相似,但未见心电图 Q-T 间期延长、昏厥和严重的心律失常。

第三节　止吐药

呕吐是消化道疾病常见的症状,可以由许多疾病引起,是一种复杂的病理现象。根据作用呕吐受体的不同,止吐药分为 H$_1$ 受体阻断药、M$_1$ 受体阻断药、D$_2$ 受体阻断药和 5-HT$_3$ 受体阻断药。

1. H$_1$ 受体阻断药　苯海拉明、茶苯海明(dimenhydrinate,乘晕宁)、美可洛嗪(meclozine)等有中枢镇静作用和止吐作用,可用于治疗和预防晕动病、内耳性眩晕病等。

2. M₁受体阻断药 东莨菪碱可阻断 M_1 受体,降低迷路感受器的敏感性,抑制前庭小脑通路的传导,可用于治疗晕动病,预防恶心、呕吐。

3. D₂受体阻断药 甲氧氯普胺、多潘立酮等可阻断胃肠道多巴胺受体,加强胃蠕动,促进胃的排空,改善胃肠功能,常用于治疗放疗和化疗引起的呕吐,对颅脑外伤引起的呕吐也有效。

4. 5-HT₃受体阻断药 昂丹司琼(ondansetron)、格拉司琼(granisetron)和阿扎司琼(azasetron)、雷莫司琼(ramosetron)、多拉司琼(dolasetron)、托烷司琼(tropisetron)等可选择性阻断中枢及迷走神经传入纤维 $5-HT_3$ 受体,产生明显的止吐作用。对化疗药物导致的呕吐有迅速而强大的抑制作用,但对晕动病及阿扑吗啡引起的呕吐无效。不良反应有头痛、疲劳、便秘或腹泻。

第四节　泻药与止泻药

一、泻药

泻药是指刺激肠蠕动,或增加肠内水分、软化粪便、润滑肠道,促进排便的药物。临床主要用于治疗功能性便秘、清洁肠道或加速肠内毒物排出。泻药按作用方式不同分为:①渗透性泻药,又称容积性泻药,口服后很少被吸收,在肠道内形成高渗透压,增加肠内容积,刺激肠黏膜引起肠道蠕动,产生导泻作用,如硫酸镁、硫酸钠等;②刺激性泻药,又称接触性泻药,能够刺激结肠增加蠕动,产生导泻作用,如比沙可啶、蓖麻油等;③润滑性泻药,能够润滑肠道,软化粪便,促进排便,如开塞露、液状石蜡等。

(一) 渗透性泻药

硫 酸 镁

硫酸镁(magnesium sulfate)易溶于水,苦咸味。因给药途径不同,可产生完全不同的药理作用。注射给药产生降低血压、抗惊厥、中枢抑制作用(详见模块 3　任务 3　抗癫痫药和抗惊厥药)。口服给药产生导泻利胆作用。①导泻:经口服后,Mg^{2+} 和 SO_4^{2-} 不被肠道吸收,在肠腔内形成高渗透压而阻止肠内水分吸收,使肠内容积扩大,刺激肠壁,反射性引起肠蠕动加强,产生导泻作用。作用强大而迅速,若空腹服药并大量饮水,会加快导泻速度,在 1~4h 内排出流体样粪便。主要用于急性便秘、排出肠内毒物和配合驱虫药导出肠内寄生虫体、外科手术前和结肠镜检查前的肠道清洁。②利胆:口服高浓度硫酸镁溶液(33%)或用导管将其直接导入十二指肠,能刺激局部肠黏膜,使缩胆囊素释放增多,反射性引起胆总管括约肌松弛、胆囊强烈收缩,促进胆汁排出,发挥利胆作用。可用于慢性胆囊炎、阻塞性黄疸、胆石症及十二指肠引流检查。用于导泻时作用剧烈,刺激肠壁引起盆腔充血,妊娠期妇女、月经期女性、急腹症患者禁用。

硫 酸 钠

硫酸钠(sodium sulfate)的作用机制及用法与硫酸镁相似,但作用稍弱,无中枢抑制作用,多用于中枢抑制药中毒时导泻,以加速肠内毒物排出。本药是钡类化合物中毒的特效解毒药,可与钡离子结合成无毒的硫酸钡。肾功能不全者应用硫酸钠导泻较硫酸镁安全。心功能不全者禁用。

食物纤维素

食物纤维素包括多种天然、半合成、人工合成纤维素,如甲基纤维素、羧甲基纤维素等,具有较强的亲水性,在肠内不被消化和吸收,可吸水膨胀成胶状,增加肠内容积,促进肠蠕动,排出软便,用于防治功能性便秘。多食用富含纤维素的蔬菜和水果可产生相似的效果。

(二) 刺激性泻药

比沙可啶

比沙可啶(bisacodyl)口服或直肠给药后在结肠内转化为活性代谢物,产生较强的刺激作用导致排便。用于治疗功能性便秘、腹部 X 线或肠镜检查及清除肠内容物。少数患者有腹胀感。本药有较强的刺激性,反复应用可致胃肠痉挛。妊娠期妇女慎用。

蓖麻油

蓖麻油(castor oil)口服后在十二指肠水解出有效成分蓖麻油酸,刺激肠蠕动而发挥导泻作用,服后 2~5h 排出流质便。大剂量服用可产生恶心、呕吐等不良反应。妊娠期妇女及月经期女性禁用。

(三) 润滑性泻药

开 塞 露

开塞露(enema glycerini)为甘油与硫酸镁或山梨醇组成的溶液,密封于特制塑料容器内,从肛门注入。入肛门后因高渗透压刺激肠壁而引起排便反射,并润滑局部肠壁,几分钟内即可引起排便,导泻作用快捷、方便、安全、有效,适用于治疗偶发的急性便秘、轻度便秘、老年人及儿童便秘。

液体石蜡

液体石蜡(liquid paraffin)是一种矿物油,口服后在肠内不被消化和吸收,可润滑肠壁并妨碍肠内水分吸收,软化粪便以利于排出。适用于治疗慢性便秘及体弱、高血压、动脉瘤、痔疮、腹部及肛门手术后等患者的便秘,也用于老年人及儿童便秘。久用可减少脂溶性维生素及钙、磷的吸收。

二、止泻药

腹泻是多种疾病的症状,有利于肠内毒物的排出,对机体有一定保护作用,以对因治疗为主;但剧烈而持久的腹泻可引起脱水、电解质紊乱和营养吸收障碍,必要时适当给予辅助治疗可以减轻症状。止泻药通过抑制肠蠕动或保护肠道免受刺激而发挥止泻作用。

地芬诺酯

地芬诺酯(diphenoxylate)又名苯乙哌啶,为哌替啶衍生物,但无镇痛作用,止泻作用类似于阿片类,能直接作用于肠道平滑肌,抑制肠黏膜感受器,减少肠蠕动,兼有收敛作用。现已替代阿片制剂成为有效的非特异性止泻药,临床用其与阿托品的复方制剂治疗功能性腹泻和慢性肠炎。不良反应少。长期大剂量应用可产生依赖性。妊娠期和哺乳期妇女及严重肝损害者慎用。

洛哌丁胺

洛哌丁胺(loperamide)又名苯丁哌胺,化学结构及对肠道作用均与地芬诺酯相似,但止泻作用较强且迅速,还可以抑制肠壁神经末梢释放乙酰胆碱,增加肛门括约肌张力,减少排便次数。适用于腹泻及回肠造瘘术、肛门直肠手术后的患者。不良反应及注意事项与地芬诺酯相似。

蒙 脱 石

蒙脱石(montmorillonite)呈极细颗粒状,可覆盖于消化道黏膜,加强黏膜屏障作用,对消化道的细菌、病毒及其释放的毒素具有强大的抑制和固定作用,同时也能提高胃肠黏膜对胃酸、胃蛋白酶、胆盐、乙醇等防御作用。用于治疗功能性腹泻,对儿童急性腹泻疗效明显。也用于反流性食管炎、胃炎及肠道菌群失调症等对症治疗。

药 用 炭

药用炭(medicinal charcoal)又名活性炭,为不溶性粉末,颗粒小,总面积大,吸附性强,能吸附肠内大量气体、毒物、病毒和细菌毒素,阻止毒物吸收,减轻对肠道的刺激而达到止泻的目的。用于治疗腹泻、食物或药物中毒及胃肠胀气等。大量长期应用可引起便秘。

第五节　利 胆 药

利胆药是具有促进胆汁分泌或胆囊排空作用的药物。胆汁的基本成分是胆汁酸,胆汁酸的主要成分是胆酸、鹅去氧胆酸和去氧胆酸,次要成分是石胆酸和熊去氧胆酸。胆汁酸具有多种生理功能:反馈性抑制胆汁酸合成;引起胆汁流动;调节胆固醇合成与消除;促进脂质和脂溶性维生素吸收等。常用的利胆药作用涉及胆汁酸。

去氢胆酸

去氢胆酸(dehydrocholic acid)能增加胆汁中的水分含量,使胆汁稀释、数量增加、流动性提高,发挥胆道内冲洗作用。可用于治疗胆石症、胆道感染、胆囊手术。禁用于胆道空气梗阻和严重肝肾功能减退者。

鹅去氧胆酸

鹅去氧胆酸(chenodeoxycholic acid)为天然的二羟胆汁酸,可降低胆固醇分泌,减少胆固醇合成,从而降低胆汁中胆固醇含量和促进胆固醇结石溶解,有的患者可增加胆汁酸分泌。治疗剂量常引起腹泻,可减半量使用。用药6个月期间,一些患者转氨酶活性升高(可逆的)。禁用于胆管或肠炎症性疾病、梗阻性肝胆疾病。可能有致畸性,妊娠期和哺乳期妇女禁用。

熊去氧胆酸

熊去氧胆酸(ursodeoxycholic acid)为鹅去氧胆酸的异构体,可降低胆汁的胆固醇饱和指数,降低胆汁中胆固醇含量,促进胆固醇从结石表面溶解。其溶解胆石的机制与鹅去氧胆酸不同,不能有效溶解微粒溶液中胆固醇或增加胆汁酸分泌,而是通过在结石表面形成卵磷脂-胆固醇液态层而促使结石溶解。抑制肠道吸收胆固醇,降低胆固醇分泌,进入胆汁中的胆固醇量减少,不抑制胆固醇合成,但减弱胆固醇降低时正常补偿的合成。不良反应少且不严重,少数患者可发生腹泻。

茴 三 硫

茴三硫(anethole trithione)能增加胆酸、胆色素及胆固醇等固体成分的分泌,特别是增加胆色素分泌,还能直接兴奋肝细胞,改善肝脏解毒功能。此外,能促进尿素的生成和排泄,有明显的利尿作用。用于治疗胆囊炎、胆石症、肝炎、肝硬化等。可引起尿变色,偶发过敏反应如腹胀、腹泻、皮疹、发热等。大剂量长期应用可引起甲亢。禁用于胆道阻塞患者。

(李春英)

思考题

1. 简述促胃肠动力药的药理作用、作用机制、临床应用、不良反应和注意事项。
2. 止吐药分哪几类?每类药物的代表药物各是什么?

任务 5 | 利尿药及脱水药

临床情景

患者,男性,72 岁。心悸、胸闷气短,下肢浮肿、尿少,尿道灼热、瘙痒。心脏彩超示左心室肥大。实验室检查:空腹血糖 4.6mmol/L,尿酸 350μmol/L,低密度脂蛋白 2.9mmol/L,尿蛋白(+)。尿培养见铜绿假单胞菌。

诊断:心功能不全;肾功能不全;铜绿假单胞菌性尿道炎。

处方:

1. 硫酸庆大霉素注射液,每次 80mg,每日 2 次,肌内注射。

2. 呋塞米注射液,20mg 加入 5% 葡萄糖氯化钠注射液 500ml 中,静脉滴注,每天 1 次。

停药后实验室检查:空腹血糖 7.5mmol/L,尿酸 480μmol/L,低密度脂蛋白 3.6mmol/L。

学习任务

课前:该患者所患疾病的主要症状是什么? 空腹血糖、尿酸、低密度脂蛋白正常值是多少?

课中:呋塞米属于哪类药物? 其药理作用、临床应用、不良反应有哪些? 该患者的治疗方案是否合理?

课后:对水肿患者主要选用哪些药物? 对该患者选用哪种药物治疗铜绿假单胞菌尿道炎更合适?

第一节 概 述

利尿药(diuretics)是一类作用于肾脏,促进电解质和水的排出,使尿量增多的药物。临床主要用于治疗充血性心力衰竭、肾衰竭、肝硬化等各种原因引起的水肿,也可用于其他非水肿性疾病如高血压、肾结石、尿崩症、高钙血症等的治疗。

一、利尿药的分类

常用利尿药按利尿作用机制分为 5 类。

1. 钠钾二氯共转运体抑制药 钠钾二氯共转运体抑制药又称袢利尿药,为高效能利尿药,主要作用于肾髓袢升支粗段,抑制钠钾二氯共转运体（Na^+-K^+-$2Cl^-$ 共转运体),代表药物有呋塞米、依他尼酸、布美他尼等。

2. 钠氯共转运体抑制药 钠氯共转运体抑制药包括噻嗪类及类噻嗪类利尿药,为中效能利尿药,主要作用于肾远曲小管近端,抑制钠氯共转运体（Na^+-Cl^- 共转运体),代表药物有氢氯噻嗪、环戊噻嗪、苄氟噻嗪等。氯噻酮、美托拉宗在化学结构上与噻嗪类不同,但利尿作用相似,也归于此类。

3. 醛固酮受体阻断药 醛固酮受体阻断药属于保钾利尿药,为低效能利尿药,主要作用于肾远曲小管远端和集合管,代表药物有螺内酯等。

4. 上皮钠通道阻滞药 上皮钠通道阻滞药属于留钾利尿药,主要抑制肾远曲小管远端和集合管上皮细胞表达的 Na^+ 通道,利尿作用弱,减少 K^+ 排出,代表药物有氨苯蝶啶、阿米洛利等。

5. 碳酸酐酶抑制药 碳酸酐酶抑制药主要作用于肾近曲小管,抑制碳酸酐酶,利尿作用弱,也可降低眼压,用于治疗青光眼,代表药物有乙酰唑胺。

6. 脱水药 脱水药即渗透性利尿药,主要作用于髓袢及肾小管其他部位,代表药物有甘露醇。

二、利尿药作用的生理学基础

尿液的生成包括肾小球滤过、肾小管和集合管的重吸收与分泌。利尿药通过作用于肾单位的不同部位而产生利尿作用(图 7-5-1)。

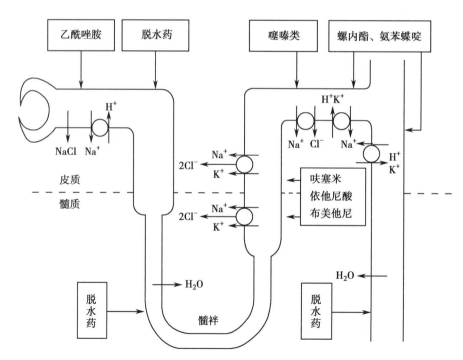

图 7-5-1 肾小管各段功能和利尿药作用部位

(一)肾小球滤过

血液中的成分除蛋白质和血细胞外均可经肾小球滤过而形成原尿。正常成人每日原尿量可达 180L,但每日排出的终尿只有 1~2L,表明约 99% 的原尿在肾小管及集合管被重吸收。强心苷类、氨茶碱、多巴胺等虽能增加肾血流量和肾小球滤过率，使原尿生成增多，但肾脏存在球-管平衡的调节机制，终尿增加不明显，利尿作用很弱。目前常用的利尿药主要通过影响肾小管和集合管对水、电解质的重吸收而发挥利尿作用。

（二）肾小管的重吸收与分泌

1. **近曲小管** 原尿中约 40% 的 Na^+ 重吸收主要通过近曲小管顶质膜（管腔面）的 Na^+-H^+ 交换体触发。肾小管上皮细胞内的 H_2O 与 CO_2 在碳酸酐酶催化下生成 H_2CO_3，H_2CO_3 解离为 H^+ 和 HCO_3^-，H^+ 分泌到小管液中并将小管液中的 Na^+ 交换到细胞内。乙酰唑胺抑制碳酸酐酶的活性，减少 H^+ 的产生，抑制 Na^+-H^+ 交换，减少近曲小管对 Na^+ 的重吸收而利尿，但利尿效果不明显，现很少作为利尿药使用。

2. **髓袢升支粗段髓质和皮质部** 原尿中约 35% 的 Na^+ 在此段被重吸收，NaCl 的主动重吸收依赖于管腔膜上的 Na^+-K^+-$2Cl^-$ 共转运体。此段几乎不伴有水的重吸收，因而在尿液的稀释和浓缩机制中具有重要意义。呋塞米等袢利尿药选择性抑制 Na^+-K^+-$2Cl^-$ 共转运体，减少髓袢升支粗段 NaCl 的重吸收，一方面降低肾的稀释功能，另一方面由于髓质高渗无法维持而降低肾的浓缩功能，排出大量接近于等渗的尿液，产生强大的利尿作用。

3. **远曲小管** 原尿中约 10% 的 Na^+ 在此段被重吸收，主要依赖 Na^+-Cl^- 共转运体。与髓袢升支粗段一样，远曲小管对水的通透性差，NaCl 的重吸收进一步稀释了小管液。噻嗪类等利尿药选择性抑制 Na^+-Cl^- 共转运体，减少 NaCl 的重吸收，使原尿中 NaCl 浓度升高，影响尿的稀释功能，利尿作用较袢利尿药弱。

4. **集合管** 集合管重吸收原尿中 2%~5% 的 Na^+，重吸收方式为 Na^+-K^+ 交换与 Na^+-H^+ 交换。Na^+-K^+ 交换受醛固酮调节。螺内酯、氨苯蝶啶等留钾利尿药作用于此部位，通过拮抗醛固酮或阻滞 Na^+ 通道，产生留钾排钠的利尿作用。

第二节　钠钾二氯共转运体抑制药

本类药物主要作用部位是髓袢升支粗段，选择性显著抑制 NaCl 的重吸收，利尿作用迅速、强大，且不易导致酸中毒，是目前最强效的利尿药。

呋 塞 米

呋塞米（furosemide）又名速尿，属于强效利尿药。

【体内过程】

呋塞米口服易吸收，20~30min 起效，约 2h 血药浓度达高峰，作用持续 6~8h；静脉注射 2~10min 起效，血药浓度约 1h 达高峰，作用持续 4~6h。血浆蛋白结合率高达 91%~97%，大部分以原形经近曲小管分泌。丙磺舒与呋塞米竞争近曲小管有机酸分泌途径，两者合用会影响呋塞米的排泄和利用。

【药理作用】

1. **利尿** 呋塞米作用于髓袢升支粗段的皮质部和髓质部，特异性地抑制管腔膜上的 Na^+-K^+-$2Cl^-$ 共转运体功能，减少 NaCl 重吸收，降低肾脏对尿液的稀释和浓缩功能，排出大量近似于等渗的尿液。尿中 Na^+、K^+、Cl^-、Mg^{2+}、Ca^{2+} 和水的排出增多。大剂量呋塞米也可以抑制近曲小管的碳酸酐酶活性，使 HCO_3^- 排出增加。

2. **扩张血管** 静脉注射呋塞米可以扩张肾血管，降低肾血管阻力，增加肾血流量，改善肾皮质的血液供应。呋塞米的扩血管机制可能与促进舒血管物质前列腺素 E 的合成和降低血管对血管收缩因子（血管紧张素 II 和去甲肾上腺素）的反应性有关。也能迅速增加全身静脉血容量，降低左心室舒张末期压力，减轻肺淤血。

【临床应用】

1. **急性肺水肿和脑水肿** 静脉注射呋塞米能迅速扩张容量血管,减少回心血量,在利尿作用发生之前即可缓解急性肺水肿,是治疗急性肺水肿的首选药。对脑水肿患者,呋塞米强大的利尿作用使血液浓缩,血浆渗透压增高,有助于消除脑水肿,常与脱水药合用以提高疗效,对伴有心衰的脑水肿患者尤为适用。

2. **其他严重水肿** 可用于心、肝、肾性水肿。主要用于其他利尿药无效的严重水肿。因易引起水和电解质紊乱,对一般水肿不宜常规使用。

3. **肾衰竭** 急性肾衰竭时,静脉注射呋塞米可迅速扩张肾血管,降低肾血管阻力,增加肾血流量和肾小球滤过率,使尿量增多,冲洗阻塞的肾小管,防止肾小管萎缩、坏死,保护肾脏。慢性肾衰竭时,大剂量呋塞米可使尿量增加、水肿减轻,其他利尿药无效时仍能产生作用。

4. **急性药物或毒物中毒** 呋塞米配合静脉输液,可加速药物或毒物随尿排出。常用于经肾排泄的药物急性中毒的抢救,如长效巴比妥类、水杨酸类、碘化物等。

5. **高钙血症** 呋塞米可以抑制 Ca^{2+} 的重吸收,降低血钙。通过联合应用袢利尿药和静脉输入生理盐水,可大大增加 Ca^{2+} 的排泄,这对迅速控制高钙血症有一定的临床意义。

【不良反应和注意事项】

1. **水、电解质紊乱** 常因过度利尿引起,表现为低血容量、低钾血症、低血钠、低氯性碱血症。其中低钾血症最常见,应注意及时补充钾盐或加服留钾利尿药。因低血钾可增强强心苷类对心脏的毒性,与强心苷类、糖皮质激素合用时应注意补钾。长期应用还可引起低镁血症,应注意及时纠正。

2. **耳毒性** 大剂量呋塞米快速静脉给药可引起眩晕、耳鸣、听力减退或暂时性耳聋,呈剂量依赖性,肾功能不全或合用有耳毒性的药物更易发生。应避免与氨基糖苷类、头孢菌素类、两性霉素 B 等合用,以免增加耳毒性。

3. **胃肠反应** 常见恶心、呕吐、腹痛、腹泻,大剂量可引起胃肠出血,宜餐后服用。

4. **过敏反应** 表现为皮疹、嗜酸性粒细胞增多、间质性肾炎等,停药后可以迅速恢复。呋塞米有磺胺结构,用于磺胺过敏者可发生交叉过敏反应。

5. **其他** 呋塞米抑制尿酸排泄,可导致高尿酸血症,痛风患者禁用。久用尚可引起高血糖、高血脂,严重糖尿病、高脂血症患者慎用。少数患者可引起粒细胞减少、血小板减少,与口服抗凝血药合用可增强抗凝作用。

布美他尼

布美他尼(bumetanide)是呋塞米的衍生物,具有速效、高效、短效和低毒的特点,利尿作用为呋塞米的 20~40 倍。排钾作用相对较弱,耳毒性发生率较低。临床主要作为呋塞米的代用品,治疗各种顽固性水肿及急性肺水肿,对急、慢性肾衰竭尤为适宜,对呋塞米无效的病例仍有效。对磺胺过敏者对呋塞米、布美他尼可发生交叉过敏反应。

依他尼酸

依他尼酸(ethacrynic acid)属于苯氧基乙酸衍生物,利尿作用、临床应用与呋塞米相似。由于水、电解质紊乱、耳毒性、肾毒性等不良反应较重,临床已少用。较少引起过敏反应,但对磺胺类利尿药过敏者可选用本药。

第三节　钠氯共转运体抑制药

噻嗪类药物通过抑制肾远曲小管近端钠氯共转运体、减少 NaCl 的重吸收而产生中效利尿作用。常用药物有氢氯噻嗪、环戊噻嗪(cyclopenthiazide)、苄氟噻嗪(bendroflumethiazide)。氯噻酮(chlortalidone)、吲达帕胺（indapamide）等虽无噻嗪环但有磺胺结构,作用机制及利尿效能与噻嗪类相似。

氢氯噻嗪

氢氯噻嗪（hydrochlorothiazide）又名双氢克尿塞,利尿作用温和持久,属于中效利尿药和广泛应用的基础降压药。

【体内过程】

氢氯噻嗪口服后 1h 起效,2h 血药浓度达高峰,作用维持时间 6~12h。药物分布以肾脏最多,肝脏次之,易通过胎盘屏障。以有机酸的形式从肾小管分泌,可使尿酸的分泌速率降低。

【药理作用】

1. **利尿作用** 氢氯噻嗪抑制肾远曲小管近端钠氯共转运体,抑制 NaCl 的重吸收,增加 NaCl 和水的排出,产生温和持久的利尿作用。因远曲小管 Na^+ 排出增多,促进 K^+-Na^+ 的交换,故 K^+ 的排出也增加,长期服用可引起低血钾。对碳酸酐酶有一定的抑制作用,增加 HCO_3^- 的排泄。

2. **降压作用** 氢氯噻嗪具有温和持久的降压作用。用药早期通过排钠利尿、减少血容量而降压。长期用药则持续排钠,使血管平滑肌细胞内 Na^+ 减少,Na^+-Ca^+ 交换减少,使细胞内 Ca^+ 浓度降低,导致血管舒张而降压。

3. **抗利尿作用** 氢氯噻嗪明显减少尿崩症患者的尿量和口渴症状,作用机制可能与其促进 Na^+ 排泄、血浆渗透压降低和减轻口渴感有关。

【临床应用】

1. **水肿** 氢氯噻嗪用于各种原因引起的水肿。对轻、中度心源性水肿疗效较好,是治疗充血性心力衰竭的常用药物之一。对肾性水肿的疗效与肾功能受损程度有关,肾功能损伤轻者疗效较好。治疗肝性水肿时应注意防止低血钾诱发的肝性昏迷。

2. **高血压** 氢氯噻嗪是治疗高血压的基础药物之一,常与其他降压药物联合应用,可增强后者的疗效并减少用药剂量。

3. **其他** 氢氯噻嗪用于肾性尿崩症及血管升压素无效的垂体性尿崩症。也可用于高尿钙伴有肾结石的患者,以抑制高尿钙引起的肾结石的形成。

【不良反应和注意事项】

1. **电解质紊乱** 氢氯噻嗪可引起低血钾、低血钠、低血镁、低氯性碱血症等。其中低钾血症最为常见,表现为恶心、呕吐、腹胀和肌无力等。可增加强心苷类的毒性,用药时应注意补钾或合用留钾利尿药。

2. **高尿酸血症** 氢氯噻嗪抑制尿酸排泄,痛风患者慎用,宜与促尿酸排泄的药物氨苯蝶啶合用。

3. **高血糖** 大剂量应用噻嗪类利尿药可抑制胰岛素分泌,减少组织利用葡萄糖,使糖尿病患者及糖耐量异常者血糖升高。

4. **脂肪代谢紊乱** 氢氯噻嗪长期应用可使血中甘油三酯、胆固醇及低密度脂蛋白升高。

5. **其他** 可见皮疹、皮炎,与磺胺类药物有交叉过敏反应。长期应用偶致高钙血症。

第四节　醛固酮受体阻断药

螺　内　酯

螺内酯（spironolactone）又名安体舒通,是人工合成的甾体化合物,化学结构与醛固酮相似。

【体内过程】

螺内酯口服易吸收,服药后 1 日开始起效,2~3 日血药浓度达高峰,停药后作用仍可维持 2~3 日。

【药理作用】

螺内酯利尿作用弱、缓慢、持久。作为醛固酮的竞争性拮抗药,与醛固酮竞争远曲小管和集合管的醛固酮受体,拮抗醛固酮的留钠排钾作用,呈现排钠留钾作用,使 Na^+、Cl^- 和水的排出增加而利尿。利尿作用依赖于醛固酮的存在,当体内醛固酮水平增高时利尿作用明显。

【临床应用】

1. 治疗伴有醛固酮水平增高的顽固性水肿　螺内酯单用效果较差,常与噻嗪类排钾利尿药合用,以提高疗效,避免血钾紊乱。对肝硬化腹水、肾病综合征水肿患者有效。

2. 治疗充血性心力衰竭　螺内酯不仅能消除水肿,还可抑制心肌纤维化和改善心力衰竭症状。

【不良反应】

螺内酯久用可致高血钾,肾功能不全时更易发生。用药期间应密切监测血钾变化,肾功能不全及血钾偏高者禁用。此外,还有雄激素样反应,引起女性多毛、月经紊乱,男性乳房发育、性功能低下,停药后症状消失。

第五节　上皮钠通道阻滞药

氨苯蝶啶

氨苯蝶啶(triamterene)口服吸收迅速,生物利用度约 50%。口服后 1~2h 起效,4~6h 血药浓度达高峰,作用维持 12~16h。主要经肝脏代谢,经肾脏排泄,原形在酸性尿液中可出现淡蓝色荧光。利尿作用不受体内醛固酮水平的影响,直接阻滞远曲小管远端、集合管管腔 Na^+ 通道,减少 Na^+ 的重吸收,使管腔内负电位降低,减少 K^+ 向管腔分泌,产生排钠、利尿、留钾作用,引起血钾升高。常与中效能或高效能利尿药合用,治疗各类顽固性水肿,也可用于氢氯噻嗪或螺内酯无效者。因能促进尿酸排泄,尤其适用于痛风患者。大剂量长期服用可致高钾血症,肾功能不全或有高钾血症倾向者禁用。肝硬化患者服用本药易致巨幼细胞贫血,可能与其抑制二氢叶酸还原酶有关。

阿米洛利

阿米洛利(amiloride)排钠留钾作用为氨苯蝶啶的 5 倍,单次用药利尿作用可持续 22~24h。化学结构与氨苯蝶啶不同,但作用机制、临床应用及不良反应均与氨苯蝶啶相似。

第六节　碳酸酐酶抑制药

碳酸酐酶抑制药是现代利尿药发展的先驱,利尿作用较弱,由于新的利尿药不断出现,现已很少作为利尿药使用。

乙酰唑胺

乙酰唑胺(acetazolamide)又名醋唑磺胺,抑制碳酸酐酶,使肾近曲小管 H^+ 产生减少,Na^+-H^+ 交换减少,产生弱的利尿作用。可抑制睫状体上皮细胞内碳酸酐酶的活性,减少房水的产生,使眼压降低,对多种类型的青光眼有效,这是乙酰唑胺应用最广的适应证。还可减少脑脊液的生成,降低脑脊液及脑组织的 pH,减轻急性高山病的症状,改善机体功能。在开始攀登前 24h 口服乙酰唑胺可以起到预防作用。全身用药治疗水肿时,常见的不良反应有四肢及面部麻木感、嗜睡。长期应用可发生代谢性酸中毒、尿道结石和低钾血症。具有磺胺结构,对磺胺类过敏者禁用。

第七节　脱　水　药

脱水药是一类静脉注射后能迅速提高血浆渗透压,促使组织内水分向血浆转移,导致组织脱水的药物。同时可提高肾小管腔液渗透压,产生渗透性利尿作用。主要用于降低颅内压,治疗脑水肿。常用药物有甘露醇、山梨醇和高渗葡萄糖。

本类药物一般具备以下特点:静脉给药后不易通过毛细血管进入组织细胞;易经肾小球滤过而不易被肾小管重吸收;在体内代谢较少,大部分以原形从肾排泄。

甘 露 醇

甘露醇(mannitol)为己六醇结构。口服不吸收,临床主要用20%高渗溶液静脉注射或静脉滴注。2~3h作用达高峰,维持6~8h。约20%在肝脏转变为糖原,大部分以原形经肾排出。

【药理作用】

1. 脱水作用　甘露醇静脉给药后迅速提高血浆渗透压,使组织间液及细胞内的水分向血浆转移,产生组织脱水作用,可迅速降低颅内压和眼压。

2. 利尿作用　甘露醇静脉给药后,迅速增加血容量,使肾小球滤过率增加,经肾小球滤过后几乎不被肾小管重吸收,使肾小管液渗透压增高,减少肾小管和集合管对水的重吸收。扩张肾血管,增加肾髓质血流量,从而产生渗透性利尿作用。

【临床应用】

1. 治疗脑水肿　甘露醇是降低颅内压安全、有效的首选药。临床用于治疗颅内肿瘤、颅脑损伤、脑组织炎症及缺氧等引起的脑水肿,与地塞米松合用效果更佳。

2. 预防急性肾衰竭　急性肾衰竭早期及时应用甘露醇,通过脱水作用减轻肾间质水肿。渗透性利尿作用可维持足够的尿量,稀释肾小管内的有害物质,保护肾小管。

3. 治疗青光眼　甘露醇可降低眼压,用于青光眼急性发作及术前准备。

4. 其他　促进体内毒物的排出,用于巴比妥类、水杨酸类药物中毒的抢救。口服可产生腹泻作用,用于肠道术前准备。

【不良反应和注意事项】

使用甘露醇后易出现水和电解质紊乱,大量使用时血容量迅速增多,易致心力衰竭、低钠血症等。静脉注射过快可引起一过性头痛、眩晕、畏寒、视物模糊,可能与组织脱水过快、血容量迅速增加诱发血压升高有关。静脉注射时药液外漏可致局部组织肿痛甚至坏死。

甘露醇遇冷易析出结晶,用前可置热水中或用力震荡,待结晶完全溶解后使用。当甘露醇浓度高于15%时,应使用有过滤器的输液器。用药期间注意监测血压、尿量、电解质等。充血性心力衰竭、活动性颅内出血患者禁用。

山 梨 醇

山梨醇(sorbitol)是甘露醇的同分异构体,临床常用25%高渗溶液,其作用、临床应用与甘露醇相似。静脉给药后,部分山梨醇在肝脏转化为果糖,失去渗透性脱水的作用。在相同浓度和剂量时,作用和疗效较甘露醇差。但其溶解度较大,价格便宜,不良反应较少,临床常作为甘露醇的代用品。

高渗葡萄糖

50%高渗葡萄糖(hypertonic glucose)静脉注射后可产生脱水和渗透性利尿作用,用于治疗脑水肿和急性肺水肿。因葡萄糖可从血管内弥散到组织中,且易被代谢,故作用较弱而不持久。单独用于脑水肿治疗时,由于葡萄糖可进入脑组织内,同时带入水分而使颅内压回升,甚至超过用药前水平,造成反跳现象,故一般与甘露醇交替使用,以巩固疗效。

(阮耀祥)

思考题

1. 呋塞米、氢氯噻嗪和螺内酯对电解质代谢有何影响?

2. 试论述氢氯噻嗪和螺内酯合用的依据。

任务 6 | 影响子宫平滑肌的药物

学习目标

1. 掌握缩宫素的药理作用、临床应用、不良反应和注意事项。
2. 熟悉麦角新碱的药理作用、临床应用、不良反应和注意事项。
3. 了解前列腺素类的药理作用、临床应用、不良反应,子宫平滑肌抑制药的作用特点。
4. 能依据临床表现等合理选用影响子宫平滑肌的药物,正确用药,及时处置不良反应。
5. 具备与患者及其家属进行有效沟通、开展用药咨询服务、指导合理用药的职业素养,关心、爱护患者。

临床情景

某 28 岁孕妇,孕 40 周,因临产入院。腹痛 4h,伴有阴道少量出血。查体:血压 110/80mmHg,心率 82 次/min,身高 165cm,体重 62kg,腹围 115cm,胎心率 145 次/min,阴道见少量血性分泌物,宫口软、未开。分娩过程中出现子宫收缩无力。

诊断:子宫收缩乏力。

处方:缩宫素,5U 加入 0.9% 氯化钠溶液 500ml,缓慢静脉滴注。

学习任务

课前:缩宫素属于哪类药物? 子宫收缩的类型有哪些?

课中:缩宫素的药理作用、临床应用和不良反应是什么? 在用药过程中应监测哪些指标?

课后:缩宫素的用药注意事项有哪些? 缩宫素若用于产后止血,应如何给药?

第一节 子宫平滑肌兴奋药

子宫平滑肌兴奋药是一类能选择性地兴奋子宫平滑肌,使子宫产生节律性或强直性收缩的药物。其作用因药物种类、剂量以及子宫的生理状态不同而有差异。使子宫平滑肌产生节律性收缩的药物可用于催产和引产。使子宫产生强直性收缩的药物可用于产后止血和产后子宫复原。

缩 宫 素

缩宫素(oxytocin)又名催产素(pitocin),是垂体后叶激素的主要成分之一。缩宫素可从动物的垂体后叶提取,也可人工合成。从动物垂体中分离提纯的缩宫素含有少量血管升压素,临床常用人工合成品。

【体内过程】

缩宫素口服极易被消化液破坏,故口服无效。肌内注射 3~5min 起效,作用维持 20~30min。静脉注射起效快,但作用维持时间更短,需静脉滴注维持疗效。主要经肝代谢,少量以原形经肾排泄。

【药理作用】

1. **兴奋子宫平滑肌** 缩宫素兴奋子宫平滑肌的强度和性质取决于用药剂量和子宫的生理状态。①作用与剂量有关：小剂量缩宫素（2.5~5U）可产生与正常分娩类似的收缩，即子宫颈松弛而子宫底部产生节律性收缩，有利于胎儿娩出；大剂量缩宫素（5~10U）则引起子宫强直性收缩，不利于胎儿娩出，可压迫子宫肌层血管而止血。②作用受到体内性激素的影响：雌激素可提高缩宫素对子宫的敏感性，孕激素可降低缩宫素对子宫的敏感性。妊娠早期孕激素水平高，子宫对缩宫素敏感性较低，可保证胎儿安全发育；妊娠后期孕激素水平较低而雌激素水平较高，子宫对缩宫素反应增强，临产时子宫对缩宫素最敏感，有利于胎儿娩出。

2. **促进排乳** 缩宫素可刺激乳腺腺泡周围的肌上皮细胞收缩，有助于乳汁排出。

3. **其他** 大剂量缩宫素能短暂松弛血管平滑肌，引起血压下降。

【临床应用】

1. **催产和引产** 对无禁忌证仅宫缩乏力的产妇，可用小剂量缩宫素静脉滴注催产；对死胎、过期妊娠或提前终止妊娠者，可用小剂量缩宫素引产。

2. **产后止血和产后子宫复原** 大剂量缩宫素能迅速引起子宫强直性收缩，促进产后子宫复原，也能压迫子宫肌层血管而止血。但因作用持续时间短，常与作用持久的麦角生物碱类合用，以维持疗效。

3. **催乳** 哺乳前用缩宫素滴鼻或小剂量肌内注射，可促进乳汁排出。

【不良反应和注意事项】

缩宫素偶有过敏反应、恶心、呕吐、血压下降等不良反应。过量可引起子宫强直性收缩，导致胎儿窒息或子宫破裂。

缩宫素用于催产或引产时应注意：①严格掌握禁忌证，凡产道异常、胎位不正、明显头盆不称、前置胎盘、3次以上妊娠的经产妇或有剖宫产史者禁用。②严格掌握剂量，密切监测子宫收缩的频率、持续时间及强度，并监测胎心、产妇脉搏和血压。

同类药物还有卡贝缩宫素（carbetocin），与缩宫素相比起效更快，给药后2min可迅速收缩子宫，作用维持达1h。

麦角生物碱类

麦角（ergot）是寄生在黑麦或其他禾本植物上的麦角菌的干燥菌核，含有多种生物碱，均为麦角酸衍生物。麦角生物碱类按化学结构分为两类：①氨基麦角碱类，包括麦角新碱（ergometrine）、甲麦角新碱（methylergometrine），对子宫的兴奋作用强而快。②氨基酸麦角碱类，为肽生物碱，包括麦角胺（ergotamine）、麦角毒碱（ergotoxine）等，对血管作用明显，作用缓慢较久。

【药理作用】

1. **兴奋子宫平滑肌** 麦角新碱和甲麦角新碱可选择性兴奋子宫平滑肌，作用较缩宫素强而持久，稍大剂量即可使子宫平滑肌强直性收缩，对子宫体和子宫颈的作用无显著性差异，不适用于催产和引产。

2. **收缩血管** 氨基酸麦角碱类尤其是麦角胺可直接兴奋血管平滑肌，收缩动、静脉血管。

【临床应用】

1. **子宫出血** 麦角新碱可使子宫产生持久的强直性收缩，机械性压迫子宫肌层血管而止血，主要用于治疗产后、刮宫或其他原因引起的子宫出血。

2. **产后子宫复原** 产后子宫复原缓慢者易引起出血或感染，应用麦角生物碱类可促进子宫收缩，加快子宫复原。

3. **偏头痛** 麦角胺能收缩脑血管，降低脑动脉搏动幅度，用于偏头痛的诊断和治疗。与咖啡因合用可增强疗效。

4. **人工冬眠** 麦角毒碱的氢化物如二氢麦角碱有中枢抑制作用，与异丙嗪、哌替啶组成冬眠合剂,用于人工冬眠。

【不良反应和注意事项】

注射麦角新碱可引起头痛、头晕、恶心、呕吐、血压升高等,偶见过敏反应。大剂量或长期应用麦角胺等可损害血管内皮细胞,导致血栓形成和肢端干性坏疽,特别是有肝脏或外周血管疾病者更为敏感。妊娠高血压综合征和高血压患者慎用。麦角新碱禁用于催产和引产。

前列腺素

前列腺素为体内自身活性物质之一,广泛存在于体内多种组织,对心血管、消化、呼吸及生殖系统均有生理及药理作用。作为子宫平滑肌兴奋药的前列腺素有地诺前列酮、地诺前列素、米索前列醇和卡前列素等。

前列腺素对妊娠各期子宫均有收缩作用,对妊娠早期和中期子宫的收缩作用远强于缩宫素,但对临产前子宫最为敏感,可刺激妊娠子宫产生类似分娩的子宫收缩,同时可软化宫颈,有利于宫颈扩张。可以用于终止早期或中期妊娠,也可用于足月或过期妊娠、先兆子痫及胎儿宫内发育迟缓时的引产。不良反应主要有恶心、呕吐、腹痛、发热等。不宜用于支气管哮喘和青光眼患者。用于催产、引产时禁忌证及注意事项同缩宫素。

第二节　子宫平滑肌抑制药

子宫平滑肌抑制药又称抗分娩药,可抑制子宫平滑肌收缩,使子宫平滑肌收缩力减弱、收缩节律减慢,临床主要用于防治早产和痛经。常用药物有 β_2 受体激动药、硫酸镁、钙通道阻滞药、环氧合酶抑制药、缩宫素受体阻断药等。

利托君(ritodrine)为 β_2 受体激动药,可激动子宫平滑肌细胞膜上的 β_2 受体,从而抑制子宫收缩,减慢子宫收缩频率,减弱收缩力和缩短子宫收缩时间,对妊娠和非妊娠子宫均有抑制作用。临床主要用于先兆早产的治疗。可引起心血管系统不良反应,表现为心率加快、心悸、血压升高等,偶致肺水肿。有严重心血管疾病者禁用。糖尿病患者及使用排钾利尿药者慎用。

硫酸镁作用广泛,除了有抗惊厥、降压、导泻和利胆作用,对子宫平滑肌有舒张作用,使子宫收缩强度减弱,收缩频率减少。用于防治早产、妊娠高血压综合征及子痫。

硝苯地平为钙通道阻滞药,通过抑制子宫平滑肌细胞钙内流而松弛子宫平滑肌,使子宫平滑肌收缩力减弱。用于防治早产。

吲哚美辛为环氧合酶抑制药,可用于防治早产。但能引起胎儿动脉导管过早关闭,导致肺动脉高压而损害肾脏、减少羊水等,故仅在 β_2 受体激动药、硫酸镁等药物无效或使用受限时应用,且在妊娠 34 周内使用。

阿托西班(atosiban)为缩宫素受体阻断药,能选择性松弛子宫平滑肌。用于孕龄 24~33 周、胎心正常的孕妇防治早产。常见不良反应有恶心、头痛、头晕、呕吐、心动过速、低血压等。

(王　梅)

思考题

1. 缩宫素为何能用于催产、引产? 使用的注意事项有哪些?

2. 常用子宫平滑肌抑制药有哪些? 其作用机制是怎样的?

抑酸药

案例分析

模块 7
练习题

影响自体活性物质及免疫功能的药物

教学课件　　　　思维导图

　　自体活性物质又称局部激素,由体内多种组织产生,以旁分泌方式到达邻近部位发挥特定作用,而不进入血液循环。自体活性物质包括组胺、白三烯、前列腺素、血管紧张素、5-羟色胺、多肽类(如 P 物质和内皮素等)、一氧化氮和腺苷等,具有不同的化学结构和药理学活性。本模块所介绍的药物包括天然和人工合成的自体活性物质、抑制某些自体活性物质或干扰其与受体相互作用的自体活性物质阻断药。

　　影响免疫功能的药物能够刺激、增强或抑制机体免疫功能,在恶性肿瘤、自身免疫性疾病、免疫缺陷、器官移植等疾病的治疗中具有重要作用。影响免疫功能的药物分为免疫抑制药(immunosuppressive drugs)和免疫增强药(immunopotentiating drugs)两类。

任务 1 | 组胺和抗组胺药

学习目标

1. 掌握抗组胺药的分类、代表药物、药理作用、临床应用、不良反应和注意事项。
2. 熟悉第一代和第二代 H_1 受体阻断药的作用特点。
3. 了解组胺受体的分类、分布及效应。
4. 能依据临床表现等合理选择抗组胺药，正确用药，及时处置不良反应。
5. 具备与患者及其家属进行有效沟通、开展用药咨询服务、指导患者合理用药的职业素养，关心、爱护患者。

临床情景

患者，男性，21 岁。进食海鲜 30min 后突发全身皮肤瘙痒，周身可见大小不等的风团，诊断为荨麻疹。查体：神志清醒，生命指征平稳；全身多处可见大小不等、圆形或椭圆形的鲜红色风团，以背部为主，部分融合成片，中间可见抓痕，奇痒，压之褪色；无发热、头痛、恶心、腹泻等症状。既往体健，无特殊病史。实验室检查：血象正常。

诊断：荨麻疹。

处方：氯雷他定片，每次 10mg，每日 1 次，口服。

学习任务

课前：该患者发病的诱因是什么？荨麻疹的常见诱因有哪些？

课中：H_1 受体阻断药的药理作用、临床应用有哪些？ H_1 受体阻断药使用期间有哪些注意事项？

课后：可用于治疗荨麻疹的药物有哪些？如何防止荨麻疹复发？

第一节　组　胺

组胺（histamine）由组氨酸在组氨酸脱羧酶催化下脱羧而成，是具有多种生理活性的重要的自体活性物质，广泛分布在体内各组织中，其中以与外界接触的支气管黏膜、皮肤和胃肠黏膜中含量最高。在正常情况下，组胺主要以无活性形式（结合型）贮存，当机体发生变态反应或受理化等因素刺激时，组胺以活性形式（游离型）释放，作用于组胺受体产生效应，主要表现为 I 型过敏反应（变态反应）。组胺本身无治疗意义，但可用于诊断真性胃酸缺乏症和麻风病。

组胺通过与靶细胞膜表面的组胺受体结合而发挥其生物学功能。迄今为止确定的组胺受体有四种亚型，分别被命名为 H_1、H_2、H_3、H_4，均为 G 蛋白偶联受体。组胺受体的激动效应及受体阻断药见表 8-1-1。

表 8-1-1　组胺受体的激动效应及阻断药

受体	分布	激动效应	受体阻断药
H_1	平滑肌、血管、心脏、中枢神经	支气管、胃肠、子宫等平滑肌收缩;毛细血管扩张、通透性增强;心房肌收缩增强;房室结传导减慢;中枢觉醒反应	苯海拉明、异丙嗪等
H_2	胃壁细胞、血管、心肌、中枢神经、肥大细胞	胃壁细胞分泌增多;血管扩张;心室收缩加强;窦房结心率加快	西咪替丁、雷尼替丁等
H_3	中枢组胺能神经突触前膜	中枢与外周神经末梢负反馈性调节组胺释放	替洛利生
H_4	白细胞、肥大细胞	趋化反应,分泌细胞因子	

【药理作用】

1. 心血管　组胺对心血管系统最突出的作用是扩张小血管,H_1 受体和 H_2 受体均参与介导小动脉和小静脉的扩张作用。血管扩张使外周阻力降低、血压下降,伴有面色潮红、头痛等症状。可增加毛细血管的通透性,导致渗出增多,引起水肿,主要与兴奋 H_1 受体有关。对心脏的作用包括增强心肌收缩力、加快心率和减慢房室传导,对心脏的兴奋作用主要与兴奋 H_2 受体有关,减慢传导作用主要与兴奋 H_1 受体有关。

2. 平滑肌　组胺可兴奋支气管、胃肠道和子宫平滑肌,该作用主要与兴奋 H_1 受体有关。正常人使用常规剂量组胺不会引起气道阻力明显增加,但是哮喘患者对组胺的敏感性是正常人的 100~1 000 倍,使用组胺可引起气道痉挛甚至呼吸困难。

3. 腺体　组胺可激动胃壁细胞上的 H_2 受体,促进胃酸分泌,也可刺激胃主细胞,使胃蛋白酶分泌增加。常规剂量组胺对其他腺体的分泌无明显影响,大剂量时可引起肾上腺髓质分泌增加。

4. 神经　组胺对中枢具有兴奋作用,参与维持觉醒,与其激动中枢组胺受体有关。组胺对感觉神经末梢具有强烈的刺激作用,尤其是调节痛和痒的感觉神经末梢,该效应由 H_1 受体调节。

【临床应用】

组胺曾用于诊断性试验,但因不良反应较严重,现已少用。临床常用拟组胺药倍他司汀。

倍他司汀

倍他司汀(betahistine)可激动组胺 H_1 受体,引起血管扩张,但不增加毛细血管的通透性。主要用于治疗梅尼埃病,可纠正内耳血管的痉挛,减轻迷路积水,消除耳鸣、眩晕等症状;也可用于治疗急性缺血性脑血管疾病,如脑栓塞、一过性脑供血不足等;对各种原因引起的头痛有缓解作用。可引起胃部不适、恶心、皮肤瘙痒等不良反应。

第二节　抗组胺药

抗组胺药(antihistaminics)即组胺受体阻断药,是一类能竞争性阻断组胺与其受体结合,产生抗组胺作用的药物。临床常用 H_1 受体阻断药、H_2 受体阻断药。

一、H_1 受体阻断药

目前已有 50 多种 H_1 受体阻断药供临床应用。常用第一代药物包括苯海拉明(diphenhydramine)、异丙嗪(promethazine)、氯苯那敏(chlorpheniramine)、赛庚啶(cyproheptadine)等,临床常用于治疗皮肤黏膜过敏性疾病。此类药物因对中枢作用强、受体特异性差,可呈现明显的镇静和抗胆碱作用。第二代药物包括西替利嗪(cetirizine)、氯雷他定(loratadine)、特非那定(terfenadine)等,大多不易通过血-脑屏障,故无嗜睡作用,对打喷嚏、流清涕和鼻痒效果好,对鼻塞效果较差。地氯雷他定(desloratadine)是氯雷他定的主要活性代谢物,左西替利嗪(levocetirizine)是左西替利嗪的异构体,是更安全有效的抗组胺药。常用 H_1 受体阻断药的作用特点见表 8-1-2。

表 8-1-2　常用 H_1 受体阻断药作用特点

药物	作用特点			半衰期/h	维持时间/h
	镇静催眠	抗晕止吐	抗胆碱		
第一代					
苯海拉明	++	+	+++	4~7	3~6
异丙嗪	+++	++	+++	16~19	4~6
氯苯那敏	+	−	++	21~27	4~6
赛庚啶	++	+	++	3	4~6
第二代					
氯雷他定	−	−	−	8	24
西替利嗪	−	−	−	11	12~24
特非那定	−	−	−	16~23	12~24
地氯雷他定	+/−	−	−	27	12~24
左西替利嗪	+/−	−	−	6~10	24

注:+/−~+++ 表示作用由弱至强,− 表示无作用。

【体内过程】

多数第一代 H_1 受体阻断药口服易吸收,15~30min 起效,1~2h 血药浓度达峰值,作用持续 4~6h。体内分布广泛,多数药物可通过血-脑屏障。主要在肝脏代谢,经肾脏排泄。第二代 H_1 受体阻断药起效快,作用持续时间长,不易通过血-脑屏障。

【药理作用】

1. **抗 H_1 受体作用**　H_1 受体阻断药能竞争性地阻断 H_1 受体,完全对抗组胺的收缩支气管及胃肠道平滑肌作用;对组胺所致的毛细血管通透性增强引起水肿的抑制作用较强;但仅能部分对抗血管扩张和血压下降的作用;对组胺所致的胃酸分泌增多无效。

2. **中枢抑制作用**　多数第一代 H_1 受体阻断药可透过血-脑屏障,产生不同程度的中枢抑制作用,表现为镇静、催眠。此作用可能是由于阻断中枢的 H_1 受体而拮抗脑内源性组胺介导的觉醒反应所致。各药的中枢抑制程度不同,其中异丙嗪和苯海拉明作用最强。第二代 H_1 受体阻断药因不易透过血-脑屏障,故几乎无中枢抑制作用。

3. **防晕止吐**　部分 H_1 受体阻断药具有中枢性抗胆碱作用,可产生镇吐、防晕效应。

4. **其他作用**　较大剂量苯海拉明、异丙嗪等可产生局部麻醉作用和奎尼丁样作用。

【临床应用】

1. **皮肤黏膜变态反应性疾病**　H_1 受体阻断药对荨麻疹、过敏性鼻炎等疗效较好,现多用第二代药物;对昆虫咬伤引起的皮肤瘙痒和水肿有效;对血清病、药疹和接触性皮炎也有一定疗效;对支气管哮喘疗效差,对过敏性休克无效。

2. **呕吐及晕动病**　苯海拉明、异丙嗪对晕动病、放射病呕吐等有止吐作用。预防晕动病一般应在乘车船前 15~30min 用药。本类药物有致畸作用,不能用于妊娠呕吐。

3. **其他**　苯海拉明和异丙嗪可治疗过敏性疾病引起的失眠。也可与平喘药氨茶碱合用,以对抗氨茶碱中枢兴奋、失眠的副作用。异丙嗪可作为冬眠合剂的成分,用于人工冬眠。

【不良反应和注意事项】

1. **中枢神经系统反应**　第一代 H_1 受体阻断药易出现嗜睡、乏力、反应迟钝等,以苯海拉明、异丙嗪最常见,故机械操作者、驾驶员、高空作业者及精密仪器操作者等应避免使用,以防发生意外。

2. **消化道反应**　H_1 受体阻断药可引起厌食、恶心、呕吐、腹泻或便秘等,餐后服用可减轻症状。

3. **其他**　少数患者尤其是儿童可出现烦躁、失眠、头痛。多数药物具有抗胆碱作用,青光眼、尿潴留、幽门梗阻患者禁用。

二、H_2 受体阻断药

H_2 受体阻断药能选择性阻断胃黏膜壁细胞上的 H_2 受体,竞争性对抗组胺引起的胃酸分泌增加,防止或减轻胃黏膜损伤。常用药物有西咪替丁、雷尼替丁等(详见模块 7　任务 3　治疗消化性溃疡的药物)。

附:肥大细胞膜稳定药

本类药物的主要作用是稳定肥大细胞膜,抑制组胺、慢反应物质等过敏反应介质的释放。主要用于预防过敏性鼻炎、支气管哮喘的发作。

色甘酸钠

色甘酸钠(disodium cromoglycate)对速发型变态反应有较好的预防作用,能阻止肥大细胞释放组胺等过敏介质。

【体内过程】

色甘酸钠遇光和在水溶液中均不稳定,所以药用其微细粉末。口服吸收少(仅 1%),临床多用粉剂定量雾化吸入给药。血浆蛋白结合率为 60%~75%,$t_{1/2}$ 为 45~100min。主要以原形随胆汁和尿排出。

【药理作用】

1. 稳定肥大细胞膜　色甘酸钠阻止肥大细胞脱颗粒,减少组胺、5-羟色胺等过敏介质的释放。

2. 抑制气道感觉神经末梢功能和神经源性炎症　色甘酸钠无扩张气道作用,但是能抑制抗原及非特异性刺激如缓激肽、冷空气、运动等引起的气道痉挛。

3. 阻断炎症细胞介导的炎症反应　色甘酸钠可阻断由巨噬细胞和嗜酸性粒细胞介导的炎症反应,长期用药可改善气道高反应性。

【临床应用】

色甘酸钠粉雾剂主要用于支气管哮喘、过敏性鼻炎的预防性治疗。滴眼液可用于春季过敏性角膜炎、花粉症等。软膏制剂外用于皮肤瘙痒、过敏性湿疹等。起效较慢,用药数日至数周后显效,多在过敏性疾病高发季节前 2 周开始用药。

【不良反应和注意事项】

色甘酸钠不良反应少,粉雾剂吸入后偶有咽喉刺痛、呛咳等。

酮 替 芬

酮替芬(ketotifen)又名噻哌酮,预防支气管哮喘的作用较色甘酸钠强且持久。

【体内过程】

酮替芬口服易吸收,$t_{1/2}$ 为 10~22h。主要分布于支气管、肺、肝、肾等组织,经肝脏代谢后约 60% 经肾排泄。

【药理作用和临床应用】

酮替芬除有与色甘酸钠相似的阻断过敏介质释放作用外,还具有阻断 H_1 受体、拮抗 5-羟色胺和白三烯作用。临床可单独或与茶碱类、β_2 受体激动药合用于轻、中度哮喘的防治。也可用于过敏性鼻炎、荨麻疹及食物过敏的治疗。

【不良反应和注意事项】

酮替芬可出现短暂的嗜睡、疲倦乏力、头晕、口干等不良反应,继续用药可自行缓解或消失。妊娠期妇女、驾驶员和机械操作者慎用。

(梁　枫)

思考题

1. H_1 受体阻断药的临床应用有哪些?

2. H_1 受体阻断药的不良反应主要有哪些?

任务 2 | 白三烯和抗白三烯药

学习目标

1. 掌握抗白三烯药的分类、代表药物、药理作用、临床应用、不良反应和注意事项。
2. 熟悉抗白三烯药的作用特点。
3. 了解白三烯受体分类、分布及效应。
4. 能依据临床表现等合理选择抗白三烯药,正确用药,及时处置不良反应。
5. 具备与患者及其家属进行有效沟通、开展用药咨询服务、指导患者合理用药的职业素养,关心、爱护患者。

临床情景

患儿,男性,7 岁。自幼反复出现咳嗽、哮喘,每年春秋季接触花粉或运动后即出现打喷嚏、流清涕、咳嗽等,严重时出现哮喘、呼吸困难,大多可自行缓解,偶尔急诊入院治疗。

学习任务

课前:根据病史表现,该患儿可能的诊断是什么? 若要控制该症状的急性发作,可选用哪种药物?

课中:对该患儿单用吸入型糖皮质激素治疗欠佳时,可联用哪种药物?

课后:长期使用糖皮质激素和白三烯受体拮抗药的主要不良反应有哪些? 首选的长期抗炎药物是什么?

第一节 白 三 烯

白三烯(leukotrienes,LTs)是人体内重要的炎症介质,是花生四烯酸经 5-脂氧合酶代谢的产物。LTs 主要包括 LTA_4、LTB_4、LTC_4、LTD_4、LTE_4 等,后三者又称半胱氨酰白三烯(CysLTs)。CysLTs 受体主要分布于人体的呼吸道(包括呼吸道平滑肌细胞和气道巨噬细胞),有 CysLTR-1 和 CysLTR-2 两种亚型,在多种疾病的发生发展中发挥重要作用。

【药理作用】

1.**呼吸系统** LTs 可引起支气管收缩、黏液分泌增加,导致黏膜水肿。LTC_4 和 LTD_4 对呼吸道作用较强,是组胺的 1 000 倍以上。

2.**心血管系统** 静注 LTs 可引起先短暂升压(直接收缩外周血管所致)而后持久降压(LTs 引起心输出量和血容量减少所致)。LTs 还具有负性肌力作用。

3.**炎症与过敏反应** LTs 是引起炎症反应的重要介质,对单核细胞和巨噬细胞具有趋化作用,并产生细胞因子和释放溶酶体酶,在炎症反应中具有重要作用。还参与多种炎症性疾病的病理过程,尤其与慢性炎症如哮喘、风湿性关节炎、肾小球肾炎、炎症性肠病等发病关系密切。

4.肾脏 LTs 可收缩肾血管,减少肾小球滤过率。

第二节　抗白三烯药

抗白三烯药主要包括白三烯合成抑制药和白三烯受体阻断药,通过抑制白三烯合成或拮抗白三烯的生理活性,阻断白三烯所致的血管通透性增加、气道嗜酸性粒细胞浸润及支气管痉挛等作用。主要用于支气管哮喘患者的预防和治疗,也可用于鼻炎、肠炎、风湿性关节炎等治疗。

孟鲁司特

孟鲁司特(montelukast)为白三烯受体阻断药,对 CysLTs 有高度的亲和力和选择性。

【药理作用】

1.抗炎与抗过敏作用 孟鲁司特可减轻气道黏膜炎细胞浸润,显著降低气道内淋巴细胞、嗜酸性粒细胞、嗜碱性粒细胞和巨噬细胞等炎症细胞的数量。

2.舒张支气管平滑肌 孟鲁司特可缓解气道痉挛,降低气道高反应性。

【临床应用】

孟鲁司特用于成人及 15 岁以上儿童过敏性鼻炎、轻度哮喘的预防与长期治疗。对中、重度哮喘,须与糖皮质激素联合用药,作用更强,还可减少糖皮质激素的用量。

【不良反应和注意事项】

孟鲁司特不良反应较少,常见咳嗽、头痛、胃肠道不适、肝大、黄疸等。

同类药物还有扎鲁司特(zafirlukast)、普仑司特(pranlukast)用于成人及 12 岁以上儿童支气管哮喘的长期防治和预防。

齐 留 通

齐留通(zileuton)为 5-脂氧合酶抑制药。5-脂氧合酶可催化花生四烯酸生成 LTs,齐留通通过抑制 5-脂氧合酶,抑制白三烯(LTB_4、LTC_4、LTD_4、LTE_4)的生成,可用于预防和减轻支气管哮喘发作,减少糖皮质激素的用量。常见不良反应有恶心、咽喉肿痛,还可引起肝脏转氨酶升高。

附：前列腺素类和血栓素

前列腺素类(prostaglandins)作用广泛,部分人工合成药物用于心血管系统、消化系统和生殖系统疾病的治疗。血栓素是由血小板凝集产生的具有血管收缩作用的物质。

前列腺素和血栓素作用复杂,对血管、消化道、呼吸道和生殖系统等平滑肌,血细胞和神经系统均有明显作用。①对血管平滑肌:TXA_2 和 $PGF_{2\alpha}$ 具有缩血管作用,尤其对静脉血管作用强。PGE_2 和 PGI_2 可激活腺苷酸环化酶,扩张小动脉。②对内脏平滑肌:PGE_2 和 PGI_2 能松弛呼吸道平滑肌,而 TXA_2、PGD_2 和 $PGF_{2\alpha}$ 则有收缩呼吸道平滑肌作用。TXA_2、$PGF_{2\alpha}$ 和低浓度 PGE_2 可收缩子宫平滑肌,而 PGI_2 和高浓度 PGE_2 可松弛子宫平滑肌。③对血小板:PGE_1 和 PGI_2 抑制血小板聚集,TXA_2 具有强烈促进血小板聚集作用。④对中枢和外周神经系统:致热原促使白介素-1 释放,白介素-1 又促进 PGE_2 的合成和释放,PGE_2 可升高体温。经脑室注入 PGD_2 可产生生理性睡眠。

1.作用于心血管系统的前列腺素类

前列地尔

前列地尔(alprostadil,PGE_1)具有扩张血管和抑制血小板聚集的作用,可增加血流量,改善微循环。$t_{1/2}$ 为 5~10min。静脉滴注后经肺循环代谢,经肾脏排泄。与抗高血压药和抗血小板药有协同作用。阴茎注射可用于阳痿的诊断和治疗。不良反应主要有食欲减退、头痛、低血压、心动过速和注射局部炎症反应等。妊娠期和哺乳期妇女禁用。

依前列醇

依前列醇（PGI$_2$）具有显著的扩张血管和抑制血小板聚集的作用，是最强的抗凝血药。$t_{1/2}$ 为 2~3min，经肺循环时不被代谢。可替代肝素用于体外循环和血液透析时防止血栓形成，也可用于缺血性心脏病、外周血管病、肺动脉高压和多器官衰竭，详见模块 5　任务 1　抗凝血药。

2. 作用于消化系统的前列腺素类

米索前列醇

米索前列醇为 PGE$_1$ 的衍生物，能抑制基础胃酸分泌和组胺、胃泌素等引起的胃酸分泌，同时还具有刺激黏液和碳酸氢盐的分泌，增强黏膜的保护作用。口服吸收迅速，临床用于消化性溃疡的治疗，详见模块 7　任务 3　治疗消化性溃疡的药物。

3. 作用于生殖系统的前列腺素类

地诺前列酮

地诺前列酮（dinoprostone, PGE$_2$）对各期妊娠子宫具有收缩作用，还能使宫颈软化、成熟而扩张。阴道栓剂用于流产、引产。

地诺前列素

地诺前列素（dinoprost, PGF$_{2a}$）具有刺激平滑肌收缩作用，可兴奋妊娠子宫的各个阶段。用于流产、引产。

卡前列素

卡前列素（carboprost）为 PGF$_{2\alpha}$ 的衍生物，兴奋子宫平滑肌收缩作用强，且可扩张子宫颈。不良反应少。用于流产和治疗宫缩无力所致产后顽固性出血。

（梁　枫）

思考题

1. 白三烯的药理作用有哪些？
2. 抗白三烯药主要包括哪几类？

任务 3 | 影响免疫功能的药物

参与免疫反应的各种细胞、组织和器官,如胸腺、骨髓、淋巴结、脾、扁桃体及分布在全身组织中的淋巴细胞和浆细胞等,构成机体的免疫系统。免疫系统的主要生理功能是识别、破坏和清除异物,以维持机体内环境稳定。免疫反应可分为特异性免疫和非特异性免疫。特异性免疫包括细胞免疫和体液免疫,分别由 T 细胞和 B 细胞介导,并有多种与免疫功能相关的细胞因子参与。非特异性免疫由吞噬细胞、补体、干扰素等吞噬、清除异物,并介导和参与特异性免疫的杀伤反应。机体免疫系统在抗原刺激下所发生的一系列变化称为免疫应答。正常的免疫应答在抗感染、抗肿瘤方面具有重要意义。

组成免疫系统各组分及其功能正常是免疫功能的基础,其中任何因素出现异常都可导致免疫功能障碍,出现免疫病理反应,包括变态反应、自身免疫性疾病、免疫缺陷病和免疫增殖性疾病等,表现为机体的免疫功能低下或免疫功能过度增强,严重时可导致死亡。可使用影响免疫功能的药物调节机体的免疫过程。

影响免疫功能的药物通过影响机体免疫过程的一个或多个环节发挥免疫抑制或免疫增强作用,防治免疫功能异常所致疾病。影响免疫功能的药物根据药物对免疫功能的作用分为免疫抑制药和免疫增强药。

临床情景

患者,男性,25 岁。反复发作性水肿、蛋白尿 11 年,加重伴少尿 6 个月。自述年幼时常患感冒、扁桃体炎,约 11 年前首次出现肉眼血尿、颜面水肿、腰酸胀痛,诊断为急性肾炎,接受青霉素 G、泼尼松及利尿药等药物治疗。5 年前开始经常出现颜面及双下肢水肿,食欲明显下降,乏力,消瘦,面色蜡黄,每日尿量逐渐减至 40ml 左右,诊断为尿毒症,接受血液透析至今。近半年来自觉症状加重,每日尿量 150ml 左右。查体:神清,贫血貌,血压 190/120mmHg,颜面及双下肢水肿;肾脏未扪及,肾区无压痛和叩击痛;余未见异常。血常规检查:RBC $2.07×10^{12}$/L,Hb 67g/L。肾功能检查:BUN 54mmol/L,Cr 1 007μmol/L。

诊断:慢性肾衰竭(尿毒症期)。

拟行异体肾移植术。

学习任务

课前:终末期器官功能衰竭的治疗措施是什么? 免疫系统的主要生理功能有哪些? 影响免疫功能的药物有哪几类?

课中:器官移植术前后需使用哪些药物? 其临床应用、不良反应有哪些?

课后:该患者肾移植术后1周出现发热、尿量减少、高血压、移植肾区压痛、血肌酐升高,诊断为肾移植后排斥反应。为防止此种情况发生,预防性应用环孢素是否正确? 请说明原因。该患者进行异体肾移植术后,为防止机体出现排斥反应,医生的治疗方案如下:

1. 甲泼尼龙,术前3天每日1次,每次500mg,静脉滴注;术后改为泼尼松,口服,每日1次,每次30mg;3个月后泼尼松减量,口服,每日1次,每次10mg,持续4年以上。

2. 环孢素,每日1次,每次2g,口服。术前3h开始服用,连用1周后改用维持量,每日1次,每次1g。

3. 硫唑嘌呤,手术当天350mg,口服,1次服用;7天内递减至150mg,每日1次,口服,长期维持。

试分析该治疗方案是否合理? 请说明原因。

第一节　免疫抑制药

免疫抑制药是指能抑制有关免疫细胞的增殖和功能、降低机体免疫反应的药物。

环　孢　素

环孢素(cyclosporin)又名环孢素 A,1972年发现其具有免疫抑制作用,是目前最受重视的免疫抑制药之一。

【体内过程】

环孢素口服吸收慢而不完全,生物利用度为 20%~50%。也可静脉注射。在血液中约 50% 被红细胞摄取,30% 与血浆蛋白结合,4%~9% 结合于淋巴细胞,血浆中游离药物仅 5%,成人 $t_{1/2}$ 为 10~27h。主要经肝代谢,随胆汁排出,有明显的肝肠循环。

【药理作用】

环孢素可选择性抑制辅助性 T 细胞产生细胞因子,如白介素-2,从而阻断 T 细胞对抗原的分化增殖性反应,抑制自然杀伤细胞的杀伤能力;还可抑制 T 细胞产生干扰素。由于环孢素仅抑制 T 细胞介导的细胞免疫,不至于显著影响机体的一般防御能力。

【临床应用】

环孢素用于防治异体器官或骨髓移植后的排斥反应;也可用于治疗红斑狼疮、银屑病等自身免疫性疾病。

【不良反应和注意事项】

环孢素不良反应较其他免疫抑制药少,主要是肾毒性,发生率约 70%,表现为剂量依赖性的肾小球滤过率下降、血肌酐升高,停药后可恢复;其次为肝损害,早期可见血清转移酶升高、黄疸等;继发感染也较为常见,多为病毒感染;此外,还有中枢神经系统毒性、胃肠反应、感觉异常、嗜睡及多毛症等。

糖皮质激素

糖皮质激素如泼尼松、泼尼松龙、地塞米松等对免疫反应的多个环节均有抑制作用。可抑制巨噬细胞对抗原的吞噬和处理、阻止淋巴细胞增殖、破坏淋巴细胞、抑制淋巴因子产生、减少抗体生成等。临床主要用于器官移植对抗排斥反应和治疗自身免疫性疾病。由于作用广泛,不良反应较多,通常不作为首选药(详见模块 6　任务 1　肾上腺皮质激素类药物)。

他克莫司

他克莫司(tacrolimus)是一种强效免疫抑制药。口服吸收快,生物利用度约 25%,体内分布广,经肝代谢,$t_{1/2}$ 为 7h。作用与环孢素相似但更强。用于肝、肾移植后的排斥反应;对自身免疫性疾病有一定的疗效,可用于风湿性关节炎、肾病综合征、1 型糖尿病等治疗;也可用于治疗系统性红斑狼疮。不良反应与环孢素相似,肾毒性及神经毒性的发生率更高,而多毛症发病率较低;胃肠道反应及代谢异常均可发生。

硫唑嘌呤、甲氨蝶呤和巯嘌呤

硫唑嘌呤(azathioprine)、甲氨蝶呤和巯嘌呤是嘌呤类抗代谢药,均通过干扰嘌呤代谢进而抑制 DNA、RNA 和蛋白质合成。对 T 细胞的抑制作用较明显,兼有抑制细胞免疫和体液免疫作用,但不抑制巨噬细胞的功能。主要用于治疗肾移植的排斥反应、类风湿关节炎和系统性红斑狼疮等自身免疫性疾病。

环磷酰胺、白消安和塞替派

环磷酰胺、白消安和塞替派均能选择性地杀伤增殖期淋巴细胞,并抑制其转化为淋巴母细胞。主要选择性抑制 B 细胞,大剂量也能抑制 T 细胞,对自然杀伤细胞也有抑制作用。主要用于防治类风湿关节炎、肾小球肾炎等自身免疫性疾病及器官移植后的排斥反应。大剂量或久用可引起严重骨髓抑制,表现为粒细胞减少,甚至再生障碍性贫血。还可导致药物性肝损害。

抗淋巴细胞球蛋白

抗淋巴细胞球蛋白(antilymphocyte globulin,ALG)属于强免疫抑制药,是用人的淋巴细胞、胸腺细胞等免疫马、兔等动物后,从动物血清中分离获得的抗人淋巴细胞的免疫球蛋白。用人胸腺细胞免疫动物获得的制品称为抗胸腺细胞球蛋白(antithymocyte globulin,ATG)。主要作用于 T 细胞,对细胞免疫有较强的抑制作用,其特点是无骨髓毒性。主要用于防治器官移植的排斥反应,特别是对肾脏移植的急性排斥反应效果较好,但对体液免疫所致超急性排斥反应无效。可致过敏反应且发生率高,多在其他免疫抑制药无效时应用。

吗替麦考酚酯

吗替麦考酚酯(mycophenolate mofetil,MMF)又称霉酚酸酯,具有独特的免疫抑制作用和较高的安全性。口服后在体内迅速代谢为活性代谢产物霉酚酸(mycophenolic acid,MPA),可抑制 T 细胞和 B 细胞的增殖及抗体生成,抑制细胞毒性 T 细胞的产生;能快速抑制单核细胞的增殖,减轻炎症反应;减少细胞黏附分子,抑制血管平滑肌的增生。主要用于器官移植术后预防排斥反应。主要不良反应为腹泻,减量或对症治疗可消除,无明显肝、肾毒性。

单克隆抗体

目前应用的单克隆抗体(monoclonal antibody,McAb)有巴利昔单抗、莫罗单抗-CD3(OKT3)等,是经过杂交技术制备的一类特殊抗体,作为免疫抑制药广泛应用于临床。主要用于防治肾移植术后的急性排斥反应、同种骨髓移植时移植抗宿主效应,也可用于自身免疫性疾病的治疗。不良反应有寒战、高热、呼吸困难、呕吐等,偶可引起严重过敏反应。

第二节　免疫增强药

免疫增强药是指单独使用或与抗原同时使用时增强机体免疫应答反应的药物。

卡 介 苗

卡介苗(bacillus Calmette-Guérin vaccine,BCG)是牛型结核分枝杆菌的减毒活菌苗,能刺激多种免疫活性细胞,增强机体的非特异性免疫功能;也能提高机体的体液免疫和细胞免疫水平,增强巨噬细胞的吞噬功能。除了用于预防结核病,还可用于肿瘤的辅助治疗,如白血病、黑色素瘤、肺癌等。近年来也用于膀胱癌术后灌洗,可预防肿瘤复发。不良反应较多,可见注射部位红斑、硬结或溃疡;瘤内注射偶见过敏性休克;剂量过大可降低免疫功能。

干 扰 素

干扰素(interferon,IFN)除了具有抗病毒、抑制肿瘤细胞增殖作用,还具有免疫调节作用。致敏前或大剂量给药可抑制体液免疫和细胞免疫;反之,致敏后或小剂量给药可增强体液免疫和细胞免疫功能。主要用于治疗免疫功能低下或免疫缺陷所致复发性或慢性感染;对成骨肉瘤疗效较好,也可辅助用于部分肿瘤化疗、放疗及手术后。不良反应较少,可有发热、流感样症状、皮疹、嗜睡等。剂量过大可致白细胞及血小板减少。

白介素-2

白介素-2(interleukin-2,IL-2)由T细胞和NK细胞产生的细胞因子,故又名T细胞生长因子(T cell growth factor,TCGF)。主要功能是促进辅助性T细胞、细胞毒性T细胞、自然杀伤细胞及B细胞的活化与增殖;诱导淋巴因子激活的杀伤细胞、肿瘤浸润淋巴细胞的增生并增强其活性;诱导干扰素产生。主要用于治疗黑色素瘤、肾细胞癌、霍奇金淋巴瘤等,可控制肿瘤发展,减小肿瘤体积,延长生存时间。不良反应有发热、寒战,胃肠道反应如厌食、恶心、呕吐等,皮肤反应如弥漫性红斑,还有心肺反应、肾脏反应、血液系统反应及神经系统症状等。

左旋咪唑

左旋咪唑(levamisole,LMS)是一种口服有效的免疫调节药。对免疫功能低下者,可促进抗体生成,使低下的细胞免疫功能恢复正常,还能增强巨噬细胞的趋化和吞噬功能,但对正常人和动物几乎不影响抗体的产生。主要用于免疫功能低下者,以恢复免疫功能,增强机体抗病能力;与抗肿瘤药合用治疗恶性肿瘤,可巩固疗效,减少复发或转移,延长缓解期;可改善多种自身免疫性疾病如类风湿关节炎、系统性红斑狼疮等症状。不良反应主要有恶心、呕吐、腹痛等,少见发热、头痛、乏力等,偶见肝功能异常、白细胞及血小板减少。

转移因子

转移因子(transfer factor,TF)是从健康人的淋巴细胞或脾、扁桃体等淋巴组织提取的一种核酸肽,无免疫原性。可将供体的细胞免疫信息转移给未致敏受体的淋巴细胞,使之增殖、分化为致敏淋巴细胞,从而获得供体样的细胞免疫功能,但不转移体液免疫,作用较持久。主要用于先天性或获得性细胞免疫缺陷病的补充治疗,还可用于某些难以控制的病毒性或真菌性感染以及恶性肿瘤的辅助治疗。不良反应较少。

胸 腺 素

胸腺素(thymosin)又名胸腺肽,可促进T细胞分化成熟,增强T细胞对抗原或其他刺激的反应,同时增强白细胞、红细胞的免疫功能,并调节机体的免疫平衡。主要用于治疗胸腺依赖性免疫缺陷性疾病、某些自身免疫性疾病、晚期肿瘤和病毒感染。常见不良反应为发热,少数出现过敏反应。

(梁 枫)

思考题

1. 简述环孢素和糖皮质激素在免疫抑制作用上的特点。
2. 免疫抑制药的主要临床应用是什么?
3. 简述免疫增强药的药理作用和常用药物有哪些?

案例分析

模块8
练习题

ER 8-3

ER 8-4

抗 菌 药

ER 9-1   ER 9-2

教学课件   思维导图

    感染性疾病是临床常见的疾病之一,严重威胁着人类的生命和健康。抗菌药在治疗感染性疾病、挽救患者生命、保障公共卫生安全中发挥了极其重要的作用。合理应用抗菌药是提高疗效、降低药物不良反应发生率、减少或者延缓细菌耐药发生的关键。本模块介绍了抗菌药概述、β-内酰胺类抗生素、大环内酯类抗生素、林可霉素类抗生素、多肽类抗生素、氨基糖苷类抗生素、四环素类抗生素、氯霉素类抗生素、人工合成抗菌药和抗结核药等。

任务 1 | 抗菌药概述

学习目标

1. 掌握抗菌药的常用术语和作用机制。
2. 熟悉细菌耐药性概念和产生机制。
3. 了解机体、药物、病原体三者关系及抗菌药合理应用。
4. 能依据机体、药物、病原体三者之间的辩证关系合理选择抗菌药,减少或避免细菌耐药性的产生。
5. 具备合理使用抗菌药的职业素养。

从广义上来说,对病原生物包括细菌和其他微生物、寄生虫以及癌细胞所致疾病的药物治疗统称为化学治疗(chemotherapy),简称化疗。所以广义的化学治疗药物包括抗病原生物药物(抗菌药、抗真菌药、抗病毒药、抗寄生虫药)和抗肿瘤药物。

在应用抗病原生物药物治疗感染性疾病的过程中,应注意机体、病原体与药物三者的相互关系(图9-1-1)。抗病原生物药物的作用是制止疾病的发展,为机体彻底消灭或清除病原体创造有利条件,但是使用不当可导致不良反应的发生,危害机体健康,而病原生物在与药物的接触中也会产生耐药性,使药物失去抗菌效果。因此,合理使用抗病原生物药物具有非常重要的意义。

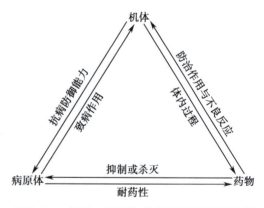

图 9-1-1　机体、病原体、药物相互作用的关系

知识拓展

伍连德与 1910 年鼠疫事件

1910 年年底,一场凶狠的瘟疫在中国东北陡然暴发,伍连德临危受命出任东三省防疫事务总处总医官。当时医学界认为鼠疫是由鼠传染给人的腺鼠疫,灭鼠是遏制鼠疫的唯一办法。伍连德不畏权威提出疑问,不顾风险深入疫区调查研究,冒着生命危险进行了中国第一例尸体解剖,并从鼠疫患者尸体的器官和血液中发现了鼠疫耶尔森菌。伍连德制定了防治鼠疫的全新策略:组建各级防疫组织,颁布各种防疫法规,全员佩戴专门设计的加厚口罩(被称为"伍氏口罩"),对疫区严格消毒,追溯流行线路,加强铁路检疫,将学校、列车车厢等改装成消毒所和临时医院,隔离数千例接触者,上书政府焚烧数千具感染鼠疫尸体,彻底消除传染源。经过一系列卓有成效的防控措施后,死亡人数急速下降,感染者越来越少,最终仅用 67 天就平息了这场瘟疫。伍连德将科学的卫生防疫思想引入中国,是中国卫生防疫、检疫事业、微生物学、流行

病学、医学教育和医学史等领域的先驱,是中国现代卫生防疫事业的奠基人,是中国现代医学的领军人物。

第一节　抗菌药常用术语

抗菌药(antibacterial drugs)是指对细菌有抑制或杀灭作用的药物,包括抗生素和人工合成抗菌药。

抗生素(antibiotics)是由某些微生物(包括细菌、真菌、放线菌等)产生的能杀灭或抑制其他微生物的物质。抗生素有天然抗生素和人工半合成抗生素之分,前者由微生物产生,后者是对天然抗生素进行结构改造而获得的。

抗菌谱(antibacterial spectrum)是指抗菌药的抗菌范围,是临床选药的基础。仅对一种细菌或某属细菌有效的药物称为窄谱抗菌药,如异烟肼仅对结核分枝杆菌有效。对多种病原微生物有抑制或杀灭作用的药物称为广谱抗菌药,如左氧氟沙星不仅对革兰氏阳性菌(Gram-positive bacteria,G^+菌)和革兰氏阴性菌(Gram-negative bacteria,G^-菌)有作用,而且对衣原体、支原体等也有作用。

抑菌药(bacteriostatic drugs)是指仅能抑制细菌生长繁殖而无杀灭细菌作用的抗菌药,如四环素类、红霉素类等。

杀菌药(bactericidal drugs)是指具有杀灭细菌作用的抗菌药物,如青霉素类、头孢菌素类等。

抗菌活性(antibacterial activity)是指药物抑制或杀灭细菌的能力。体外抗菌活性常用最低抑菌浓度(minimum inhibitory concentration,MIC)和最低杀菌浓度(minimum bactericidal concentration,MBC)表示。前者是指能够抑制培养基内细菌生长的最低药物浓度,后者是指可杀灭培养基内细菌的最低药物浓度。

化疗指数(chemotherapeutic index,CI)是评价化学治疗药物有效性与安全性的重要参数,常以半数致死量(LD_{50})与半数有效量(ED_{50})之比(LD_{50}/ED_{50})或5%的致死量(LD_5)与95%的有效量(ED_{95})之比(LD_5/ED_{95})来表示。在通常情况下,化疗指数越大,表明该药物的毒性越小、疗效越大。但化疗指数高者并不是绝对安全,如青霉素类化疗指数大,几乎对机体无毒性,但可能发生过敏性休克这种严重的不良反应。

抗生素后效应(post antibiotic effect,PAE)是指细菌与抗菌药短暂接触后药物浓度逐渐下降,降到MIC以下或消失后细菌生长仍受到持续抑制的效应。如克拉霉素对葡萄球菌和链球菌的PAE为4~6h。

首次接触效应(first exposure effect)是指抗菌药在初次接触细菌时有强大的抗菌效应,再度接触时不再出现该强大效应,或连续与细菌接触后抗菌效应不再明显增强,需要间隔相当长时间以后才会再起作用。如庆大霉素有明显的首次接触效应。

第二节　抗菌药作用机制

抗菌药可特异性干扰细菌的生化代谢过程,影响其结构和功能,使其失去正常生长繁殖的能力,从而达到抑制或杀灭细菌的目的(图9-1-2)。根据抗菌药作用环节不同,其作用机制分为以下几类。

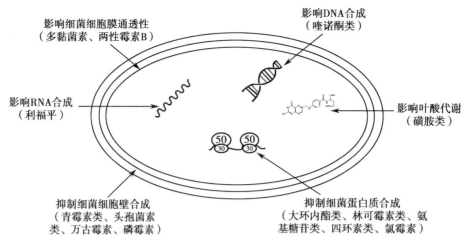

图 9-1-2　抗菌药作用机制示意图

一、抑制细菌细胞壁合成

细菌细胞壁位于细胞膜之外,主要功能是维持细菌固有形态和抵抗内外渗透压差的变化。细胞壁的主要成分为肽聚糖,它构成巨大网状分子包围着整个细菌。青霉素类、头孢菌素类、磷霉素、万古霉素等通过抑制细菌细胞壁的合成而发挥作用。青霉素类与头孢菌素类的化学结构相似,它们都属于 β-内酰胺类抗生素,其作用机制之一是与青霉素结合蛋白(penicillin binding proteins,PBPs)结合,抑制转肽作用,阻碍肽聚糖的交叉联结,导致细菌细胞壁缺损,丧失屏障作用,胞外水分进入胞内致使细菌细胞肿胀、变形、破裂而死亡。因此,抑制细菌细胞壁合成的药物均为杀菌药。人体细胞无细胞壁,这也是抑制细菌细胞壁合成的抗菌药对人体细胞几乎没有毒性的原因。

二、影响细菌细胞膜通透性

细菌细胞膜是一种半透膜,具有物质转运、生物合成、分泌等功能。多黏菌素类抗生素含有多个阳离子极性基团,能与细菌细胞膜中的磷脂结合,使膜功能受损,细菌内物质外漏,导致细菌死亡。

三、抑制细菌蛋白质合成

核糖体是蛋白质的合成场所。细菌的核糖体为 70S 复合物,由 30S 和 50S 两个亚基组成,而人体细胞的核糖体为 80S 复合物,由 40S 和 60S 两个亚基组成。人体细胞的核糖体与细菌核糖体的生理、生化功能不同,抗菌药在临床常用剂量能选择性影响细菌蛋白质的合成而不影响人体蛋白质的合成。四环素类抗生素能与细菌核糖体 30S 亚基结合,从而抑制细菌蛋白质的合成。大环内酯类(红霉素等)、林可霉素类、氯霉素能与细菌核糖体 50S 亚基结合,从而抑制细菌蛋白质合成。氨基糖苷类抗生素影响细菌蛋白质合成的全过程,对起始、延伸、终止阶段都有抑制作用,并且能导致蛋白质密码子的错配,从而抑制蛋白质的合成。

四、影响细菌核酸和叶酸代谢

喹诺酮类能抑制细菌 DNA 促旋酶和拓扑异构酶Ⅳ,从而影响细菌的 DNA 复制,产生杀菌作用。利福平能特异性抑制细菌 DNA 指导的 RNA 聚合酶,阻碍 mRNA 的合成而杀灭细菌。磺胺类可抑制细菌二氢蝶酸合酶,妨碍叶酸代谢,从而影响核酸合成和复制,抑制细菌的生长和繁殖。

第三节　细菌耐药性

一、细菌耐药性的概念

细菌耐药性（bacterial resistance）是指在常规治疗剂量下细菌对抗菌药的敏感性下降甚至消失，导致抗菌药对耐药菌的疗效降低或无效。耐药性根据发生的原因可分为固有耐药（intrinsic resistance）和获得性耐药（acquired resistance）。固有耐药性又称天然耐药性，是由细菌染色体基因决定的，代代相传，不会改变。如链球菌对氨基糖苷类天然耐药。获得性耐药是由于细菌与抗菌药接触后，由质粒介导，通过改变自身的代谢途径，使其不被抗菌药杀灭。如金黄色葡萄球菌产生β-内酰胺酶而对β-内酰胺类抗生素耐药。细菌的获得性耐药可因不再接触抗菌药而消失，也可由质粒将耐药基因转移给染色体而代代相传，成为固有耐药。

对抗菌药产生耐药的细菌称为耐药菌。细菌对多种抗菌药耐药称为多重耐药（multi-drug resistance，MDR），又称多药耐药。

二、细菌耐药性的产生机制

（一）产生灭活酶

细菌产生灭活酶使抗菌药失活是耐药性产生的最重要机制之一。常见的灭活酶有：①β-内酰胺酶，使抗生素的β-内酰胺环裂解而灭活。②氨基糖苷钝化酶，如乙酰化酶、腺苷化酶和磷酸化酶可以将乙酰基、腺苷酰基和磷酰基连接到氨基糖苷类的氨基或羟基上，使其结构改变而失去抗菌活性。

（二）改变抗菌药作用靶点

抗菌药的作用靶点是细菌生长繁殖中重要的和必需的结构和分子，抗菌药通过干扰上述结构和分子而发挥抗菌作用。耐药菌通过基因表达的改变，导致上述结构和分子在结构或数量方面发生变化，使得抗菌药的作用降低。①靶点结构的改变：结构发生突变的靶蛋白与抗菌药的亲和力低，抗菌药与其结合能力降低，导致抗菌作用降低。②靶点数量的改变：细菌高表达药物靶点，使得原剂量或浓度的抗菌药不足以完全与药物靶点结合，表现为抗菌药存在时仍有足够量的靶蛋白可以维持细菌的生长繁殖。③产生保护药物靶点的蛋白质：细菌产生新的蛋白质阻碍抗菌药与靶点的结合。

（三）减少药物积聚

减少药物积聚包括药物进入减少和外排增加，其原因为细菌外膜通透性降低和主动外排系统的增强。①药物进入减少：表现为细菌外膜通透性降低或细胞壁增厚。②药物外排增加：细菌存在天然的药物外排系统（又称主动外排泵），可将有害物质包括药物排出菌体。革兰氏阳性菌与革兰氏阴性菌均存在不同的主动外排泵，但是主动外排泵的增强在革兰氏阴性菌中具有更重要的地位。由于外排泵的底物选择性很低，常导致细菌多重耐药。

（四）其他机制

1. 改变代谢途径　对磺胺类耐药的细菌可自行摄取外源性叶酸或产生对氨基苯甲酸增多。

2. 形成生物被膜　细菌生物被膜是细菌在生长过程中附着于固体表面而形成的特殊膜状结构，可阻止抗菌药进入被膜内的细菌，从而导致耐药性的产生。

随着抗菌药选择性压力的增加，上述耐药机制常常相伴出现。

三、耐药基因的转移方式

耐药基因的转移方式包括垂直转移和水平转移。天然耐药菌的耐药基因存在于细菌的染色质,该基因可通过细菌的繁殖传递给下一代细菌,即垂直转移。获得性耐药菌的耐药基因存在于染色质外,通过水平转移方式在细菌间传播,可转移的 DNA 片段包括质粒、转座子、整合子。耐药基因的水平转移可以发生在同种属细菌之间,也可发生在不同种属细菌之间,因而耐药性传播面广、传播速度快;而且同一细菌可接受不同的耐药基因,因而容易出现多重耐药。

第四节　抗菌药合理应用

合理应用抗菌药是提高疗效、降低不良反应发生率、减少或减缓细菌耐药性发生的关键。抗菌药的临床应用包括治疗性应用和预防性应用两种。

1. 抗菌药的治疗性应用

(1)诊断为细菌性感染才能应用抗菌药。

(2)尽早确定病原菌,根据病原菌种类及药物敏感试验结果选用抗菌药。

(3)抗菌药的经验治疗。

(4)按照药物的抗菌作用及其体内过程特点选择抗菌药。

(5)综合患者病情、病原菌种类及抗菌药的特点制订抗菌治疗方案。

2. 抗菌药的预防性应用

(1)围手术期抗菌药的预防性应用:主要是预防手术部位感染,包括浅表切口感染、深部切口感染、手术所涉及的器官或腔隙感染,但不包括与手术无直接关系的、术后可能发生的其他部位感染。

(2)非手术患者抗菌药的预防性应用:目的是预防特定病原菌所致的或特定人群可能发生的感染。

3. 抗菌药的联合应用

(1)病原菌尚未查明的严重感染,包括免疫缺陷者的严重感染。

(2)单一抗菌药不能控制的需氧菌及厌氧菌混合感染、两种及两种以上病原菌感染。

(3)单一抗菌药不能有效控制的感染性心内膜炎或脓毒症等重症感染。

(4)需长期治疗且病原菌易对某些抗菌药产生耐药性的感染。

(5)为减少药物不良反应而采用的联合用药。

（彭龙希）

> **思考题**

1. 简述抗菌药的作用机制。

2. 简述细菌耐药性的产生机制。

3. 试论述抗菌药物的联合应用指征。

任务 2 | β-内酰胺类抗生素

β-内酰胺类抗生素(β-lactam antibiotics)是指化学结构中含 β-内酰胺环的抗生素,包括青霉素类、头孢菌素类、碳青霉烯类、单环 β-内酰胺类、头霉素类、氧头孢烯类以及 β-内酰胺酶抑制药。该类抗生素具有抗菌活性强、毒性低、适应证广等特点。

β-内酰胺类抗生素的抗菌机制是作用于细菌菌体内青霉素结合蛋白,抑制转肽酶活性,从而抑制细菌细胞壁的合成,菌体失去渗透屏障作用,加上自溶酶的作用,最终膨胀、裂解而死亡。β-内酰胺类抗生素为繁殖期杀菌药。哺乳动物细胞无细胞壁,所以 β-内酰胺类抗生素对人和动物的毒性很小。

临床情景

患者,男性,30 岁,体重 80kg。间断寒战伴发热 10 天。血常规:WBC 17.19×10^9/L,中性粒细胞 85.0%,C 反应蛋白 41.26mg/L。胸部 CT 示升主动脉增粗。心脏彩超示先天性主动脉瓣二叶式畸形,重度反流伴赘生物。血培养见甲型溶血性链球菌。既往体健,入院前 1 个月曾拔牙。

诊断:感染性心内膜炎;心脏瓣膜病。

处方:

1. 注射用青霉素钠,每次 320 万 U 溶于 0.9% 氯化钠注射液 250ml,每 4h 一次,静脉滴注。

2. 硫酸庆大霉素注射液,每次 240mg 溶于 5% 葡萄糖注射液 500ml,每日一次,静脉滴注。

学习任务

课前:感染性心内膜炎的主要临床表现是什么?心内膜炎最常见的病原菌是什么?

课中:青霉素属于哪类药物?其抗菌作用、临床应用和不良反应有哪些?对该患者选用青霉素联合庆大霉素治疗是否合理?

课后:如何预防青霉素所致的过敏反应?该患者一旦发生过敏性休克,应如何处理?

第一节　青霉素类抗生素

青霉素类(penicillins)是最早应用于临床的抗生素,具有杀菌活性强、毒性低、价格低廉、使用方便等优点,迄今仍是治疗敏感菌所致各种感染的首选药物。该类药物包括天然青霉素和半合成青霉素。

一、天然青霉素

青霉素 G

青霉素 G(penicillin G)又名苄青霉素,常用其钠盐或钾盐,其干燥粉末在室温中稳定,但溶于水后不稳定且不耐热,室温中放置24h大部分降解失效并产生具有抗原性的降解产物,须现用现配。本药剂量采用国际单位 U 表示。

【体内过程】

青霉素 G 口服易被胃酸及消化酶破坏,吸收量少且不规则,故不宜口服。通常采用肌内注射,吸收迅速完全,约 30min 达血药浓度峰值。因脂溶性低,主要分布于细胞外液,并能广泛分布于全身各组织中。房水和脑脊液中含量低,但炎症时药物较易进入,可达有效浓度。几乎全部以原形随尿液排出,$t_{1/2}$ 为 0.5~1h。

青霉素 G 为短效制剂,为延长其作用时间,可采用难溶的混悬剂普鲁卡因青霉素(procaine benzylpenicillin)和苄星青霉素(benzathine benzylpenicillin),两者肌内注射后在注射部位缓慢溶解吸收。普鲁卡因青霉素一次注射 80 万 U 可维持 24h,适用于敏感菌所致的轻症感染。苄星青霉素一次注射 120 万 U 可维持 15 天,仅用于轻症患者或预防感染。

【抗菌作用】

青霉素 G 抗菌作用强,其抗菌谱包括:①大多数 G^+ 球菌,如溶血性链球菌、肺炎链球菌、敏感金黄色葡萄球菌和表皮葡萄球菌等;②G^+ 杆菌,如白喉棒状杆菌、炭疽杆菌、破伤风梭菌等;③G^- 球菌,如脑膜炎球菌等。④螺旋体、放线菌属,如梅毒螺旋体、钩端螺旋体、牛放线菌等。对大多数 G^- 杆菌作用弱或无效,对肠球菌不敏感,对病毒、真菌、支原体、衣原体、立克次体无效。金黄色葡萄球菌、淋病奈瑟球菌对本药极易产生耐药性。

【临床应用】

青霉素 G 肌内注射或静脉滴注为治疗敏感的 G^+ 球菌和杆菌、G^- 球菌及螺旋体所致感染的首选药。

1. **G^+ 球菌感染**　如溶血性链球菌引起的蜂窝织炎、丹毒、猩红热、咽炎、扁桃体炎、心内膜炎等;肺炎链球菌引起的大叶性肺炎、脓胸、支气管肺炎等;敏感金黄色葡萄球菌引起的疖、痈、败血症等。对甲型溶血性链球菌引起的心内膜炎,由于病灶部位形成赘生物,药物难以透入,常需大剂量静脉滴注。

2. **G^+ 杆菌感染**　可用于治疗破伤风、白喉等,应与抗毒素合用,以中和细菌释放的外毒素。

3. **G^- 球菌感染**　如淋病奈瑟球菌所致的生殖道淋病;脑膜炎球菌引起的流行性脑脊髓膜炎。

4. **其他感染**　用于放线菌病、钩端螺旋体病、梅毒、回归热的治疗。

【不良反应和防治措施】

青霉素 G 毒性很低,除了其钾盐大量快速静脉注射易引起高钾血症、肌内注射疼痛,最常见的不良反应为过敏反应。

1. **过敏反应**　过敏反应是青霉素类最常见的不良反应,症状以药疹、接触性皮炎、发热、哮喘、血管神经性水肿、溶血性贫血、血清病型反应多见,但多不严重,停药可消失。最严重的是过敏性休克,表现为心悸、胸闷、面色苍白、喉头水肿、出冷汗、脉搏细弱、血压下降、惊厥和昏迷等,发生迅猛,如抢救不及时可致死亡。

主要防治措施有：①仔细询问过敏史，对青霉素类抗生素过敏者禁用。②做皮肤过敏试验：初次使用或停药 72h 以上均须做青霉素皮肤过敏试验，反应阳性者禁用。③避免在饥饿时用药，避免滥用和局部用药。④注射液须临用现配。⑤不在没有急救药物（如肾上腺素）和抢救设备的条件下使用，患者每次用药后须观察 30min。⑥一旦发生过敏性休克，必须就地抢救，吸氧，首选肾上腺素，立即皮下或肌内注射 0.5~1.0mg，严重者应稀释后缓慢静脉注射或静脉滴注，必要时加入糖皮质激素和抗组胺药，同时采用其他急救措施。

2. 赫氏反应（Herxheimer reaction） 应用青霉素 G 治疗梅毒、钩端螺旋体病、鼠咬热或炭疽等，可有症状加剧现象，表现为全身不适、寒战、发热、咽痛、肌痛、心跳加快等，甚至危及生命。此反应可能是大量病原体被杀死后释放的物质所引起的免疫反应。

3. 其他不良反应 青霉素 G 肌内注射可产生局部疼痛、红肿或硬结；静脉给药剂量过大可对大脑皮质产生直接刺激作用，严重时发生青霉素脑病等。

知识拓展

中国第一支抗生素：青霉素

青霉素的出现挽救了成千上万人的生命，使人类与疾病的斗争进入一个全新时代。20 世纪 40 年代初，中国正处在艰苦卓绝的抗日战争时期，各种资源紧缺，科学家们在资料缺乏、设备简陋的情况下仍矢志不渝地进行青霉素的研究工作。1944 年 9 月 5 日，在汤飞凡、樊庆笙、朱既明等人的共同努力下，中国首批青霉素粗制品在昆明问世。因当时条件所限，没能实现大批量生产青霉素的愿望。

中华人民共和国成立后，为解决人民用药难的问题，党中央坚持独立自主、自力更生的抗生素研制道路，决心兴建中国自己的抗生素制药厂，彻底扭转青霉素等药物必须依赖进口的局面。1950 年 3 月，上海青霉素实验所成立，由微生物学家童村主持领导青霉素研究工作。他们很快制造出中国首台青霉素发酵罐，1951 年 4 月成功试制了第一支国产青霉素针剂，1953 年 5 月开始批量生产青霉素。自此，中国开始了抗生素工业化生产之路。

二、半合成青霉素

青霉素 G 虽有高效、低毒等优点，但也有不耐酸、口服无效、不耐酶易产生耐药性、抗菌谱窄、对铜绿假单胞菌等多数 G^- 杆菌无效等缺点。为克服这些缺点，通过对天然青霉素进行化学结构改造，获得了一些具有耐酸、耐酶、广谱等特点的半合成青霉素（表 9-2-1）。

表 9-2-1 半合成青霉素的分类及其特点

类别	药物	特点
耐酸青霉素	青霉素 V（penicillin V）等	①耐酸，可口服；②对 β-内酰胺酶不稳定；③用于敏感 G^+ 球菌引起的轻症感染
耐酶青霉素	苯唑西林（oxacillin）、氯唑西林（cloxacillin）、氟氯西林（flucloxacillin）、萘夫西林（nafcillin）等	①耐酸，可口服；②对 β-内酰胺酶稳定；③主要用于耐青霉素 G 的金黄色葡萄球菌感染
广谱青霉素	氨苄西林（ampicillin）、阿莫西林（amoxicillin）等	①耐酸，可口服；②对 β-内酰胺酶不稳定；③抗菌谱较青霉素 G 广，对 G^+ 球菌作用与青霉素 G 相仿，对部分 G^- 杆菌亦具抗菌活性；④氨苄西林为肠球菌、李斯特菌感染的首选用药

类别	药物	特点
抗铜绿假单胞菌青霉素	羧苄西林(carbenicillin)、替卡西林(ticarcillin)、哌拉西林(piperacillin)、美洛西林(mezlocillin)、阿洛西林(azlocillin)等	①不耐酸,注射给药;②对β-内酰胺酶不稳定;③对G⁻杆菌的抗菌谱较氨苄西林广,抗菌作用也较强,对G⁻杆菌特别是铜绿假单胞菌有强大作用;④用于肠杆菌科细菌及铜绿假单胞菌所致感染性疾病

第二节 头孢菌素类抗生素

头孢菌素类(cephalosporins)曾用名先锋霉素,是由顶头孢霉菌培养液中分离得到的有效成分头孢菌素 C 经结构改造后得到的一系列衍生物。头孢菌素类按其品种研发的时间、抗菌谱、抗菌强度、对β-内酰胺酶的稳定性以及肾毒性的不同分为五代(表 9-2-2)。

表 9-2-2 头孢菌素的分类及特点

类别	口服制剂	注射制剂	特点
第一代	头孢氨苄(cefalexin,先锋霉素Ⅳ)、头孢羟氨苄(cefadroxil)、头孢拉定(cefradine,先锋霉素Ⅵ)等	头孢噻吩(cefalotin,先锋霉素Ⅰ)、头孢唑林(cefazolin,先锋霉素Ⅴ)、头孢拉定、头孢硫脒(cefathiamidine)等	①对G⁺菌作用强,对G⁻菌作用弱,对铜绿假单胞菌无效;②对β-内酰胺酶的稳定性差;③有一定肾毒性
第二代	头孢克洛(cefaclor)、头孢呋辛酯(cefuroxime axetil)、头孢丙烯(cefprozil)等	头孢呋辛(cefuroxime)、头孢孟多(cefamandole)、头孢替安(cefotiam)、头孢尼西(cefonicid)等	①对G⁺菌作用较第一代弱,对G⁻菌作用较第一代强,对铜绿假单胞菌无效;②对多种β-内酰胺酶稳定;③肾毒性小,较第一代轻
第三代	头孢克肟(cefixime)、头孢地尼(cefdinir)、头孢特仑酯(cefteram pivoxil)、头孢妥仑匹酯(cefditoren pivoxil)、头孢泊肟酯(cefpodoxime proxetil)、头孢他美酯(cefetamet pivoxil)等	头孢噻肟(cefotaxime)、头孢曲松(ceftriaxone)、头孢他啶(ceftazidime)、头孢哌酮(cefoperazone)、头孢唑肟(ceftizoxime)、头孢甲肟(cefmenoxime)、头孢地嗪(cefodizime)等	①对G⁺菌作用不及第一、二代,对G⁻菌包括肠杆菌、铜绿假单胞菌及厌氧菌有较好的抗菌作用(但口服品种对铜绿假单胞菌无作用);②对多种β-内酰胺酶有较高的稳定性;③基本无肾毒性
第四代		头孢匹罗(cefpirome)、头孢吡肟(cefepime)、头孢噻利(cefoselis)等	①对G⁺菌、G⁻菌均有高效抗菌作用;②对β-内酰胺酶高度稳定;③无肾毒性
第五代		头孢洛林(ceftaroline)、头孢吡普(ceftobiprole)等	①对G⁺菌作用强于前 4 代,对多种耐药菌有效,对一些厌氧菌也有抗菌作用,对G⁻菌作用与第四代相似;②对β-内酰胺酶高度稳定

【临床应用】

第一代头孢菌素类主要用于治疗敏感菌所致呼吸道、尿路、血流、骨及关节、皮肤及软组织感染等。头孢唑林常作为围手术期预防用药。

第二代头孢菌素类主要用于治疗敏感菌所致的呼吸道、尿路、皮肤及软组织、血流、骨关节和腹腔、盆腔感染。用于腹腔感染和盆腔感染时需与抗厌氧菌药合用。头孢呋辛也是常用围手术期预防用药。

第三代头孢菌素类用于治疗敏感肠杆菌科细菌等 G⁻ 杆菌所致严重感染。头孢他啶、头孢哌酮尚可用于铜绿假单胞菌所致的各种感染。

第四代头孢菌素类抗菌谱和临床适应证与第三代头孢菌素相似,可用于对第三代头孢菌素耐药而对其敏感的细菌所致感染。

第五代头孢菌素类主要用于治疗敏感菌所致急性细菌性皮肤组织感染、耐甲氧西林金黄色葡萄球菌(MRSA)所致肺炎等。

【不良反应】

1.**过敏反应**　多为皮疹、荨麻疹等,偶见过敏性休克。与青霉素类之间有交叉过敏反应。故对青霉素过敏者或过敏体质者应慎用。

2.**肾毒性**　第一代头孢菌素大剂量使用可致肾损害,与氨基糖苷类合用可能加重肾毒性,用药期间应注意监测肾功能。

3.**双硫仑样反应**　头孢孟多、头孢哌酮等具有甲硫四氮唑侧链的头孢菌素类可引起双硫仑样反应,用药期间及治疗结束后 72h 内应戒酒或避免摄入含乙醇的饮料和药物。

4.**其他**　长期应用第三代、第四代广谱头孢菌素类可引起二重感染。头孢哌酮可导致低凝血酶原血症或出血。

知识拓展

双硫仑样反应

双硫仑又称戒酒硫,是一种戒酒药物。其戒酒原理为双硫仑抑制乙醛脱氢酶,致使摄入少量乙醇也可引起酒精中毒的反应,出现软弱、眩晕、嗜睡、幻觉、全身潮红、头痛、恶心、呕吐、血压下降甚至休克等,令嗜酒者不再思饮酒,从而达到戒酒的目的。

除了双硫仑,甲硝唑、呋喃唑酮、甲苯磺丁脲、氯磺丙脲及一些具有甲硫四氮唑侧链的头孢菌素类(如头孢孟多、头孢哌酮等)也可引起双硫仑样反应,故应告诫患者用药期间禁酒及含乙醇的饮料和药物。

第三节　其他 β-内酰胺类抗生素

其他 β-内酰胺类抗生素还有碳青霉烯类(carbapenems)、头霉素类(cephamycins)、氧头孢烯类(oxacephems)和单环 β-内酰胺类(monobactams)(表 9-2-3)。

表 9-2-3　其他 β- 内酰胺类抗生素

类别	代表药物	特点
碳青霉烯类	亚胺培南(imipenem)、美罗培南(meropenem)、比阿培南(biapenem)、厄他培南(ertapenem)、帕尼培南(panipenem)等	①化学结构与青霉素相似,抗菌谱广,对 G⁺ 菌、G⁻ 菌(包括铜绿假单胞菌、不动杆菌属)和多数厌氧菌具有强大的抗菌活性,对多数 β-内酰胺酶高度稳定,但对甲氧西林耐药的葡萄球菌和嗜麦芽窄食单胞菌等抗菌作用差;②主要用于治疗多重耐药的敏感菌所致的严重感染;③不良反应有恶心、呕吐、腹泻、药疹和静脉炎,一过性肝转氨酶升高;④不推荐与丙戊酸钠联合应用;⑤亚胺培南与脱氢肽酶抑制药西司他汀(cilastatin)组成复方制剂,帕尼培南与倍他米隆(betamipron)组成复方制剂

类别	代表药物	特点
头霉素类	头孢西丁（cefoxitin）、头孢美唑（cefmetazole）、头孢米诺（cefminox）等	①化学结构与头孢菌素类相似,对β-内酰胺酶稳定,抗菌谱和抗菌作用与第二代头孢菌素相仿,但对脆弱拟杆菌等厌氧菌抗菌作用较头孢菌素类强;②主要用于治疗敏感菌所致的感染,特别适用于需氧菌和厌氧菌引起的混合感染
氧头孢烯类	拉氧头孢（latamoxef）等	①抗菌谱和抗菌作用与第三代头孢菌素相似,在脑脊液、痰液中浓度高;②主要用于治疗敏感菌所致的脑膜炎、呼吸道、腹腔、盆腔和尿路感染
单环β-内酰胺类	氨曲南（aztreonam）等	①对肠杆菌科、铜绿假单胞菌等需氧 G⁻ 菌具有良好抗菌活性,具有耐酶、低毒等特点;②用于治疗敏感菌所致尿路、下呼吸道、腹腔感染、盆腔和皮肤软组织感染

第四节　β-内酰胺酶抑制药及其复方制剂

β-内酰胺酶抑制药（β-lactamase inhibitors）是指能够抑制 β-内酰胺酶,使抗生素中的 β-内酰胺环免遭水解而失去抗菌活性的药物。代表药物有克拉维酸（clavulanic acid,棒酸）、舒巴坦（sulbactam,青霉烷砜）、他唑巴坦（tazobactam）和阿维巴坦（avibactam）等。β-内酰胺酶抑制药本身几乎无抗菌活性（舒巴坦对不动杆菌属有一定的抗菌活性）,但与 β-内酰胺类抗生素联合应用或组成复方制剂使用,可增强后者的抗菌作用（表 9-2-4）。

表 9-2-4　β-内酰胺类抗生素复方制剂

代表药物	特点
阿莫西林-克拉维酸	①口服给药、注射给药;②用于治疗产 β-内酰胺酶的敏感菌感染
替卡西林-克拉维酸	①注射给药;②用于治疗产 β-内酰胺酶的敏感菌感染,对铜绿假单胞菌有较强的抗菌活性
氨苄西林-舒巴坦	①注射给药;②主要用于敏感 G⁺ 菌感染的治疗,对不动杆菌属有较强的抗菌活性
头孢哌酮-舒巴坦	①注射给药;②主要用于敏感 G⁻ 杆菌感染的治疗,对不动杆菌属和铜绿假单胞菌有较强的抗菌活性
哌拉西林-他唑巴坦	①注射给药;②主要用于敏感 G⁻ 杆菌感染的治疗,对不动杆菌属和铜绿假单胞菌有较强的抗菌活性
头孢他啶-阿维巴坦	①注射给药;②主要用于碳青霉烯类耐药肠杆菌科感染的治疗
亚胺培南-西司他汀	①注射给药;②抗菌谱广,抗菌作用强,耐酶且稳定,肾毒性降低
帕尼培南-倍他米隆	①注射给药;②抗菌谱广,抗菌作用强,耐酶且稳定,肾毒性降低

第五节　β-内酰胺类抗生素合理应用

1. β-内酰胺类抗生素为时间依赖性杀菌药,为增加临床疗效,一般推荐日剂量分多次给药。
2. 无论采用何种给药途径,用青霉素类前必须详细询问患者有无青霉素类过敏史、其他药物过敏史及过敏性疾病史,必须先做青霉素皮肤过敏试验。
3. 本类药物多数主要经肾脏排泄,肾功能不全患者应根据肾功能适当调整剂量。

4. 碳青霉烯类不宜用于治疗轻症感染，更不可作为预防用药。

（彭龙希）

思考题

1. 简述青霉素的抗菌作用和临床应用。
2. 简述青霉素的主要不良反应和防治措施。
3. 简述半合成青霉素类药物的种类及其代表药物。
4. 简述头孢菌素的分类、代表药物及其作用特点。

任务 3 | 大环内酯类、林可霉素类及多肽类抗生素

学习目标

1. 掌握大环内酯类抗生素的抗菌作用、代表药物、临床应用、不良反应和注意事项。
2. 熟悉林可霉素类和多肽类抗生素的临床应用及不良反应。
3. 了解大环内酯类、林可霉素类及多肽类抗生素合理应用。
4. 能依据临床表现等合理选择大环内酯类等抗生素，正确用药，及时处置不良反应。
5. 具备与患者及其家属进行有效沟通、开展用药咨询服务、指导患者合理用药的职业素养，关心、爱护患者。

临床情景

患者，女性，19 岁。5 天前无明显诱因出现发热，体温最高达 40.4℃，寒战，咳嗽，咳黄痰。血常规：WBC $8.82×10^9$/L，中性粒细胞 81.9%，C 反应蛋白 48.81mg/L。肺部 CT 示左肺下叶多发斑片状、结节状实变影，部分呈磨玻璃影。

诊断：社区获得性肺炎。

处方：

1. 注射用头孢曲松钠，1g 溶于 0.9% 氯化钠注射液 100ml，每日一次，静脉滴注。
2. 注射用阿奇霉素，0.5g 溶于 5% 葡萄糖注射液 500ml，每日一次，静脉滴注。
3. 盐酸氨溴索注射液，30mg 溶于 0.9% 氯化钠注射液 100ml，每日 2 次，静脉滴注。

学习任务

课前：社区获得性肺炎的临床诊断标准是什么？社区获得性肺炎感染成年患者的常见病原体有哪些？

课中：阿奇霉素属于哪类药物？其抗菌作用、临床应用和不良反应有哪些？对该患者选用头孢曲松联合阿奇霉素抗感染治疗是否合理？

课后：该患者入院后完善相关检查，提示肺炎支原体感染，可选择哪种抗菌药进行目标性治疗？

第一节　大环内酯类抗生素

大环内酯类抗生素（macrolide antibiotics）是一类具有 14~16 元大环内酯环基本结构的抗生素，按照化学结构分为：①14 元大环内酯类，包括红霉素、克拉霉素、罗红霉素等。②15 元大环内酯类，包括阿奇霉素。③16 元大环内酯类，包括麦迪霉素、乙酰麦迪霉素、吉他霉素、乙酰吉他霉素、交沙霉素等。

红霉素

红霉素(erythromycin)是大环内酯类抗生素中最早应用于临床的药物。

【体内过程】

红霉素可口服或注射给药,口服易被胃酸破坏,故常服用其肠溶制剂或酯化物。体内分布广泛,但不易透过血-脑屏障。主要在肝脏代谢,经胆汁排出,故在胆汁中浓度高,可达血药浓度的10~40倍,$t_{1/2}$约2h。

【抗菌作用】

红霉素通过抑制细菌蛋白质的合成而呈现快速抑菌作用。抗菌谱与青霉素相似,但抗菌效力不如青霉素。对 G^+ 菌如金黄色葡萄球菌(包括耐药菌)、表皮葡萄球菌、链球菌等抗菌作用强;对部分 G^- 菌如奈瑟菌属、流感嗜血杆菌、百日咳鲍特菌、军团菌等高度敏感;对肺炎支原体、衣原体、梅毒螺旋体、钩端螺旋体等也有抑制作用。

【临床应用】

红霉素作为对青霉素过敏患者的替代药物,用于治疗敏感菌所致的各种感染,也能用于治疗军团菌、衣原体、支原体等所致的呼吸道及泌尿生殖系统感染。此外,还可用于治疗空肠弯曲菌肠炎、百日咳等。外用软膏用于治疗化脓性皮肤病、程度较轻的烧伤和溃疡面感染。眼膏剂用于治疗沙眼、结膜炎及角膜炎。

【不良反应和注意事项】

红霉素口服或静脉给药均可引起胃肠道反应,有些患者不能耐受而不得不停药。少数患者可发生肝脏损害,表现为转氨酶升高、肝大、胆汁淤积性黄疸等,一般停药数日后可自行恢复。个别患者可有过敏性药疹、药物热、耳鸣、暂时性耳聋、心脏活动异常(如Q-T间期延长)等。部分患者静脉给药后偶可引起血栓性静脉炎。Q-T间期延长、处于药物性心律失常状态(如未纠正的低钾血症或低镁血症、临床显著的心动过缓)、服用Ⅰa类(如奎尼丁)或Ⅲ类(如胺碘酮)抗心律失常药的患者应避免使用本药。肝病患者和妊娠期妇女不宜应用红霉素酯化物。

阿奇霉素

阿奇霉素(azithromycin)是大环内酯类抗生素中唯一半合成的15元大环内酯环化合物,属快速抑菌药,在高浓度时也有杀菌作用,具有抗生素后效应和一定的免疫调节作用。抗菌谱较红霉素广,能抑制多种 G^+ 球菌、支原体、衣原体及嗜肺军团菌,尤其是对某些 G^- 杆菌如流感嗜血杆菌具有良好的抗菌活性。可口服与注射给药,对胃酸稳定,口服后吸收迅速,生物利用度为37%,组织分布广泛,在各组织内浓度可达同期血浓度的10~100倍,血浆蛋白结合率低,$t_{1/2}$长达35~48h,是大环内酯类中最长者,每日用药一次即可,主要以原形经胆道排泄。口服及注射剂型主要用于治疗敏感菌所致的呼吸道、皮肤软组织感染,以及由沙眼衣原体和非多重耐药淋病奈瑟球菌引起的单纯性生殖器官感染、尿道炎。不良反应主要有胃肠道反应、过敏反应,偶见肝功能异常和心脏活动异常(如Q-T间期延长)。

克拉霉素

克拉霉素(clarithromycin)为半合成的大环内酯类抗生素,主要特点是抗菌活性强于红霉素,对胃酸稳定,口服吸收迅速,仅可口服给药,生物利用度约为55%,体内分布广泛,且组织中的药物浓度明显高于血药浓度。主要随粪便和尿液排出,$t_{1/2}$ 为3~4h。临床应用与红霉素相同,可与抑制胃酸分泌药等联用于根除幽门螺杆菌。常见不良反应有胃肠道反应、过敏反应、暂时性转氨酶升高,停药后可恢复。

汤飞凡——发现衣原体的第一人

汤飞凡是中国第一代病毒学家、微生物学家。沙眼是由沙眼衣原体感染所致的慢性传染性结膜角膜炎,是致盲的主要疾病之一。国际医学界曾一度认为导致沙眼的病原体是细菌或病毒。汤飞凡等人坚持攻坚克难、实事求是的科研精神,经过无数次试验,最终用鸡胚卵黄囊接种和链霉素抑菌的方法分离出世界上第一株沙眼病原体。为了确认分离出的病原体,他让助手将该病原体接种在自己的眼里,引起典型的沙眼症状与病变,随后又从自己眼中分离出该病原体。他发表的关于分离沙眼病原体成功的报告,得到世界医学界的承认。1970年,国际上将沙眼病原体和其他几种微生物命名为衣原体。汤飞凡是发现衣原体的第一人。

第二节 林可霉素类抗生素

林可霉素类抗生素主要包括林可霉素(lincomycin)和克林霉素(clindamycin),两者具有相同的抗菌谱和抗菌机制,但后者抗菌活性更强,不良反应少,临床较为常用。

克林霉素

【体内过程】

克林霉素可口服或注射给药,口服吸收好,且不受进食影响。体内分布广泛,但不易透过血-脑屏障。经肝脏代谢,部分代谢物可保留抗菌活性。代谢物随胆汁和尿液排出,约10%以活性成分随尿液排出,$t_{1/2}$为2.5h。

【抗菌作用】

克林霉素抗菌机制与大环内酯类相似,能不可逆地结合到细菌核糖体50S亚基上,抑制细菌蛋白质的合成,对各类厌氧菌有强大的抗菌作用,对需氧G^+菌有显著活性,对部分需氧G^-球菌、人型支原体及沙眼衣原体也有抑制作用。但肠球菌、G^-杆菌、肺炎支原体对本类药物不敏感。与大环内酯类可互相竞争结合部位而出现拮抗作用,不宜合用。

【临床应用】

克林霉素主要用于治疗厌氧菌(包括脆弱拟杆菌、产气荚膜梭菌、放线菌等)引起的腹腔和妇科感染(常需与氨基糖苷类联合用药,以消除需氧病原菌)。还用于治疗敏感的G^+菌引起的呼吸道、骨和软组织、胆道等感染及败血症、心内膜炎等。外用制剂主要用于寻常痤疮的治疗,阴道用制剂主要用于治疗细菌性阴道炎。

【不良反应】

克林霉素主要不良反应表现为恶心、呕吐、腹泻等胃肠道反应,口服给药多见。也可引起过敏反应、转氨酶升高及神经肌肉麻痹作用。

第三节 多肽类抗生素

多肽类抗生素(polypeptide antibiotics)是具有多肽结构特征的一类抗生素,主要包括糖肽类抗生素和多黏菌素类抗生素。

一、糖肽类抗生素

临床应用的糖肽类抗生素有万古霉素(vancomycin)、去甲万古霉素(norvancomycin)和替考拉宁（teicoplanin）。

万古霉素

【体内过程】

万古霉素口服不吸收,静脉滴注给药。体内分布广泛,炎症时可透过血-脑屏障,主要经肾脏排泄,$t_{1/2}$ 约 6h。

【抗菌作用】

万古霉素通过抑制细菌细胞壁合成而呈现快速杀菌作用,对 G^+ 菌具有强大的杀菌作用,尤其是对 MRSA 等具有良好的抗菌活性。

【临床应用】

万古霉素适用于治疗耐药 G^+ 菌所致的严重感染,特别是 MRSA、氨苄西林耐药肠球菌属及青霉素耐药肺炎链球菌所致感染;也可用于治疗对 β-内酰胺类抗生素过敏的严重 G^+ 菌感染、艰难梭菌所致的抗生素相关性假膜性结肠炎及葡萄球菌性小肠结肠炎。

【不良反应和注意事项】

万古霉素大剂量长期应用可出现较严重的耳毒性、肾毒性。偶有药物热、皮疹、瘙痒等过敏反应。快速静脉滴注时可出现上身皮肤潮红、红斑、荨麻疹、心动过速和低血压等症状,称为红人综合征,故静脉滴注速度不宜过快。

二、多黏菌素类抗生素

多黏菌素类（polymyxins）是从多黏杆菌培养液中提取的多肽类抗生素,常用的有多黏菌素 B（polymyxin B）和多黏菌素 E（polymyxin E）。口服不易吸收,抗菌谱窄,仅对 G^- 杆菌有杀灭作用,尤其对铜绿假单胞菌有强大的抗菌作用。注射剂型临床主要作为多重耐药 G^- 菌感染治疗的选用药物之一,必要时可与其他抗菌药联合应用。片剂口服用于肠道术前准备,软膏剂局部外用于治疗铜绿假单胞菌等引起的皮肤、创面等感染。毒性较大,主要表现为肾毒性、神经毒性和皮肤色素沉着。

第四节 大环内酯类、林可霉素类及多肽类抗生素合理应用

一、大环内酯类抗生素合理应用

1. 大环内酯类抗生素适用于军团菌、衣原体、支原体等所致的呼吸道及泌尿生殖系统感染,可作为治疗儿童支原体肺炎的首选药物。需要注意的是,我国肺炎链球菌和肺炎支原体对大环内酯类耐药率较高。

2. 有肝功能损害的患者如有应用指征时,须适当减量,并定期复查肝功能。

二、林可霉素类抗生素合理应用

1. 林可霉素类抗生素对 G^+ 菌及厌氧菌具良好抗菌活性,但目前肺炎链球菌等对其耐药性较高。

2. 本类药物有神经肌肉麻痹作用,应避免与其他神经肌肉阻滞药合用。前列腺增生患者使用剂量较大时可出现尿潴留。

3. 不推荐用于新生儿,有肝功能损害的患者应尽量避免使用该类药物,确有应用指征时宜减量应用。有肾功能损害的患者使用林可霉素须减量;有严重肾功能损害时,克林霉素也须调整剂量。

三、糖肽类抗生素合理应用

1. 严格掌握使用指征,本类药物仅适用于治疗耐药 G^+ 菌所致的严重感染。

2. 本类药物具有一定耳毒性、肾毒性，应避免将本类药物与其他有肾毒性、耳毒性的药物合用。用药期间应定期监测肾功能，注意听力改变，必要时监测听力。有用药指征的肾功能不全者、老年人、新生儿、早产儿或有肾、耳疾病的患者，应根据肾功能减退程度调整剂量，同时监测血药浓度，疗程一般不超过 14 天。

四、多黏菌素类抗生素合理应用

1. 严格掌握使用指征，多黏菌素类抗生素一般不作为首选用药，仅适用于治疗多重耐药的 G^- 菌所致的严重感染。

2. 本类药物有肾毒性，治疗过程中应定期监测肾功能，避免与其他有肾毒性的药物合用。

3. 本类药物可引起不同程度的神经毒性反应，也可引起可逆性神经肌肉麻痹，不宜与肌松药、麻醉药等合用，以防止发生神经肌肉麻痹。如患者发生神经肌肉麻痹，新斯的明治疗无效，只能采用人工呼吸，钙剂可能有效。

（彭龙希）

思考题

1. 简述红霉素的抗菌作用和临床应用。
2. 简述克林霉素的主要临床应用。
3. 简述万古霉素的主要临床应用。
4. 简述多黏菌素 B 的主要临床应用。

任务 4 | 氨基糖苷类抗生素及其他抗菌药

学习目标

1. 掌握氨基糖苷类抗生素的抗菌作用、代表药物、临床应用、不良反应和注意事项。
2. 熟悉磷霉素、利奈唑胺、达托霉素的抗菌作用、临床应用、不良反应和注意事项。
3. 了解氨基糖苷类抗生素合理应用。
4. 能依据临床表现等合理选择氨基糖苷类等抗生素，正确用药，及时处置不良反应。
5. 具备与患者及其家属进行有效沟通、开展用药咨询服务、指导患者合理用药的职业素养，关心、爱护患者。

临床情景

患者，女性，34 岁。1 年前出现经量增多，半年前开始出现经间期出血，持续 5~7 天，少于月经量，呈褐色分泌物。盆腔超声提示宫腔内多发团块。宫腔镜检查示子宫内膜多发息肉。入院后检查无手术禁忌，全麻下行宫腔镜子宫内膜病损切除术。患者有青霉素过敏史，术前使用依替米星联合甲硝唑预防感染。

诊断：子宫内膜息肉。

处方：

1. 依替米星注射液，200mg 溶于 0.9% 氯化钠注射液 100ml，术前 0.5h 静脉滴注。
2. 甲硝唑氯化钠注射液，100ml（含甲硝唑 0.5g）术前 0.5h 静脉滴注。

学习任务

课前：围手术期抗菌药预防用药的目的和原则是什么？

课中：依替米星属于哪类抗菌药物？其抗菌作用、临床应用和不良反应有哪些？此类抗生素应用过程中应如何防范不良反应？

课后：此类抗生素不宜与哪些药物同用？如果该患者没有青霉素过敏史，围手术期宜选用哪种抗菌药预防感染？

第一节　氨基糖苷类抗生素

氨基糖苷类抗生素（aminoglycoside antibiotics）因其化学结构中含有氨基醇环和氨基糖分子并由糖苷键连接成苷而得名。天然氨基糖苷类抗生素有链霉素、卡那霉素、庆大霉素、妥布霉素等，半合成氨基糖苷类抗生素有阿米卡星、依替米星、奈替米星等。

一、氨基糖苷类抗生素的共性

【体内过程】

氨基糖苷类抗生素极性和解离度较大,口服难以吸收,肌内注射吸收迅速而完全。除链霉素外,其他氨基糖苷类的血浆蛋白结合率低。因穿透力弱,主要分布在细胞外液,不易透过血-脑屏障,可通过胎盘屏障,妊娠期妇女慎用。主要以原形经肾排泄,尿中药物浓度高。$t_{1/2}$ 为 2~3h,肾功能不良时 $t_{1/2}$ 明显延长。

【抗菌作用】

氨基糖苷类抗生素的抗菌机制主要是抑制细菌蛋白质的合成,还可影响细菌细胞膜屏障功能,导致细菌死亡,为静止期杀菌药。抗菌特点有:①杀菌作用呈浓度依赖性。②仅对需氧菌有效,尤其对需氧 G^- 杆菌的抗菌作用强。③有明显的抗生素后效应。④具有首次接触效应。⑤在碱性环境中抗菌活性增强。

氨基糖苷类抗生素对各种需氧 G^- 杆菌具有强大抗菌作用,包括大肠埃希菌、铜绿假单胞菌、肺炎克雷伯菌等;对沙雷菌、沙门菌属、志贺菌属、不动杆菌及嗜血杆菌属也有一定的抗菌作用;对 G^- 球菌如脑膜炎球菌、淋病奈瑟球菌作用较差;对链球菌、肠球菌和厌氧菌不敏感。此外,链霉素、卡那霉素和阿米卡星对结核分枝杆菌有效。

【临床应用】

氨基糖苷类抗生素主要用于治疗敏感需氧 G^- 杆菌所致的感染,如呼吸系统、泌尿系统、皮肤软组织感染等。用于治疗重度铜绿假单胞菌感染,常需与具有抗铜绿假单胞菌作用的 β-内酰胺类或其他抗菌药联合应用。此外,链霉素、卡那霉素和阿米卡星可作为结核病的治疗药物。

【不良反应和注意事项】

1. **耳毒性**　氨基糖苷类抗生素耳毒性包括前庭和耳蜗功能障碍。耳毒性的原因与内耳淋巴液中药物浓度过高,造成毛细胞损伤有关。前庭损害表现为眩晕、恶心、呕吐、眼球震颤和共济失调,多见于链霉素和庆大霉素;耳蜗功能损伤表现为耳鸣、听力减退甚至耳聋,多见于卡那霉素和阿米卡星等。为防止耳毒性的发生,用药期间应经常询问患者是否有眩晕、耳鸣等先兆症状,并定期进行听力检查,避免与增加耳毒性的药物如万古霉素、强效利尿药、甘露醇等合用。儿童和老年人用药更应谨慎。

2. **肾毒性**　本类药物对肾组织的亲和力极高,可大量积聚在肾皮质,导致肾小管尤其是近曲小管上皮细胞损害,轻者引起肾小管肿胀,重者产生急性坏死。通常表现为蛋白尿、管型尿、血尿等,严重时可致无尿、氮质血症和肾衰竭。为减少肾毒性的发生,临床用药时应定期检查肾功能,如出现血液尿素氮和肌酐升高、蛋白尿、管型尿、少尿等现象,应立即停药。避免与有肾毒性的药物如强效利尿药、第一代头孢菌素、万古霉素等合用,肾功能减退者慎用或调整给药方案。

3. **神经肌肉麻痹**　氨基糖苷类抗生素静脉推注或滴注速度过快时,可出现心肌抑制、血压下降、四肢无力、呼吸困难甚至呼吸衰竭。可能是由于药物与突触前膜钙结合部位结合,抑制神经末梢 ACh 释放,造成神经肌肉接头处传递阻断而出现上述症状。一旦发生,可用新斯的明和葡萄糖酸钙解救。应避免与肌松药、全麻药等合用。

4. **过敏反应**　常见症状有皮疹、发热、口周发麻、血管神经性水肿等,也可导致过敏性休克。链霉素过敏性休克的发生率仅次于青霉素,一旦发生应立即静脉注射钙剂和皮下或肌内注射肾上腺素抢救。

二、常用氨基糖苷类抗生素

常用氨基糖苷类抗生素有链霉素(streptomycin)、庆大霉素(gentamicin)、阿米卡星(amikacin)、妥布霉素(tobramycin)、奈替米星(netilmicin)、依替米星(etimicin)、大观霉素(spectinomycin)等（表9-4-1）。

表 9-4-1 常用氨基糖苷类抗生素

药物	特点
链霉素	①是从链霉菌培养液中获得并应用于临床的第一个氨基糖苷类抗生素。②毒性大,过敏反应发生率高,现已少用。③用于治疗结核病(一线药),与四环素联合用于治疗鼠疫和兔热病(首选药)
庆大霉素	①抗菌谱比链霉素广,对铜绿假单胞菌、沙雷菌等大多数 G^- 杆菌及金黄色葡萄球菌等少数 G^+ 球菌的杀菌作用强。②与其他抗菌药物合用治疗严重的铜绿假单胞菌、鲍曼不动杆菌、肠球菌、葡萄球菌或甲型溶血性链球菌感染。还可局部用于治疗皮肤、黏膜表面感染及眼、耳、鼻部感染
阿米卡星	①是卡那霉素的半合成衍生物,抗菌谱广。②对多种钝化酶稳定。③主要用于治疗耐药的 G^- 杆菌尤其是铜绿假单胞菌引起的严重感染。还可局部用于治疗皮肤、黏膜表面感染和眼部感染
妥布霉素	①抗菌谱与庆大霉素相似。②对铜绿假单胞菌的抗菌活性比庆大霉素强。③主要用于铜绿假单胞菌和各类 G^- 杆菌的严重感染,对耐庆大霉素菌株仍有效。④眼用制剂适用于外眼及附属器官敏感菌感染的局部抗感染治疗
奈替米星	①为半合成氨基糖苷类抗生素,对多种钝化酶稳定。②耳、肾毒性较小。③主要用于敏感菌引起的严重或危及生命的细菌感染性疾病的短期治疗
依替米星	为半合成水溶性氨基糖苷类抗生素,抗菌谱广、抗菌活性强、毒性低
大观霉素	①对淋病奈瑟球菌有高度抗菌活性。②可用于对青霉素、四环素耐药的感染及对青霉素过敏的患者

第二节　其他抗菌药

磷霉素

磷霉素(fosfomycin)通过干扰细菌细胞壁黏肽合成,使细菌细胞壁的合成受阻而致细菌死亡。抗菌谱广,对葡萄球菌、链球菌、肠球菌、肠杆菌、铜绿假单胞菌等具有抗菌活性。口服制剂有磷霉素氨丁三醇和磷霉素钙,前者可用于治疗大肠埃希菌等肠杆菌和肠球菌所致的急性单纯性尿路感染,亦可用于预防尿路感染,后者主要用于治疗肠道感染。磷霉素钠注射剂适用于治疗敏感菌所致的呼吸道感染、尿路感染、皮肤及软组织感染等。治疗严重感染时须加大剂量,并常与其他抗菌药联合应用,如治疗 MRSA 重症感染时与糖肽类联合应用。主要不良反应为轻度胃肠道反应,如恶心、食欲减退、轻度腹泻等。偶可出现过敏反应和一过性转氨酶升高等。

利奈唑胺

利奈唑胺(linezolid)为噁唑烷酮类抗菌药,通过抑制细菌蛋白质合成而发挥抗菌作用。对 G^+ 菌具有良好的抗菌作用。主要用于治疗耐药的 G^+ 菌感染,包括院内获得性肺炎、社区获得性肺炎、皮肤及软组织感染等。主要不良反应为骨髓抑制,尤其是用药超过 2 周,表现为贫血、白细胞减少及血小板减少。可抑制人线粒体蛋白质的合成,可能导致乳酸酸中毒、周围神经和视神经病变。

达托霉素

达托霉素(daptomycin)为环脂肽类抗菌药,通过与细菌细胞膜结合引起细胞膜电位的快速去极化,最终导致细菌死亡。对葡萄球菌、肠球菌、链球菌等 G^+ 菌具有良好抗菌活性。但对 G^- 菌无抗菌活性。适用于治疗敏感的金黄色葡萄球菌、化脓性链球菌、肠球菌导致的复杂性皮肤软组织感染,也可用于金黄色葡萄球菌导致的伴发右侧感染性心内膜炎血流感染。因可被肺泡表面活性物质灭活,不用于治疗肺炎。不良反应轻微,使用期间须引起重视的主要不良反应有肌酸激酶升高、肌痛、嗜酸性粒细胞性肺炎。

第三节　氨基糖苷类抗生素合理应用

氨基糖苷类抗生素合理应用包括以下几个方面:

1. 氨基糖苷类抗生素为浓度依赖性杀菌药,常与其他抗菌药联合应用治疗重度 G⁻ 杆菌、重度铜绿假单胞菌、严重葡萄球菌、肠球菌或鲍曼不动杆菌感染。

2. 氨基糖苷类抗生素均具有肾毒性、耳毒性和神经肌肉麻痹作用,用药期间应监测患者肾功能,严密观察患者听力及前庭功能,注意观察神经肌肉麻痹症状。

3. 氨基糖苷类抗生素对社区获得性呼吸道感染的主要病原菌肺炎链球菌、甲型溶血性链球菌抗菌作用差,也不宜用于单纯性尿路感染初发病例的治疗。

4. 有肾功能减退的患者应用本类药物时须根据其肾功能减退程度减量给药。婴幼儿、老年人慎用本类药物,如确有应用指征,有条件亦应进行血药浓度监测。妊娠期妇女应避免使用。哺乳期妇女应避免使用或用药期间停止哺乳。

5. 本类药物可能引起黄斑坏死,不可用于眼内或结膜下给药。

(彭龙希)

思考题

1. 简述氨基糖苷类抗生素抗菌作用、主要临床应用及不良反应。
2. 简述磷霉素的主要临床应用。
3. 简述利奈唑胺的主要临床应用。
4. 简述达托霉素的主要临床应用。

任务 5 ｜ 四环素类及氯霉素类抗生素

学习目标

1. 掌握四环素、氯霉素的抗菌作用、临床应用、不良反应和注意事项。

2. 熟悉多西环素、米诺环素、甲砜霉素的抗菌作用、临床应用、不良反应和注意事项。

3. 了解四环素类和氯霉素类抗生素的耐药性和合理应用。

4. 能依据临床表现等合理选择四环素类和氯霉素类抗生素，正确用药，及时处置不良反应。

5. 具备与患者及其家属进行有效沟通、开展用药咨询服务、指导患者合理用药的职业素养，关心、爱护患者。

四环素类及氯霉素类抗生素属广谱抗生素，是 G^+ 菌和 G^- 菌的快速抑菌药，对立克次体、支原体和衣原体也有较强的抑制作用，四环素类还可抑制某些螺旋体和原虫。

临床情景

患者，男性，26 岁。因高热、咽痛、头痛在基层医院诊治，使用青霉素钠静脉滴注，连续用药 4 天，仍持续高热。医生怀疑为伤寒，遂转至传染病医院就诊。血清学检查：外斐反应（＋），特异性立克次体抗原乳胶凝集试验（＋）、效价低。经聚合酶链反应（PCR）检查，确诊为地方性斑疹伤寒立克次体感染。

诊断：地方性斑疹伤寒。

处方：

1. 多西环素片，首次 0.2g，以后每次 0.1g，每日 1 次，口服。

2. 布洛芬，每次 0.2g，必要时用，口服。

学习任务

课前：该患者使用青霉素治疗为何效果不好？处方中使用了哪几类药物？

课中：四环素类抗生素常用药物有哪些？对该患者的用药是否合理？

课后：该患者如有严重毒血症伴低血容量，又该如何选药？

第一节　四环素类抗生素

四环素类抗生素化学结构中均具有菲烷的基本骨架，仅取代基有所不同。第一代为天然四环素类，代表药物为四环素，近年来由于耐药菌株日益增多及其不良反应，临床少用；第二代为半合成四环素类，临床常用的是多西环素、米诺环素。

四 环 素

四环素（tetracycline）系天然四环素类抗生素。

【体内过程】

四环素口服易吸收但不完全，易与食物或其他药物中的 Ca^{2+}、Mg^{2+}、Fe^{2+}、Al^{3+} 等金属离子形成络合物而影响其吸收。体内分布广泛，血浆蛋白结合率低，易进入胸腔、腹腔、乳汁中，并能沉积于骨及牙组织内，但不易透过血-脑屏障。可经肝浓缩进入胆汁，形成肝肠循环，胆汁中的药物浓度为血药浓度的 10~20 倍。主要以原形经肾排泄，故尿中药物浓度较高。$t_{1/2}$ 为 6~9h。

【药理作用】

四环素的抗菌机制主要是通过与敏感菌核糖体 30S 亚基结合，抑制蛋白质合成，属速效抑菌药，高浓度时也具有杀菌作用。抗菌谱广，对 G^+ 菌的抑制作用强于 G^- 菌，但对 G^+ 菌的作用不如 β-内酰胺类，对 G^- 菌的作用不如氨基糖苷类及氯霉素。对支原体、衣原体、立克次体效果好，对螺旋体和阿米巴原虫也有效。对铜绿假单胞菌、结核分枝杆菌、伤寒沙门菌、真菌、病毒无效。

四环素耐药菌株逐渐增多，天然药物间为完全交叉耐药，而与半合成药物间无交叉耐药。

【临床应用】

由于其他高效抗菌药的不断出现、四环素耐药菌株的日益增加及不良反应，四环素已不再作为治疗细菌性感染的首选药。可用于治疗支原体肺炎和衣原体感染，与其他药物联用治疗幽门螺杆菌引起的消化性溃疡。

【不良反应和注意事项】

1. **二重感染**　正常人的口腔、咽喉、胃肠道存在完整的微生态系统，长期应用广谱抗菌药，敏感菌受到抑制，不敏感菌则乘机大量繁殖，造成新的感染，称为二重感染或菌群交替症。婴儿、老年人、体弱者、合用糖皮质激素或抗肿瘤药的患者使用四环素时易发生二重感染。较常见的二重感染分为两种：一是真菌感染，多由白假丝酵母菌引起，表现为鹅口疮、肠炎，一旦发生应立即停药，并同时进行抗真菌治疗；二是对四环素耐药的艰难梭菌感染所致的假膜性肠炎，表现为剧烈的腹泻、发热、肠壁坏死等，一旦发生应立即停药，并口服万古霉素或甲硝唑治疗。

2. **对骨骼和牙齿生长的影响**　四环素经血液循环到达新形成的牙齿组织，与牙齿中的羟基磷灰石晶体结合形成四环素-磷酸钙复合物，后者呈淡黄色，造成恒齿永久性棕色色素沉着（俗称牙齿黄染），牙釉质发育不全。药物对新形成的骨组织也有相同的作用，可抑制胎儿、婴幼儿骨骼发育。妊娠期妇女、哺乳期妇女及 8 岁以下儿童禁用四环素和其他四环素类药物。

3. **其他**　四环素口服可引起胃肠反应，长期大剂量使用可引起严重肝损伤或加重原有的肾损伤，偶见过敏反应。

多西环素

多西环素（doxycycline）又名强力霉素，是四环素类抗生素的首选药。口服吸收迅速且完全，不易受食物影响。体内分布广，在脑脊液、前列腺中浓度也较高。主要随胆汁排出，可形成肝肠循环；少部分经肾脏排泄，即使肾衰竭时也不引起体内蓄积，故肾功能不全者仍可使用。$t_{1/2}$ 长达 12~20h，一般细菌性感染每天给药一次。抗菌谱同四环素，抗菌活性是四环素的 2~10 倍。因肠道中的药物多以无活性或络合型存在，对肠道菌群影响小，很少引起二重感染。首选治疗立克次体感染（斑疹伤寒、Q 热和恙虫病等）、支原体感染（支原体肺炎和泌尿生殖系统感染等）、衣原体感染（鹦鹉热、沙眼和性病性淋巴肉芽肿等）以及某些螺旋体感染（回归热等），还可首选治疗鼠疫、布鲁氏菌病、霍乱。对天然四环素类耐药菌仍然有效，尤适用于肾外感染伴肾衰竭以及胆道系统感染的患者。不良反应以胃肠道症状常见，静脉注射时可出现口舌麻木和异味感，少数可引起光敏反应。

米诺环素

米诺环素（minocycline）口服吸收率接近 100%，受食物影响小，但抗酸药、金属离子仍可影响其吸收。组织穿透力强，分布广泛，脑脊液中的浓度高于其他四环素类。在脂肪组织中存留时间长，随胆汁和尿排出。$t_{1/2}$ 为 11~22h。抗菌谱与四环素相似，抗菌活性强于其他同类药物，对四环素或青霉素类耐药的链球菌、金黄色葡萄球菌和大肠埃希菌对米诺环素仍敏感。主要用于治疗酒渣鼻、痤疮及脓皮病，以及上述耐药菌引起的感染。除了四环素类共有的不良反应，还可产生特有的前庭反应，出现恶心、呕吐、眩晕、运动失调等症状，首剂服药可迅速出现，女性多于男性，停药 24~48h 后症状可消失。用药期间不宜从事高空作业、驾驶和机器操作。

第二节　氯霉素类抗生素

氯　霉　素

氯霉素（chloramphenicol）为广谱抗生素，因不良反应多，临床较少用。主要剂型有滴眼液、搽剂、片剂等。

【体内过程】

氯霉素脂溶性大，口服吸收快而完全，体内分布广，易透过血-脑屏障，脑脊液中血药浓度高。$t_{1/2}$ 约 2.5h，主要在肝脏代谢，代谢产物及少量原形由肾脏排泄。

【抗菌作用】

氯霉素通过与细菌核糖体 50S 亚基上的肽酰转移酶作用位点可逆性结合，阻止肽链延伸，抑制蛋白质合成，为快速抑菌药。抗菌谱广，对 G^- 菌作用强于 G^+ 菌，特别是对伤寒沙门菌、流感嗜血杆菌和百日咳鲍特菌的作用比其他抗生素强；对 G^+ 菌的作用不如青霉素类和四环素类；对立克次体、衣原体、钩端螺旋体作用强；对结核分枝杆菌、铜绿假单胞菌、真菌、病毒等无效。各种细菌均可对氯霉素产生耐药性。

【临床应用】

氯霉素主要用于治疗耐药菌诱发的严重感染、立克次体重度感染。氯霉素外用可治疗沙眼、结膜炎和化脓性中耳炎等。

【不良反应和注意事项】

1. 骨髓抑制　氯霉素可抑制骨髓造血功能，表现为可逆性白细胞和血小板减少、贫血等。还可致再生障碍性贫血，发病机制不清，与剂量和疗程无关，死亡率高。故使用期间应定期监测血象，一旦发现异常立即停药，禁止与骨髓抑制药合用。

2. 灰婴综合征　新生儿尤其是早产儿因肝功能不完善，易出现氯霉素蓄积中毒，表现为皮肤苍白、发绀、呼吸困难、呕吐、进行性血压下降、循环衰竭等，重者可导致死亡，称为灰婴综合征。肝功能不全的成人也可发生类似症状。

3. 其他　长期大量应用氯霉素可致二重感染、胃肠道反应、视神经炎等。

肝肾功能不全、妊娠期妇女、哺乳期妇女、葡萄糖-6-磷酸脱氢酶缺乏症患者禁用。

甲砜霉素

甲砜霉素（thiamphenicol）是以甲砜基取代氯霉素苯环上的硝基而形成的，抗菌谱、抗菌机制与氯霉素相似。口服吸收完全，组织分布广泛，$t_{1/2}$ 为 1.5h，在体内不被代谢，主要以原形经肾排泄。肝功能异常者不影响其血浆药物浓度，与同等剂量氯霉素相比，血药浓度高 3~4 倍。用于治疗敏感菌如流感嗜血杆菌、大肠埃希菌、沙门菌属等引起的呼吸道、尿路、肠道感染。不良反应同氯霉素，但较轻。

第三节　四环素类及氯霉素类抗生素合理应用

1. 四环素类抗生素合理应用

（1）不宜与含有多价金属离子的药物如抗酸药、铁剂等合用，若必须合用，应间隔 3h 以上。

（2）对疑似或确诊 MRSA 所致的复杂皮肤软组织感染，可选择多西环素或米诺环素。

（3）妊娠期妇女不建议使用四环素类药物。

（4）不建议 8 岁以下的儿童使用四环素类药物。在无其他抗菌药可用的情况下，在权衡利弊后允许所有年龄段儿童短疗程（≤ 21 天）使用多西环素。

（5）有轻、中度肝功能不全的患者使用四环素类无需调整剂量。有严重肝功能不全的患者应谨慎用药，并监测治疗反应。肾功能不全接受血液透析、腹膜透析、持续血液滤过的患者使用多西环素，无须调整剂量，用药期间应监测尿素氮和肌酐。

（6）使用米诺环素期间不宜从事高空作业、驾驶和机器操作。

2. 氯霉素类抗生素合理应用

（1）严格掌握应用指征，氯霉素主要限于眼科局部应用以及耐药菌诱发的严重感染。

（2）禁止与其他骨髓抑制药物合用。用药期间应定期复查血象，如出现血细胞降低应及时停药并进行相应处理。避免长疗程用药。

（3）早产儿、新生儿避免使用氯霉素。婴幼儿患者必须应用本药时须进行血药浓度监测。

（4）妊娠期妇女避免使用氯霉素。哺乳期妇女避免使用氯霉素或用药期间暂停哺乳。

（5）有肝功能减退的患者避免使用氯霉素。

（梁建梅）

思考题

1. 试论述四环素类抗生素引起二重感染的原因及防治措施。

2. 四环素类药物主要用于哪些感染？用药期间应注意哪些问题？

任务 6 ｜ 人工合成抗菌药

学习目标

1. 掌握氟喹诺酮类、磺胺类药物的抗菌作用、临床应用、不良反应和注意事项。
2. 熟悉其他人工合成抗菌药的抗菌作用、临床应用、不良反应和注意事项。
3. 了解喹诺酮类、磺胺类抗菌药合理应用。
4. 能依据临床表现等合理选择人工合成抗菌药,正确用药,及时处置不良反应。
5. 具备与患者及其家属进行有效沟通、开展用药咨询服务、指导患者合理用药的职业素养,关心、爱护患者。

人工合成抗菌药是指完全由人工合成的具有抑制或杀灭微生物作用的药物,主要包括喹诺酮类、磺胺类、甲氧苄啶、硝基咪唑类和硝基呋喃类。其中,氟喹诺酮类药物发展最为迅速,已成为目前临床感染性疾病的重要治疗药物。

临床情景

患者,女性,16 岁。腹痛、水样腹泻伴呕吐、头痛 1 天。有食用街边快餐史。查体:体温 38.5℃,血压 125/75mmHg,无脱水貌,腹软,脐周正中压痛,无反跳痛,肠鸣音 7~8 次/min。血常规:WBC 17.8×10^9/L,中性粒细胞 88%。大便常规:白细胞 10~12/HP。

诊断:急性胃肠炎。

处方:左氧氟沙星氯化钠注射液,100ml(含左氧氟沙星 0.5g)每日 1 次,静脉滴注。

学习任务

课前:该患者有哪些生活史? 现在病情如何? 对该患者的处方使用了哪些药物?

课中:人工合成抗菌药的种类有哪些? 对该患者用药是否合理?

课后:该患者输液 30min 左右出现胸闷、心悸、咳嗽、呼吸困难、面色苍白、全身皮肤瘙痒,并出现风团样皮疹,血压 60/40mmHg,发生了什么? 应如何应对?

第一节　喹诺酮类抗菌药

一、概述

喹诺酮类(quinolones)是一类含有 4-喹诺酮(吡酮酸)基本结构的人工合成抗菌药。喹诺酮类根据上市先后及抗菌性能分为四代:第一代以萘啶酸为代表,仅对肠杆菌科有抑菌作用,临床应用效果差,不良反应多,已不再使用。第二代以吡哌酸为代表,对部分 G^- 菌有抗菌活性,仅用于治疗敏感菌所致泌尿道和肠道感染。第三代又称氟喹诺酮类（fluoroquinolones），代表药有诺氟沙星、环丙沙星、氧氟沙星、左氧氟沙星等。第四代为新型氟喹诺酮类，以莫西沙星等为代表。第三代、第四代喹诺酮类由于抗菌活性强、毒性低，广泛应用于泌尿生殖系统、消化系统、呼吸系统、皮肤软组织等感染性疾病的治疗。

【体内过程】

氟喹诺酮类大多数口服吸收好，多数生物利用度接近或超过90%。体内分布广，组织穿透力强，在肺、肾、前列腺、肝、胆囊等组织分布良好，在血液循环较差的骨、关节和前列腺等组织中也可达较高浓度，还可分布到唾液腺、泪腺、泌尿生殖系统和呼吸道黏膜。氟喹诺酮类少量经肝脏代谢，随粪便排出，多数以原形经肾排泄。氟喹诺酮类主要药动学特性见表9-6-1。

表 9-6-1　氟喹诺酮类主要药动学特性

药名	生物利用度/%	$t_{1/2}$/h	血浆蛋白结合率/%	消除途径
诺氟沙星	35~45	3.5~5	10~15	肝、肾
环丙沙星	70	3~5	20~40	肝、肾
氧氟沙星	95	5~7	20~25	肾
左氧氟沙星	99	5~7	30~40	肾
加替沙星	90~96	7~14	20	肾
莫西沙星	90	12~15	35~50	肝、肾
吉米沙星	71	7	60~70	肾及其他途径

【抗菌作用】

喹诺酮类通过抑制DNA促旋酶及拓扑异构酶Ⅳ，使细菌DNA合成受阻，导致细菌死亡。一般认为，喹诺酮类抗G⁻菌的作用机制主要是抑制DNA促旋酶，影响超螺旋结构的形成，不可逆地损害染色体，干扰DNA复制而达到杀菌作用；抗G⁺菌的作用机制主要是抑制拓扑异构酶Ⅳ，阻碍细菌DNA复制而产生杀菌作用。本类药物治疗浓度时对哺乳动物的拓扑异构酶影响小，对人体细胞毒性低。

氟喹诺酮类抗菌谱广，抗菌活性强，尤其对G⁻菌如脑膜炎球菌、变形杆菌、流感嗜血杆菌、克雷伯菌、伤寒沙门菌、志贺菌属、大肠埃希菌、淋病奈瑟球菌等有强大的杀菌作用。第四代除了保留第三代药物对G⁻菌的良好抗菌特性，对G⁺菌、支原体、衣原体、嗜肺军团菌、结核分枝杆菌的杀菌作用进一步增强，并显著提高了对厌氧菌的抗菌活性。环丙沙星对铜绿假单胞菌的作用最强。

随着喹诺酮类抗菌药的广泛应用，细菌对其产生的耐药性日趋严重。铜绿假单胞菌、金黄色葡萄球菌、肺炎链球菌、大肠埃希菌、肠球菌等对本类药物易产生耐药。耐药机制与抗菌靶点突变有关。此外，质粒介导的耐药性、细菌细胞膜通透性改变、主动外排机制、细菌生物被膜的形成也是产生喹诺酮类耐药性的原因。喹诺酮类之间、喹诺酮类与头孢菌素类之间存在交叉耐药现象。

【临床应用】

氟喹诺酮类具有广谱、高效、口服吸收好、不良反应少、与其他类别的抗菌药交叉耐药性少等特点，临床广泛用于敏感菌所致的感染。

1. 泌尿生殖系统感染　对多种敏感菌引起的单纯性、复杂性尿路感染，细菌性前列腺炎、尿道炎、宫颈炎等均有效。

2. 呼吸系统感染　氟喹诺酮类可替代大环内酯类用于治疗支原体肺炎、衣原体肺炎、嗜肺军团菌引起的军团病。左氧氟沙星或莫西沙星与万古霉素合用首选用于治疗青霉素严重耐药的肺炎链球菌感染。氧氟沙星和左氧氟沙星还可与其他抗结核药联合用于耐药结核菌感染。

3. 消化系统感染　首选用于志贺菌引起的菌痢、细菌性肠炎（食物中毒）、胆道感染，沙门菌引起的伤寒或副伤寒,亦可用于旅行者腹泻。

4. 骨、关节和皮肤软组织感染　因骨组织中药物浓度高,环丙沙星等可作为骨髓炎和化脓性关节炎的首选药。还可用于治疗 G⁻ 菌所致的皮肤软组织感染。

【不良反应和注意事项】

1. 胃肠道反应　最常见,如恶心、呕吐、腹痛、腹泻及便秘等。

2. 光敏反应　个别患者在光照部位出现瘙痒性红斑,严重者可见皮肤糜烂、脱落。还可出现如红斑、皮疹、皮肤瘙痒、血管神经性水肿等过敏反应。用药期间应避免阳光和紫外线照射。对本类药物过敏者禁用。

3. 中枢神经系统反应　本类药物可透过血-脑屏障,对中枢神经系统的损害较为突出,轻者出现头痛、头昏、失眠,重者可出现抽搐、惊厥、精神异常等。有精神病或癫痫病史的患者避免应用。

4. 骨骼肌肉损害　本类药物易浓缩、沉积于骨髓中,直接损害软骨细胞的发育,影响儿童或胎儿的骨骼发育。故妊娠期妇女和 18 岁以下儿童禁用。乳母用药期间,应停止哺乳。

5. 肾损害　主要表现为尿频、少尿、结晶尿、蛋白尿、尿液混浊、面部水肿、肾炎,严重者出现肾衰竭。患者在服药期间应注意多饮水,避免与碱化尿液的药物同时使用。

6. 其他不良反应　本类药物还可引起心律失常、肝功能异常、跟腱炎和跟腱断裂等。

二、常用氟喹诺酮类抗菌药

目前临床常用的喹诺酮类为第三、四代喹诺酮类药物,即氟喹诺酮类。第三代喹诺酮类代表药有诺氟沙星(norfloxacin)、环丙沙星(ciprofloxacin)、氧氟沙星(ofloxacin)、左氧氟沙星(levofloxacin)等。第四代喹诺酮类代表药有莫西沙星(moxifloxacin)、加替沙星(gatifloxacin)、吉米沙星(gemifloxacin)。常用的氟喹诺酮类药物见表 9-6-2。

表 9-6-2　常用的氟喹诺酮类药物

药名	抗菌作用	临床应用
诺氟沙星	是首个用于临床的氟喹诺酮类药物,抗菌作用强,对 G⁻ 菌如大肠埃希菌、肺炎克雷伯菌、奇异变形杆菌、产气杆菌、沙门菌属、沙雷菌、铜绿假单胞菌及淋病奈瑟球菌等极为有效	主要用于治疗敏感菌所致的胃肠道、泌尿生殖道感染
环丙沙星	是体外抗菌活性最强的喹诺酮类药物,尤其对铜绿假单胞菌、流感嗜血杆菌、大肠埃希菌等 G⁻ 杆菌抗菌活性高于多数氟喹诺酮类药物	主要用于治疗敏感菌所致的泌尿生殖道、消化道、呼吸道、骨关节、腹腔及皮肤软组织感染
氧氟沙星	抗菌谱广,抗菌作用强。除了具有环丙沙星的抗菌特点和良好的抗耐药菌特性,还对结核分枝杆菌、沙眼衣原体和部分厌氧菌有效	主要用于治疗敏感菌所致的胆道、呼吸道、泌尿生殖道、皮肤软组织及盆腔等感染。亦可作为抗结核的二线药物
左氧氟沙星	抗菌谱同氧氟沙星,抗菌活性是氧氟沙星的 2 倍。对 G⁻ 菌抗菌活性强,对 G⁺ 菌和军团菌、支原体、衣原体也有较好的抗菌作用	主要用于治疗敏感菌所致的各种急慢性感染、难治性感染
莫西沙星	对大多数 G⁺ 菌、G⁻ 菌、厌氧菌、结核分枝杆菌、衣原体和支原体作用强	主要用于治疗敏感菌所致的呼吸道、泌尿生殖道及皮肤软组织感染
加替沙星	对大多数 G⁺ 菌、厌氧菌、结核分枝杆菌、衣原体和支原体的抗菌活性与莫西沙星相近,对大多数 G⁻ 菌的作用强于莫西沙星,对厌氧菌的作用与甲硝唑相当,对铜绿假单胞菌也有效	临床应用同莫西沙星,几乎没有光敏反应,但可产生血糖紊乱和心脏毒性
吉米沙星	对 G⁻ 菌的抗菌活性作用强,对多重耐药的肺炎链球菌在内的 G⁺ 菌的作用也较强	主要用于治疗敏感菌引起的呼吸系统感染以及厌氧菌所致的泌尿生殖道、消化道、皮肤软组织感染

第二节　磺胺类抗菌药

一、概述

　　磺胺类(sulfonamides)是最早用于防治感染的人工合成抗菌药,曾广泛应用于临床,近年来因不良反应较多、耐药菌增加及其他抗菌药的快速发展,其临床应用明显受限。但磺胺类对流行性脑脊髓膜炎、鼠疫等疗效显著,尤其与甲氧苄啶合用使抗菌活性增强、抗菌谱扩大。

　　磺胺类的基本化学结构为对氨基苯磺酰胺,根据临床应用和口服后吸收难易程度分为三类:①用于全身感染的肠道易吸收类,包括磺胺嘧啶(sulfadiazine,SD)、磺胺甲噁唑(sulfamethoxazole,SMZ)等;②用于肠道感染的肠道难吸收类,包括柳氮磺吡啶(sulfasalazine,SASP);③外用磺胺类,如磺胺嘧啶银(sulfadiazine silver,SD-Ag)、磺胺醋酰(sulfacetamide,SA)等。

【体内过程】

　　用于全身感染的磺胺类吸收快而完全,血药浓度高,体内分布广泛,SD 和 SMZ 易透过血-脑屏障,脑脊液中浓度高,对治疗脑部感染有利。主要在肝脏经乙酰化代谢灭活,也可与葡萄糖醛酸结合,在肾脏以原形、乙酰化物、葡萄糖醛酸结合物三种形式排泄。SD 和 SMZ $t_{1/2}$ 约 10h。

【抗菌作用】

　　对磺胺类敏感的细菌不能直接利用叶酸,只能以对氨基苯甲酸(PABA)和蝶啶为原料,在二氢蝶酸合酶的作用下合成二氢蝶酸,再还原为四氢叶酸。四氢叶酸活化后作为一碳单位载体的辅酶,参与嘌呤和嘧啶的合成。磺胺类结构与 PABA 相似,两者可竞争结合二氢蝶酸合酶。人体可直接利用外源性叶酸,故不受磺胺类的影响。

　　PABA 与二氢蝶酸合酶的亲和力比磺胺类强数千倍,故使用磺胺类时需首剂加倍,并用足够剂量和疗程才能抑制细菌的生长繁殖。脓液和坏死组织中含有大量 PABA,局麻药普鲁卡因水解产生的 PABA,均可减弱磺胺类的抗菌作用,故应清创排脓后才能用该类药物,并禁与 PABA 衍生物配伍。

　　单用该类药物时细菌易产生永久性不可逆的耐药性,同类药物间存在交叉耐药性。细菌对磺胺类产生耐药的原因为:①细菌合成过量的 PABA,与磺胺类竞争作用靶点。②产生对磺胺类亲和力低的二氢蝶酸合酶。③降低胞质膜对磺胺类的通透性。④改变代谢途径,直接利用外源性叶酸。

　　磺胺类为广谱抑菌药,对大多数 G^+ 菌和 G^- 菌均有抑制作用,如敏感的溶血性链球菌、肺炎链球菌、脑膜炎球菌、淋病奈瑟球菌、鼠疫耶尔森菌、大肠埃希菌、志贺菌、流感嗜血杆菌、变形杆菌、肺炎克雷伯菌;对沙眼衣原体和疟原虫亦有效。此外,SML 与 SD-Ag 对铜绿假单胞菌有效。磺胺类对支原体、螺旋体、病毒无效,对立克次体不但无效,甚至可促进其生长。

【不良反应和注意事项】

　　1. **胃肠道反应**　常见恶心、呕吐、上腹不适和食欲不振等胃肠道反应,饭后服用可减轻。

　　2. **肾脏损害**　磺胺类原形及乙酰化物在尿液中溶解度低,尤其是在酸性尿液中易析出结晶而引起结晶尿、血尿或尿路阻塞,导致肾损害。因此,用药期间应多饮水以降低尿中药物浓度,同服等量碳酸氢钠以碱化尿液,增加药物溶解度。服药超过 1 周者应定期检查尿液。发现结晶尿等,应及时停药,并对症治疗。老年人、肾功能不全、少尿及休克患者慎用或禁用。

　　3. **过敏反应**　以皮疹和药物热多见,偶见渗出性多形红斑、剥脱性皮炎等。磺胺类有交叉过敏反应,有过敏史者禁用。

　　4. **血液系统反应**　偶见粒细胞减少、血小板减少及再生障碍性贫血,与骨髓抑制或过敏反应有关。用药期间应定期检查血常规。葡萄糖-6-磷酸脱氢酶缺乏症患者可引起急性溶血性贫血,应禁用。

5. 其他不良反应 有头痛、眩晕、全身乏力、黄疸、肝损害等,偶发胆红素脑病。肝功能不全者及新生儿、早产儿、2岁以下婴儿、临产前孕妇、哺乳期妇女应避免使用磺胺类。

二、常用磺胺类抗菌药

常用磺胺类抗菌药见表9-6-3。

表9-6-3 常用的磺胺类抗菌药

药名	特点
磺胺嘧啶	脑脊液浓度高,用于治疗预防流行性脑脊髓膜炎和治疗诺卡菌属引起的肺部感染、脑膜炎和脑脓肿。与乙胺嘧啶合用治疗弓形虫病
磺胺甲噁唑	用于流行性脑脊髓膜炎的预防。与甲氧苄啶合用(复方磺胺甲噁唑)治疗急性泌尿系统感染、敏感菌所致的呼吸系统感染、重症细菌性痢疾和伤寒
柳氮磺吡啶	口服或灌肠,在肠道内水解为磺胺吡啶和5-氨基水杨酸,发挥抗菌和免疫抑制作用。为治疗溃疡性结肠炎的首选药。用于治疗强直性脊柱炎、类风湿关节炎、银屑病关节炎等
磺胺嘧啶银	外用,抗菌谱广,刺激性小,有收敛作用并促进创面干燥结痂。对铜绿假单胞菌作用强,主要用于治疗Ⅱ度、Ⅲ度烧伤继发的创面感染
磺胺醋酰	外用,水溶液呈中性,无刺激,穿透力强。滴眼用于沙眼、结膜炎和角膜炎等眼部感染

第三节 其他合成抗菌药

一、甲氧苄啶

甲氧苄啶

甲氧苄啶(trimethoprim,TMP)是细菌二氢叶酸还原酶抑制剂,能增强磺胺类的抗菌活性,又称抗菌增效剂。口服吸收迅速而完全,体内分布广,脑膜炎时脑内浓度可达到血药浓度的50%~100%,$t_{1/2}$约11h。通过抑制细菌二氢叶酸还原酶,使二氢叶酸不能还原为四氢叶酸,从而阻止细菌核酸的合成。抗菌谱与SMZ相似但抗菌活性高。因易产生耐药性,一般不宜单用。通常与半衰期接近的SMZ、SD制成复方制剂,使细菌的叶酸代谢受到双重阻断,抗菌作用增强数倍至数十倍,甚至呈现杀菌作用,并能扩大抗菌范围、减少细菌耐药的产生。

甲氧苄啶与磺胺类组成的复方制剂有复方磺胺甲噁唑(SMZ+TMP)、复方磺胺嘧啶(SD+TMP)、联磺甲氧苄啶(SMZ+SD+TMP),广泛用于敏感菌引起的呼吸道、泌尿道、消化道感染及脑膜炎、败血症等,对伤寒和副伤寒、痢疾、肺孢子菌肺炎、全身诺卡菌病等也有较好的疗效。

常见不良反应有恶心、呕吐、皮疹等,长期应用可引起巨幼细胞贫血、白细胞及血小板减少,一般较轻,停药后可恢复。用药期间应定期检查血象,发现异常反应及时停药,必要时应用亚叶酸钙治疗。妊娠期妇女、哺乳期妇女、婴幼儿、血液病患者及有严重肝肾功能障碍者禁用。

二、硝基咪唑类

甲 硝 唑

甲硝唑口服吸收良好,血浆蛋白结合率为10%~20%,体内分布广泛,可进入感染病灶和脑脊液,$t_{1/2}$为8~14h。其分子中的硝基在细胞内的无氧环境中被还原成氨基(细胞毒物质),抑制病原体DNA合成,发挥抗厌氧菌作用。对脆弱拟杆菌尤为敏感,对破伤风梭菌、滴虫、阿米巴原虫及贾第鞭毛虫具有很强的杀灭作用,但对需氧菌或兼性需氧菌无效。主要用于治疗厌氧菌引起的各种感染,如口腔、腹腔、女性生殖系统、下呼吸道、骨和关节感染等。对幽门螺杆菌所致的消化性溃疡以及耐四环素艰难梭菌感染所致的假膜性肠炎有特殊疗效。甲硝唑是治疗阴道滴虫病和阿米巴病的首选药物。不良反应一般较轻微,包括胃肠道反应、过敏反应、外周神经炎等,可引起双硫仑样反应,用药期间及治疗结束后72h内应禁用含乙醇饮料和药物(详见模块11 任务1 抗寄生虫药)。

替 硝 唑

替硝唑(tinidazole)是抗滴虫药及抗厌氧菌药。与甲硝唑相比,吸收快,血药浓度高,作用持续时间长。体内分布广泛,对血-脑屏障的穿透性较甲硝唑高。$t_{1/2}$ 为 12~14h,口服 1 次有效血药浓度可维持72h。对各种常见的致病厌氧菌和滴虫均有明显的杀灭作用,其活性较甲硝唑强 2~4 倍,对阿米巴痢疾和肠外阿米巴病的疗效与甲硝唑相当,不良反应比甲硝唑低。主要用于治疗各种厌氧菌感染,如败血症、骨髓炎、腹腔感染、盆腔感染、呼吸道感染、鼻窦炎、皮肤软组织感染、牙周感染及术后伤口感染;用于结肠直肠手术、妇产科手术及口腔手术等术前预防用药;用于治疗肠道及肠道外阿米巴病、阴道滴虫病、鞭毛虫病等;也可作为甲硝唑的替代药,用于幽门螺杆菌所致的胃窦炎及消化性溃疡的治疗。不良反应少而轻微,偶有消化道反应,个别患者有眩晕感、口腔金属味、皮疹、头痛或白细胞减少。

三、硝基呋喃类

硝基呋喃类(nitrofurans)包括呋喃妥因、呋喃唑酮等,抗菌谱广,不易产生耐药性,与其他抗菌药无交叉耐药性。

呋喃妥因

呋喃妥因(nitrofurantoin)又名呋喃坦啶。口服易吸收,与食物同服可增加其吸收,并减少对胃肠道的刺激作用。血药浓度低,经肾排泄,在尿中可达有效抗菌浓度,在尿液 pH 5.5 时抗菌活性最佳,作用维持时间短。对多数 G⁺ 菌和 G⁻ 菌有效。主要用于治疗敏感菌所致的泌尿系统感染,如肾盂肾炎、膀胱炎、前列腺炎、尿道炎等。常见不良反应为胃肠道反应,偶见过敏反应。剂量过大或肾功能不全者可出现周围神经炎,葡萄糖-6-磷酸脱氢酶缺乏症患者、新生儿及妊娠期妇女服药后可引起溶血性贫血,应禁用。

呋喃唑酮

呋喃唑酮(furazolidone)又名痢特灵。口服不易吸收,肠道内药物浓度高。抗菌谱与呋喃妥因相似。口服用于肠炎、细菌性痢疾、霍乱等肠道感染的治疗。因对幽门螺杆菌有效,常与铋剂、甲硝唑等合用治疗消化性溃疡。不良反应与呋喃妥因相似,但轻而少见。

第四节 喹诺酮类、磺胺类抗菌药合理应用

1.喹诺酮类抗菌药合理应用

(1)18 岁以下人群、妊娠期妇女、对本类药物过敏者禁用。哺乳期妇女用药期间应停止母乳喂养,有精神病或癫痫病史者慎用。

(2)服药期间(包括使用后数日内)应避免日光或紫外线照射,可使用物理化学防晒措施。

(3)服药期间多饮水。碱性药物、抑制胃酸分泌药及含铝、钙、铁等多价阳离子的制剂均可降低胃液酸度而使喹诺酮类的吸收减少,应避免同服。

(4)可抑制茶碱代谢,联用时应注意监测可能发生的中毒反应,必要时监测茶碱血药浓度。

2.磺胺类抗菌药合理应用

(1)2 个月内的婴儿、磺胺类药物过敏者、巨幼细胞贫血和葡萄糖-6-磷酸脱氢酶缺乏症患者禁用。

（2）肝功能不全者及新生儿、早产儿、2岁以下的婴儿、临产孕妇、哺乳期妇女慎用。老年患者避免使用，如确有应用指征，应权衡利弊后使用。

（3）使用磺胺类首剂应加倍，以达到迅速抑菌的目的，然后使用维持量（即正常量），待症状消失后，最后给予2~3次最小量。

（4）服药期间多喝水，同服等量碳酸氢钠。服用磺胺类1周以上者须定期检查尿液。

（5）用药期间不应从事高空和驾驶作业。

（梁建梅）

思考题

1. 简述氟喹诺酮类药物抗菌作用与机制。
2. 磺胺类与 TMP 合用有哪些优点？

任务 7 | 抗结核药

学习目标

1. 掌握一线抗结核药的常用药物、抗菌作用、临床应用、不良反应和注意事项。
2. 熟悉二线及新一代抗结核药的常用药物、抗菌作用、临床应用、不良反应和注意事项。
3. 了解抗结核药的合理应用。
4. 能依据临床表现等合理选择抗结核药,正确用药,及时处置不良反应。
5. 具备与患者及其家属进行有效沟通、开展用药咨询服务、指导患者合理用药的职业素养,关心、爱护患者。

结核病(tuberculosis)是由结核分枝杆菌引起的慢性传染病,可累及多个脏器,以肺部感染最多见。抗结核药按照使用频率和效果分为两类,即一线抗结核药和二线抗结核药。一线抗结核药包括异烟肼、利福平、乙胺丁醇、吡嗪酰胺、链霉素等,特点是疗效好、不良反应少、患者较易接受。二线抗结核药主要有对氨基水杨酸、丙硫异烟胺、阿米卡星、卡那霉素、卷曲霉素,毒性较大或疗效较差,多作为对一线抗结核药产生耐药性或患者不能耐受的备选药物。新一代抗结核药有利福喷丁、司帕沙星、氧氟沙星、左氧氟沙星、莫西沙星等。

临床情景

患者,男性,32 岁。近 1 个月出现胸痛,呈针刺样,随咳嗽和深呼吸加重,夜间咳嗽,入睡困难,并渐感乏力、消瘦、食欲差,午后发热 3 天。既往无基础疾病,无药物、食物过敏史。晨痰涂片抗酸染色呈阳性。胸部 X 线片示左肺锁骨下小片云絮状影。

诊断:肺结核。

处方:

1. 异烟肼片,每次 0.3g,每天 1 次,口服。
2. 利福平片,每次 0.6g,每天 1 次,口服。
3. 吡嗪酰胺片,每次 0.75g,每天 1 次,口服。
4. 乙胺丁醇片,每次 0.75g,每天 1 次,口服。

学习任务

课前:该患者的处方中使用了哪几种药物? 是否合理?

课中:一线抗结核药常用药物的抗菌机制是什么? 抗结核药的用药原则是什么?

课后:该患者按上述方案治疗 2 个月后,咳嗽、咳痰、胸痛、发热症状逐渐消失,痰涂片转阴,下一步应如何调整治疗方案? 该患者用药期间须注意哪些问题?

第一节　一线抗结核药

异烟肼

异烟肼（isoniazid，INH）又称雷米封（rimifon），是异烟酸的肼类衍生物。

【体内过程】

异烟肼口服、注射均易吸收，口服生物利用度 90%。组织穿透力强，分布广，可渗入干酪样病灶及空洞中，在脑脊液、胸腔积液、腹腔积液、关节腔、淋巴结中均有较高浓度。主要在肝脏经乙酰化代谢失活，肝脏乙酰化速度受遗传等因素影响，分为快代谢型和慢代谢型，快代谢型 $t_{1/2}$ 约 70min，慢代谢型 $t_{1/2}$ 约 3h。代谢产物及少量原形随尿液排出，也可经乳汁、唾液、痰液、粪便等排出。

【抗菌作用】

异烟肼对结核分枝杆菌有高度选择性，为繁殖期杀菌药，能杀死细胞内外生长代谢旺盛的结核分枝杆菌，对静止期结核分枝杆菌也有抑菌作用，是全效杀菌药。单用易产生耐药性，与其他抗结核药无交叉耐药现象，联合用药可增强疗效并延缓耐药性的产生。

主要抗菌机制为：①抑制分枝菌酸（mycolic acid）的合成。分枝菌酸是结核分枝杆菌细胞壁特有的重要成分，其减少会使细菌丧失耐酸性、疏水性和增殖力而死亡。②抑制结核分枝杆菌 DNA 合成而发挥抗菌作用。

【临床应用】

异烟肼是防治各种类型结核病的首选药。除早期轻症肺结核或预防应用外，均宜与其他一线抗结核药合用，以增强疗效、防止或延缓耐药性的产生。对粟粒型结核、结核性脑膜炎等重症应加大用量，延长疗程，必要时可注射给药。

【不良反应和注意事项】

异烟肼常用剂量不良反应轻。

1. 神经系统　可引起周围神经炎，表现为四肢麻木、肌肉震颤、反射迟钝、步态不稳等。因异烟肼与维生素 B_6 的结构相似，能竞争同一酶系或增加维生素 B_6 排泄，导致维生素 B_6 缺乏，多见于慢代谢型患者，与剂量有明显关系，严重时导致中毒性脑病、精神异常。及时补充维生素 B_6 可以预防神经系统不良反应。癫痫患者同时应用异烟肼和苯妥英钠可引起过度镇静或运动失调，故癫痫及精神病患者慎用。

2. 肝毒性　可见血清转氨酶升高、黄疸，严重时出现肝小叶坏死，35 岁以上及快代谢型患者更易发生。用药期间应定期检查肝功能，肝功能不全者慎用。

3. 其他不良反应　有皮疹、发热、胃肠道反应、粒细胞减少等。

异烟肼为肝药酶抑制剂，可抑制香豆素类、苯妥英钠、三环类抗抑郁药等代谢。合用利福平或饮酒可加重其肝毒性。合用肼屈嗪可使异烟肼代谢受阻、毒性增加。

利福平

利福平（rifampicin，RFP）是利福霉素的人工半合成衍生物，为橘红色结晶粉末。

【体内过程】

利福平口服易吸收，2~4h 血药浓度达峰值。生物利用度达 90% 以上。穿透力强，分布广，能进入菌体细胞、各种结核病灶、巨噬细胞内、痰液、胎盘等。在肝脏代谢，代谢产物及原形大部分经胆汁排出，形成肝肠循环。$t_{1/2}$ 为 1.5~5h，肝功能不全者 $t_{1/2}$ 延长。为肝药酶诱导药。利福平及其代谢产物可使尿液、唾液、汗液、泪液呈橘红色。

【抗菌作用】

利福平特异性抑制病原体 DNA 指导的 RNA 聚合酶，阻碍 mRNA 合成，对人和动物 DNA 指导的 RNA 聚合酶无影响，故对病原体具有高度的选择性。抗菌谱广，对结核分枝杆菌、麻风分枝杆菌及非典型分枝杆菌具有强大的抗菌活性,对大多数 G⁺ 菌和 G⁻ 菌、沙眼衣原体、某些病毒也有抑制作用。穿透力强,能杀灭各种结核病灶中、细胞内外代谢旺盛及偶尔繁殖的菌群,抗结核作用与异烟肼相当。单用易产生耐药性,与其他抗结核药无交叉耐药现象。耐药性与细菌 DNA 指导的 RNA 聚合酶的基因突变有关。

【临床应用】

利福平是初治肺结核治疗方案中不可缺少的组成药物,主要与其他抗结核药合用治疗各型结核病。还可用于治疗麻风病和耐药金黄色葡萄球菌及其他敏感菌引起的感染,尤其是敏感菌引起的重症胆道感染。局部用药用于治疗沙眼、急性结膜炎。

【不良反应及注意事项】

利福平不良反应发生率低且轻,常见恶心、呕吐等胃肠道刺激症状。长期应用可引起肝脏损害,出现黄疸、转氨酶升高,肝病患者、饮酒等与异烟肼合用时较易发生。大量间歇用药可引起类似感冒症状的流感样综合征。偶见皮疹、白细胞减少等过敏反应。动物实验有致畸作用,妊娠期妇女禁用。用药期间应定期监测肝功能,严重肝功能不全或胆道阻塞者禁用。

乙胺丁醇

乙胺丁醇(ethambutol,EMB)口服吸收好,体内分布广,脑膜炎时可在脑脊液中达到有效浓度。$t_{1/2}$ 为 3~4h,主要以原形从肾脏排泄。能与菌体内 Mg^{2+} 结合,干扰 RNA 的合成。对巨噬细胞内、外的繁殖期结核分枝杆菌作用强,为杀菌药。单用耐药性产生缓慢,一般 3~4 个月后出现,与其他抗结核药无交叉耐药性,对耐异烟肼、链霉素的结核分枝杆菌仍有效。临床主要与异烟肼、利福平等联合使用治疗各种类型的结核病,尤其适用于初治和复治患者的早期强化治疗阶段。常用剂量不良反应少。偶发球后视神经炎,一般在大剂量用药 2~6 个月时易发生。用药期间应定期进行视力检查,包括视力、色觉、视野及眼底,若有异常应及时减量或停药,并对症处理。肾功能不全时可引起蓄积中毒,应慎用。13 岁以下患者禁用。

吡嗪酰胺

吡嗪酰胺(pyrazinamide,PZA)口服吸收迅速,分布于全身组织与体液,$t_{1/2}$ 约 6h,经肝代谢,经肾排泄。在酸性环境(pH5~5.5)中抗菌活性强,对细胞内缓慢繁殖菌群或处于静止状态的结核分枝杆菌具有特殊杀灭作用。单用易耐药,与其他抗结核药无交叉耐药性。为短期(6 个月)联合治疗方案中的重要药物,因对细胞内缓慢繁殖菌群有杀灭作用,可防止或减少停药后复发。不良反应主要为胃肠道反应,大剂量可致肝损害,偶见高尿酸血症,用药期间注意避光。建议低剂量、短程疗法,用药期间定期检查肝功能。痛风患者慎用。

链 霉 素

链霉素(streptomycin,SM)为氨基糖苷类抗生素,对结核分枝杆菌有杀菌作用,是最早用于抗结核病的药物。穿透力差,对细胞内的结核分枝杆菌无作用。单用易耐药,常与其他抗结核药合用治疗各种严重或危及生命的结核分枝杆菌感染,特别是结核性脑膜炎、粟粒性结核和重要器官的结核感染。长期使用有严重的耳毒性,儿童禁用。链霉素详细知识详见模块 9 任务 4 氨基糖苷类抗生素及其他抗菌药。

第二节 其他抗结核药

一、二线抗结核药

对氨基水杨酸钠

对氨基水杨酸钠(sodium aminosalicylate)口服吸收快,体内分布广,但不易进入细胞内及脑脊液,仅对细胞外的结核分枝杆菌有抑菌作用。能抑制二氢蝶酸合酶,影响结核分枝杆菌的代谢。单用虽不易产生耐药性,但抑菌作用弱,主要与异烟肼或链霉素联合应用,以增强疗效、延缓耐药性的产生。常见不良反应为恶心、呕吐、腹痛、腹泻等胃肠道反应,饭后服药、服抗酸药或其肠溶制剂可减轻胃肠道刺激性。长期大量使用可出现肝功能损害。

丙硫异烟胺

丙硫异烟胺(protionamide)为异烟酸的衍生物。低浓度有抑菌作用,高浓度有杀菌作用。临床与其他抗结核药联合,用于一线药物治疗无效的结核病患者。主要制剂为丙硫异烟胺肠溶片。不良反应发生率高,主要为胃肠道反应、肝损害及神经系统症状。妊娠期妇女、儿童禁用。

卷曲霉素

卷曲霉素(capreomycin)为多肽类抗生素,通过抑制细菌蛋白质合成产生抗菌作用。口服难吸收,需注射给药。单用易产生耐药,与新霉素、卡那霉素存在交叉耐药性。主要与其他抗结核药联合用于耐药菌感染的复治患者。不良反应较链霉素轻。肌内注射可引起局部硬结,宜深部肌内注射。静脉注射可出现一过性低血压、局部静脉炎等。

氨基糖苷类

氨基糖苷类抗生素除了链霉素,阿米卡星、卡那霉素等也有抗结核作用,抗菌谱、抗菌机制与链霉素相同,不良反应较多。临床主要与其他抗结核药合用,仅用于对一线抗结核药有耐药性的结核病患者。

二、新一代抗结核药

利福喷丁

利福喷丁(rifapentine)为利福霉素的衍生物,为砖红色结晶粉末。不易通过血-脑屏障,$t_{1/2}$约26h,主要经肝脏代谢,有肝肠循环,主要经胆汁进入肠道随粪便排出。抗菌谱、作用机制与利福平相同,抗结核分枝杆菌的强度是利福平的7倍。与利福平有交叉耐药。主要用于结核病、麻风病的治疗。与异烟肼、乙胺丁醇等有协同作用。不良反应较利福平少且轻。

氟喹诺酮类

司帕沙星、左氧氟沙星、莫西沙星等氟喹诺酮类对结核分枝杆菌有较强的抗菌作用,与其他抗结核药有协同作用,对耐链霉素、异烟肼的菌株仍有效。主要用于对一线抗结核药耐药或多重耐药的结核病患者。

知识拓展

肺结核初治及复治标准治疗方案

1.初治活动性肺结核推荐治疗方案(2HRZE/4HR) 疗程一般为6个月。对于病情严重或存在影响预后的并发症患者,可适当延长疗程。

(1)强化期:异烟肼(H)、利福平(R)、吡嗪酰胺(Z)、乙胺丁醇(E),每日1次,疗程为2个月。

(2)继续期:异烟肼(H)、利福平(R),疗程为4个月。

2.复治肺结核推荐治疗方案(2HRZES/6HRE) 疗程一般为8~9个月。对于病情严重或存在影响预后的并发症患者,可适当延长疗程。

(1)强化期:异烟肼(H)、利福平(R)、吡嗪酰胺(Z)、乙胺丁醇(E)、链霉素(S),每日1次,疗程为2个月。或异烟肼(H)、利福平(R)、吡嗪酰胺(Z)、乙胺丁醇(E),每日1次,疗程为3个月。

(2)继续期:异烟肼(H)、利福平(R)、乙胺丁醇(E),每日1次,疗程为6个月。

第三节　抗结核药合理应用

1. 早期用药　尽早用药,此时细菌生长繁殖旺盛,代谢活跃,对药物敏感,病灶供血丰富,药物易渗入发挥作用。同时,患者身体抵抗力强,易控制病变,有利于治愈。

2. 联合用药　联合用药是根据不同病情和抗结核药的作用特点,联合应用 2 种或 2 种以上药物以增强疗效,并可避免严重的不良反应和延缓耐药性的产生。一般使用 2~4 种抗结核药,可增强抗菌效果、延缓细菌耐药性、减少不良反应。

3. 适量用药　适量用药是指用药剂量要适当。药量不足,则组织内药物难以达到有效浓度,且易诱发细菌产生耐药性而使治疗失败;药量过大,则易产生严重不良反应而使治疗难以继续。

4. 坚持全程规律用药　结核病的治疗必须做到有规律长期用药,不漏服,不随意改变药物剂量或改变药物品种,否则难以治疗成功。

(梁建梅)

思考题

1. 简述异烟肼的抗菌特点及临床应用。
2. 简述抗结核药的分类及其代表药物。

| β-内酰胺类抗生素的抗菌机制 | 四环素类及氯霉素类药物作用机制 | 结核病发病机制 | 案例分析 | 模块 9 练习题 |

抗真菌药和抗病毒药

ER 10-1

教学课件

ER 10-2

思维导图

近年来深部真菌感染的发病率呈持续上升趋势,病情严重,病死率高。病毒性传染病居传染病之首,发病率高,传播快,对人类健康构成巨大威胁。合理应用抗真菌药和抗病毒药是提高疗效、降低药物不良反应发生率以及减少或延缓耐药性发生的关键。本模块分别介绍了临床常用的抗真菌药和抗病毒药。

任务 1 | 抗真菌药

学习目标

1. 掌握常用抗真菌药的分类、代表药物、临床应用、不良反应和注意事项。
2. 熟悉抗真菌药的作用机制。
3. 了解抗真菌药的合理应用。
4. 能根据真菌感染性疾病临床表现等合理选择抗真菌药,正确用药,及时处置不良反应。
5. 具备与患者及其家属进行有效沟通、开展用药咨询服务、指导患者合理用药的职业素养,关心、爱护患者。

临床情景

患者,女性,44 岁,体重 55kg。2 个月前无明显诱因渐起头痛,伴低热、呕吐,诊断为病毒性脑膜炎,经抗病毒、脱水降颅内压治疗,头痛有所缓解。但近半个月症状有加重趋势,体温波动在 35.7~39.5℃。血常规:WBC $12.53×10^9$/L,中性粒细胞 80.1%。颅脑 MR 未见异常。腰椎穿刺检查:压力 $400mmH_2O$,脑脊液墨汁染色阳性。脑脊液培养:新型隐球菌;隐球菌荚膜多糖抗原阳性。有喂养鸽子史。

诊断:颅内感染;隐球菌性脑膜炎。

处方:

1. 注射用两性霉素 B,每次 5mg 溶于 5% 葡萄糖注射液 500ml,每日 1 次,静脉滴注。
2. 甘露醇注射液,每次 250ml(含甘露醇 50g),每 8h 1 次,静脉滴注。
3. 氟胞嘧啶片,每次 1g,每日 4 次,口服。

学习任务

课前:隐球菌性脑膜炎的主要临床表现和病原菌是什么?

课中:隐球菌性脑膜炎的治疗方案有哪些?两性霉素 B 属于哪类抗真菌药?其抗菌作用、临床应用和不良反应有哪些?如何权衡利弊选用?

课后:静脉滴注两性霉素 B 有哪些注意事项?对非中枢神经系统隐球菌病宜选用哪种药物治疗?

第一节　概　述

真菌感染一般分为表浅部真菌感染和深部真菌感染。表浅部真菌感染常由各种癣菌引起,主要侵犯皮肤、毛发、指(趾)甲等,发病率高,但不威胁生命。深部真菌感染多由白念珠菌、曲霉、新型隐球菌等引起,侵袭内脏器官和深部组织,发病率虽低但病死率高。真菌血症以白念珠菌多见,肺部真菌感染以丝状真菌为主,其中曲霉为主要致病菌。近年来伴随着癌症患者放疗和化疗的增加,器官和骨髓移植的推广,抗菌药和免疫抑制药的广泛使用,免疫功能低下患者不断增多,深部真菌感染的发生率不断升高。

抗真菌药(antifungal drugs)是指具有抑制或杀灭致病真菌的药物,用于治疗真菌感染性疾病。抗真菌药根据化学结构的不同可分为多烯类抗真菌药、唑类抗真菌药、丙烯胺类抗真菌药、嘧啶类抗真菌药和棘白菌素类抗真菌药。

第二节　常用抗真菌药

一、多烯类抗真菌药

多烯类抗真菌药包括两性霉素 B、制霉菌素。

两性霉素 B

两性霉素 B(amphotericin B)为治疗各种严重真菌感染的首选药物之一。

【体内过程】

两性霉素 B 口服及肌内注射均难吸收,临床采用静脉滴注给药,不易透过血-脑屏障。主要在肝代谢,代谢产物及少许原形经肾缓慢排泄。

【抗菌作用】

两性霉素 B 为广谱抗真菌药,对多种深部真菌如新型隐球菌、白念珠菌、球孢子菌、荚膜组织胞浆菌、孢子丝菌、芽生菌等有较强的抑菌作用,高浓度时有杀菌作用。可选择性与真菌细胞膜中的麦角固醇结合,改变膜的通透性,导致细胞内小分子物质如氨基酸、电解质等外漏,导致真菌生长停止或死亡。细菌细胞膜不含固醇,故对细菌无作用。

【临床应用】

两性霉素 B 适用于敏感真菌所致侵袭性真菌感染的治疗,如隐球菌病、芽生菌病、播散性念珠菌病、球孢子菌病、组织胞浆菌病、毛霉病、孢子丝菌病、曲霉病、暗色丝孢霉病等。

【不良反应和注意事项】

两性霉素 B 不良反应较多,常见寒战、发热、头痛、呕吐、厌食、贫血、低血压、低血钾、低血镁、血栓性静脉炎、肝功能损害、肾功能损害等。如事先给予解热镇痛抗炎药、抗组胺药及糖皮质激素,可减少治疗初期寒战、发热的发生。应定期进行血常规、尿常规、肝功能、肾功能和心电图等检查,以便及时调整剂量。

为减轻两性霉素 B 的不良反应,临床更多使用两性霉素 B 脂质体剂型。由于药物成分多分布于肺、肝和脾等器官的网状内皮系统,减少了在肾脏的分布,故可减轻其肾毒性。

制霉菌素

制霉菌素(nystatin)的体内过程和抗菌作用机制与两性霉素 B 相似,对念珠菌属的抗菌活性较高。但毒性大,不能注射给药。口服不易吸收,适用于消化道白念珠菌感染。局部用药用于治疗黏膜等处的念珠菌病。较大剂量口服可致恶心、呕吐、腹泻等胃肠道反应。

二、唑类抗真菌药

唑类抗真菌药分为咪唑类和三唑类。咪唑类包括咪康唑、克霉唑、酮康唑等,主要作为局部用药。三唑类包括氟康唑、伊曲康唑、伏立康唑、泊沙康唑、艾沙康唑等,主要用于治疗侵袭性真菌病。唑类是目前临床上应用最广泛的一类抗真菌药,可干扰真菌细胞麦角固醇的生物合成,使真菌细胞膜缺损、通透性增加,进而抑制真菌生长或使真菌死亡。

咪 康 唑

咪康唑（miconazole）为广谱抗真菌药，口服吸收差，常用制剂有硝酸咪康唑乳膏、阴道用栓剂等。临床主要局部应用，治疗阴道、皮肤或指甲等处的真菌感染。

克 霉 唑

克霉唑（clotrimazole）为广谱抗真菌药，口服吸收差，常用制剂有克霉唑乳膏、阴道用栓剂、阴道用片剂等。临床主要用于治疗浅部真菌病、皮肤黏膜或阴道真菌感染。

氟 康 唑

氟康唑（fluconazole）为广谱抗真菌药，口服吸收完全，生物利用度不受食物及胃液酸度的影响。在阴道组织、唾液、皮肤和甲板可达杀菌浓度，脑脊液中药物浓度为血浆的 50%~60%。在肝内代谢少，主要以原形经肾排泄。临床主要用于治疗隐球菌病、念珠菌病（克柔念珠菌除外）、球孢子菌病、芽生菌病等。对隐球菌性脑膜炎，可在使用两性霉素 B 联合氟胞嘧啶治疗病情好转后，用氟康唑维持。不良反应较少，可引起消化道反应、皮疹、肝坏死、胎儿畸形等。

伊曲康唑

伊曲康唑（itraconazole）为广谱抗真菌药，口服吸收良好，分布广泛，在肺、肾、皮肤、指（趾）甲等处药物浓度高，主要在肝脏代谢，以无活性代谢产物形式随尿和粪便排出。临床主要用于治疗肺部及肺外芽生菌病、组织胞浆菌病、皮肤真菌所致的足趾或手指甲癣、口咽部和食管念珠菌病。不良反应少，可见胃肠道反应、低钾血症和皮肤过敏等，偶见肝毒性。

伏立康唑

伏立康唑（voriconazole）具有抗菌谱广、抗菌效力强的特点。口服吸收完全，生物利用度达90%，分布广泛，主要在肝脏代谢，主要以代谢产物随尿液排出。由于伏立康唑的代谢具有饱和性，所以其药代动力学呈非线性。临床用于治疗侵袭性曲霉病、非粒细胞缺乏患者念珠菌血症、对氟康唑耐药的念珠菌引起的严重侵袭性感染、放线菌属和镰刀菌属引起的严重感染。常见不良反应有视觉损害、发热、皮疹、胃肠道反应等。

三、丙烯胺类抗真菌药

丙烯胺类抗真菌药包括萘替芬和特比萘芬，为鲨烯环氧合酶抑制药，可致真菌麦角固醇合成不足及鲨烯累积，影响真菌细胞膜的结构和功能。

特比萘芬

特比萘芬（terbinafine）口服吸收良好，分布广，在皮肤角质层、甲板和毛发等处聚集并达到较高浓度。常用制剂有盐酸特比萘芬乳膏、阴道泡腾片、喷雾剂、片剂等。临床主要外用或口服治疗甲癣和其他一些浅表部真菌感染。不良反应少且轻微，主要为消化道反应，偶见暂时性肝损伤和皮肤过敏反应。

四、嘧啶类抗真菌药

氟胞嘧啶

氟胞嘧啶（flucytosine）口服后 2~4h 血药浓度达峰值，$t_{1/2}$ 为 2.5~6h，血浆蛋白结合率约 50%，广泛分布于全身主要脏器中，易通过血-脑屏障，脑脊液药物浓度为血药浓度的 65%~90%。进入真菌细胞内后在胞嘧啶脱氨酶的作用下转变成 5-氟尿嘧啶，干扰真菌核酸及蛋白质的合成。对白念珠菌、新型隐球菌有良好的抑菌作用。临床主要用于治疗念珠菌病和隐球菌病，对隐球菌性脑膜炎疗效较好。单用易产生耐药性，与两性霉素 B 合用有协同作用。不良反应有恶心、呕吐、皮疹、转氨酶升高、骨髓抑制等。

五、棘白菌素类抗真菌药

棘白菌素类抗真菌药能抑制许多丝状真菌和念珠菌细胞壁成分 β-1,3-D-葡聚糖的合成,导致真菌细胞壁结构破坏,使菌体裂解、死亡。人体细胞没有细胞壁,故不受影响。该类药物对烟曲霉、黄曲霉、土曲霉和黑曲霉具良好的抗菌活性,对白念珠菌等多数念珠菌属具高度抗真菌活性。代表药物有卡泊芬净和米卡芬净。

卡泊芬净

卡泊芬净(caspofungin)具有广谱抗真菌活性,口服不能吸收,只能静脉滴注给药。临床上主要用于治疗念珠菌血症、食管念珠菌病以及难治性或不能耐受其他抗真菌药治疗的侵袭性曲霉病。不良反应常见发热、头痛、腹痛、腹泻、恶心、呕吐、贫血、静脉炎,还可能出现皮疹、瘙痒、面部水肿、潮红、支气管收缩等。

第三节　抗真菌药合理应用

1. 两性霉素 B 毒性大、不良反应多,却是治疗某些致命性侵袭性真菌病唯一有效的药物,必须权衡利弊考虑是否选用。有肾功能减退或不能耐受两性霉素 B 治疗者,可使用两性霉素 B 脂质体。

2. 唑类抗真菌药有肝毒性,在治疗过程中应定期检查肝功能。肝病患者有明确应用指征时,应权衡利弊考虑是否选用。

3. 特比萘芬有肝毒性,在治疗过程中应定期检查肝功能,如出现异常应及时停药。肝硬化或活动性肝病患者不宜应用本药。

4. 骨髓抑制、血液系统疾病、同时接受骨髓抑制药物以及有肝肾功能损害的患者慎用氟胞嘧啶。

5. 卡泊芬净与环孢素合用可导致血清转氨酶升高,合用时应权衡利弊。

(彭龙希)

思考题

1. 简述抗真菌药的分类及其代表药物。
2. 简述两性霉素 B 的临床应用。

任务 2 ｜ 抗病毒药

学习目标

1. 掌握抗病毒药的分类、代表药物、药理作用、临床应用、不良反应和注意事项。
2. 熟悉抗病毒药的抗病毒特点。
3. 了解抗病毒药的合理应用。
4. 能根据病毒感染性疾病临床表现等合理选择抗病毒药，正确用药，及时处置不良反应。
5. 具备与患者及其家属进行有效沟通、开展用药咨询服务、指导患者合理用药的职业素养，关心、爱护患者。

临床情景

患儿，男性，4 岁，体重 22kg。昨日突然发热，出麻疹。查体：体温 38.2℃，面部、躯干、四肢皮肤可见淡红色斑疹，部分斑疹有露珠样水疱。经询问得知，患儿所在幼儿园儿童近期因发热、出麻疹请假较多。疱疹刮片见多核巨细胞。

诊断：水痘。

处方：

1. 阿昔洛韦，每次 0.4g，每日 4 次，口服。
2. 炉甘石洗剂，每次适量，每日 3 次，外用，用前摇匀。

学习任务

课前：该患儿有哪些接触史？现在病情如何？在该患儿的处方中使用了哪几类药物？

课中：抗病毒药的种类、代表药物、药理作用和临床应用是什么？以上用药是否合理？

课后：本处方中的药物使用时应注意哪些方面？

第一节 概 述

病毒（virus）是体积最小、结构最简单的非细胞微生物，由核酸和蛋白质外壳构成，包括 DNA 病毒和 RNA 病毒。病毒是严格细胞内寄生微生物，须寄生于宿主细胞内，并借助宿主细胞的代谢系统进行繁殖。

病毒的增殖周期依次包括吸附、穿入、脱壳、生物合成、装配、释放。抗病毒药的作用主要通过干扰病毒吸附、阻碍病毒穿入、阻碍病毒脱壳、阻碍病毒生物合成、抑制病毒释放等方式呈现。目前的抗病毒药只对病毒的复制繁殖有抑制作用，而对潜伏的病毒没有活性。理想的抗病毒药应选择性作用于病毒而对宿主细胞无损害，但由于病毒具有胞内寄生特性，增殖时须依赖宿主细胞的许多功能，并且病毒核酸与宿主核酸在本质上无差异，其合成和装配由宿主细胞完成，故抗病毒药在抑制病毒的同时也产生对宿主细胞的毒性。另外，由于病毒极易变异，耐药性十分普遍。因此，抗病毒药研究任重而道远。

常用抗病毒药有抗流感病毒药、抗疱疹病毒药、抗人类免疫缺陷病毒药和抗肝炎病毒药等。

第二节　常用抗病毒药

一、抗流感病毒药

流行性感冒病毒简称流感病毒，是一种有包膜的 RNA 病毒。根据核蛋白和基质蛋白不同，流感病毒分为甲、乙、丙、丁 4 型，可引起人、禽、猪、马、蝙蝠等多种动物感染和发病，是人流感、禽流感、猪流感、马流感等人与动物疫病的病原体。

奥司他韦

奥司他韦（oseltamivir）是前体药物，在体内能转化为对流感病毒神经氨酸酶具有抑制作用的代谢物，有效抑制病毒颗粒释放，阻止甲型、乙型流感病毒传播，是治疗流感最常用的药物之一。临床主要用于甲型和乙型流感的治疗和预防。常见不良反应有恶心、呕吐、失眠、头痛、腹痛等，常在首次用药时发生，也可见鼻塞、咽痛、咳嗽等，偶见血尿、嗜酸性粒细胞减少、多形性红斑、肝损害。

利巴韦林

利巴韦林（ribavirin）又称病毒唑，为人工合成的核苷类药物，属广谱抗病毒药。对甲型和乙型流感病毒、副流感病毒、呼吸道合胞病毒、甲型肝炎病毒、丙型肝炎病毒、腺病毒、出血热病毒、麻疹病毒、疱疹病毒等多种 RNA 或 DNA 病毒有抑制作用。临床用于防治流感、麻疹、甲型肝炎、肺炎和支气管炎、流行性出血热、疱疹等。常见不良反应有腹泻、头痛、皮疹，长期或大剂量用药可引起贫血等，停药后即消失。妊娠期妇女禁用。

金刚烷胺和金刚乙胺

金刚烷胺（amantadine）口服易吸收，分布广，主要以原形经肾排泄。特异性抑制甲型流感病毒，能干扰病毒的吸附、穿入和脱壳过程。金刚乙胺（rimantadine）为金刚烷胺的 α-甲基衍生物，抗甲型流感病毒的作用优于金刚烷胺。因不易透过血-脑屏障，中枢神经系统不良反应少。用于防治甲型流感病毒感染。金刚烷胺尚有抗帕金森病的作用（详见模块 3　任务 4　抗中枢神经系统退行性疾病药）。但目前病毒耐药性多，已不推荐单独应用。

二、抗疱疹病毒药

已知能引起人类疾病的疱疹病毒有 5 种：单纯疱疹病毒 1 型（HSV-1）、单纯疱疹病毒 2 型（HSV-2）、水痘-带状疱疹病毒（VZV）、巨细胞病毒（CMV）、EB 病毒（EBV）。

阿昔洛韦

阿昔洛韦（aciclovir）又名无环鸟苷，属人工合成的嘌呤核苷类似物，是第一个选择性干扰病毒 DNA 合成的抗病毒药。口服吸收差，必要时可静脉给药以提高血药浓度。体内分布广，易透过血-脑屏障。在体内转化为三磷酸无环鸟苷，可抑制 DNA 聚合酶，阻止病毒 DNA 复制。对 HSV-1、HSV-2 作用最强，对 VZV、EBV 的作用稍弱，对 CMV 作用差，对乙型肝炎病毒也有抑制作用。临床为治疗 HSV-1、HSV-2、VZV 感染的首选药。常见不良反应为胃肠道功能紊乱、药疹，静脉给药可引起静脉炎，严重者出现急性肾衰竭。

伐昔洛韦

伐昔洛韦（valaciclovir）为阿昔洛韦二异戊酰胺酯，属前体药，体内完全转化为阿昔洛韦而发挥作用。口服吸收迅速，生物利用度是阿昔洛韦的 3 倍，主要随尿排出。用于治疗 VZV 及 HSV-1、

HSV-2感染。不良反应较阿昔洛韦轻。

更昔洛韦

更昔洛韦（ganciclovir）对HSV-1、HSV-2、VZV的作用与阿昔洛韦相似，但对CMV作用强。因骨髓抑制等严重不良反应，临床仅用于严重CMV感染并伴有免疫缺陷或低下的患者。

阿糖腺苷

阿糖腺苷（vidarabine）为嘌呤类衍生物，可抑制DNA聚合酶。对HSV-1、HSV-2、VZV、乙型肝炎病毒等有抑制作用，对EBV无效。临床静脉滴注用于治疗单纯疱疹病毒性脑炎，也用于水痘-带状疱疹等治疗。常见不良反应为胃肠道反应，剂量过大可引起骨髓抑制、肝和肾功能损害。有致畸作用，妊娠期妇女禁用。

三、抗人类免疫缺陷病毒药

人类免疫缺陷病毒（human immunodeficiency vinus，HIV）属逆转录RNA病毒，可引起获得性免疫缺陷综合征（acquired immunodeficiency syndrome，AIDS），即艾滋病。HIV能选择性侵犯CD_4^+T细胞，一旦进入病毒RNA即被用作模板，在逆转录酶的催化下产生互补双螺旋DNA，然后在HIV整合酶的催化下掺入宿主基因组。此后，病毒DNA被宿主细胞转录成病毒mRNA，并翻译合成病毒所需要的结构蛋白。RNA与结构蛋白在细胞膜上重新装配成新的病毒颗粒，通过出芽方式释放。目前抗人类免疫缺陷病毒药主要为核苷类逆转录酶抑制药、非核苷类逆转录酶抑制药和HIV蛋白酶抑制药等（表10-2-1）。

表10-2-1　常用的抗人类免疫缺陷病毒药

药品	分类	抗病毒谱	临床应用	不良反应
齐多夫定（zidovudine）	核苷类逆转录酶抑制药	HIV	为治疗艾滋病首选药，可降低HIV感染患者的发病率，延长存活期；预防垂直传播	骨髓抑制、贫血、中性粒细胞减少、胃肠道反应等，剂量过大出现焦虑、精神错乱等神经系统症状
拉米夫定（lamivudine）	核苷类逆转录酶抑制药	HIV、HBV	与齐多夫定等合用于HIV感染患者；用于对干扰素无效的HBV患者，可减轻或阻止肝纤维化	常见头痛、失眠、恶心、腹痛、腹泻等，少见中性粒细胞减少
奈韦拉平（nevirapine）	非核苷类逆转录酶抑制药	HIV	主要与其他药物合用于病情恶化的HIV患者，或单用于感染HIV的临产孕妇及其新生儿，预防垂直传播	不良反应较重，可致严重皮肤损害、过敏反应、肝坏死、抑郁，甚至器官衰竭
利托那韦（ritonavir）	蛋白酶抑制药	HIV	单用效果不明显，与其他药物联用，治疗HIV感染初治患者；与奈玛特韦（nirmatrelvir）联用治疗新型冠状病毒感染	肠胃不适、转氨酶活性升高、过敏、诱发癫痫、支气管痉挛、脂肪重新分布等

> **知识拓展**
>
> ### 鸡尾酒疗法
>
> 1995年，高效抗逆转录病毒治疗（highly active anti-retroviral therapy，HAART）由美籍华裔科学家何大一提出，通过3种及3种以上抗病毒药联合应用治疗艾滋病，即"鸡尾酒疗法"。虽然HAART不能根治HIV感染，但能通过多种机制抑制HIV复制，可以有效控制艾滋病。

四、抗肝炎病毒药

肝炎病毒包括甲、乙、丙、丁、戊 5 型。甲型肝炎病毒（HAV）、戊型肝炎病毒（HEV）由消化道传播，可引起急性肝炎，一般预后良好，无须使用抗病毒药。乙型肝炎病毒（HBV）、丙型肝炎病毒（HCV）、丁型肝炎病毒（HDV）主要由血液传播、性传播和垂直传播，急性期后绝大多数转为慢性，病程迁延，并与肝硬化、肝细胞癌的发生有关，应积极治疗，采用抗病毒、免疫调节、改善肝功能和抗肝纤维化治疗。

抗肝炎病毒药临床常用的有干扰素、阿德福韦、利巴韦林、拉米夫定等。

干 扰 素

干扰素（interferon，IFN）是机体细胞在病毒感染或其他诱导药刺激下产生的具有抗病毒、抗肿瘤、抑制细胞增生和调节免疫作用的糖蛋白，包括 IFN-α、IFN-β、IFN-γ 三种。IFN-α、IFN-β 抗病毒及抗增生作用较强，IFN-γ 调节免疫作用明显。临床常用的是通过基因重组技术获取的 IFN-α，为广谱抗病毒药，对病毒穿透细胞过程、脱壳、mRNA 合成、蛋白翻译后修饰、组装及释放均可产生抑制作用。临床主要用于治疗慢性病毒性肝炎、流行性腮腺炎、乙型脑炎及疱疹病毒感染。常见不良反应有胃肠道反应、倦怠、头痛等，偶有骨髓抑制、肝功能障碍。

阿德福韦酯

阿德福韦酯（adefovir dipivoxil）在体内转化为具有抗病毒活性的二磷酸盐，能抑制 HBV DNA 聚合酶，抑制 HBV 复制，改善肝组织炎症。联合拉米夫定用于慢性乙型肝炎的治疗，适用于 HBeAg 和 HBV DNA 阳性、丙氨酸转氨酶（ALT）增高的患者，特别是对拉米夫定耐药的患者。

拉米夫定

拉米夫定除了用于 HIV 治疗，也抑制 HBV 的复制，能有效治疗慢性乙型肝炎，为治疗 HBV 感染最有效的药物之一。长期使用可诱导病毒变异产生耐药性。

第三节　抗病毒药合理应用

1. **抗流感病毒药合理应用**

(1) **抗病毒治疗**：应及早应用抗流感病毒药治疗。起病 48h 内使用抗病毒药如奥司他韦等，可取得最佳疗效。

(2) **抗生素治疗**：大部分无并发症的患者不必使用抗生素，只进行一般抗病毒治疗。抗生素仅在明确或充分证据提示有继发感染时才有应用指征。

(3) **对症治疗**：若病程已晚或无条件应用抗病毒药时，应根据患者实际情况进行对症治疗，如应用解热药、缓解鼻黏膜充血的药物、止咳祛痰药等，以减轻患者不适。对儿童因病毒感染引起的高热，忌用阿司匹林、含阿司匹林药物以及其他水杨酸制剂，以免发生瑞氏综合征。

2. **抗疱疹病毒药合理应用**

(1) **水痘**：轻者对症处理，重者尽早使用抗病毒药。患者应隔离至全部皮疹干燥结痂，注意休息，保持皮肤清洁，注意补充水分和营养，避免抓伤继发细菌感染。

(2) **带状疱疹**：治疗目标是缓解急性期疼痛，限制皮损的扩散，预防或减轻神经痛及其他各种并发症，缩短病程。治疗原则是及时、足量、足疗程应用抗病毒药，辅以止痛、抗炎等药物。

3. **抗人类免疫缺陷病毒药合理应用**

(1) **发现即治疗**：对所有 HIV 感染者和患者均建议实施抗病毒治疗。

(2) **综合治疗**：具体包括抗感染治疗、抗病毒治疗、抗肿瘤治疗和免疫调节及免疫重建治疗。

(3) **营养支持及对症治疗**：治疗目标是最大限度和持久地降低病毒载量，获得免疫功能重建和维持免疫功能,提高生活质量,降低 HIV 感染相关的发病率和死亡率。

4. 抗肝炎病毒药合理应用

(1)**急性乙型肝炎**:成人患者大多数可自行恢复,可采用休息和对症治疗,一般不需要抗病毒治疗。对症状较重、有肝衰竭倾向或病程迁延者,可考虑阿德福韦酯和拉米夫定联合用药治疗。

(2)**慢性乙型肝炎**:系统、规范地应用抗病毒药是治疗的关键。治疗目的是抑制病毒复制,减轻肝组织炎症坏死和纤维化,减少或延缓肝硬化、肝癌的发生。

(梁建梅)

思考题

1. 简述利巴韦林抗病毒药特点及临床应用。
2. 简述干扰素的药理作用及临床应用。

病毒复制的过程与用药机制

案例分析

模块 10 练习题

抗寄生虫药和抗恶性肿瘤药

ER 11-1　教学课件　　ER 11-2　思维导图

　　寄生虫寄居于宿主体内,作为病原体引起寄生虫病,作为媒介传播疾病,危害人类健康。抗寄生虫药配合公共卫生防控措施,可以有效减少寄生虫感染和传播。恶性肿瘤是严重威胁人类健康的常见病、多发病。合理应用抗恶性肿瘤药,联合手术、放疗等治疗手段,可以明显改善患者的生活质量,延长生存时间。本模块主要介绍抗寄生虫药和抗恶性肿瘤药。

任务 1 | 抗寄生虫药

临床情景

患者，男性，44 岁。在非洲工作 1 年后回国，工作期间未按要求服用乙胺嘧啶，5 天前出现不明原因的全身发冷、高热、头痛，体温达 39.5℃，持续约 6h，出汗后缓解，隔日再次发热，体温约 39℃，伴全身乏力、腹痛、腹泻，持续约 8h 缓解。1 天前体温再次升高，伴恶心、呕吐，脸色蜡黄。查体：肝肋下未触及，脾肋下 2cm。血涂片染色检出疟原虫。

诊断：间日疟发作。

处方：

1. 磷酸氯喹片，每次 1g，每日 1 次，口服。
2. 磷酸伯氨喹片，每次 13.2mg，每日 2 次，连服 7 天。

学习任务

课前：对该患者使用了哪些药物？

课中：磷酸氯喹的药理作用、临床应用和不良反应有哪些？对该患者治疗方案是否合理？

课后：如果去非洲旅行，应准备哪些药物？

寄生虫病可分为原虫病和蠕虫病，原虫病包括疟疾、阿米巴病和滴虫病等，蠕虫病包括血吸虫病、丝虫病和肠寄生虫病等。抗寄生虫药是能选择性地杀灭、抑制或排出寄生虫，用于预防和治疗寄生虫病的药物。本任务重点介绍抗疟药、抗阿米巴药、抗滴虫药和抗肠蠕虫药。

第一节　抗　疟　药

疟疾（malaria）是由疟原虫引起的由雌性按蚊叮咬传播的寄生虫性传染病。疟疾的一次典型发作表现为寒战、高热和出汗退热三个连续阶段，可引起贫血、脾大及多器官损害。合理使用抗疟药是防治疟疾的重要手段。

一、疟原虫生活史及抗疟药的作用环节

寄生于人体内的疟原虫主要有 4 种，即恶性疟原虫、间日疟原虫、三日疟原虫和卵形疟原虫，分别引起恶性疟、间日疟、三日疟和卵形疟。间日疟最常见，三日疟少见，卵形疟罕见。4 种疟原虫的生活史基本相同，分为人体内的无性生殖阶段和雌性按蚊体内的有性生殖阶段。抗疟药通过作用于疟原虫生活史的不同环节，发挥预防或治疗疟疾的作用（图 11-1-1）。

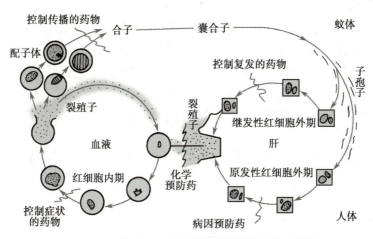

图 11-1-1 疟原虫生活史和各类抗疟药的作用部位

（一）人体内的无性生殖阶段

1. 红细胞外期 受感染的雌性按蚊刺吸人血时，唾液内的子孢子进入人体，随血流侵入肝细胞发育、裂体增殖，经 10~14 天发育为成熟裂殖体（可产生数以万计的裂殖子）。此期无临床症状，为疟疾的潜伏期。乙胺嘧啶能杀灭此期的裂殖体，有病因性预防作用。

间日疟原虫和卵形疟原虫的部分子孢子（迟发型子孢子）侵入肝细胞后，在肝细胞内经数个月休眠（称休眠子）后再裂体增殖，成为疟疾远期复发的根源。恶性疟原虫和三日疟原虫无迟发型子孢子，不引起疟疾复发。伯氨喹能杀灭迟发型子孢子，用于根治间日疟。

2. 红细胞内期 红细胞外期的裂殖子胀破肝细胞释出，随血流侵入红细胞，先发育成为滋养体，再形成裂殖体，破坏红细胞后释放出大量裂殖子、疟色素及其他代谢产物，刺激机体引起高热、寒战等症状，即疟疾发作。红细胞内释放出的裂殖子可再侵入其他正常红细胞，重复裂体增殖，引起临床症状反复发作。氯喹、奎宁、青蒿素等能杀灭红细胞内期的裂殖体，控制临床症状发作。

（二）雌性按蚊体内的有性生殖阶段

红细胞内的疟原虫裂体增殖 3~4 代后，部分裂殖子发育成雌、雄配子体。伯氨喹能杀灭配子体，可用于控制疟疾的流行和传播。

雌性按蚊刺吸疟原虫感染者血液后，雌、雄配子体进入蚊胃内进行有性生殖，两者结合为合子，进一步发育成子孢子，移行至蚊唾液腺内，成为疟疾传播的根源。疫区人群服用乙胺嘧啶后能抑制雌、雄配子体在蚊胃内的发育，阻断疟疾的传播。

二、常用抗疟药

（一）主要用于控制症状的药物

氯　喹

氯喹（chloroquine）为人工合成的 4-氨基喹啉类衍生物，是控制症状的首选药。

【体内过程】

氯喹口服吸收快而完全,血药浓度达峰时间为 1~2h,抗酸药可影响其吸收。广泛分布于血管外组织,脾、肾、肺、心和肝的药物含量较高。红细胞内药物浓度是血药浓度的 10~20 倍,被疟原虫寄生的红细胞内浓度较正常红细胞高约 25 倍。主要经肝代谢,主要代谢产物去乙基氯喹仍有抗疟作用。70% 原形及 30% 代谢产物经肾排泄,酸化尿液可加速排泄。在体内消除缓慢,后遗效应可持续数周。

【药理作用和临床应用】

1. 抗疟作用 氯喹对间日疟原虫、三日疟原虫和敏感的恶性疟原虫的红细胞内期裂殖体均有较强的杀灭作用,能迅速、有效地控制疟疾发作,通常用药后 24~48h 症状消退,48~72h 血中疟原虫消失。也可用于预防性抑制疟疾症状发作,在进入疫区前 1 周至离开疫区后 4 周期间每周服药 1 次即可。对红细胞外期疟原虫无作用,不能用于病因性预防以及控制复发和传播。

2. 抗肠外阿米巴病作用 在肝脏中浓度高,可杀灭阿米巴滋养体,适用于甲硝唑治疗无效或禁用甲硝唑的阿米巴肝脓肿。

3. 免疫抑制作用 大剂量氯喹能抑制免疫反应,偶尔用于治疗类风湿关节炎、系统性红斑狼疮等免疫功能紊乱性疾病。由于用量大,易引起毒性反应。

【不良反应】

治疗疟疾时不良反应轻,有头痛、头晕、恶心、皮疹等,停药后自行消失。长期大剂量使用可致视网膜病变和听力受损,应定期进行眼科和听力检查,以免发生严重的不良反应。

奎 宁

奎宁(quinine)为奎尼丁的左旋体,是从金鸡纳树皮中提取的一种生物碱。奎宁是应用最早的抗疟药,疗效较氯喹差且毒性大,一般不作首选药。

【体内过程】

奎宁口服吸收迅速完全,蛋白结合率约 70%。吸收后分布于全身组织,肝脏浓度最高,$t_{1/2}$ 约 8.5h。在肝中氧化分解而迅速失效,代谢产物及少量原形迅速经肾排泄,无蓄积性。

【药理作用和临床应用】

奎宁对各种疟原虫的红细胞内期裂殖体均有杀灭作用,能迅速控制临床症状;对红细胞外期疟原虫和恶性疟的配子体无明显作用。临床主要用于耐氯喹或对多种药物耐药的恶性疟原虫感染,特别是脑型疟。尚有心肌抑制、兴奋子宫平滑肌和微弱的解热镇痛作用。

【不良反应】

1. 金鸡纳反应 表现为恶心、呕吐、头痛、耳鸣、视力减退,停药一般能恢复,重者产生暂时性耳聋,重复给药时多见。

2. 心血管系统反应 用药过量或静脉滴注速度过快可致低血压、心律失常等。

3. 其他不良反应 奎宁可刺激胰岛素释放,而疟原虫消耗葡萄糖,严重的恶性疟患者可发生低血糖反应甚至昏迷。应注意区分脑型疟昏迷和低血糖昏迷。妊娠期妇女禁用,月经期慎用。

甲 氟 喹

甲氟喹(mefloquine)是由奎宁经结构改造而获得的 4-喹啉-甲醇衍生物。抗疟作用与奎宁相似,但起效较慢,与氯喹和奎宁无交叉耐药现象。$t_{1/2}$ 长(约 30 天),可每 2 周服药 1 次,用于症状发作的预防性控制。主要用于预防或治疗耐氯喹或对多种药物耐药的恶性疟,也可作为在疟疾流行区短暂停留的无免疫力旅游者的预防用药。常与乙胺嘧啶合用,可增强疗效、延缓耐药性的产生。

青 蒿 素

青蒿素(artemisinin)是我国科学家从菊科植物黄花蒿及其变种大头黄花蒿中提取的一种倍半萜内酯类过氧化物,属于高效、速效、低毒的抗疟药。

【体内过程】

青蒿素口服吸收迅速,1h 血药浓度达峰值。广泛分布于各组织,在肝、肠、肾等组织中含量高,易透过血-脑屏障进入脑组织,主要从肾及肠道排泄。代谢与排泄快,维持有效血药浓度时间短,难以彻底杀灭疟原虫,停药后复发率较高。

【药理作用和临床应用】

青蒿素对各种疟原虫红细胞内期滋养体及裂殖体有快速、有效的杀灭作用,对红细胞外期疟原虫无效。临床主要用于间日疟、恶性疟的症状控制。因可透过血-脑屏障,对凶险的脑型疟有良好的抢救效果,也可用于治疗耐氯喹或对多种药物耐药的虫株感染。与伯氨喹合用能降低复发率。随着青蒿素的广泛使用,耐药虫株不断增加,因此不再单独使用,推荐使用青蒿素的复方制剂来增强抗疟效果,同时避免耐药性的产生。

【不良反应和注意事项】

青蒿素耐受性良好,不良反应少。最常见的不良反应包括恶心、呕吐、腹泻和头晕。罕见的严重毒性包括中性粒细胞减少、贫血、溶血、转氨酶升高和过敏反应。有致畸作用,妊娠期妇女禁用。青蒿素与奎宁合用时抗疟作用相加,与甲氟喹合用为协同作用,与氯喹或乙胺嘧啶合用则表现为拮抗作用。

知识拓展

青蒿素的发现

青蒿素是我国科学家自主研发的新药,以青蒿素为主的药物组合是目前治疗疟疾的标准方案。20 世纪 60 年代末,屠呦呦接受抗疟新药研发任务,带领团队从中医药著作中不断筛选处方,最终葛洪所著《肘后备急方》中关于"青蒿抗疟"的记载给了她灵感。经过数百次试验,她所带领的团队成功制备出具有明显抗疟效果的青蒿提取物,并成功分离提纯得到有效单体,后被命名为青蒿素。青蒿素为人类抗疟药物开拓了新的方向,以青蒿素为基础的联合疗法在全球得到广泛使用,挽救了数百万人的生命。在未来很长一段时间内,青蒿素依然是人类抗疟首选的高效药物。2015 年,屠呦呦获得诺贝尔生理学或医学奖。

蒿甲醚和青蒿琥酯

蒿甲醚(artemether)是青蒿素的脂溶性衍生物,溶解度大,可制成油针剂注射给药。青蒿琥酯(artesunate)是青蒿素的水溶性衍生物,可经多种途径给药。两药作用机制与青蒿素相同,抗疟效果优于青蒿素。临床主要用于治疗耐氯喹的恶性疟及各种危重病例的抢救。

双氢青蒿素和双氢青蒿素哌喹

双氢青蒿素(dihydroartemisinin)为青蒿素、蒿甲醚和青蒿琥酯的活性代谢产物,对红细胞内期裂殖体有强大、快速的杀灭作用,能迅速控制临床症状,不良反应少,适用于恶性疟和脑型疟的治疗。双氢青蒿素哌喹(dihydroartemisinin and piperaquine phosphate)为双氢青蒿素与哌喹组成的复方制剂,哌喹作用与氯喹相似,影响疟原虫红细胞内期的裂体增殖,两者合用疗效增强,并可延缓耐药性的产生。

咯 萘 啶

咯萘啶(malaridine)是苯并萘啶衍生物,能杀灭红细胞内期裂殖体,对耐氯喹的恶性疟原虫仍有较强作用。主要用于治疗耐氯喹的恶性疟及脑型疟。不良反应轻,表现为食欲减退、恶心等胃肠不适。

（二）主要用于控制疟疾远期复发与传播的药物

伯 氨 喹

伯氨喹（primaquine）为人工合成的 8-氨基喹啉类衍生物。

【体内过程】

伯氨喹口服吸收迅速而完全，在肝脏中浓度高，体内代谢快，代谢产物经肾排泄。有效血药浓度维持时间短，$t_{1/2}$ 为 3~6h，须反复多次给药才能起效。

【药理作用和临床应用】

伯氨喹对间日疟原虫和卵形疟原虫的休眠子有较强的杀灭作用，是防治疟疾远期复发的首选药。对红细胞内期的疟原虫作用弱，与氯喹等红细胞内期抗疟药合用可根治间日疟，并减少耐药虫株的产生。能杀灭各种疟原虫的配子体，阻止疟疾传播。

【不良反应和注意事项】

伯氨喹治疗量可引起头晕、恶心、呕吐、腹痛、粒细胞减少，停药后可消失。大剂量可引起高铁血红蛋白血症伴发绀。红细胞内缺乏葡萄糖-6-磷酸脱氢酶者用药后可发生急性溶血，表现为发绀、胸闷等缺氧症状。服药前详细询问相关病史并检测 G-6-PD 活性。妊娠期妇女、1 岁以下婴儿、有溶血史者禁用伯氨喹。

（三）主要用于病因性预防的药物

乙胺嘧啶

乙胺嘧啶（pyrimethamine）又名息疟定，为二氢叶酸还原酶抑制药。

【药物作用和临床应用】

乙胺嘧啶能抑制四氢叶酸的形成，阻碍核酸合成，阻止疟原虫的裂体增殖，但对已发育成熟的裂殖体无作用。主要抑制疟原虫原发性红细胞外期子孢子的发育增殖，是病因性预防的首选药。由于排泄缓慢，一次给药作用可持续 1 周以上；对红细胞内期未成熟裂殖体也有效，但常需在用药后第 2 个无性增殖周期发挥作用，控制症状起效缓慢。含药血液被按蚊吸食后可抑制配子体在蚊胃内发育，能阻断疟疾的传播。与磺胺类或砜类（二氢蝶酸合酶抑制药）合用，对疟原虫叶酸代谢的两个环节产生双重阻断作用，可增强疗效，减少耐药性产生。

【不良反应】

乙胺嘧啶治疗剂量不良反应轻。长期大量服用可干扰人体叶酸代谢，引起巨幼细胞贫血、粒细胞减少等，及时停药或用亚叶酸钙治疗可恢复。

【注意事项】

乙胺嘧啶略带甜味，易被儿童误服而中毒，表现为恶心、呕吐、发热、惊厥甚至死亡，应妥善保管。长期应用应定期检查血象，严重肝、肾功能损伤患者慎用，妊娠期妇女禁用。

三、抗疟药合理应用

1. **抗疟药的使用原则**　抗疟药的使用应遵循安全、有效、合理、规范的原则。根据疟原虫虫种及其对抗疟药的敏感性、患者的临床症状与体征合理选择药物，并应严格掌握剂量、疗程和给药途径，以保证治疗和预防效果，并延缓耐药性的产生。

2. **抗疟药的选择**　①控制症状：对氯喹敏感的疟原虫感染宜选用氯喹。②脑型疟：宜选用氯喹、奎宁和青蒿素类注射剂，以提高脑内药物浓度。③耐氯喹的恶性疟：宜选用奎宁、甲氟喹、咯萘啶和青蒿素类。④休止期：合用伯氨喹和乙胺嘧啶。⑤预防用药：乙胺嘧啶可预防疟疾发作和阻止传播，氯喹能预防性抑制症状发作。

3. **联合用药**　抗疟药宜联合用药。氯喹与伯氨喹合用于发作期的治疗，既可控制症状，又能防止复发和传播。乙胺嘧啶与伯氨喹合用于休止期患者，可防止复发。不同作用机制的药物联合应用可增强疗效,减少耐药性发生,如乙胺嘧啶与磺胺类可协同阻止叶酸合成,对耐氯喹的恶性疟使用青蒿素与甲氟喹或咯萘啶联合治疗。但有些抗疟药合用表现为拮抗作用,如青蒿素与氯喹或乙胺嘧啶合用会影响疗效。

第二节　抗阿米巴药及抗滴虫药

一、抗阿米巴药

阿米巴病(amebiasis)是由溶组织内阿米巴原虫引起的寄生虫病,根据感染部位的不同分为肠内阿米巴病和肠外阿米巴病。阿米巴包囊对药物不敏感,在消化道发育成滋养体。滋养体侵入肠壁引起肠内阿米巴病,表现为痢疾样症状或慢性肠道感染;也可随血流或淋巴液迁移至肝、肺、脑等肠外组织,引起肠外阿米巴病,表现为脏器脓肿,以阿米巴肝脓肿和肺脓肿常见。当肠道环境改变后,滋养体转变为包囊,随粪便排出体外,感染新宿主。常用抗阿米巴药主要有甲硝唑、二氯尼特等。

甲 硝 唑

甲硝唑(metronidazole)又名灭滴灵,为人工合成的 5-硝基咪唑类化合物。

【体内过程】

甲硝唑口服吸收迅速而完全,1~3h 后血药浓度达峰值,血浆蛋白结合率约 20%。体内分布广,易通过血-脑屏障和胎盘屏障,$t_{1/2}$ 为 8~10h。主要经肝代谢,经肾排泄,亦可经乳汁排泄。

【药理作用和临床应用】

1. **抗阿米巴作用**　甲硝唑对肠内、肠外阿米巴滋养体有强大的杀灭作用,是治疗急性阿米巴痢疾和肠外阿米巴病的首选药。

2. **抗滴虫作用**　甲硝唑是治疗阴道毛滴虫感染的首选药,可杀死阴道分泌物、精液和尿液中的阴道毛滴虫,对阴道内正常菌群无影响,对男女感染者都有效。

3. **抗鞭毛虫作用**　甲硝唑是治疗蓝氏贾第鞭毛虫感染的有效药物,治愈率达 90%。

4. **抗厌氧菌作用**　甲硝唑对厌氧杆菌和球菌均有较强的抗菌作用,是治疗厌氧菌感染的首选药。用于厌氧菌感染引起的败血症、骨髓炎、产后盆腔炎的治疗,也可与其他抗菌药合用防治妇科手术、胃肠外科手术时厌氧菌感染。长期应用不易导致二重感染。

【不良反应和注意事项】

甲硝唑治疗量不良反应较少,口服有苦味、金属味,恶心、呕吐常见。极少数患者出现轻微的头痛、眩晕、共济失调和肢体感觉异常等神经系统症状,应立即停药。甲硝唑可引起双硫仑样反应,服药期间和停药 1 周内摄入含乙醇的饮料和药物。动物实验证实,本药有致癌、致畸作用,妊娠期妇女禁用。

替 硝 唑

替硝唑作用与甲硝唑相似,对阿米巴病有很好的疗效,毒性较低,也可用于治疗滴虫病和厌氧菌感染。不良反应少见而轻微。

奥 硝 唑

奥硝唑(ornidazole)为第三代硝基咪唑类衍生物,作用于厌氧菌、阿米巴、鞭毛虫和毛滴虫 DNA,导致病原体死亡。临床用于治疗厌氧菌、阴道毛滴虫、蓝氏贾第鞭毛虫感染,还可用于治疗阿米巴病。

依米丁和去氢依米丁

依米丁(emetine)又名吐根碱,为从茜草科吐根属植物提取的异喹啉生物碱,对组织中的阿米巴滋养体有杀灭作用。口服刺激胃肠道,只能深部肌内注射,用于治疗急性阿米巴痢疾和阿米巴肝脓肿,仅限用于病情严重且甲硝唑治疗无效或禁用者。不适用于症状轻微的慢性阿米巴痢疾及无症状的阿米巴包囊携带者。有心肌损害、神经肌肉阻断等严重毒性,治疗应在监护下进行。

去氢依米丁(dehydroemetine)为依米丁的脱氢衍生物,抗阿米巴作用更强,不良反应较依米丁轻。

氯 喹

氯喹为抗疟药,也可杀灭肠外阿米巴滋养体。口服吸收迅速,肝中浓度是血浆浓度的数百倍,临床用于治疗甲硝唑无效或禁忌的阿米巴肝脓肿。对肠内阿米巴病无效,与二氯尼特等肠内抗阿米巴药合用防止复发。

二氯尼特

二氯尼特(diloxanide)是二氯乙酰胺类衍生物,常用其糠酸酯,为最有效的杀包囊药,单用可作为无症状或有轻微症状的包囊携带者的首选药。对急性阿米巴痢疾患者,用甲硝唑控制症状后再用本药肃清肠腔内包囊,可有效防止复发。对肠外阿米巴病无效。不良反应有恶心、呕吐、皮疹等。大剂量可致流产,但无致畸作用。

二、抗滴虫药

滴虫病(trichomoniasis)主要是指由阴道毛滴虫感染引起的滴虫性阴道炎、尿道炎和前列腺炎,多数通过性接触传播,故应夫妇同时治疗。甲硝唑是治疗滴虫病最有效、安全、经济的药物,但耐甲硝唑虫株逐渐增多。替硝唑为甲硝唑的衍生物,也是高效低毒的抗滴虫药。

乙酰胂胺(acetarsol)为五价胂剂,能直接杀灭阴道毛滴虫。遇耐甲硝唑滴虫株感染时,可阴道穹部局部给药。有轻度局部刺激性,可使阴道分泌物增多。

第三节 抗血吸虫药及抗丝虫药

一、抗血吸虫药

血吸虫病(schistosomiasis)是严重危害人类健康的寄生虫病,由皮肤接触含尾蚴的疫水而感染。寄生人体的血吸虫主要有6种:埃及血吸虫、日本血吸虫、曼氏血吸虫、间插血吸虫、湄公血吸虫和马来血吸虫。疫区主要分布于亚洲、非洲和拉丁美洲,在我国流行的是日本血吸虫。药物治疗是消灭血吸虫病的重要措施。目前临床主要用药为吡喹酮。

吡 喹 酮

吡喹酮(praziquantel)为人工合成的吡嗪异喹啉衍生物,具有安全有效、使用方便的特点。

【体内过程】

吡喹酮口服吸收迅速,2h左右血药浓度达峰值,首过消除明显。在肝、肾等组织中含量高,可通过血-脑屏障。主要在肝代谢,通过肾脏(60%~80%)和胆汁(15%~35%)排泄。

【药理作用】

吡喹酮是广谱抗吸虫药和驱绦虫药。对日本血吸虫、埃及血吸虫、曼氏血吸虫的单一感染或混合感染均有良好疗效,对成虫作用强,对幼虫作用弱。对其他吸虫如华支睾吸虫(肝吸虫)、卫氏并殖吸虫(肺吸虫)、布氏姜片吸虫也有显著的杀灭作用。对各种绦虫感染及其幼虫引起的囊虫病、棘球蚴病有良好疗效。吡喹酮在有效浓度时可以提高肌肉活动,引起虫体痉挛性麻痹,失去吸附能力,脱离宿主组织;较高治疗浓度时,可导致虫体表膜损伤,暴露隐藏的抗原,在宿主防御机制参与下,虫体被破坏而死亡;此外,虫体表膜损伤后,可抑制其葡萄糖的摄取、转运,使虫体能量耗竭。吡喹酮的作用具有高度选择性,对哺乳动物细胞无上述作用。

【临床应用】

吡喹酮是各型血吸虫病的首选药,也可用于肝吸虫病、肠吸虫病(如布氏姜片虫病等)、肺吸虫病及绦虫病的治疗。

【不良反应和注意事项】

吡喹酮口服可出现短暂的腹痛、腹泻、头痛、嗜睡,服药期间应避免驾车和高空作业。偶见发热、皮疹、肌痛、关节痛等,与虫体死后释放异体蛋白有关。少数患者出现心电图异常。治疗脑型囊虫病时可引起脑水肿、颅内压升高等不良反应,合用脱水药、糖皮质激素可减轻症状。妊娠期妇女禁用。

二、抗丝虫药

丝虫病(filariasis)是由丝虫寄生于人体淋巴系统引起的一系列病变,早期主要表现为淋巴管炎和淋巴结炎,晚期可出现淋巴管阻塞症状。在我国流行的有班氏丝虫和马来丝虫。目前治疗丝虫病的首选药是乙胺嗪。

乙 胺 嗪

乙胺嗪(diethylcarbamazine)又名海群生。

【体内过程】

乙胺嗪口服吸收迅速,1~2h 血药浓度达峰值,$t_{1/2}$ 约 8h。均匀分布于各组织,大部分在体内氧化失活,原形及代谢物主要经肾排泄,酸化尿液可加速其排泄。

【药理作用和临床应用】

乙胺嗪能杀灭体内的班氏丝虫和马来丝虫,对马来丝虫的作用优于班氏丝虫,对微丝蚴的作用强于成虫。在体外,乙胺嗪对两种丝虫的微丝蚴和成虫无直接杀灭作用,可见其杀虫作用依赖于宿主防御机制的参与。

【不良反应和注意事项】

乙胺嗪不良反应轻微,常见恶心、呕吐、头痛、乏力,数天内可消失。成虫和微丝蚴死亡时释出大量的异体蛋白引起过敏反应,如皮疹、淋巴结肿大、血管神经性水肿、发热、哮喘、肌肉酸痛、心率加快等,加用地塞米松可缓解症状。

第四节　抗肠蠕虫药

肠道内寄生的蠕虫有线虫、绦虫和吸虫。我国肠蠕虫病(helminthiasis)以线虫(包括蛔虫、蛲虫、钩虫、鞭虫)感染最普遍。抗肠蠕虫药是指能驱除或杀灭肠道蠕虫的药物。高效、低毒、广谱的抗肠蠕虫药不断问世,使多数肠蠕虫病都能得到有效治疗和控制。本节主要介绍抗线虫药和驱绦虫药。

一、抗线虫药

甲苯达唑

甲苯达唑(mebendazole)又名甲苯咪唑,为苯并咪唑类衍生物。

【药理作用和临床应用】

甲苯达唑是广谱驱肠虫药,对蛔虫、钩虫、蛲虫、鞭虫、绦虫及粪类圆线虫均有效。能影响虫体多种生化代谢途径,选择性使虫体体壁和肠细胞中微管消失,抑制虫体对葡萄糖的摄取;使 ATP 生成减少,干扰虫体的生存繁殖而死亡。这种干扰作用需要一定时间才能产生,故药效缓慢,数天后才能将虫体排出。临床主要用于治疗蛔虫、钩虫、蛲虫、鞭虫、绦虫及粪类圆线虫的单独或混合感染。

【不良反应和注意事项】

甲苯达唑不良反应轻,少数患者可出现短暂的腹痛、腹泻、皮肤瘙痒,多数可自行缓解。大剂量偶见转氨酶升高、粒细胞减少、脱发、脑炎综合征等。有胚胎毒性和致畸作用,妊娠期妇女、2 岁以下儿童及肝、肾功能不全者禁用。

阿苯达唑

阿苯达唑(albendazole)又名肠虫清,是甲苯达唑的同类物,具有高效、低毒、广谱的特点。

【体内过程】

阿苯达唑血药浓度较高,肝、肺等组织中均能达到较高浓度,并能进入棘球蚴囊内。在肝脏代谢为亚砜及砜类,前者具有杀虫作用。原形及代谢物排泄较快,无蓄积现象。

【药理作用和临床应用】

阿苯达唑能杀灭多种肠道线虫、绦虫、吸虫的成虫及虫卵。临床主要用于治疗线虫单独或混合感染,疗效优于甲苯达唑。也可用于治疗棘球蚴病、囊虫病,对脑囊虫病有缓慢治疗作用。

【不良反应】

阿苯达唑不良反应较少,偶有腹痛、腹泻、恶心、头晕、血清转氨酶升高等,停药后可自行缓解。治疗脑囊虫病时可引起癫痫发作、颅内压升高甚至脑疝。妊娠期妇女禁用。

哌 嗪

哌嗪(piperazine)又名驱蛔灵,对蛔虫、蛲虫有较强的驱虫作用。能引起虫体肌细胞膜超极化,阻断神经肌肉冲动的传递,导致虫体弛缓性麻痹,不能吸附肠壁而随粪便排出。临床主要用于驱肠道蛔虫,治疗蛔虫所致的不完全性肠梗阻和早期胆道蛔虫病。驱蛲虫须用药 7~10 天。大剂量时出现恶心、呕吐、腹泻,严重者可出现眩晕、共济失调、肌肉震颤等神经系统症状。有肾脏疾病、神经系统疾病的患者禁用。

噻 嘧 啶

噻嘧啶(pyrantel)又名抗虫灵,是人工合成的四氢嘧啶衍生物,为广谱驱肠虫药。口服吸收少,肠腔内浓度高,对蛔虫、蛲虫、钩虫均有较好疗效。临床用于钩虫、蛲虫、蛔虫的单独或混合感染。有轻微发热、头痛、腹部不适等不良反应。与哌嗪有拮抗作用,不宜合用。

左旋咪唑

左旋咪唑(levamisole)又名驱钩蛔,为广谱驱虫药。能选择性抑制虫体肌肉中的琥珀酸脱氢酶,影响虫体肌肉的无氧代谢,减少能量生成,使虫体肌肉麻痹而随肠蠕动排出体外。临床主要用于驱蛔虫、钩虫、蛲虫,对丝虫病和囊虫病也有一定疗效。本药能增强细胞免疫,可用于免疫功能低下的治疗。不良反应较轻且短暂,如恶心、呕吐、腹痛和头晕等。大剂量或多次用药时偶见粒细胞减少、肝功能减退。妊娠早期、肝肾功能不全者禁用。

恩波吡维铵

恩波吡维铵(pyrvinium embonate)为氰胺染料,口服不易吸收,肠道内药物浓度高,对蛲虫有较强的驱虫作用。抗虫机制为选择性干扰虫体呼吸酶系统,抑制虫体需氧代谢,同时阻止虫体利用外源性葡萄糖,减少能量生成,导致虫体逐渐衰竭、死亡。用药后粪便呈红色,应事先告知患者。

二、驱绦虫药

氯硝柳胺

氯硝柳胺(niclosamide)又名灭绦灵,为水杨酰胺类衍生物,口服不吸收,肠内浓度高。能杀灭多种绦虫的成虫,主要杀死虫体头节和近端节片,使虫体脱离肠壁,对虫卵无效。临床用于治疗肥胖带绦虫(牛带绦虫)、链状带绦虫(猪带绦虫)、阔节裂头绦虫、微小膜壳绦虫感染。可以杀灭钉螺、日本血吸虫尾蚴及毛蚴,用于疫区水域大面积杀螺,药物涂抹于皮肤表面用于预防急性血吸虫感染。能引起轻微的胃肠道反应、皮肤瘙痒等。需要注意的是,杀灭绦虫时绦虫死亡的节片可释放出虫卵,有致囊虫病的危险。

三、抗肠蠕虫药合理应用

抗肠蠕虫药的合理应用除了考虑药物的疗效、安全性,还须考虑药物的价格、来源和病情特点等因素(表 11-1-1)。

表 11-1-1　抗肠蠕虫药合理应用

	首选药物	次选药物
蛔虫感染	甲苯达唑、阿苯达唑	噻嘧啶、哌嗪、左旋咪唑
蛲虫感染	甲苯达唑、阿苯达唑	噻嘧啶、哌嗪、恩波吡维铵
钩虫感染	甲苯达唑、阿苯达唑	噻嘧啶
鞭虫感染	甲苯达唑	
绦虫感染	吡喹酮	氯硝柳胺
囊虫病	吡喹酮、阿苯达唑	
棘球蚴病	阿苯达唑	吡喹酮、甲苯达唑

(阮耀祥)

> **思考题**
>
> 1. 简述氯喹的药理作用及临床应用。
> 2. 试论述氯喹与伯氨喹联合应用治疗疟疾的合理性。
> 3. 简述甲硝唑的注意事项。

任务 2 ｜ 抗恶性肿瘤药

学习目标

1. 掌握抗恶性肿瘤药的分类、代表药物、药理作用、临床应用、不良反应和注意事项。
2. 熟悉常用抗恶性肿瘤药的作用特点。
3. 了解常用抗恶性肿瘤药的合理应用。
4. 能根据临床表现等合理选择药物，正确用药，及时处置不良反应。
5. 具备与患者及其家属进行有效沟通、开展用药咨询服务、指导合理用药的职业素养，关心、爱护患者。

临床情景

患者，女性，45 岁。主诉无力、食欲减退、体重明显下降，经检查诊断为中期胃癌。行胃癌切除手术后发现部分淋巴结转移。

诊断：胃癌转移。

处方：

1. 西咪替丁注射液，每次 400mg，每日 1 次，静脉滴注，至化疗结束后 3 日。

2. 注射用卡铂，每次 200mg，每日 1 次，静脉滴注。

3. 注射用丝裂霉素，每次 6mg，每周 1 次，静脉注射。

4. 盐酸昂丹司琼注射液，8mg 化疗前缓慢静脉注射；每次 8mg，化疗后 4h、8h 各一次，缓慢静脉注射。

学习任务

课前：对该患者使用了哪些药物？

课中：卡铂、丝裂霉素分别属于哪类药物？ 其主要作用是什么？ 西咪替丁、昂丹司琼分别属于哪类药物？ 应用西咪替丁、昂丹司琼的目的是什么？

课后：如何对该患者进行用药指导和用药监测？

第一节　概　述

恶性肿瘤（malignant tumor）是严重威胁人类健康的常见病、多发病。治疗恶性肿瘤的三大主要方法为化学治疗、手术治疗和放射治疗。其中，化学治疗中抗肿瘤药（antineoplastics）治疗作为临床综合治疗的重要组成部分，可明显延长患者的生存时间、改善生活质量。传统的细胞毒类抗肿瘤药在肿瘤化学治疗中仍起主导作用，而以分子靶向药物为代表的新型抗肿瘤药的出现极大地促进了肿瘤精准治疗和个体化治疗的发展。

一、细胞增殖周期

细胞从一次分裂结束到下一次分裂完成的过程称为细胞增殖周期。细胞增殖周期可分为四期:DNA 合成前期(G_1 期)、DNA 合成期(S 期)、DNA 合成后期(G_2 期)和有丝分裂期(M 期)。根据细胞的增殖能力和状态,肿瘤细胞群可分为增殖细胞群和非增殖细胞群(图 11-2-1)。

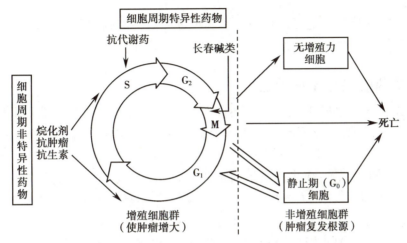

图 11-2-1　细胞增殖周期与抗恶性肿瘤药作用机制示意图

增殖细胞群指肿瘤细胞中按指数分裂增殖的细胞,生长代谢活跃。肿瘤增殖细胞群与全部肿瘤细胞群之比称为生长比率(growth fraction,GF),是衡量肿瘤增长的重要指标。增长迅速的肿瘤 GF 较高,对化疗药物敏感,如急性白血病、霍奇金病;增长缓慢的肿瘤 GF 不高,对化疗药物敏感性低、疗效较差,如慢性白血病和多数实体瘤。

非增殖细胞包括静止期(G_0 期)细胞和无增殖能力细胞。静止期细胞有增殖能力但暂不分裂,对药物不敏感。当增殖细胞群被大量杀灭后,处于 G_0 期的非增殖细胞可进入增殖期,是肿瘤复发的根源。

二、抗恶性肿瘤药的分类

(一)按细胞增殖周期分类

1. 细胞周期非特异性药　对增殖周期各期细胞均有杀伤作用,对非增殖周期细胞群的作用较弱或几乎无作用。如白消安、环磷酰胺、塞替派、卡莫司汀、丝裂霉素等。

2. 细胞周期特异性药　仅对增殖周期中某一期细胞有杀伤作用。如甲氨蝶呤作用于 S 期,长春碱类作用于 M 期。

(二)按作用机制分类

1. 影响核酸生物合成的药物　干扰核酸生物合成的药物又称抗代谢药。本类药物分别在不同环节抑制核酸及蛋白质的合成,影响细胞分裂增殖。根据其影响的生化过程不同,又可分为 5 种:①二氢叶酸还原酶抑制药(抗叶酸药),如甲氨蝶呤等。②嘌呤核苷酸互变抑制药(抗嘌呤药),如巯嘌呤等。③胸苷酸合成酶抑制药(抗嘧啶药),如氟尿嘧啶等。④DNA 聚合酶抑制药,如阿糖胞苷等。⑤核苷酸还原酶抑制药,如羟基脲等。

2. 影响 DNA 结构与功能的药物　包括烷化剂、铂类配合物、抗生素类、拓扑异构酶抑制药。

3. 干扰转录过程、阻止 RNA 合成的药物　如放线菌素 D、多柔比星等。

4. 抑制蛋白质合成与功能的药物　包括:①微管蛋白活抑制药,如长春碱类、鬼臼毒素类、紫杉醇等。②干扰核糖体功能的药物,如三尖杉生物碱类。③影响氨基酸供应的药物,如门冬酰胺酶。

5. 调节体内激素平衡的药物 如肾上腺皮质激素、雄激素、雌激素、他莫昔芬等。

6. 分子靶向药物 主要针对肿瘤发病机制中的关键靶点进行干预,以达到治疗肿瘤的目的。如作用于不同靶点的单克隆抗体和抗肿瘤小分子化合物。

(三)按细胞毒性分类

1. 细胞毒类抗肿瘤药 即传统化疗药,主要影响肿瘤细胞的核酸和蛋白质的结构与功能,如抗代谢药和抗微管蛋白药等。

2. 非细胞毒类抗肿瘤药 主要以肿瘤分子病理过程的关键调控分子为靶点,如调节体内激素平衡的药物和分子靶向药物等。

三、抗恶性肿瘤药的主要不良反应

大多数细胞毒类抗肿瘤药的治疗指数较小且选择性低,在杀伤肿瘤细胞的同时也损伤正常组织,尤其是增殖迅速的组织,故在治疗量时即可引起不良反应。分子靶向药物通常安全性高,耐受性好,毒性反应较轻。

1. 骨髓抑制 常见白细胞、血小板及红细胞减少,可导致出血、贫血、感染等。可见于大多数抗恶性肿瘤药,但长春新碱、博来霉素此毒性较小,激素类、门冬酰胺酶无骨髓抑制作用。患者应定期监测血象,白细胞计数低于 4×10^9/L、血小板计数低于 80×10^9/L 时停止用药。

2. 消化道反应 多数抗肿瘤药可引起恶心、呕吐、食欲减退,也能直接损害消化道黏膜,引起口腔炎、溃疡、腹痛、腹泻及消化道出血等。应给予患者高蛋白、高热能的饮食,避免摄入过硬、过热及刺激性食物。对因严重恶心、呕吐而影响进食者,可给予止吐药。

3. 损害皮肤及毛发 多数抗肿瘤药可损伤毛囊上皮细胞引起脱发,损害皮肤引起红斑、水肿等。应保持患者皮肤及毛发清洁,经常检查皮肤有无瘀点、红斑,定时翻身,以防止压疮。

4. 肝毒性 部分抗肿瘤药如门冬酰胺酶、放线菌素 D 等可引起肝损害,出现肝大、黄疸、肝功能异常等。应定期检查肝功能,肝功能不全者避免使用有肝毒性的药物。

5. 肾和膀胱毒性 大剂量环磷酰胺可引起出血性膀胱炎,同时应用美司钠(mesna)可预防;顺铂由肾小管分泌,可损害近曲小管和远曲小管,保持充足尿量有助于减轻其肾和膀胱毒性。

6. 免疫抑制 多数抗肿瘤药可抑制机体的免疫功能,杀伤和抑制免疫细胞,使机体抵抗力下降而易遭致感染。应注意预防感染,避免和消除引起感染的途径,静脉穿刺、导尿等操作应严格消毒;病房及房内物品也应定期消毒;如有感染,应及早加用抗生素。

7. 其他不良反应 多柔比星、顺铂等有心脏毒性;甲氨蝶呤、博来霉素等可引起肺纤维化;多肽类化合物门冬酰胺酶、博来霉素可引起过敏反应;长春碱类可引起周围神经炎;顺铂有耳毒性等。

随着肿瘤化疗的疗效提高,长期生存患者增多,远期毒性更加受到关注。①第二原发恶性肿瘤:许多抗肿瘤药有致突变、致癌、免疫抑制作用,长期生存的部分患者可能发生与化疗相关的第二原发恶性肿瘤。②不育和致畸:许多抗肿瘤药可影响生殖细胞的产生和内分泌功能,导致不育或胎儿畸形。

第二节 常用抗恶性肿瘤药

一、细胞毒类抗肿瘤药

细胞毒类抗肿瘤药通过影响核酸生物合成、影响 DNA 结构和功能、干扰转录过程和阻止 RNA 合成、抑制蛋白质合成与功能等发挥抗恶性肿瘤作用(图 11-2-2)。

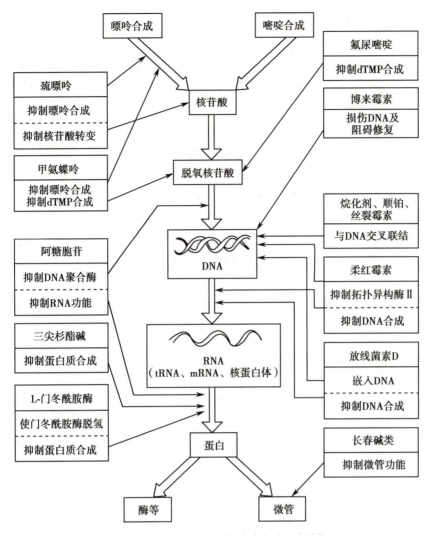

图 11-2-2　细胞毒类抗肿瘤药作用机制

（一）影响核酸生物合成的药物
1. 二氢叶酸还原酶抑制药

甲氨蝶呤

甲氨蝶呤（methotrexate，MTX）化学结构与叶酸相似，可竞争性抑制二氢叶酸还原酶，干扰叶酸代谢，主要抑制脱氧胸苷酸（dTMP）合成，继而影响 S 期细胞的 DNA 合成代谢，为周期特异性药物。用于治疗儿童急性白血病和绒毛膜癌，也用于治疗恶性葡萄胎、头颈部肿瘤、消化道肿瘤、卵巢癌等。此外，本药为细胞免疫强抑制药，可用于同种骨髓移植、器官移植、类风湿关节炎等。不良反应常见消化道黏膜损伤，如口腔炎、胃炎、腹泻、便血等；骨髓抑制较明显，可致白细胞、血小板减少甚至全血细胞下降，可在应用一定时间后肌内注射亚叶酸钙，以保护骨髓正常细胞。

2. 嘌呤核苷酸互变抑制药

巯　嘌　呤

巯嘌呤（mercaptopurine，6-MP）抑制腺嘌呤、鸟嘌呤的合成代谢或直接掺入 DNA、RNA 发挥细胞毒作用。对 S 期细胞作用最显著，对 G_1 期细胞有延缓作用。起效慢，临床主要用于急性淋巴细胞白血病的维持治疗，大剂量对绒毛膜癌有较好疗效。不良反应主要为骨髓抑制和消化道黏膜损害。

3. 胸苷酸合成酶抑制药

氟尿嘧啶

氟尿嘧啶（fluorouracil,5-FU）可抑制 dTMP 合成酶，阻止脱氧尿苷酸（dUMP）转变为 dTMP，影响 DNA 合成，以伪代谢产物形式掺入 RNA 中干扰蛋白质合成。对消化系统肿瘤疗效好，也用于乳腺癌、卵巢癌、绒毛膜癌、膀胱癌及前列腺癌等的治疗。不良反应主要为消化道反应，如恶心、口腔炎、吞咽困难，重者出现血性腹泻，应立即停药；部分患者可出现骨髓抑制、脱发及皮肤色素沉着等。

卡培他滨

卡培他滨（capecitabine）口服吸收迅速，可在肿瘤组织内转化为氟尿嘧啶发挥作用。临床主要用于治疗晚期乳腺癌和结直肠癌。不良反应主要有手足综合征（表现为麻木、感觉迟钝、麻刺感，无疼痛感）、皮炎、脱发、胃肠反应等。

4. DNA 聚合酶抑制药

阿糖胞苷

阿糖胞苷（cytarabine,Ara-C）口服易被破坏，通常注射给药。在体内经脱氧胞苷激酶催化成二磷酸阿糖胞苷或三磷酸阿糖胞苷，可抑制 DNA 聚合酶的活性，影响 DNA 的合成；也可掺入 DNA 中干扰其复制，使细胞死亡。临床主要用于成人急性粒细胞白血病或单核细胞白血病。不良反应主要为骨髓抑制和胃肠道反应，静脉注射可致静脉炎。

5. 核苷酸还原酶抑制药

羟基脲

羟基脲（hydroxycarbamide,HU）可阻止胞苷酸还原为脱氧胞苷酸，从而抑制 DNA 的合成，选择性杀伤 S 期细胞。用药后可使肿瘤细胞集中于 G_1 期，促使肿瘤细胞同步化，增加化疗或放疗的敏感性。主要用于治疗慢性粒细胞白血病，对黑色素瘤有暂时缓解作用。不良反应主要为骨髓抑制，有轻度消化道反应。可致畸，妊娠期妇女禁用。

（二）影响 DNA 结构与功能的药物

本类药物直接破坏 DNA 结构或抑制 DNA 拓扑异构酶，通过影响 DNA 的结构与功能发挥作用。

1. 烷化剂（alkylating agents） 烷化剂是一类分子中有烷化功能基团、化学性质活泼的化合物，是最早用于肿瘤治疗的抗肿瘤药。

环磷酰胺

环磷酰胺（cyclophosphamide,CTX）在体外无抗肿瘤作用，进入体内后经肝微粒体酶系氧化生成中间产物醛磷酰胺，在肿瘤细胞内分解出磷酰胺氮芥，影响 DNA 功能，显著抑制肿瘤细胞的分裂增殖。对各期细胞均有杀伤作用，为周期非特异性药物。还有免疫抑制作用，能抑制 T 细胞及 B 细胞的功能。抗瘤谱广，对恶性淋巴瘤、急性淋巴细胞白血病、儿童神经母细胞瘤疗效好；对其他多种恶性肿瘤如肺癌、乳腺癌、卵巢癌、多发性骨髓瘤等均有一定疗效；也可作为免疫抑制药用于某些自身免疫性疾病及器官移植排斥反应等。不良反应常见骨髓抑制、消化道反应，大剂量可引起出血性膀胱炎，应多饮水或给予美司钠预防。

塞替派

塞替派（thiotepa,TSPA）化学结构中有乙烯亚胺基，能与细胞内 DNA 组成的碱基结合，抑制肿瘤细胞分裂，为周期非特异性药物。具有选择性高、抗瘤谱广的特点，作用快而强，局部刺激性小。主要用于治疗乳腺癌、卵巢癌、膀胱癌、肝癌等。不良反应主要为骨髓抑制。

白消安

白消安（busulfan）又名马利兰，在体内解离后起烷化作用，小剂量即可明显抑制粒细胞的生成，为细胞周期非特异性药物。对慢性粒细胞白血病疗效显著，对急性白血病无效，也用于治疗原发性血小板增多症和真性红细胞增多症。主要不良反应为骨髓抑制和消化道反应，久用可致肺纤维化、闭经或睾丸萎缩。

亚硝脲类

亚硝脲类有卡莫司汀（carmustine，BCNU）、洛莫司汀（lomustine，CCNU）和司莫司汀（semustine）等，脂溶性高，易透过血-脑屏障，活性代谢物对增殖细胞各期均有作用，属细胞周期非特异性药物。抗瘤谱广，作用快而强。主要用于治疗原发或颅内转移脑瘤，对黑色素瘤、恶性淋巴瘤、骨髓瘤等也有效。不良反应主要为骨髓抑制、消化道反应及肺部毒性。

2. 铂类配合物 铂类配合物包括顺铂、卡铂、奥沙利铂、洛铂与奈达铂等，为细胞周期非特异性药物，主要通过破坏 DNA 结构和功能而发挥抗肿瘤作用。

顺 铂

顺铂（cisplatin，DDP）是二价铂与 2 个氯原子、2 个氨基结合成的金属配合物，进入体内将氯解离后，二价铂与 DNA 上的碱基鸟嘌呤、腺嘌呤和胞嘧啶形成交叉联结，破坏 DNA 的结构和功能。对多种实体肿瘤有效，如睾丸肿瘤、卵巢癌、膀胱癌、乳腺癌、肺癌、头颈部肿瘤、前列腺癌等，尤对非精原细胞性睾丸肿瘤最为有效。也可用于治疗恶性淋巴瘤及肺癌，为联合化疗较常用的药物，常与环磷酰胺、长春碱和博来霉素等合用。不良反应主要为肾毒性、耳毒性、消化道反应，骨髓抑制相对较轻。

卡 铂

卡铂（carboplatin，CBP）为第二代铂类配合物，抗癌作用与顺铂相似，用于治疗小细胞肺癌、卵巢癌、睾丸肿瘤及头颈部肿瘤等。消化道反应、肾毒性、耳毒性比顺铂低，主要不良反应是骨髓抑制。与顺铂有交叉耐药性。

奥沙利铂

奥沙利铂（oxaliplatin）为第三代铂类配合物，作用机制与顺铂相似，但抗恶性肿瘤作用更强。主要用于治疗结直肠癌、卵巢癌、胃癌、非小细胞肺癌、非霍奇金淋巴瘤等。奥沙利铂与顺铂、卡铂无交叉耐药性。不良反应有骨髓抑制、腹泻、恶心、呕吐；神经毒性呈现剂量依赖性，主要为感觉迟钝、感觉异常等。

3. 抗生素类

博来霉素

博来霉素（bleomycin，BLM）为广谱抗肿瘤药，属于直接破坏 DNA 的抗生素。可与铜或铁离子络合，使氧分子大量转化为氧自由基，引起 DNA 单链或双链断裂，阻止 DNA 复制。主要用于各种鳞癌（头颈部肿瘤、口腔癌、食管癌、阴茎癌、宫颈癌）的治疗。不良反应有发热、脱发等，骨髓抑制轻微，肺毒性最为严重，可引起间质性肺炎和肺纤维化。

丝裂霉素

丝裂霉素（mitomycin，MMC）化学结构中部分基团具有烷化作用，可与 DNA 双链交叉联结，抑制 DNA 复制，也可使部分 DNA 断裂，为细胞周期非特异性药。抗瘤谱广，可用于治疗胃癌、肺癌、乳腺癌、慢性粒细胞白血病、恶性淋巴瘤等。不良反应主要是明显而持久的骨髓抑制，其次为消化道反应，偶有心、肝、肾损伤及间质性肺炎发生，注射局部刺激性大。

4. 拓扑异构酶抑制药

喜树碱类

喜树碱（camptothecin，CPT）是从我国特有的植物喜树中提取的一种生物碱，其衍生物有羟喜树碱（hydroxycamptothecine，HCPT）、拓扑替康（topotecan，TPT）和伊立替康（irinotecan，CPT-11）。该类药物能特异性抑制 DNA 拓扑异构酶Ⅰ，干扰 DNA 的复制、转录和修复功能，为细胞周期特异性药物。对胃癌、绒毛膜癌、恶性葡萄胎、急性及慢性粒细胞白血病等有一定疗效，对膀胱癌、结直肠癌及肝癌等也有一定疗效。喜树碱不良反应较大，可出现泌尿道刺激症状、消化道反应、骨髓抑制等,其他药物不良反应较轻。

鬼臼毒素衍生物

鬼臼毒素(podophyllotoxin)能与微管蛋白结合,抑制微管聚合,使细胞的有丝分裂停止。其衍生物依托泊苷(etoposide,VP-16)和替尼泊苷(teniposide,VM-26)主要抑制 DNA 拓扑异构酶Ⅱ,干扰 DNA 复制、转录和修复功能,属细胞周期非特异性药物。依托泊苷在同类药物中毒性最低,临床用于治疗肺癌、睾丸肿瘤及恶性淋巴瘤。替尼泊苷对白血病和脑瘤亦有效。

(三) 干扰转录过程和阻止 RNA 合成的药物

放线菌素 D

放线菌素 D(dactinomycin,ACTD)又名更生霉素,为多肽类抗生素,能嵌入 DNA 双螺旋中相邻的鸟嘌呤和胞嘧啶(G-C)碱基之间,与 DNA 结合成复合体,干扰转录过程,阻止 RNA 的合成。为细胞周期非特异性药物,抗瘤谱较窄。主要用于恶性葡萄胎、绒毛膜癌、霍奇金病、恶性淋巴瘤、肾母细胞瘤、骨骼肌肉瘤及神经母细胞瘤的治疗。口腔黏膜损伤及消化道反应多见,骨髓抑制较明显。

多柔比星

多柔比星(doxorubicin,ADM)又名阿霉素,为蒽环类抗生素,可直接嵌入 DNA 碱基对之间,并与 DNA 紧密结合,阻止 RNA 转录和 DNA 复制。为细胞周期非特异性药物,S 期细胞对本药更敏感。抗瘤谱广,疗效好。主要用于对常用抗恶性肿瘤药耐药的急性淋巴细胞白血病、粒细胞白血病、恶性淋巴肉瘤、乳腺癌、卵巢癌、小细胞肺癌、胃癌、肝癌及膀胱癌等。不良反应主要为心脏毒性、骨髓抑制、消化道反应等。

柔红霉素

柔红霉素(daunorubicin,DNR)为蒽环类抗生素,抗恶性肿瘤作用和机制与多柔比星相似。主要用于治疗淋巴细胞白血病和粒细胞白血病,但缓解期短。主要不良反应与多柔比星类似,心脏毒性较大。

(四) 抑制蛋白质合成与功能的药物

1. 微管蛋白活性抑制药

长春碱类

长春碱(vinblastine,VLB)及长春新碱(vincristine,VCR)为夹竹桃科植物长春花所含的生物碱,长春地辛(vindesine,VDS)和长春瑞滨(vinorelbine,NVB)为长春碱的半合成衍生物。主要作用于肿瘤的 M 期细胞,抑制微管聚合和纺锤丝的形成,使细胞有丝分裂终止,长春碱的作用较长春新碱强;还可干扰蛋白质合成和 RNA 聚合酶,对 G_1 期细胞也有作用。长春碱主要用于治疗急性白血病、恶性淋巴瘤及绒毛膜癌。长春新碱对儿童急性淋巴细胞白血病疗效好、起效快,常与泼尼松合用作诱导缓解药。长春地辛主要用于治疗肺癌、恶性淋巴瘤、乳腺癌、食管癌、黑色素瘤和白血病等。长春瑞滨主要用于治疗肺癌、乳腺癌、卵巢癌和淋巴瘤等。主要不良反应包括骨髓抑制、神经毒性、消化道反应、脱发及注射局部刺激等。长春新碱对骨髓毒性不明显,但外周神经系统毒性较大。

紫杉醇类

紫杉醇(paclitaxel)是由短叶紫杉或我国红豆杉的树皮中提取的有效成分,多西他赛(docetaxel)是由欧洲红豆杉针叶中提取的巴卡丁并经半合成改造而成,基本结构与紫杉醇相似。紫杉醇类作用机制独特,能选择性促进微管蛋白聚合并抑制其解聚,从而影响纺锤体的功能,抑制肿瘤细胞的有丝分裂。对卵巢癌和乳腺癌有独特的疗效,也用于食管癌、肺癌、头颈部肿瘤及脑肿瘤等。不良反应主要为骨髓抑制、神经毒性、心脏毒性和过敏反应等。

2. 干扰核糖体功能的药物

三尖杉生物碱类

三尖杉酯碱(harringtonine)和高三尖杉酯碱(homoharringtonine)是从三尖杉属植物的枝、叶和树皮中提取的生物碱。可抑制蛋白合成的起始阶段,并使核糖体分解,蛋白质合成及有丝分裂停止,属细胞周期非特异性药物。对急性粒细胞白血病疗效较好,也可用于急性单核细胞白血病及慢性粒细胞白血病等。不良反应包括骨髓抑制、胃肠反应、脱发等,偶有心脏毒性。

3. 影响氨基酸供应的药物

门冬酰胺酶

某些肿瘤细胞不能自行合成生长必需的门冬酰胺,须从细胞外摄取。门冬酰胺酶(asparaginase,ASP)可水解血清中的门冬酰胺,使肿瘤细胞缺乏门冬酰胺供应、生长受到抑制;而机体的正常组织细胞能自行合成门冬酰胺,故影响较小。主要用于治疗急性淋巴细胞白血病。常见不良反应有消化道反应等,偶见过敏反应,用时应做皮试。

二、非细胞毒类抗肿瘤药

(一) 调节体内激素平衡的药物

某些肿瘤,如乳腺癌、前列腺癌、甲状腺癌、宫颈癌、卵巢癌和睾丸肿瘤等,生长与相应的激素失调有关。应用某些激素或其拮抗药可改变平衡失调状态,抑制激素依赖性肿瘤生长。本类药物不抑制骨髓,但使用不当可诱发其他不良反应。

糖皮质激素类

糖皮质激素类常用于治疗恶性肿瘤的药物有泼尼松、泼尼松龙等,能抑制淋巴细胞,诱导淋巴细胞溶解,属细胞周期非特异性药物。对急性淋巴细胞白血病和恶性淋巴瘤的疗效较好,缓解快,但不持久,易产生耐药性;对慢性淋巴细胞白血病,除了减低淋巴细胞数目,可减少或减轻血液系统并发症。对其他恶性肿瘤无效,而且可能因抑制机体免疫功能而促进肿瘤的扩散或并发感染等。仅在恶性肿瘤引起的发热不退等症状明显时少量短期应用,以改善症状。

雌激素类

雌激素类常用于治疗恶性肿瘤的药物有己烯雌酚,不仅直接对抗雄激素,还可反馈性抑制下丘脑和垂体释放黄体生成素,从而减少雄激素的分泌。主要用于前列腺癌和绝经期乳腺癌的治疗。

雄激素类

雄激素类常用于治疗恶性肿瘤的药物有丙酸睾酮、甲睾酮和氟甲睾酮(fluoxymesterone),可直接对抗雌激素,也可抑制垂体分泌促卵泡激素,减少卵巢雌激素的分泌;还能对抗催乳素的乳腺刺激作用,抑制肿瘤的生长。主要用于治疗晚期乳腺癌,尤其是有骨转移者。

氯米芬、他莫昔芬及雷洛昔芬

氯米芬(clomifene)、他莫昔芬(tamoxifen)及雷洛昔芬(raloxifen)为人工合成的抗雌激素类药物,是雌激素受体的部分激动药,既具有一定的雌激素样作用,也具有较强的抗雌激素作用,能阻断雌激素对乳腺癌的促进作用。主要用于治疗乳腺癌,对雌激素受体阳性患者疗效较好。

(二) 分子靶向药物

分子靶向药物目前尚无统一的分类方法,按化学结构可分为单克隆抗体类和小分子化合物类。

1. 单克隆抗体类 包括:①作用于细胞膜分化相关抗原的单克隆抗体,如利妥昔单抗等。②作用于表皮生长因子受体(epidermal growth factor receptor,EGFR)的单克隆抗体,如曲妥珠单抗等。③作用于血管内皮细胞生长因子(vascular endothelial growth factor receptor,VEFGR)的单克隆抗体,如贝伐珠单抗等。

利妥昔单抗

利妥昔单抗(rituximab)是针对B细胞分化抗原(CD20)的人鼠嵌合型单克隆抗体。CD20抗原位于前B细胞和成熟B细胞的表面,而在正常血细胞或其他正常组织中不存在。利妥昔单抗可与CD20特异性结合,导致B细胞溶解,从而抑制B细胞增殖,诱导成熟B细胞凋亡。临床用于治疗非霍奇金淋巴瘤。主要不良反应为发热、寒战等与输液相关的不良反应。

曲妥珠单抗

曲妥珠单抗（trastuzumab）为重组人单克隆抗体，通过选择性结合表皮生长因子受体 HER2（ErbB2）的细胞外区域，抑制 HER2 过度表达的肿瘤细胞增殖。临床单用或与紫杉醇联合治疗 HER2 高表达的转移性乳腺癌。主要不良反应为头痛、腹痛、恶心和寒战等。

贝伐珠单抗

贝伐珠单抗（bevacizumab）为重组人源化单克隆抗体，通过选择性与血管内皮细胞生长因子结合，抑制肿瘤血管生成，从而抑制肿瘤生长。临床用于治疗转移性结直肠癌、晚期非小细胞肺癌、转移性肾癌和恶性胶质瘤。不良反应主要为高血压、心肌梗死、脑梗死、蛋白尿、胃肠穿孔以及阻碍伤口愈合等。

2. 小分子化合物类 主要有单靶点抗肿瘤的小分子化合物，如吉非替尼、厄洛替尼等；多靶点抗肿瘤的小分子化合物，如索拉非尼、舒尼替尼等。

吉非替尼和厄洛替尼

吉非替尼（gefitinib）和厄洛替尼（erlotinib）为 ErbB1/EGFR 酪氨酸激酶抑制药，可与受体细胞内激酶结构域结合，竞争酶的底物 ATP，阻断 EGFR 的激酶活性及其下游信号通路。主要用于治疗晚期或转移的非小细胞肺癌。主要不良反应为腹泻、恶心、呕吐等消化道症状，以及丘疹、瘙痒等皮肤症状。

索拉非尼

索拉非尼（sorafenib）为血管内皮生长因子受体阻断药，亦可抑制血小板衍生生长因子（platelet-derived growth factor，PDGF）受体介导的信号转导。一方面，可直接抑制肿瘤生长；另一方面，通过抑制肿瘤血管的形成，间接抑制肿瘤细胞的生长。临床用于治疗肝癌和肾癌。不良反应有体重减轻、皮疹、脱发、恶心、腹痛、腹泻等。

舒尼替尼

舒尼替尼（sunitinib）为血管内皮生长因子受体和血小板衍生生长因子受体细胞内酪氨酸激酶结构域的 ATP 结合部位竞争性阻断药，为抗肿瘤血管生成的药物。临床用于治疗晚期肾癌、胃肠道间质瘤和晚期胰腺癌。不良反应有疲乏、发热、腹泻、恶心、黏膜炎、高血压、皮疹等。

第三节　抗恶性肿瘤药合理应用

目前临床常用的抗恶性肿瘤药对肿瘤细胞的选择性差，不良反应大，且肿瘤细胞容易产生耐药性，应根据患者的机体状况、肿瘤的病理类型、侵犯范围和发展趋向制订合理的用药方案，以提高疗效，降低不良反应，延缓耐药性的发生。临床化疗时一般主张 2~3 种药物联合应用，主要原则如下：

1. 根据细胞增殖周期用药 增长缓慢的实体瘤 G_0 期细胞较多，可先用细胞周期非特异性药物杀灭增殖期及部分 G_0 期细胞，使瘤体缩小，驱动 G_0 期细胞进入增殖周期；再用细胞周期特异性药物杀灭。与此相反，对生长比率高的肿瘤如急性白血病，先使用杀灭 S 期或 M 期的细胞周期特异性药物，再用细胞周期非特异性药物杀灭其他各期细胞。待 G_0 期细胞进入增殖周期时，再重复上述疗程。这种给药方法称为序贯疗法（sequential therapy）。

2. 根据抗恶性肿瘤药的作用机制用药 不同作用机制的药物联合应用一般都可增强疗效。①序贯阻断：用 2 种以上药物阻断同一代谢途径的不同环节或阶段，可提高疗效，如羟基脲与阿糖胞苷合用，前者抑制核苷酸还原酶，后者抑制 DNA 聚合酶，从而阻止 DNA 的生物合成。②同时阻断：即阻断同一代谢的不同途径，如阿糖胞苷与巯嘌呤合用，前者抑制 DNA 聚合酶，后者抑制嘌呤核苷酸合成，从而共同抑制 DNA 合成。③互补性阻断：将抑制核苷酸合成的药物与直接损伤生物大分子的药物合用,阻止 DNA 的修复,如多柔比星与环磷酰胺的合用。

3. 根据抗恶性肿瘤药的抗瘤谱用药　治疗消化道肿瘤,可选用氟尿嘧啶,也可选用塞替派、环磷酰胺、丝裂霉素等;治疗鳞癌,可选用博来霉素、甲氨蝶呤等;治疗肉瘤,可选用环磷酰胺、喜树碱、多柔比星等。

4. 根据抗恶性肿瘤药的不良反应用药　一般将不良反应不同的药物合用,可增强疗效,并减少不良反应。多数抗肿瘤药可抑制骨髓,而长春新碱、博来霉素、激素类药物则无明显的骨髓抑制作用,合用可降低不良反应,增强疗效。

5. 选择合理给药方法　环磷酰胺、甲氨蝶呤、多柔比星、羟喜树碱等抗恶性肿瘤药一般采用大剂量间歇给药,比小剂量连续用药的效果好。因为大剂量间歇给药既可发挥药物抗肿瘤的最大疗效,又有利于机体造血系统及免疫功能的恢复,减轻不良反应,提高机体的抗恶性肿瘤能力并减少耐药性的产生。

(王　梅)

思考题

1. 简述抗恶性肿瘤药的主要不良反应。
2. 哪些抗恶性肿瘤药可用于治疗绝经期妇女的乳腺癌? 并简述这些药物的异同点。
3. 简述抗恶性肿瘤药的分类及代表药物。

ER 11-3

案例分析

ER 11-4

模块 11
练习题

解毒药和消毒防腐药

教学课件 思维导图

任务 1 | 解 毒 药

学习目标

1. 掌握二巯丁二钠、二巯丙磺钠等金属中毒解毒药,亚硝酸钠、硫代硫酸钠等氰化物中毒解毒药的药理作用。
2. 熟悉金属中毒、氰化物中毒、灭鼠药中毒解毒药的分类和代表药物。
3. 了解去铁胺和亚甲蓝的药理作用和临床应用。
4. 能根据中毒的临床表现等合理选择解毒药,正确用药,及时处置不良反应。
5. 具备与患者及其家属进行有效沟通,关心、爱护患者。

解毒药是指能直接对抗毒物或解除毒物所致毒性反应的一类药物,包括一般解毒药和特效解毒药。一般解毒药特异性小,解毒效力低,主要通过理化作用发挥解毒功能,如吸附、沉淀、氧化还原、中和等。特效解毒药是一类具有高度专一性解除毒物对人体损害的药物,解毒效力高,在中毒的抢救中占有重要地位。当机体接触毒物中毒后,在应用解毒药的同时应及时采用其他治疗措施。解毒药剂量要适当,以免引起解毒药本身的毒性和不良反应。本模块主要介绍有机磷酸酯类、金属和类金属、氰化物和其他毒物中毒的解毒用药。

临床情景

患者,男性,45 岁。既往体健,7 天前出现腰背部酸痛、血尿,尿色鲜红,口腔内多发血疱,牙龈出血。社区医院考虑为出血性膀胱炎,治疗后无好转。患者凝血功能明显异常,维生素 K 依赖的凝血因子缺乏,经询问患者后考虑为中毒引起的症状。毒物检查报告:血液中溴敌隆(剧毒化学品,作为高效杀鼠剂使用)浓度超标。

诊断:灭鼠药溴敌隆中毒。

处方:维生素 K_1,每次 10mg,每日 1~2 次,肌内注射。

学习任务

课前:哪些疾病可引起上述症状? 诊断为灭鼠药中毒的依据是什么?

课中:维生素 K_1 属于哪一类药物? 为什么可以治疗灭鼠药中毒? 灭鼠药中毒的解毒药分为几类? 请各举一例代表药物。

课后:对灭鼠药溴敌隆中毒,应该如何急救?

第一节　有机磷酸酯类中毒及解毒药

有机磷酸酯类主要用作农业和环境卫生杀虫剂,如美曲磷脂(metrifonate)、乐果(rogor)、马拉硫磷（malathion）、敌敌畏（DDVP）、内吸磷（systox E1059）、对硫磷（parathion）等；有些曾用作化学武器，如沙林（sarin）、塔崩（tabun）、梭曼（soman）等。有机磷酸酯类对人和动物均有剧烈毒性，其中毒已成为一个全球性问题。职业中毒最常见的途径是经皮肤和呼吸道吸入，非职业中毒大多是由口摄入。

一、有机磷酸酯类中毒机制及中毒表现

（一）有机磷酸酯类中毒机制

有机磷酸酯类脂溶性较高，可通过多种途径吸收，进入机体后与突触间隙胆碱酯酶牢固结合，形成难以水解的磷酰化胆碱酯酶，失去水解乙酰胆碱的能力，造成乙酰胆碱大量堆积，过度激动外周 M 受体、N 受体，并作用于中枢神经系统，产生一系列中毒症状。若不及时抢救，胆碱酯酶可在几分钟或几小时内就"老化"，生成更为稳定的单烷氧基磷酰化胆碱酯酶。此时即使用胆碱酯酶复活药也不能恢复其活性，须等待新生的胆碱酯酶出现，才能恢复水解乙酰胆碱的能力。

（二）有机磷酸酯类中毒表现

1. **急性中毒**　轻度中毒以 M 样症状为主，中度中毒同时出现明显的 M 样及 N 样症状，重度中毒除了 M 样和 N 样症状加重，还有明显的中枢症状。致死原因主要为呼吸衰竭及继发性心血管功能障碍。

（1）**M 样症状**：表现为恶心、呕吐、腹痛、腹泻、大小便失禁、瞳孔缩小、视物模糊、心动过缓、血压下降、出汗、流涕、呼吸道分泌物增加、肺部湿啰音、胸闷、呼吸困难、发绀等。

（2）**N 样症状**：激动 N_2 受体引起肌肉震颤、抽搐，严重者呼吸肌麻痹；激动 N_1 受体引起心动过速、血压升高。

（3）**中枢症状**：先兴奋后抑制，表现为躁动不安、失眠、谵妄、昏迷、窒息、血压下降、呼吸抑制等。

2. **慢性中毒**　多发生于长期接触农药的人员，突出表现是血浆胆碱酯酶活性持续下降，但临床症状不明显，主要症状有头痛、头晕、视物模糊、记忆力减退、思想不集中、多汗、失眠、乏力等；偶见肌束颤动和瞳孔缩小等。对慢性中毒患者，使用阿托品和解磷定类疗效并不理想，故应加强预防。对经常接触有机磷酸酯类者，当血中胆碱酯酶活性下降到 50% 以下时应立即脱离接触，以免中毒加深。

3. **迟发性神经损害**　部分中毒患者症状消失后数周后，由于神经轴突的脱髓鞘变性，可出现进行性上肢或下肢麻痹。

二、有机磷酸酯类中毒常用解毒药

（一）M 受体阻断药

阿 托 品

阿托品为治疗急性有机磷酸酯类中毒的特异性、高效解毒药物，可迅速对抗体内 ACh 的 M 样作用，表现为瞳孔括约肌和睫状肌松弛、腺体分泌减少、呼吸道及胃肠道平滑肌舒张、心脏兴奋性增强等。对中枢的 N 受体无明显作用，故对有机磷酸酯类中毒引起的中枢症状如惊厥、躁动不安等作用较差。

对有机磷酸酯类中毒患者，阿托品的使用原则是及早、足量、反复给药直至阿托品化，然后改用维持量。阿托品化的指征是：瞳孔扩大，颜面潮红，腺体分泌减少，肺部湿啰音显著减少或消失，有轻度躁动不安等。因为阿托品不能阻断 N_2 受体，对肌束颤动无效，也不能使胆碱酯酶复活，故对中、重度中毒患者必须与胆碱酯酶复活药合用。

其他 M 受体阻断药如东莨菪碱、山莨菪碱等也能对抗有机磷酸酯类中毒引起的 M 样症状（详见模块 2　任务 3　抗胆碱药）。

（二）胆碱酯酶复活药

氯解磷定

氯解磷定（pralidoxime chloride）水溶性高，溶解度大，水溶液稳定，可静脉注射或肌内注射给药。

【体内过程】

氯解磷定进入体内后迅速分布至全身。经肝代谢，经肾排泄，体内无蓄积作用。$t_{1/2}<1h$，临床需多次重复给药。

【药理作用】

氯解磷定既可与磷酰化胆碱酯酶中的磷酰基结合而使胆碱酯酶游离，恢复胆碱酯酶水解乙酰胆碱的活性；又可直接与游离的有机磷酸酯类结合，形成无毒的磷酰化氯解磷定，经肾排出体外。

【临床应用】

氯解磷定用于治疗各种急性有机磷酸酯类中毒，能迅速解除 N 样症状，消除肌束颤动，但对 M 样症状治疗效果差，应与阿托品联合应用。氯解磷定应尽早给药，首剂足量，重复应用，各种中毒症状消失、病情稳定 48h 后停药。

【不良反应】

氯解磷定肌内注射时局部有轻微疼痛，静脉注射过快可出现头痛、乏力、眩晕、视物模糊、恶心及心动过速等；剂量过大可抑制胆碱酯酶，引起神经肌肉传导阻滞甚至呼吸抑制。

碘解磷定

碘解磷定（pralidoxime iodide）药理作用和临床应用与氯解磷定相似，但作用较弱，不良反应多，只能静脉给药，不能肌内注射。

第二节　金属和类金属中毒及解毒药

一、金属和类金属中毒机制

引起中毒的金属有铜、铅、汞、铬、银等，类金属有砷、磷等，能与机体细胞的某些活性基团（如—NH_2、—SH、—COOH 等）结合，导致功能障碍。

二、金属和类金属中毒常用解毒药

金属和类金属中毒解毒药能与金属、类金属络合成稳定且可溶的络合物并使之失去毒性。但是体内的微量金属元素亦可被络合排出。

二巯丁二钠

二巯丁二钠（sodium dimercaptosuccinate）是我国研制的解毒药，水溶液不稳定，应临用时配制。

【体内过程】

二巯丁二钠静脉注射给药，血药浓度很快达峰值，并迅速由血液转移，由肾排泄，无蓄积作用。

【作用机制】

二巯丁二钠化学结构中含有 2 个活泼的巯基，与金属和类金属离子有较强的亲和力，能结合成不易解离的无毒性的环状化合物，从而阻止含巯基的酶与其结合，避免这些酶失活。及早用药，能竞争性结合巯基酶上的金属和类金属离子，使巯基酶恢复活性。与金属和类金属离子结合后仍有部分解离，应强调早期用药、重复用药。

【临床应用】

二巯丁二钠主要用于治疗酒石酸锑钾中毒，效果明显；对汞、砷、铅中毒也有明显的解毒和促排作用,对铜、钴、镍等中毒也有疗效;可用于治疗肝豆状核变性。

【不良反应】

二巯丁二钠不良反应少,可有口臭、头痛、头晕、恶心、全身乏力及四肢酸痛等。减慢注射速度,症状可减轻。偶见过敏反应。

知识拓展

以身试药的药理学家

丁光生是我国著名药理学家、编辑学家。抗血吸虫病曾使用锑剂(酒石酸锑钾)治疗,但锑剂有很大的不良反应。为此,丁光生开始研究锑剂中毒的解毒药。1957年,他与同事合作研制出了具有解毒疗效的创新药——二巯丁二钠。为了验证疗效,丁光生以身试药,成为第一批参与临床试验的"病人"。临床试验证实,该药毒性很低、解毒能力很强,不仅能解锑剂的毒,还可以解很多重金属的毒,如铅、汞中毒,甚至砷中毒。1980年,丁光生在花甲之年创办《中国药理学报》并任主编,荣获了中国出版工作者的最高荣誉"韬奋出版奖"。

二巯丙磺钠

二巯丙磺钠(sodium 2,3-dimercaptopropane sulfonate)作用机制与二巯丁二钠相似,为治疗汞、砷中毒的首选药;对铬、铋、铅、铜及锑中毒有一定疗效。常用量肌内注射无明显不良反应。静脉注射过快可引起恶心、头晕、口唇发麻、面色苍白及心悸等,偶发过敏反应甚至过敏性休克。

依地酸钙钠

依地酸钙钠(calcium disodium edetate)能与多种金属离子(铅、锰、铜等)和放射性物质(钇、镭、钚等)络合形成可溶性络合物,与铅络合能力最强,使金属离子失去毒性并迅速从尿中排出。主要用于治疗铅中毒,也可用于治疗铜、锰、铬、镉及放射性物质的中毒。不良反应少,部分患者可出现短暂的头晕、恶心、关节酸痛、乏力等。大剂量对肾有损害,用药期间注意检查尿常规,如有血尿或管型尿应及时停药。肾病患者禁用。

青霉胺

青霉胺(penicillamine)为青霉素的水解产物,是含有巯基的氨基酸。口服给药,可与铜、汞、铅等金属络合,对铜中毒疗效较好,可形成稳定可溶性的复合物,随尿排出。主要用于治疗轻度重金属中毒,为治疗肝豆状核变性的首选药。不良反应少,但与青霉素有交叉过敏反应,故用前必须做青霉素皮肤过敏试验,对青霉素过敏者禁用。

知识拓展

肝豆状核变性

肝豆状核变性(hepatolenticular degeneration)又称威尔逊病(Wilson disease),是一种常染色体隐性遗传性铜代谢障碍疾病。因铜在体内蓄积而致病。通常发生于儿童期或青少年期,起病缓慢,少数由于外伤、感染等原因呈急性发病,最终都会出现肝脏及神经损害症状。

去铁胺

去铁胺(deferoxamine)是铁中毒的特效解毒药,可与组织中的 Fe^{3+}、Al^{3+} 络合成无毒复合物,从尿和粪便中排出。主要用于治疗急性铁中毒、慢性铁过载(如输血所致的含铁血黄素沉着症)等。注射过快可引起面部潮红、低血压等,注射局部可出现疼痛。

第三节　氰化物中毒及解毒药

一、氰化物中毒机制

氰化物（cyanide）是剧毒物质，中毒机制是进入体内后释放氰离子（CN^-），CN^-与机体内细胞色素氧化酶结合形成氰化细胞色素氧化酶，使之失去传递电子的能力，引起呼吸链中断而出现中毒症状，中毒严重者迅速死亡。

二、氰化物中毒常用解毒药

氰化物中毒的解救必须联合应用高铁血红蛋白形成药和供硫药。首先给予高铁血红蛋白形成药，迅速将体内部分血红蛋白氧化为高铁血红蛋白，后者可与游离的CN^-结合或夺取已与细胞色素氧化酶结合的CN^-，形成氰化高铁血红蛋白，使细胞色素氧化酶复活。但生成的氰化高铁血红蛋白还能逐渐解离出CN^-，使细胞色素氧化酶重新中毒。因此，还须立即使用供硫药，与体内游离的或已结合的CN^-结合形成稳定性强、无毒的硫氰酸盐，经尿排出，从而达到解毒的目的。

（一）高铁血红蛋白形成药

亚甲蓝

亚甲蓝（methylthioninium chloride）又名美蓝，静脉注射给药，作用迅速，基本不被代谢，随尿排出，用药后尿呈蓝色。对血红蛋白有双重作用：低浓度时可转变为还原型亚甲蓝，能将高铁血红蛋白还原成血红蛋白，自身又氧化成氧化型亚甲蓝，用于治疗伯氨喹、亚硝酸盐、苯胺及硝酸甘油等引起的高铁血红蛋白血症；高浓度时能直接将血红蛋白氧化成高铁血红蛋白，可用于治疗氰化物中毒，但作用不如亚硝酸钠强。静注剂量过大时可引起恶心、腹痛、出汗、眩晕、头痛等。禁用皮下和肌内注射，以免引起组织坏死。

亚硝酸钠

亚硝酸钠（sodium nitrite）在体内能使血红蛋白氧化为高铁血红蛋白，后者中的Fe^{3+}与CN^-的亲和力大于细胞色素氧化酶，可与游离的和已经与该酶结合的CN^-结合形成氰化高铁血红蛋白，从而解除CN^-的毒性，使细胞色素氧化酶复活。大剂量可引起高铁血红蛋白血症，如发绀、眩晕、头痛、呼吸困难。静注速度过快或过量中毒可引起血压骤降、晕厥、循环衰竭甚至死亡。

（二）供硫药

硫代硫酸钠

硫代硫酸钠（sodium thiosulfate）具有活泼的硫原子，在转硫酶的作用下与游离的或结合的CN^-结合，形成毒性较低的硫氰酸盐排出体外。与亚硝酸钠合用，应先后静脉注射，不宜混合注射，以免引起血压过度下降。还是钡盐中毒的特效解毒药。静脉给药应监测血压，根据血压变化调整滴注速度。偶见头晕、乏力、恶心、呕吐等不良反应。

第四节　灭鼠药中毒及解毒药

灭鼠药的种类很多，发生中毒后首先要确认中毒灭鼠药的种类，然后对症应用解毒药。

一、抗凝血类灭鼠药中毒及解毒药

抗凝血类灭鼠药常用的有敌鼠钠、杀鼠灵、鼠得克、大隆等，毒理作用主要是破坏机体凝血功能及损伤小血管、引起出血等。人误服后中毒症状出现缓慢，一般在第3天开始出现恶心、呕吐、食欲减退及精神不振等，随后出现鼻出血、牙龈出血、皮肤紫癜、咯血、便血、尿血等，并可伴有关节痛、腹痛及低热等,严重时休克。抗凝血类灭鼠药中毒的特效解毒药是维生素 K。

维生素 K

维生素 K(vitamin K)化学结构与抗凝血类灭鼠药相似,可对抗并解除这类灭鼠药对凝血酶原活性的抑制,使凝血功能正常。解救时可同时给予足量维生素 C 及糖皮质激素辅助治疗。

二、磷毒鼠药中毒及解毒药

磷毒鼠药包括磷化锌和毒鼠磷。

(一)磷化锌中毒及解毒药

磷化锌可作用于神经系统,轻度中毒时有头痛、头晕、乏力、恶心、呕吐、腹痛、腹泻等消化道症状,以及胸闷、咳嗽、心动过缓等;中度中毒时除了上述症状,还有意识障碍、抽搐、呼吸困难、轻度心肌损害、心电图 ST 段降低和 T 波低平等;重度中毒时出现昏迷、惊厥、肺水肿、呼吸衰竭及明显的心肌和肝损害等。

对磷化锌中毒者,应立即催吐、洗胃。洗胃用 0.5% 硫酸铜溶液,每次 200~500ml 口服,使磷转变为无毒的磷化铜沉淀,直至洗出液无磷臭味为止。再用 0.3% 过氧化氢溶液或 0.05% 高锰酸钾溶液持续洗胃,直至洗出液澄清为止。然后口服硫酸钠 15~30g 导泻。因磷能溶于脂肪中而被吸收,禁食鸡蛋、牛奶、动植物油脂。禁用油类泻药。对出现呼吸困难、休克、急性肾衰竭及肺水肿的患者,应及时对症治疗。

(二)毒鼠磷中毒及解毒药

毒鼠磷的毒理作用主要是抑制胆碱酯酶活性而出现一系列功能亢进的中毒症状,如平滑肌兴奋、腺体分泌增加、瞳孔缩小、骨骼肌兴奋等。因此,对毒鼠磷中毒患者的解救基本上与有机磷酸酯类农药中毒相同,主要应用阿托品及氯解磷定等。

三、有机氟灭鼠药中毒及解毒药

有机氟灭鼠药包括氟乙酰胺、甘氟等,毒性强且无特效解毒药,很容易引起中毒死亡而被禁止使用。中毒表现为中枢神经系统及心脏受累。其中毒解救药主要是乙酰胺(acetamide,解氟灵),能延长氟乙酰胺中毒的潜伏期,解除中毒症状,从而挽救患者的生命。

第五节　其他毒物中毒及解毒药

一、蛇毒中毒及解毒药

蛇毒是毒蛇分泌的有毒物质,可分为神经毒、血液毒、混合毒。神经毒致伤可出现呼吸困难、声嘶、失语、上睑下垂及复视,最后可出现呼吸困难、血压下降及休克,致使机体缺氧、发绀、全身瘫痪,如抢救不及时则出现呼吸及循环衰竭,患者可迅速死亡。血液毒致伤可出现全身广泛性出血,最终导致失血性休克。混合毒致伤兼有神经毒和血液毒的症状。被毒蛇咬伤者必须及时送医治疗,除了进行一般处理,还要用抗蛇毒药进行治疗。抗蛇毒药包括抗蛇毒血清及由中草药配制而成的抗蛇毒药(表 12-1-1)。

表 12-1-1　常用抗蛇毒药及临床应用

药物	临床表现
精制抗五步蛇毒血清	主要用于五步蛇咬伤
精制抗眼镜蛇毒血清	主要用于眼镜蛇咬伤

药物	临床表现
精制抗蝮蛇毒血清	主要用于蝮蛇咬伤
精制抗银环蛇毒血清	主要用于银环蛇咬伤
多价抗蛇毒血清	用于蛇种不明的毒蛇咬伤
南通蛇药	用于各种毒蛇、毒虫咬伤
群生蛇药	用于蝮蛇、五步蛇、眼镜蛇等咬伤
群用蛇药	用于眼镜蛇咬伤效果较好,对银环蛇、蝮蛇、五步蛇、竹叶青蛇等咬伤亦有效
上海蛇药	用于蝮蛇、竹叶青蛇、眼镜蛇、银环蛇、尖吻蛇等咬伤

二、急性一氧化碳中毒及解毒药

在生产和生活环境中碳不完全燃烧产生一氧化碳,人体短时间内吸入过量一氧化碳可造成脑及全身组织缺氧性疾病,最终导致脑水肿和中毒性脑病,称为急性一氧化碳中毒,俗称煤气中毒。解救措施包括:使患者迅速脱离中毒环境,保持呼吸道通畅,纠正缺氧,积极防治脑水肿及其他并发症。鼻导管或面罩吸氧,纠正组织缺氧;有条件者可使用高压氧舱治疗,增加血液中的物理溶解氧,迅速纠正组织缺氧,缩短昏迷时间和病程,预防一氧化碳中毒引起的迟发性脑病。防治脑水肿,应用甘露醇减轻颅内压,也可静脉注射呋塞米及联合应用糖皮质激素。

三、急性酒精中毒及解毒药

急性酒精中毒是指短时间内摄入大量酒精或含乙醇的饮料后出现的中枢神经系统功能紊乱状态,多表现为行为或意识异常,严重者损伤脏器功能而危及生命。解救措施包括:①促进乙醇代谢的药物,如美他多辛等。②纳洛酮,能解除乙醇的中枢抑制,用于治疗急性酒精中毒。③其他对症及支持治疗。

(于 森)

思考题

1. 金属中毒常用的解毒药有哪些? 试举例说明。
2. 氰化物中毒解毒药为何需高铁血红蛋白形成药与供硫药合用?

任务 2 | 消毒防腐药

第一节 概　述

消毒防腐药(disinfectants)包括消毒药和防腐药两类。消毒药是指能迅速清除或杀灭传播媒介上病原微生物,使其达到无害化的药物。防腐药是指能抑制病原微生物生长繁殖及其活性的药物。消毒药和防腐药之间没有严格的界限,低浓度的消毒药可起到防腐作用,而高浓度的防腐药可发挥消毒效力。两类药物的共同特点都是使用化学方法达到抑菌、杀菌或防腐的目的,主要用于皮肤、黏膜、分泌物、排泄物、物品及环境的消毒以及食品、药品、动植物标本的防腐等。

消毒防腐药与抗生素不同,没有严格的抗菌谱,在杀灭或抑制病原体的浓度下往往也能损害人体,通常不作为全身用药,主要用于体表(皮肤、黏膜、伤口等)、器械、排泄物和周围环境的消毒,或黏膜、创面、腔道的冲洗,以预防或治疗病原体所致的感染。

临床情景

患者,女性,80 岁。6 个月前患严重脑梗死,留下后遗症,生活不能自理,需长期卧床休息。为防止出现压疮,遵医嘱使用 50% 乙醇溶液局部涂抹。

学习任务

课前:消毒药和防腐药的区别是什么?

课中:50% 乙醇溶液涂抹长期卧床受压的部位并进行按摩,是否可以起到预防压疮的作用? 为什么?

课后:应该如何预防长期卧床的患者出现压疮?

第二节　常用消毒防腐药

一、酚类

酚类能使菌体蛋白质变性、凝固而呈抗菌作用,对细菌和真菌有效,对芽孢、病毒无效,有些药物能扩张血管,改善局部血液循环。常用药物有苯酚(phenol,石炭酸)、甲酚(cresol,煤酚),其临床应用及注意事项见表12-2-1。

表12-2-1 常用酚类消毒防腐药

药名	临床应用及注意事项
苯酚	为外用消毒防腐药。常用于消毒痰、脓、粪便和医疗器械。1% 溶液或 2% 软膏用于皮肤杀菌或止痒。不宜用于破损皮肤、伤口及婴幼儿
甲酚	甲酚皂溶液(来苏尔)为常用消毒药,供手术部位、用具、绷带等消毒。因有腐蚀性,禁用于伤口的消毒

二、醇类

醇类能使蛋白质变性、沉淀而产生抗菌作用,但对芽孢、病毒、真菌无效。常用醇类消毒防腐药有乙醇(ethanol,酒精)、苯氧乙醇(phenoxyethanol),其临床应用及注意事项见表12-2-2。

表12-2-2 常用醇类消毒防腐药

药名	临床应用及注意事项
乙醇	75% 乙醇用于灭菌消毒,50% 乙醇用于防压疮溃疡,30%~50% 乙醇擦浴用于高热患者的物理退热。由于有较强的刺激性,不宜用于破损伤口及黏膜的消毒
苯氧乙醇	对铜绿假单胞菌有强大杀菌作用。外用涂擦用于防烧烫伤及皮肤铜绿假单胞菌感染

三、醛类

醛类能与蛋白质的氨基酸结合而使蛋白质变性、沉淀,从而杀灭细菌、真菌、芽孢及病毒。杀菌作用强大,但对皮肤、黏膜刺激性强,对人体毒性也大,主要用于房屋、器械等消毒。常用药物甲醛(formaldehyde)、戊二醛(glutaral),其临床应用及注意事项见表12-2-3。

表12-2-3 常用醛类消毒防腐药

药名	临床应用及注意事项
甲醛	35%~40% 甲醛溶液(福尔马林)有防腐功能。取 15ml 加水 20ml 加热蒸发,可消毒空气 $1m^3$(4h);稀释 10 倍用于生物标本的防腐。挥发性强,对黏膜和呼吸道有强烈刺激
戊二醛	主要用于医疗器械的灭菌或消毒,包括口腔器械、内镜、温度计、橡胶、塑料制品及不能加热器械的消毒。蒸气对鼻、眼、呼吸道有刺激性

四、酸类

酸类可解离出氢离子与菌体蛋白中的氨基结合,使蛋白质变性或沉淀,发挥抗菌作用。有些药物可通过改变细菌周围环境的酸碱度而影响细菌的生长繁殖。常用药物有过氧乙酸(peracetic acid)、硼酸(boric acid)、乳酸(lactic acid)、苯甲酸(benzoic acid,安息香酸),其临床应用及注意事项见表12-2-4。

表12-2-4 常用酸类消毒防腐药

药名	临床应用及注意事项
过氧乙酸	为酸性强氧化剂。可用于家庭生活环境、手术器械的消毒。有强酸性,对皮肤、黏膜有刺激性。易挥发,须现用现配

药名	临床应用及注意事项
硼酸	防腐作用弱,刺激性小。用于皮肤和黏膜损害的清洁,作为口腔、咽喉漱液,外耳道、慢性溃疡面、压疮洗液,真菌、脓疱疮感染杀菌液。软膏剂用于湿疹及化脓性皮肤病的湿敷。不宜用于大面积创伤及连续灌洗
乳酸	为酸性防腐药,抑菌作用弱。用于空气消毒、食物防腐及治疗滴虫性阴道炎。高浓度对皮肤黏膜有刺激作用和腐蚀性
苯甲酸	为食品和药物的防腐药,在酸性环境下抗真菌作用强。可用于食品和药物的防腐,皮肤浅部真菌感染如体癣、手足癣。局部外用有轻微刺激性

五、卤素类

卤素类主要是含碘和含氯的消毒剂。含碘药物可释放出游离状态的碘,含氯药物溶于水中产生次氯酸,碘与次氯酸渗透力强,可直接渗入菌体,使菌体原浆蛋白活化基团卤化或氧化,发挥杀菌作用。常用药物有聚维酮碘(povidone iodine,碘伏)、碘酊(iodine tincture)、次氯酸钠(sodium hypochlorite)、氯石灰(chlorinated lime,漂白粉),其临床应用及注意事项见表12-2-5。

表12-2-5　常用卤素类消毒防腐药

药名	临床应用及注意事项
聚维酮碘	杀菌力强、作用持久,为广谱杀菌消毒药。在酸性环境中更稳定,作用更强。常用于皮肤消毒、烫伤、化脓性皮肤炎症、真菌性皮炎、滴虫性阴道炎的治疗;也可用于口腔炎、咽喉炎、口腔溃疡、牙周炎、冠周炎等口腔疾病的治疗。皮肤烧伤面积大于20%者不宜用
碘酊	为含2%的碘、1.5%碘化钾的乙醇溶液,有强大的消毒杀菌作用。主要用于皮肤和手术野消毒,治疗毛囊炎、甲癣、传染性软疣;牙龈感染和咽炎时涂擦局部。高浓度可造成皮肤黏膜损伤,涂抹1min后再用乙醇脱碘,对碘过敏者禁用
次氯酸钠	为强氧化剂,对细菌、病毒、芽孢等有强大的杀灭作用。常作为外用消毒剂的成分。高浓度时对组织有腐蚀、溶解作用
氯石灰	有消毒杀菌作用。可用于饮水、用具消毒,以及厕所和浴室消毒,还可用于防疫消毒。对皮肤有刺激性,受潮易分解失效,应现用现配

知识拓展

84消毒液

84消毒液是北京第一传染病医院(现北京地坛医院)于20世纪80年代研制的,主要用于物体表面和环境等的消毒,具有广谱、高效的杀菌特点。84消毒液的主要成分是次氯酸钠,有效氯含量5.5%~6.5%,其使用场所从最开始的医院迅速扩展到学校、幼儿园、宾馆、写字楼、车站等公共场所和居民家庭,其消毒对象也从手术器械、温度计扩展到餐具、桌椅、马桶等。

六、氧化剂

氧化剂遇有机物释放出新生态氧,使菌体内活性基团氧化,发挥杀菌作用。常用药物为高锰酸钾(potassium permanganate),其临床应用及注意事项见表12-2-6。

表 12-2-6 常用氧化剂类消毒防腐药

药名	临床应用及注意事项
高锰酸钾	为强氧化剂,具有抑菌和杀菌作用。可用于水果、食物、餐具消毒,冲洗溃疡或脓疮,处理蛇咬伤伤口,冲洗阴道,食物中毒时洗胃,湿敷治疗湿疹。应现用现配,久置或加温失效。高浓度对黏膜有刺激作用

七、表面活性剂

表面活性剂常用阳离子表面活性剂,可降低表面张力,使油脂乳化、油污清除,故又称清洁剂;而且能改变细菌细胞膜通透性,使菌体成分外渗,发挥杀菌作用。其特点为抗菌谱广、显效快、刺激性小、性质稳定。其效力可被血浆、有机物、阴离子表面活性剂(如肥皂、合成洗涤剂)降低。常用药物有苯扎溴铵(benzalkonium bromide,新洁尔灭)、氯己定(chlorhexidine,洗必泰),其临床应用及注意事项见表 12-2-7。

表 12-2-7 常用表面活性类消毒防腐药

药名	临床应用及注意事项
苯扎溴铵	是快速杀菌药,作用强,对皮肤和组织无刺激性,对金属、橡胶制品无腐蚀作用。用于皮肤、黏膜、器械消毒,阴道、膀胱及尿道灌洗。长期反复使用可引起过敏
氯己定	是广谱杀菌消毒药。用于手术区皮肤消毒,滴耳,冲洗伤口,膀胱灌洗;也可用于牙龈炎、口腔黏膜炎、咽炎及牙科手术后控制口腔感染。偶有皮肤过敏反应

八、染料类

染料类分子中的阳离子或阴离子可分别与细菌蛋白质羧基或氨基结合,从而抑制细菌的生长繁殖。常用药物为依沙吖啶(ethacridine),其临床应用及注意事项见表 12-2-8。

表 12-2-8 常用染料类消毒防腐药

药名	临床应用及注意事项
依沙吖啶	用于外科创伤、皮肤黏膜糜烂、感染创面的冲洗和湿敷,也用于口腔黏膜溃疡、牙龈炎、牙周炎的辅助治疗。水溶液不稳定,遇光变色,禁止与含氯溶液配伍

九、重金属化合物

低浓度的重金属离子能抑制菌体内含巯基酶的活性,影响细菌代谢,具有抑菌作用;高浓度的重金属离子能与细菌蛋白质结合产生沉淀,具有杀菌作用,但对人体组织也可产生收敛、刺激甚至腐蚀作用。卤素或碱性物质(如肥皂等)可使之失效,不可合用。常用药物为硝酸银(silver nitrate),其临床应用及注意事项见表 12-2-9。

表 12-2-9 常用重金属化合物类消毒防腐药

药名	临床应用及注意事项
硝酸银	具有杀菌、收敛和促进创面愈合作用。主要用于烧灼黏膜溃疡及过度增生的肉芽组织,也可用于牙本质脱敏。应注意误服可引起重金属中毒

十、其他消毒防腐药

其他消毒防腐药还有环氧乙烷(ethylene oxide),其临床应用及注意事项见表 12-2-10。

表 12-2-10　其他类消毒防腐药

药名	临床应用及注意事项
环氧乙烷	为广谱、高效的气体消毒药。用于怕热怕湿的医疗器械、合成材料、棉毛织品及一次性医疗用品、卫生用品的消毒与灭菌。对眼及呼吸道黏膜有强烈的刺激性,皮肤过多接触可造成烧灼和糜烂

（于　淼）

思考题

1. 简述乙醇的药理作用和临床应用。
2. 简述常用消毒防腐药的种类和作用。

案例分析

模块 12
练习题

比沙可啶　bisacodyl　254
比索洛尔　bisoprolol　138
吡格列酮　pioglitazone　212
吡喹酮　praziquantel　334
吡拉西坦　piracetam　116
吡硫醇　pyritinol　116
吡罗昔康　piroxicam　130
吡那地尔　pinacidil　142
吡嗪酰胺　pyrazinamide, PZA　314
吡斯的明　pyridostigmine　46
蓖麻油　castor oil　255
苄氟噻嗪　bendroflumethiazide　261
苄丝肼　benserazide　92
苄星青霉素　benzathine benzylpenicillin　286
别嘌醇　allopurinol　232
丙胺卡因　prilocaine　73
丙谷胺　proglumide　250
丙磺舒　probenecid　232
丙硫氧嘧啶　propylthiouracil, PTU　217
丙硫异烟胺　protionamide　315
丙米嗪　imipramine　107
丙泊酚　propofol　75
丙酸睾酮　testosterone propionate　224
丙戊酸钠　sodium valproate　86
波生坦　bosentan　152
伯氨喹　primaquine　332
博来霉素　bleomycin, BLM　343
布比卡因　bupivacaine　73
布地奈德　budesonide　240
布桂嗪　bucinnazine　123
布洛芬　ibuprofen　130
布美他尼　bumetanide　260

C

茶苯海明　dimenhydrinate　253
长春地辛　vindesine, VDS　344
长春碱　vinblastine, VLB　344
长春瑞滨　vinorelbine, NVB　344
长春新碱　vincristine, VCR　344
重组链激酶　recombinant streptokinase, rSK　187
重组人促红素　recombinant human erythropoietin,
　rHuEPO　193
重组人粒细胞-巨噬细胞集落刺激因子　recombinant
　human granulocyte-macrophage colony-stimulating factor,
　rhGM-CSF　195
重组人粒细胞集落刺激因子　recombinant human
　granulocyte colony-stimulating factor, rhG-CSF　195
重组人凝血因子Ⅸ　recombinant coagulaton factor Ⅸ　189
垂体后叶素　pituitrin　190
雌二醇　estradiol, E_2　222
醋甲胆碱　methacholine　44
催产素　pitocin　264

D

达肝素　dalteparin　180
达格列净　dapagliflozin　212
达托霉素　daptomycin　299
大观霉素　spectinomycin　299
单硝酸异山梨酯　isosorbide mononitrate　167
胆茶碱　choline theophyllinate　239
低分子量肝素　low molecular weight heparin, LMWH　180
地尔硫草　diltiazem　161
地芬诺酯　diphenoxylate　255
地氟烷　desflurane　74
地高辛　digoxin　148
地氯雷他定　desloratadine　269
地诺前列素　dinoprost, PGF_{2a}　274
地诺前列酮　dinoprostone, PGE_2　274
地塞米松　dexamethasone　199
地西泮　diazepam　78, 86
碘解磷定　pralidoxime iodide　352
碘塞罗宁　liothyronine, T_3　215
丁丙诺啡　buprenorphine　124
丁卡因　tetracaine　72
丁螺环酮　buspirone　111
东莨菪碱　scopolamine　51
毒扁豆碱　physostigmine　46
毒毛花苷 K　strophanthin K　148
度洛西汀　duloxetine　107
对氨基水杨酸钠　sodium aminosalicylate　314
对乙酰氨基酚　paracetamol　130
多巴胺　dopamine, DA　57
多巴酚丁胺　dobutamine　60, 151
多巴丝肼　levodopa and benserazide　92
多拉司琼　dolasetron　254
多奈哌齐　donepezil　94
多黏菌素 B　polymyxin B　295
多黏菌素 E　polymyxin E　295
多潘立酮　domperidone　253
多柔比星　doxorubicin, ADM　344
多塞平　doxepin　108
多沙普仑　doxapram　115
多沙唑嗪　doxazosin　142
多索茶碱　doxofylline　239
多糖铁复合物　polysaccharide iron complex　191
多西环素　doxycycline　302
多西他赛　docetaxel　344

E

鹅去氧胆酸　chenodeoxycholic acid　256
厄贝沙坦　irbesartan　140
厄洛替尼　erlotinib　346
厄他培南　ertapenem　289
恩波吡维铵　pyrvinium embonate　336
恩氟烷　enflurane　74

［1］杨宝峰,陈建国.药理学［M］.9版.北京:人民卫生出版社,2018.

［2］王开贞,李卫平.药理学［M］.8版.北京:人民卫生出版社,2019.

［3］孙宏丽,田卫东.药理学［M］.2版.北京:人民卫生出版社,2019.

［4］陈忠,杜俊蓉.药理学［M］.9版.北京:人民卫生出版社,2022.

［5］陈新谦,金有豫,汤光.陈新谦新编药物学［M］.18版.北京:人民卫生出版社,2018.

［6］李俊.临床药理学［M］.6版.北京:人民卫生出版社,2018.